Handbuch der natürlichen Heilmittel Österreichs

Herausgegeben 1985 vom Bundesministerium
für Gesundheit und Umweltschutz

Wissenschaftliche Beratung

o. Univ.-Prof. Dr. Peter Deetjen
Vorstand des Instituts für Physiologie und Balneologie der Universität Innsbruck

o. Univ.-Prof. Dr. Robert Günther
Ordinariat für Physikalische Medizin an der Medizinischen Fakultät der Universität Innsbruck

Redaktion

Univ.-Doz. Dr. Wolfgang Marktl
Institut für medizinische Physiologie der Universität Wien

Bohmann Verlag

Amtliches Informations- und Nachschlagewerk
Redaktionsschluß: 30.10.1985

Titelbilder: F. Kobelhirt, Ing. A. Stehlik
Titelentwurf und Layout: F. Kobelhirt

ISBN 3 7002 0607 0

Satz und Druck: Bohmann Druck und Verlag Ges.m.b.H. & Co. KG

Geleitwort

Das vorliegende „Handbuch der natürlichen Heilmittel Österreichs“ stellt eine Neubearbeitung des österreichischen Heilbäder- und Kurortebuches dar. Es vermittelt dem Leser einen Überblick über alle Kurorte und Heilbäder, die unser Land anzubieten hat.

Derzeit verfügt Österreich über 54 Kurorte, die zusätzlich zu ihrer eigentlichen Bedeutung dem Gast auch die Möglichkeit geben, die Schönheit der Landschaft zu genießen und Einblick in das traditionelle Kulturgut zu nehmen.

In allen Orten steht dem Patienten und Besucher für seine Anliegen geschultes medizinisches Personal zur Verfügung, welches das Ausmaß und den Ablauf der Kurbehandlung sorgfältig überwacht und somit die größten Chancen auf eine erfolgreiche Therapie bietet.

Der neugestaltete Band, der umfassend Auskunft über Fragen des Kurwesens gibt, möge den Kurgästen aus dem In- und Ausland als wertvoller Ratgeber dienen.

Abschließend sei an dieser Stelle allen an der Redaktion Beteiligten, den einzelnen Autoren sowie dem Verlag für die Arbeit an diesem Werk gedankt.

Der Bundesminister für Gesundheit und Umweltschutz

Vorwort

In den 10 Jahren, die seit dem Erscheinen des „Österreichischen Heilbäder- und Kurortebuches“ vergangen sind, haben sich auch in der österreichischen Kurortforschung, in der Balneologie und in der Klimatologie zahlreiche neue Entwicklungen ergeben.

Das hat das Bundesministerium für Gesundheit und Umweltschutz bewogen, eine zweite Auflage mit dem neuen Titel „Handbuch der natürlichen Heilmittel Österreichs“ in Auftrag zu geben.

Darin soll der neueste Stand der Erkenntnisse dargestellt werden, die sich aus der Weiterentwicklung der Kurorte zu Stätten der Prävention und Rehabilitation ergaben. Diese Aufgaben im Rahmen eines modernen Gesundheitswesens, basierend auf jahrhundertealter Empirie, lassen sich nur dann optimal erfüllen, wenn medizinisch-klinische und -experimentelle Grundlagen erarbeitet werden, die der Behandlung mit natürlichen Heilvorkommen im Kurort die unabdingbare wissenschaftliche Basis geben.

Redaktion und Herausgeber haben sich bemüht, alle in Österreich gesetzlich anerkannten und balneologisch nutzbaren natürlichen Heilvorkommen vorzustellen. Die Kurorte informieren über ihr Kurangebot, die Indikationen und Kontraindikationen. Heilvorkommen, die gesetzlich anerkannt, aber noch nicht genützt werden, werden ebenso erwähnt wie die Versandheilwässer.

Eigene Beiträge sind der klinischen und experimentellen Forschung gewidmet. Aber auch Fragen des Tourismus und der Umwelteinflüsse, wie der Luftreinheit, werden berücksichtigt.

Dem einweisenden Hausarzt soll ein informativer Ratgeber zur Verfügung gestellt werden, der ihn seinen individuellen Kranken zur richtigen Zeit in den richtigen Kurort einweisen läßt.

Dem angehenden Kurarzt wird viel Wissenswertes für seine erweiterten Aufgaben im Kurort vermittelt.

Dem Ministerium, dem Verlag und allen namentlich aufscheinenden oder ungenannten Mitarbeitern und Helfern sei für das rasche Zustandekommen der Neuauflage des österreichischen Bäderbuches gedankt.

P. Deetjen R. Günther W. Marktl

Inhaltsverzeichnis

Die natürlichen Heilvorkommen in Österreich

Wissenschaftlich-medizinischer Abschnitt

Lage der Kurorte und Kuranstalten in Österreich

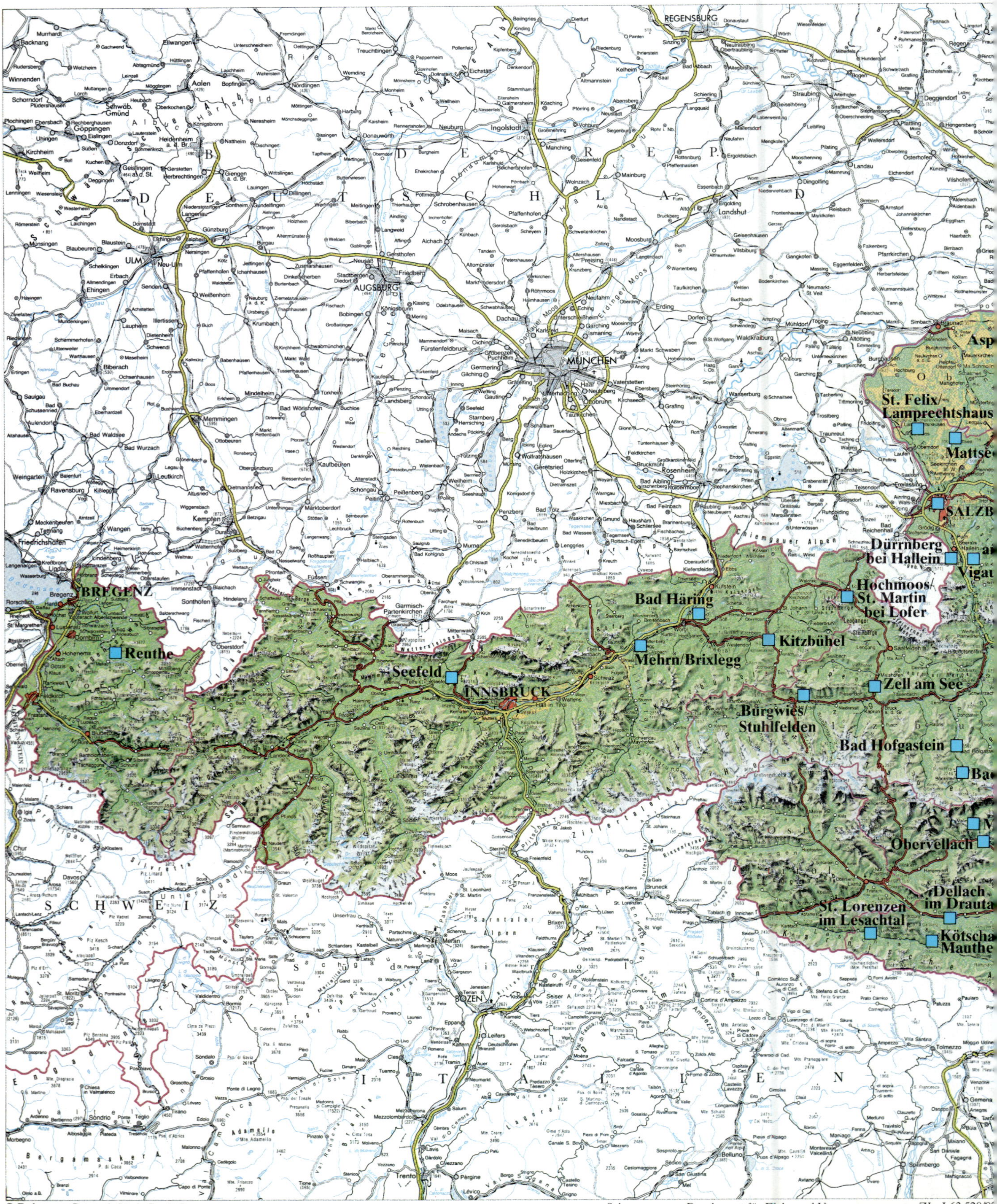

© Bohmann Ges.m.b.H. & Co. KG

Schummerung: Bundesamt für Eich- und Vermessungswesen ZL. L63 520/82

T S C H E C H O S L O W A K E I
Harbach
Bad Großpertholz
Bad Leonfelden
Bad Zell
Weinberg/
Prambachkirchen
LINZ
Bad Schallerbach
Gallspach
Wolfsegg
am Hausruck
Bad Wimsbach-
Neydharting
Bad Hall
Gmös/
Laakirchen
Gmunden
St. Wolfgang
im Salzkammergut
Bad Ischl
Bad Aussee
Bad Mitterndorf
Windischgarsten
Weyer Markt
WIEN
Bad Deutsch-
Altenburg
BRATISLAVA
Ober aa
Baden
bei Wien
Bad Vöslau
Salzerbad
EISENSTADT
Puchberg
am Schneeberg
Reichenau
an der Rax
Sauerbrunn
Pamhagen
Semmering
Aflenz
Mönichkirchen
Bad Schönau
Bad Tatzmannsdorf
Oberzeiring
St. Radegund
Waltersdorf
GRAZ
Laßnitzhöhe
Loipersdorf
Wildbad Einöd
Bad. St. Leonhard
im Lavanttal
Bad Gams
Bad Gleichenberg
Trebesing
Althofen
Bad Kleinkirchheim
Weißenbach
bei Wolfsberg
Schwanberg
Fresach
Pörtschach
am Wörthersee
KLAGENFURT
Bad Radkersburg
Warmbad Villach
Velden
am Wörthersee
Eisenkappel-
Vellach
MARIBOR
LJUBLJANA
J U G O S L A W I E N
U N G A R N
Sopron
Szombathely
Nagykanizsa
Kartographie: F. Kobelhirt

Nach moderner wissenschaftlicher Auffassung kommt den natürlichen Heilmitteln weniger eine direkte pharmakologische Wirkung zu, sondern es handelt sich bei ihrer Wirkung vielmehr um eine indirekte Beeinflussung physiologischer und pathophysiologischer Mechanismen, wobei oft die Verbindungen zwischen somatischem und vegetativem Nervensystem ausgenützt werden. In der Praxis werden daher natürliche Heilmittel auch nicht als alleinige therapeutische Maßnahmen bei Erkrankungen eingesetzt, sondern stellen eine Unterstützung anderer ärztlicher Behandlungsverfahren dar. Dabei ist eine Koordination aller dieser eingesetzten Therapieverfahren in Abhängigkeit von der Art und dem Stadium der Erkrankungen nötig.

Die natürlichen Heilvorkommen in Österreich

Der heilklimatische Kurort liegt am Fuße des Hochschwabs in sonniger und windgeschützter Lage – im Herzen der Steiermark auf einer Südabdachung der nördlichen Kalkalpen gegen die inneralpine Mur-Mürz-Furche hin. Kleinräumig liegt das Siedlungsgebiet von Aflenz-Kurort auf einem flachen, südexponierten Hang der Bürgeralm, einem Ausläufer des Hochschwabmassivs in Seehöhe von bis fast 2000 m (Mitteralpe).
Ca. 1100 Einwohner

Foto: Kurverwaltung Aflenz

Verkehrsverbindungen

Nächste internat. D-Zug-Station ist Bruck/Mur, von hier gute Autobusverbindung. Beste Straßenverbindung von Wien, Graz, Mariazell. Abholdienst mit Taxibussen von Wien möglich.

Kurmittel

Heilklima; im Sommer Schonklima, in den Übergangszeiten mäßige Reizfaktoren, im Winter stärkere Reizfaktoren. Seehöhe: 765 m ü. M.

Indikationen

Erholungsbedürftigkeit, Rekonvaleszenz, Erkrankungen der Atemwege, bestimmte Erkrankungen des Herz-Kreislauf-Systems (Hypotonie, funktionelle Störungen)

Kontraindikationen

allgemeine Kontraindikationen gegen Kuren

Kureinrichtungen

Kurheim der Pensionsversicherungsanstalt der Angestellten (110 Betten)
Saison: ganzjährig

Medizinische Versorgung

nächstes Krankenhaus in Kapfenberg, Ärzte im Ort, Dentist, Apotheke, Tierarzt
2 Geldinstitute

Beherbergung

Hotels/Pensionen/Gasthäuser
620 Betten, privat 300 Betten,
Heim der PVAng. 110 Betten

Freizeitgestaltung

Kurkonzerte der Trachtenkapelle „Erzherzog Johann", Liederblasen, Heimatmuseum, Lichtbildervorträge, Ausstellungen, Kurkonzerte in der Saison wöchentlich, Heimatabende, Bastelkurse.

Alpin-, Langlauf-, Rodelbewerbe (1 Doppelsesselbahn, 1 Dreisesselbahn, Schlepplifte, Rodelbahn, Loipen), Eislaufplatz, Radsportveranstaltungen, Freischachanlage im Kurpark, vorgewärmtes Schwimmbad, Hallenbad (2 km), Tennis, Fischen, Jagen, Reiten; Bergsteiger- und Kletterschule (Hochschwab), Sportgeräteverleih; ca. 360 km markierte Spazier- und Wanderwege, ca. 40 km markierte Radwanderwege.

Sehenswürdigkeiten im Ort (gotische Pfarrkirche, Propstei mit Arkadenhof, Marienstatue und Petruskreuz) und Tagesausflüge sowie Halbtagesausflüge in die Umgebung.

Seelsorge

röm.-kath., evangel.

Auskunft:

Kurverwaltung
8623 Aflenz-Kurort
Tel. 03861/2265

700jähriger Markt am Nordrand des Krappfeldes, umgeben von Mittelgebirgszügen.
4521 Einwohner

Verkehrsverbindungen

Bahn: Südbahn

Auto: B 83, 10 km von Friesach und 45 km von A2 entfernt
Flughafen Klagenfurt-Wörthersee 40 km entfernt

Klima: mildes subalpines Schonklima

Seehöhe: 718 m ü. M.

Foto: ÖFVW, Markowitsch

Kurmittel

Das Moorvorkommen von Althofen kann in folgende Peloidenarten gegliedert werden: blaugrauer Ton, Humuston, Moorerde, Flachmoortorf.

(Auszug aus der Analyse der Bundesstaatlichen Anstalt für experimentell-pharmakologische und balneologische Untersuchungen, 1974:)

Peloidart	Wasser-kapazität	Wärmehaltung bei Normal-konsistenz	Sediment-volumen
blaugrauer Ton	0,9 g	430 s	2–2,9 ml/g
Humuston	1,4 g	424 s	
Moorerde	4,5 g	580 s	
Flachmoorerde	7,5 g	750 s	14,7 ml/g

Wassergehalt des naturfeuchten Flachmoortorfs 81,5%

Kurmittelanwendung

Bäder, Packungen

Indikationen

Erkrankungen des Bewegungs- und Stützapparates, Erkrankungen des rheumatischen Formenkreises, degenerative Erkrankungen der Gelenke, posttraumatische und postoperative Zustände des Bewegungs- und Stützapparates, Frauenkrankheiten

Kontraindikationen

akute fieberhafte Erkrankungen, akute und subakute entzündliche Erkrankungen des Bewegungsapparates und des Genitaltrakts, Endometriose und Myome, juvenile Blutungen, Menorrhagien und Metrorrhagien, Gravidität, zystische Ovarialtumore, Genitaltuberkulose und andere tuberkulöse Erkrankungen, die nicht seit mindestens mehreren Jahren abgeheilt sind, maligne Neoplasmen, schwere Herz-Kreislauf-Erkrankungen, schlechter Allgemeinzustand
Die Kuranstalt ist nicht für die Behandlung bettlägriger und komplett querschnittsgelähmter Patienten eingerichtet.

Zusatztherapie

Übungsbehandlung, Medikomechanik, Ultraschall, Hydrotherapie, Infrarot- und Chromotherapie, Diathermie, Warmluftbehandlung, Kryotherapie, Phototherapie, Galvanisation, Reizstromtherapie, Aerosol- und Inhalationstherapie, Diäten

Kureinrichtungen

1 Kuranstalt
2 Kurhotels
Saison: ganzjährig

Medizinische Versorgung

Ärzte, Zahnarzt, Dentist, Apotheke, Tierarzt, Krankenhaus in Friesach
3 Geldinstitute

Beherbergung

Hotels/Pensionen/Gasthäuser (Kurhotel 400 Betten) 547 Betten, 28 Betten privat

Freizeitgestaltung

Gemeindebücherei, Kino.
Sauna, Solarium, Tennis, Hallentennis, Minigolf, Kegeln, Eislaufen, Eisstockschießen, markierte Wanderwege, jeden Samstag Gästewanderungen.
7 Cafés.
Sehenswürdigkeiten im Ort (Bergfried, Cäcilienkirche, Annaturm, Schloß Töschldorf) und in der Umgebung (Hochosterwitz, Minimundus, Gurker Dom). Taxi.

Seelsorge

röm.- kath., evangel.

Auskunft

Marktgemeinde Althofen
Hauptplatz 8
9330 Althofen
Tel. 04262/2288

Der kleine Luftkurort mit bäuerlichem Einschlag liegt sehr ruhig in einer leichten Hügellandschaft inmitten von Wiesen und Wäldern, 60 km von Salzburg, 28 km von Braunau am Inn und 17 km von Ried i. I. entfernt. Ca. 2200 Einwohner

Foto: Gemeindeamt Aspach

Verkehrsverbindungen

Auto: von Deutschland über Autobahn Passau – Ried i. I. – Aspach; von Wien über Linz – Wels – Ried i. I. – Aspach;
von Salzburg über Mattighofen – Aspach.

Bahn: nächste Bahnstationen Ried i. I., Braunau am Inn, Mattighofen – anschließend Postautobusverbindungen

Kurmittel

Schonklima im Sommer, Reizfaktoren in den übrigen Jahreszeiten. Seehöhe: 445 m ü. M.

Kurmittelanwendungen

Wanderungen

Indikationen

Erholungsbedürftigkeit und Rekonvaleszenz

Kontraindikationen

allgemeine Kontraindikationen gegen Kuren

Zusatztherapien

Massagen, Hydrotherapie

Kureinrichtungen

Kneippkuranstalt der Marienschwestern von Karmel

Medizinische Versorgung

Arzt mit Hausapotheke, Kurarzt, Krankenhaus in Braunau, Krankenhaus in Ried

3 Geldinstitute

Beherbergung

Gasthäuser 20 Betten,
privat 117 Betten, Kneippkuranstalt der Marienschwestern von Karmel 85 Betten

Freizeitgestaltung

Kurkonzert der Ersten Innviertler Trachtenkapelle „Solinger" und Heimatabende der Volkstanzgruppe Wildenau in der Kneippkuranstalt der Marienschwestern von Karmel.
Schwimmen im Badesee Wildenau mit Fischereimöglichkeit, Donau-Parcours-Fitneßanlage, Asphaltstockschießen, Tennis in 3 km Entfernung), Rundflüge auf dem Sportflugplatz Ried-Kirchheim (5 km entfernt), Fahrradverleih der Kurkommission Aspach in der Kneippkuranstalt Aspach 1; markierte Wanderwege.

Sehenswürdigkeiten im Ort (Pfarrkirche Aspach, Schnitzereien von Schwanthaler und den Gebrüdern Zürn) und in der Umgebung (Schloß Wildenau).
Gasthöfe, Cafés, Tanzcafé, Diskothek.

Seelsorge

röm.-kath.

Auskunft

Kurfonds Aspach (Gemeindeamt)
5252 Aspach 28
Tel. 07755/355

Der Kurort liegt im steirischen Salzkammergut, eingebettet zwischen dem Toten Gebirge im Norden und dem Dachsteinmassiv im Süden.
Ca. 5000 Einwohner

Verkehrsverbindungen

Auto: Bad Aussee liegt an der B 145, von Wien über die Westautobahn (Abfahrt Regau), dann noch 70 km Bundesstraße. Von Salzburg 80 km entfernt. Kfz-Werkstätten im Ort.

Bus: Salzburg – Bad Ischl – Bad Aussee

Bahn: direkte Zugsverbindung von Wien und BRD (auf der Strecke Attnang-Puchheim – Stainach-Irdning)

Flughäfen: Wien, Salzburg, Linz, München

Klima

Schonklima von Mai bis Oktober, Reizklima von November bis April. Hohe „Klimabehaglichkeit“ durch Nebelfreiheit, wenig Föhn, geringe Schwankungen der Lufttemperatur.

Seehöhe: 650 – 750 m ü. M.

Kurmittel

1) Sole aus dem Altausseer Salzberg
2) Soleschlamm aus dem Altausseer Salzberg
3) Natrium-Chlorid-Sulfat-Wasser (Glaubersalzquelle, Scheibenstollenquelle)

(Auszug aus der Analyse der Bundesstaatlichen Anstalt für experimentell-pharmakologische und balneologische Untersuchungen in Wien, 1981:)

Temperatur 9,6 °C
Schüttung 0,55 l/s

In 1 kg Quellwasser sind enthalten:

Natrium	3987 mg	79,3 mval%
Chlorid	4476 mg	57,7 mval%
Sulfat	4333 mg	41,3 mval%
Summe der gelösten festen Stoffe	13 755 mg	

Kurmittelanwendung

Solebäder, Soleinhalationen, Schlammpackungen, Trinkkuren

Foto: ÖFVW, Markowitsch

Indikationen

ad 1)
Solebäder: Entwicklungsschwäche im Kindesalter, rheumatische Erkrankungen, funktionelle Kreislaufstörungen, Frauenkrankheiten (Sterilität, chronisch-entzündliche Erkrankungen der Geschlechtsorgane), allgemeine Kräftigung des Organismus
Soleinhalationen: Erkrankungen der oberen Luftwege

ad 2)
Soleschlammpackungen: Erkrankungen des Bewegungsapparates wie chronisch-entzündlicher Rheumatismus, Abnützungserscheinungen, degenerative Gelenkserkrankungen, Zustände nach Pleuritiden, Nachbehandlung nach Unfällen, Durchblutungsstörungen, Unterstützung der Trinkkur mit Glaubersalzquelle bei Erkrankungen der Leber, der Galle und des Magen-Darm-Trakts

ad 3)
Trinkkuren mit Glaubersalzquelle: katarrhalische Erkrankungen des Magens, insbesondere Hypazidität, subchronische und chronische Dünn- und Dickdarmkatarrhe, Dyspepsie, Spätfolgen nach Ruhr, chronisch-entzündliche Erkrankungen der Gallenblase und Gallenwege mit oder ohne Gallensteinbildung, Nachbehandlung nach Gallensteinoperationen, subchronische und chronische Erkrankungen der Leber, soweit keine Ödembildung, keine nennenswerte Einschränkung der Leberleistung und keine akute Entzündung vorliegen, Obstipation, Hämorrhoiden, Hypercholesterinämie als Folge von Übergewicht

Kontraindikationen

ad 1) und 2) allgemeine Kontraindikationen gegen Kuren
ad 3) zusätzlich:

Gallensteinkoliken, Erkrankungen der Leber mit Neigung zur Ödembildung bzw. Aszites, nennenswerten Einschränkungen der Leberfunktion, akut entzündliche Schübe (akute Hepatitis), akute und blutende Magen-Darm-Geschwüre, Erkrankungen, die eine kochsalzarme Diät erfordern

Zusatztherapien

Übungsbehandlung, Medikomechanik, Massagen, Hydrotherapie, Warmluftbehandlung, Phototherapie, Stangerbad, Zwei- und Vierzellenbad, Aerosol- und Inhalationstherapie, Diäten;
autogenes Training, psychologisch orientierte Sonderprogramme (Streßbewältigung)

Kureinrichtungen

Modernes Kurzentrum (1979)

Sanatorium Dr. Freisleben

Rehazentrum der PVArb

Kurheim der Gemeindebediensteten OÖ

Saison: ganzjährig

Medizinische Versorgung

Ärzte, 2 Internisten, Zahnarzt, Dentist, Apotheke, Krankenhaus
4 Geldinstitute

Beherbergung

2500 Betten insgesamt

Freizeitgestaltung

Musikfestwochen, Kammerkonzerte, Dichterlesungen, Ausstellungen, Bibliothek, Theatergastspiele, Bastel-, Hobbykurse, Kräuterwanderungen, Kino im 4 km entfernten Altaussee.

Hallen-, Freibäder, Sauna, Solarium, Reiten, Segeln, Surfen, Tennis, Hallentennis, Minigolf, Radwanderwege, Kegeln, Alpinskilauf, Langlauf, Rodeln, Eislaufen, Eisstockschießen, Plattenwerfen, Rad-, Ski-, Segelbootverleih, 150 km markierte Wanderwege.

Charakteristisches Ortsbild, Sehenswürdigkeiten, Ausflüge (Altausseersee, Toplitzsee, . . .),
Cafés, Konditoreien, Bars. Stmk. Landesreisebüro.

Seelsorge

röm.-kath., evangel.

Auskunft

Kurverwaltung Bad Aussee
8990 Bad Aussee
Tel. 06152/2323

Bad Bleiberg Badekurort Kärnten

Der Kurort liegt eingebettet zwischen der Villacher Alpe und dem Erzberg, dem der Ort seinen Namen verdankt, in einem Kärntner Hochtal in sehr ruhiger, naturbelassener Umwelt mit seltener Alpenflora.
3446 Einwohner

Verkehrsverbindungen

Bahn: Villach nächste Schnellzugstation mit Autoreisezugverladung

Bus: Autobuslinienverkehr regelmäßig von Villach nach Bad Bleiberg

Flughafen: Klagenfurt

Auto: B 83, B 86, B 100, B 111, 16 km von Villach entfernt; Pannenhilfe

Klima

subalpines Reizklima

Seehöhe 850 m ü. M.

Foto: ÖFVW, Markowitsch

Kurmittel

Akratothermalwasser

(Auszug aus der Analyse des Institutes für Physiologie und Balneologie der Universität Innsbruck, 1973:)
Temperatur 27,4 °C
Schüttung 16,7 l/s
Summe der gelösten festen Stoffe 284,9 mg/kg

Kurmittelanwendung

Bäder

Indikationen

Erholungskuren bei Übermüdung und Erschöpfung, vorzeitige Alterserscheinungen, vegetative Dystonien, gynäkologische Erkrankungen wie Zyklusstörungen, Beschwerden bei beginnendem Klimakterium etc., chronische Erkrankungen des Bewegungsapparates, und zwar in erster Linie degenerativer Natur, Folgen traumatischer Schäden, Muskelverspannungen, Nachbehandlung nach Neuritiden und Poliomyelitis

Kontraindikationen

alle organischen Herz-Kreislauf-Erkrankungen, akut entzündliche Erkrankungen, bestimmte Hauterkrankungen, tuberkulöse Erkrankungen, nicht sanierte Herde, schlechter Allgemeinzustand

Zusatztherapien

Übungsbehandlung, Massagen, Hydrotherapie, Warmluftbehandlung, Diäten

Kureinrichtungen

1 Kurmittelhaus, 1 Kurhotel

Saison: ganzjährig

Medizinische Versorgung

Ärzte, Apotheke, Krankenhaus in Villach

2 Geldinstitute

Beherbergung

Hotels/Pensionen/Gasthäuser
331 Betten, 328 Betten privat

Freizeitgestaltung

Bleiberger Knappenspiele, Bergbau-Glasmodell mit Mineralienschau, Bibliothek, Kurkonzerte, Heimatabende, Bastel- und Hobbykurse.

Hallenbad, Freibad, Sauna, Solarium, Reiten, Tennis, Minigolf, Kegeln, Alpinski- und Langlauf, Eislaufen, Eisstockschießen, Schi- und Langlaufausrüstungsverleih, 100 km markierte Wanderwege.
Ausflüge in die Umgebung.

Reisebüros.

Konditoreien, Gastlokale.

Seelsorge

röm.-kath., evangel.

Auskunft

Fremdenverkehrsamt Bad Bleiberg
9530 Bad Bleiberg
Tel. 04244/211

Bad Deutsch-Altenburg

Badekurort

Niederösterreich

Der Kurort liegt am Rande der pannonischen Tiefebene, zwischen Wien und Neusiedler See, am rechten Donauufer und am Fuße der Hundsheimer Berge.
Ca. 1300 Einwohner

Verkehrsverbindungen

Auto: Bundesstraße 9 (45 km von Wien entfernt); Pannenhilfe in Bruck/Leitha

Bahn: Eisenbahnstation an der Strecke von Wien-Landstraße (Preßburger Bahn) nach Wolfsthal

Autobus: ab Wien-Landstraße

Klima

pannonisches Klima, wenig Niederschlag, höchster Sonnenscheinanteil Österreichs

Seehöhe: 138 m ü. M.

Foto: Kurverwaltung Bad Deutsch-Altenburg

Kurmittel

1) Natrium-Calcium-Chlorid-Sulfat-Hydrogencarbonat-Jod-Schwefel-Thermen (Kurhausquelle, Kaiserbadquelle)

2) Natrium-Calcium-Chlorid-Hydrogencarbonat-Jod-Schwefel-Therme (Direktionsbrunnen)

ad 1)
Kurhausquelle

(Auszug aus der Analyse des Instituts für anorganische und analytische Chemie der Universität Graz, 1979:)

Temperatur 28,5 °C
Schüttung ca. 1 l/s

In 1 kg Quellwasser sind enthalten:

Natrium	814,5 mg	61,4 mval%
Calcium	305 mg	26,5 mval%
Chlorid	1137 mg	55,6 mval%
Sulfat	600,5 mg	21,7 mval%
Hydrogencarbonat	760 mg	21,6 mval%
Jodid	1,3 mg	
Sume der gelösten festen Stoffe	3729 mg	
Titrierbarer zweiwertiger Schwefel	89,4 mg	

Kaiserbadquelle

(Auszug aus der Analyse des Instituts für anorganische und analytische Chemie der Universität Graz, 1979:)

Temperatur 28,5 °C
Schüttung 8 – 9 l/s

In 1 kg Quellwasser sind enthalten:

Natrium	685,2 mg	55,5 mval%
Calcium	305 mg	28,3 mval%
Chlorid	955,8 mg	51 mval%
Hydrogencarbonat	760 mg	23,6 mval%
Sulfat	620 mg	24,4 mval%
Jodid	1,29 mg	
Summe der gelösten festen Stoffe	3552,5 mg	
Titrierbarer zweiwertiger Schwefel	50,8 mg	

ad 2)
Direktionsbrunnen

(Auszug aus der Analyse des Instituts für anorganische und analytische Chemie der Universität Graz, 1981:)

Temperatur 24,6 °C
Schüttung 8,5 l/s

In 1 kg Quellwasser sind enthalten:

Natrium	750,1 mg	48,1 mval%
Calcium	318,2 mg	33,8 mval%
Chlorid	1022 mg	62,4 mval%
Hydrogencarbonat	766 mg	27,2 mval%
Jodid	1,3 mg	
Summe der gelösten festen Stoffe	3315 mg	
Titrierbarer zweiwertiger Schwefel	49,4 mg	

Kurmittelanwendungen

Bäder, Inhalationen, Trinkkuren, Mundbäder

Indikationen

Bäder: alle Erkrankungen des rheumatischen Formenkreises, speziell der Gelenke und Muskeln im subakuten oder chronischen Zustand, degenerative Gelenkserkrankungen, Neuralgien und Neuritiden nach Abklingen des akuten Stadiums, bestimmte Hauterkrankungen wie Psoriasis, Folgezustände nach Unfallverletzungen und Operationen, Lähmungserscheinungen zentraler und peripherer Art, periphere Durchblutungsstörungen, Osteoporose und Osteochondrose, Gicht, Alters- und Aufbrauchskrankheiten, Rekonvaleszenz und Regeneration, Kollagenkrankheiten, chronische Frauenkrankheiten

Inhalationen und Mundbäder: zur Bespülung chronisch-entzündeter Gewebe

Kontraindikationen

hochgradige Herzfehler mit Ödem, akute fieberhafter Erkrankungen, Neoplasmen, aktive Tuberkulose, Schwangerschaft, Geisteskrankheiten, Epilepsien, Asthma, schwere Anämien, Hyperthyreose und Jodallergie

Zusatztherapien

Übungsbehandlung, Medikomechanik, Ultraschall, Hydrotherapie, Infrarot- und Chromotherapie, Diathermie, Warmluftbehandlung, Kryotherapie, Phototherapie, Galvanisation, Reizstromtherapie, Aerosol- und Inhalationstherapie, Diäten

Sonstiges medizinisches Angebot

Revitalisierungs- und Regenerationskuren, Aslan-Kur, Frischzellen, Sauerstoffbehandlung nach Ardenne, Neuraltherapie, Dermolat-Kuren, Samadhi-Tank, autogenes Training

Kureinrichtungen

1 Kuranstalt, 2 Kurheime

Saison: ganzjährig (außer vom 20. Dezember bis 2. Jänner)

Medizinische Versorgung

praktische Ärzte, Internist, Apotheke, Dialysestation im Ort. Krankenhaus, Zahnarzt in Hainburg (4 km entfernt)

Geldinstitut

Beherbergung

Hotels/Pensionen, 600 Betten

Freizeitgestaltung

Freilichttheater im Juli und August, Museen, Kurhaus-Bibliotheken, Gemeindebücherei, Lichtbildervorträge, Konzerte, Filmvorführungen in den Kurhäusern.

Hallenbad, Freibad (geheizt, in Hainburg), Sauna, Tennis, Minigolf, Eisstockschießen, Wander- und Radwanderwege (Fahrradverleih), Kegelbahn und Golf in Hainburg.

Cafés, Konditoreien.

Ausflüge zum Neusiedler See, Pferdekutschenfahrt in die Marchauen.
Taxi.

Seelsorge

röm.-kath.

Auskunft

Kurverwaltung
Badgasse 24
2405 Bad Deutsch-Altenburg
Tel. 02165/24 59

Baden bei Wien Bade- und Luftkurort Niederösterreich

Die Kur- und Kongreßstadt liegt 26 km südlich von Wien, am Eingang des Helenentales (am Ostrand des Wienerwaldes), umgeben von ausgedehnten Weinbergen und Wäldern. Stadtgebiet 27 km², ca. 25 000 Einwohner.

Verkehrsverbindungen

Auto: Westautobahn, Abfahrt Alland-Baden, durch das Helenental (Bundesstr. 305). Südautobahn, Abfahrt Baden.

Flugzeug: Autobus vom Flughafen Schwechat zum Air-Terminal „Wien Mitte“ und von dort mit der Schnellbahn direkt nach Baden

Bahn: Südbahnstation Baden

Bus: AG der Wr. Lokalbahnen bietet täglich eine Busverbindung Wien Oper – Baden Josefsplatz – retour (Fahrzeit ca. 1 Stunde).

Foto: Stadtgemeinde Baden

Kurmittel

1) Calcium-Natrium-Magnesium-Sulfat-Chlorid-Schwefel-Mineralthermalwasser (12 Quellen)
2) Schwefelschlamm (Tegel mit Schwefelthermalwasser versetzt)
3) Schonklima. Seehöhe: 220 bis 250 m ü. M.

ad 1)
Die Quellschüttungen betragen durchschnittlich zwischen 2 und 30 l/s, die Quelltemperaturen liegen zwischen ca. 25 °C und 35 °C.

Zur Illustration der chemischen Zusammensetzung der Schwefelthermalwässer von Baden wird nachfolgend ein Auszug aus der Analyse der Bundesstaatlichen Anstalt für experimentell-pharmakologische und balneologische Untersuchungen aus dem Jahre 1983, betreffend die Ursprungsquelle (Römerquelle), wiedergegeben.

Natrium	161 mg	27,2 mval%
Magnesium	68,8 mg	22 mval%
Calcium	254,5 mg	49,3 mval%
Chlorid	270 mg	30 mval%
Sulfat	627 mg	50,7 mval%
Summe der gelösten festen Stoffe		1073 mg
Titrierbarer zweiwertiger Schwefel		11 mg

Kurmittelanwendung

Bäder, Trinkkuren, Inhalationen, Schlammpackungen; Unterwassermassage, Unterwassergymnastik, Mundsprühbäder

Indikationen:

ad 1 und 2)

Bäder und Packungen: alle Formen rheumatischer Gelenkserkrankungen nach Abklingen der akuten Phasen bzw. primär chronische Veränderungen, degenerative Gelenks- und Wirbelsäulenerkrankungen, Wiederherstellung nach Operationen am Bewegungsapparat, Weichteilrheumatismus und Neuritiden nach Abklingen der akuten Phasen, Gelenkveränderungen im Rahmen verschiedener Erkrankungen nach Abklingen des akuten Geschehens (z. B. gichtische Gelenksveränderungen nach Einstellung des Stoffwechsels und Rückgang der akut entzündlichen Veränderungen), sekundäre Arthrosen nach Traumen und Mobilisation nach unfallchirurgischen Maßnahmen, Rehabilitation nach zentralen und peripheren Lähmungen;
bestimmte Hauterkrankungen, die einer Oberflächenschwefelbehandlung zugänglich sind;
chronische Unterleibserkrankungen der Frau;
periphere Durchblutungsstörungen

Mundbäder: chronische Erkrankungen des Zahnfleisches und der Mundschleimhaut bzw. der Nasennebenhöhlen

Inhalationen: chronische Atemwegserkrankungen unter Berücksichtigung schlechter Verträglichkeit bei Asthma bronchiale

ad 3)
Rekonvaleszenz nach Erkrankungen oder chirurgischen Eingriffen,
Schädigungen des Herzens mit labiler Anpassungslage, arterieller Hochdruck,
chronische Entzündungen des Respirationstrakts,
vegetative Dystonie

Kontraindikationen

schlechter Allgemeinzustand, dekompensierte Herzerkrankungen, fixierter Hochdruck, Ruhestenocardien, frischer Myocardinfarkt, maligne Neoplasmen einschließlich Leukämie, alle akuten Infekte, fieberhafte und ansteckende Erkrankungen, Tuberkulose bis zur völligen Konsolidierung, Schwangerschaft ab dem 6. Monat, Neigung zu rezidivierenden Thrombosen

Zusatztherapien

Übungsbehandlung, Medikomechanik, Massagen, Ultraschall, Hydrotherapie (Kneippsche Anwendungen), Infrarot- und Chromotherapie, Diathermie, Warmluftbehandlung, Kryotherapie, Phototherapie, Galvanisation, Reizstromtherapie, Aerosol- und Inhalationstherapie, Diäten, Psychotherapie (Gruppentherapie)

Kureinrichtungen

Öffentliches Kurmittelhaus

Kurhaus Engelsbad, KVA der Bundesangestellten, Weilburgstr. 7 – 9

Rheumakrankenanstalt der SVA der Bauern, Renng. 2

Kurheim Melanie, VA öffentlich Bediensteter, Weilburgstr. 17

Rheumasonderkrankenanstalt der NÖ. Gebietskrankenkasse, Sauerhofstr. 9 – 15

Rheumasonderkrankenanstalt der SVA der gewerblichen Wirtschaft, Adolfine Malcher Gasse 1

Saison: ganzjährig

Medizinische Versorgung

Ärzte aller Fachrichtungen, Krankenhaus, Apotheken

zahlreiche Geldinstitute und Banken

Beherbergung

46 Hotels/Pensionen 2490 Betten, 243 Betten privat, Schloß-Camping Laxenburg, Münchendorferstr. (ca. 15 km von Baden entfernt)

Freizeitgestaltung

Die Stadt Baden, die ihr klassizistisch-biedermeierliches Stadtbild weitgehend bewahrt hat, ist reich an Sehenswürdigkeiten und Gedenkstätten (Habsburger, Herzog v. Reichstadt, Beethoven, Mozart, Strauß).

Cafés, Konditoreien, Restaurants, Spezialitätenrestaurants.

Taxi/Mietwagen/Reisebüros.

Kurkonzerte täglich (außer Montag) im Sommer im Kurpark, im Winter im Kurmittelhaus, jeweils um 15.30 Uhr. Jubiläumsstadttheater und Operettensommer in der Sommerarena, 3 Museen, Bibliotheken, 5 Kinos, Spielkasino im Kurpark.

Hallenbad, 2 Freibäder (Thermalstrandbad und Mineralschwimmbad), Tennis-, Minigolf- und Eislaufplätze, Golfplatz (8 km entfernt); Reiten, Radfahren, Fischen, Sportschießen, Laufen, Wandern, Bowling/Kegeln, Billard, Squash.

Vom Kurort führen 60 km Wanderwege in die waldreiche Umgebung. Beliebte Ausflugsziele sind das romantische Helenental, das Zisterzienserstift Heiligenkreuz, Mayerling, Wienerwald, Schloß Laxenburg, Wien.

Seelsorge

röm.-kath., evangel., sonstige

Auskunft

Touristinformation
Hauptplatz 2
2500 Baden
Tel. 02252/86800/310

Öffnungszeiten
Winter Mo – Fr 8.00 – 17.00 Uhr
Sommer Mo – Fr 9.00 – 12.00 Uhr
Sonn- und Feiertag 9.00 – 12.00 Uhr

Bad Gams Badekurort Steiermark

Kurort am Fuß der Koralpe in waldreicher, ruhiger, industriefreier Umgebung des weststeirischen Hügel- und Weinlandes
Ca. 2000 Einwohner

Verkehrsverbindungen

Bahnstation: Graz oder Frauental mehrmals täglich

Busverbindung: Graz und Deutschlandsberg
Pannenstellen

Seehöhe: 406 m ü. M.

Kurmittel

1) St. Hubertus Quelle (eisenhältiges Heilwasser akratischer Konzentration)

2) Michelquelle (Trinksäuerling akratischer Konzentration)

ad 1)
(Auszug aus der Analyse des Instituts für anorganische und analytische Chemie der Universität Graz, 1981:)

Temperatur 12,2 °C
Schüttung 0,04 l/s
Summe der gelösten festen Stoffe 358 mg/kg
Zweiwertiges Eisen 13,3 mg/kg

ad 2)
(Auszug aus der Analyse des Instituts für anorganische und analytische Chemie der Universität Graz, 1981:)

Temperatur 13,1 °C
Schüttung nicht gemessen

Summe der gelösten festen Stoffe 192,7 mg/kg
Zweiwertiges Eisen 8,3 mg/kg
Gelöste freie Kohlensäure 553 mg/kg

Kurmittelanwendung

Trinkkuren

Indikationen

Eisenmangelanämien,
Rekonvaleszenz

Kontraindikationen
allgemeine Kontraindikationen gegen Kuren

Foto: ÖFVW, Markowitsch

Zusatztherapien

Massagen, Hydrotherapie, Warmlufttherapie, Aerosol- und Inhalationstherapie, Diäten

Saison: 5.März bis 1.November

Medizinische Versorgung

Ärzte mit Hausapotheke, Krankenhaus in Deutschlandsberg (10 km)
2 Geldinstitute

Beherbergung

Hotels/Pensionen/Gasthäuser
327 Betten, privat 212 Betten,
Campingplatz

Freizeitgestaltung

Gelegentlich Kurkonzerte und Heimatabende.
Hallenbad, Freibad, Sauna, Tennis, Minigolf, Eislaufen, Fahrradverleih, 90 km Wanderwege, ebene Spazierwege, 2 Kurparks.
Cafe, Buschenschenken.
Im Ort Kunsthandwerksbetrieb (Töpferei, Stoffweberei, Teppichweberei).
Ausflüge zum Gestüt Piber, Bauernmuseum Schloß Stainz, Schloß Hollenegg, Burg Deutschlandsberg, Hebalpe, Koralpe, Soboth, Freilichtmuseum Stübing, Taxi/Mietwagen/Reisebüro, organisierte Halbtags- und Tagesausflüge.

Seelsorge

röm.-kath., evangel.

Auskünfte

Kurbüro
Tel. 03463/2246

Kurbetrieb Dr. Kipper
8524 Bad Gams
Tel. 03463/2266

Badgastein Badekurort Salzburg

Kurort im Gasteinertal, 100 km südlich von Salzburg
Ca. 5100 Einwohner

Foto: *ÖFVW, Markowitsch*

Verkehrsverbindungen

Bahn/ Bus/ Auto: B 167, Pannenstelle, Bahnstation für intern. Expreßzüge

Klima

hochalpines Klima mit leichten Reizfaktoren, windgeschützt

Seehöhe: 1083 m ü. M.

Kurmittel

1) 17 radonhältige Akratothermen

2) radioaktiver Thermalstollen in Böckstein (radioaktives Heißluftemanatorium)

ad 1)

Übersicht über die Thermalquellen von Badgastein (aus: Die wissenschaftlichen Grundlagen der Gasteiner Kur, von Univ.-Prof. Dr. P. Deetjen, Vorstand des Instituts für Physiologie und Balneologie der Universität Innsbruck und wissenschaftlicher Leiter des Forschungsinstituts Gastein-Tauernregion; 1983/84)

Nr.	Name der Quelle	Ergiebigkeit l/s	Temperatur °C	Radcngehalt nCi/l
I	Franz-Josephs-Quelle	2,3	45,6	4,8
II	Rudolf-Quelle	5	46,6	5,8
III	Wasserfall-Quelle	4	36,3	37,8
IV	Alte Franzens-Quelle	0,05	44,5	11
V	Lainer-Quelle	2,1	46,4	24,8
VI	Doktor-Quelle	1,1	42,4	23,5
VII	Neue Franzens-Quelle	0,2	41,4	0,5
VIII	Wandelbahn-Quelle		versiegt	
IX	Elisabeth-Quelle	29,1	46,1	47,8
X	Fledermaus-Quelle	0,16	35	93,4
XI	Mitteregg-Quelle	0,3	37,4	8,5
XII	Reissacher-Quelle	4,4	39,5	52,8
XIII	Kanal-Quelle	0,7	35,6	20,3
XIV	Grabenbächer-Quelle	1,2	36,8	39,5
XV	Spitzwand-Quelle		versiegt	
XVI	Sophien-Quelle	1,2	38,1	58,7
XVII	Mesnil-Quelle	1,4	37	59,2

(Auszug aus der großen Heilwasseranalyse des Thermalmischwassers, durchgeführt vom Balneologischen Institut der Universität Innsbruck, 1978:)

Durchschnittstemperatur 43 °C
durchschnittlicher Radongehalt 17,9 nCi/l

ad 2)

Lufttemperatur im Stollen zwischen 37,2 °C und 41,6 °C
relative Luftfeuchtigkeit 90 – 97%
Radongehalt der Stollenluft 4,1 nCi/l

Kurmittelanwendung

Bäder, Unterwassertherapie, Trinkkuren, Inhalationen

Indikationen

ad 1)

Erkrankungen des rheumatischen Formenkreises (entzündlicher Rheumatismus, wie primär chronische Polyarthritis, sekundär chronische Polyarthritis, Morbus Bechterew, degenerative Erkrankungen des Bewegungsapparates, wie Arthrosen, Spondylopathien, Osteochondrose, Spondylose, Spondylarthrose, Wirbelsäulensyndrome, Weichteilrheumatismus der Muskeln, Nerven, Sehnen und Bänder, Kollagenkrankheiten (Sklerodermie), Restzustände nach Lähmungen, Zustände nach verschiedenen Verletzungen, Osteoporose, Gefäßerkrankungen, wie Angioorganopathien (obliterierende Arteriosklerose), Angioneuropathien (M. Raynaud), Störungen innersekretorischer Organe (Störungen der Fertilität und der Potenz), Stoffwechselerkrankungen (Gicht, Urolithiasis), Mundhöhlenerkrankungen (Paradentose), Altersbeschwerden

ad 2)

primär und sekundär chronische Polyarthritis, Morbus Bechterew, degenerative Gelenkserkrankungen, periphere Gefäßerkrankungen, Neuritiden und Neuralgien

Kontraindikationen

allgemeine Kontraindikationen gegen Kuren; zusätzlich noch für 1) und 2) Zustand nach operativ entfernten Neoplasmen bis zu fünfjähriger Rezidivfreiheit;
für 2) Koronarsklerose

Zusatztherapien

Übungsbehandlung, Medikomechanik, Massagen, Ultraschall, Hydrotherapie, Infrarot- und Chromotherapie, Diathermie, Warmluftbehandlung, Kryotherapie, Phototherapie, Galvanisation, Reizstromtherapie, Aerosol- und Inhalationstherapie, Diäten

Kureinrichtungen

2 Kurmittelhäuser, 120 Kurhotels bzw. Kurhäuser, 9 Kurheime der Sozialversicherungsanstalten, 2 Kneippanstalten

Saison: ganzjährig

Medizinische Versorgung

Ärzte, Internisten, Rheumatologen, 2 Dialysestationen, Zahnärzte, Dentisten, Apotheken, Tierärzte

5 Geldinstitute

Beherbergung

Hotels/Pensionen/Gasthäuser
7000 Betten, 500 Betten privat,
4 Campingplätze, 10 Reha-Zentren und Kurheime

Freizeitgestaltung

Theater, 2 Museen, Bibliotheken, Spielkasino, Kurkonzerte von Mai bis Ende September, Kinos, Kurse, ganzjährig Veranstaltungen.

Hallenbad, Freibad, Sauna, Solarium, Reiten, Segeln, Ski- und Skilanglauf, Tennis, Golf, Eislaufen, Eisstockschießen, Skibob, Kegeln, Wasserski.

50 km Wanderwege, zweimal pro Woche geführte Wanderungen, Sportgeräteverleih.

Spezialitätenrestaurants, Cafès, Konditoreien.

Sehenswürdigkeiten im Ort, Ausflüge in die Umgebung. Taxi/Mietwagen/ Reisebüros

Seelsorge

röm.-kath., evangel., sonstige

Auskunft

Kurverwaltung Badgastein
5640 Badgstein
Tel. 06434/2532-0
Telex 67520

Bad Gleichenberg Badekurort Steiermark

Das größte und älteste steirische Heilbad ist nur 60 km von Graz entfernt.
1971 Einwohner

Verkehrsverbindungen

Auto: B 66; Pannenstellen, Kfz-Werkstätten im Ort

Bahn: Wien – Feldbach, dann umsteigen, während des Sommerfahrplanes Kurswagen Wien – Bad Gleichenberg

Bus: Busverbindungen ab Graz, in den Monaten April bis Oktober an Samstagen eine Luxusverbindung Wien – Bad Gleichenberg. Täglich Gästeabholdienst Bad Gleichenberg – Wien – Bad Gleichenberg.

Flug: über Graz-Thalerhof oder Wien-Schwechat Bustransfer gegen Voranmeldung

Klima: subalpines Schonklima, 2000 Sonnenstunden/Jahr

Seehöhe: 300 m ü. M.

Foto: ÖFVW, Markowitsch

Kurmittel

1) Natrium-Hydrogencarbonat-Säuerling (Johannisbrunnen II)

2) Natrium-Hydrogencarbonat-Chlorid-Säuerlinge (Konstantinbrunnen, Emma-Quelle, Badhausenquelle, Maria-Theresien-Quelle)

3) Natrium-Hydrogencarbonat-Thermalsäuerlinge (Johannisbrunnen I, Bad Gleichenberger Thermalquelle)

4) Natrium-Hydrogencarbonat-Chlorid-Therme (Mariannenquelle)

ad 1)

Johannisbrunnen

(Auszug aus der Analyse des Instituts für Organische und Pharmazeutische Chemie der Universität Graz, 1972:)

In 1 kg Quellwasser sind enthalten:

Natrium	1055 mg
Hydrogencarbonat	3593 mg
Summe der gelösten festen Stoffe	5404,4 mg
Gelöste freie Kohlensäure	2090 mg

ad 2)

Konstantinbrunnen

(Auszug aus der Analyse des Instituts für Organische und Pharmazeutische Chemie der Universität Graz, 1973:)

In 1 kg Quellwasser sind enthalten:

Natrium	1722 mg
Hydrogencarbonat	3811 mg
Chlorid	1033 mg
Summe der gelösten festen Stoffe	7026 mg
Gelöste freie Kohlensäure	2310 mg

Emma-Quelle

(Auszug aus der Analyse des Instituts für Organische und Pharmazeutische Chemie der Universität Graz, 1973:)

In 1 kg Quellwasser sind enthalten:

Natrium	1020 mg
Hydrogencarbonat	2343 mg
Chlorid	583 mg
Summe der gelösten festen Stoffe	4348 mg
Gelöste freie Kohlensäure	2260 mg

Maria-Theresien-Quelle

(Auszug aus der Analyse des Instituts für anorganische und analytische Chemie der Universität Graz, 1977:)

Temperatur 17,8 °C
Schüttung 0,4 l/s

In 1 kg Quellwasser sind enthalten:

Natrium	1856 mg	80,3 mval%
Hydrogencarbonat	4129 mg	67,4 mval%
Chlorid	1106 mg	31,1 mval%
Summe der gelösten festen Stoffe	7592 mg	
Gelöste freie Kohlensäure	1920 mg	

Frei aufsteigende Quellgase ca. 700 ml/min
95,6 Vol% CO_2

ad 3)

Bad Gleichenberger Thermalquelle

(Auszug aus der Analyse des Instituts für pharmazeutische Chemie der Universität Graz, 1974:)

Temperatur 21,7 °C
Schüttung 2 l/s

In 1 kg Quellwasser sind enthalten:

Natrium	785 mg	76,9 mval%
Hydrogencarbonat	2175 mg	80,2 mval%
Summe der gelösten festen Stoffe	3533,7 mg	
Gelöste freie Kohlensäure	1100 mg	

ad 4)

Mariannenquelle

(Auszug aus der Analyse des Instituts für analytische Chemie der Universität Graz, 1983:)

Temperatur 27,4 °C
Schüttung zwischen 1,6 und 3 l/s

In 1 kg Quellwasser sind enthalten:

Natrium	1504 mg	77,3 mval%
Hydrogen-carbonat	3677 mg	71,1 mval%
Chlorid	837 mg	27,9 mval%
Summe der gelösten festen Stoffe	6477 mg	

Kurmittelanwendung

Bäder, Kohlensäurebäder, Trinkkuren, Quellsoleinhalationen

Indikationen

Bäder mit Säuerlingen und Kohlensäurebäder: periphere Durchblutungsstörungen, Koronarinsuffizienz, Angina pectoris, degenerative Herzmuskelschäden, Reizleitungsstörungen, labile Hypertonie, Rehabilitation nach Herzinfarkt, Hypotonie, best. periphere Venenerkrankungen, Nachbehandlung nach Schlaganfällen, vegetative Erschöpfungszustände und Regulationsstörungen, Rekonvaleszenz nach Krankheiten und Operationen

Bäder mit Thermalwasser: entzündlicher Rheumatismus wie chronisch-entzündliche Polyarthritis, Spondylarthritis ankylopoetica (Morbus Bechterew), Arthritis urica;

degenerativer Rheumatismus wie Arthrosen, Spondylosen, Brachialgien, Ischialgien, Bandscheibenschäden und Myalgien;

Weichteilrheumatismus wie Periarthritis humeroscapularis, Tendovaginitis, Panniculitis, Cellulitis, Muskelrheumatismus, Neuralgien;

posttraumatische Restitution nach Gelenks-, Sehnen-, Knochen-, Muskel- und Nervenschädigungen

Inhalationen mit Quellsole: chronische Entzündung und Katarrhe des Nasen- und Rachenraumes, der Nasennebenhöhlen, des Kehlkopfs und der Luftröhre;

chronische Bronchitis, Folgezustände nach Grippe, Lungen- und Rippenfellentzündungen;

Lungenemphysem, Staublungenerkrankungen und sonstige durch Luftschadstoffe bedingte Erkrankungen der Atemwege, Asthma bronchiale

Trinkkuren: Erkrankungen des Magen-Darm-Trakts (chronisch-entzündliche Erkrankungen der Schleimhäute des Magen-Darm-Trakts, Hyperazidität);

funktionelle Störungen der Gallenblase und der Bauchspeicheldrüse;

Erkrankungen der ableitenden Harnwege (bestimmte Harnwegsinfekte, bestimmte Konkremente in den ableitenden Harnwegen)

Kontraindikationen

Bäder: alle akuten Infektionskrankheiten, Tuberkulose, bösartige Geschwülste, dekompensierte Herzerkrankungen, floride Entzündungen des Endo-, Myo- und Perikards, frischer Herzinfarkt, Mitralstenose, chronisches Cor pulmonale

Trinkkuren: Hochdruck, Herzinsuffizienz, Nierenleiden, Glaukom, Phosphatsteine, Colininfekte der ableitenden Harnwege

Zusatztherapien

Übungsbehandlung, Massagen, Ultraschall, Hydrotherapie, Warmluftbehandlung, Aerosol- und Inhalationstherapie, Diäten, Pneumatische Kammern, Respiration

Kureinrichtungen

1 Kurzentrum

Versicherungsheim der öffentlich Bediensteten BVA (Rosenhof + Plankenstein)

Versicherungsheim der ÖBB (Triestina)

Versicherungsheim der Bergarbeiter (Villa Barbara)

Versicherungsheim der Landesinvaliden (Paulushof)

Sozialversicherung der Gewerblichen Wirtschaft (Hindenburghof)

Krankenfürsorgeanstalt der Angestellten und Bediensteten der Stadt Wien (Fünfkirchen)

Polizeierholungsheim Klausen

Sonderheilanstalt für interne Rehabilitation der Sozialversicherungsanstalt der Bauern

Saison: 1. März bis 30. November, ganzjähriger Kurbetrieb

Medizinische Versorgung

Ärzte, Fachärzte, Zahnärzte, Apotheke, nächstes Krankenhaus in Feldbach (12 km entfernt)

2 Geldinstitute

Beherbergung

Hotels/Pensionen/Gasthäuser
1345 Betten, 325 Betten privat,
Kurheime usw. 261 Betten

Freizeitgestaltung

Museum, Bibliothek im Kurzentrum, Kurkonzerte von April bis Oktober täglich, Malkurse, Kino, Café-Konditoreien.
Thermalhallenbad mit Thermalfreibecken, Whirlpoollandschaft, Türkisches Dampfbad, Sauna, Solarium, Freibad, Reiten, Tennis, 100 km Wanderwege, Minigolf, Radwanderwege, Kegeln, Langlauf, Eislaufen, Sportschützenanlage;
Waldlehrpfad mit Alpengarten, geführte Wanderungen, Ausflüge – Taxi, Reisebüros.

Seelsorge

röm.-kath., evangel.

Auskünfte

Kurkommission
Bad Gleichenberg
Tel. 03159/2203

Gleichenberger- und
Johannisbrunnen AG
Tel. 03159/2294

Bad Goisern

Luft- und Badekurort

Oberösterreich

Kurort in weitem Talkessel zwischen Bad Ischl und Hallstätter See.
Ca. 6500 Einwohner

Verkehrsverbindungen

Bahnlinie Attnang-Puchheim – Stainach-Irdning
Postbuslinie Bad Ischl – Hallstatt oder Gosau
Bahnbuslinie Bad Ischl – Bad Aussee
Haus-zu-Haus-Busdienst Wien
Pannenstellen in Bad Ischl, Kfz-Werkstätten im Ort.

Kurmittel

1) Kalte Schwefelquelle akratischer Konzentration
2) Leichtes Reizklima.
Seehöhe: 500 m

ad 1)

(Auszug aus der Analyse der Bundesstaatlichen Anstalt für experimentell-pharmakologische und balneologische Untersuchungen, Wien, 1971:)

Temperatur 18,7 °C
Schüttung 0,96 l/s

Summe der gelösten festen Stoffe 653,5 mg/kg
Titrierbarer zweiwertiger Schwefel 2,4 mg/kg

Kurmittelanwendung

Bäder, Inhalationen, Trinkkuren

Indikationen

ad 1)

Badekuren: Erkrankungen des Bewegungsapparates rheumatischer und nichtrheumatischer Genese, Verletzungsfolgen

Badekuren kombiniert mit Trinkkuren: bestimmte chronische Hauterkrankungen, bei denen eine milde Schwefeltherapie angezeigt ist, wie z. B. Psoriasis, Neurodermitis etc.

Inhalationen: chronische Entzündungen im oberen Respirationstrakt

ad 2)

Erholungsbedürftigkeit und Rekonvaleszenz

Foto: W. Fettinger, Bad Goisern

Kontraindikationen

Venenentzündungen, Jodüberempfindlichkeit, Neoplasmen, akute Lungenerkrankungen, schwere kardiale Dekompensation, akut entzündliche Hauterkrankungen, akut entzündliche rheumatische Erkrankungen, akute fieberhafte Infekte, Tuberkulose, kurz zurückliegende apoplektische Insulte

Kontraindikationen gegen die Balneo-Phototherapie

Lupus erythematodes, durch UV-Licht provozierbare Lichtdermatosen, Porphyrie, Albinismus

Zusatztherapien

Massagen, Hydrotherapie, Diathermie, Phototherapie (Balneo-Phototherapie – SUP- und UVA-Bestrahlungen nach vorbereitendem Bad, Aqua SUP, Kopfbehandlungen mit PSOR-Kamm; alle nach Saalmann), Aerosol- und Inhalationstherapie, Diäten, Schlammpackungen mit Salzbergleist aus Hallstatt, Solebäder mit Sole aus Hallstatt

Kureinrichtungen

1 Kuranstalt: Dermatologisch-rheumatologische Kuranstalt „Jodschwefelbad“

Kurheim der OÖ Gebietskrankenkasse Hanuschhof

Saison: 15. Jänner bis 30. November

Medizinische Versorgung

Ärzte, Zahnärzte, Krankenhäuser in Bad Ischl und Bad Aussee, Apotheke, Tierarzt

Beherbergung

Hotels/Pensionen/Gasthäuser
1350 Betten, privat 1650 Betten,
Campingplatz Steeg/Hallersee

(Kurhotel Jodschwefelbad, 4822 Bad Goisern 175, ist unter Vertrag mit dem Hauptverband der österr. Sozialversicherungsanstalten, Aufnahme von Patienten mit Psoriasis oder Neurodermitis.)

Freizeitgestaltung

Kurkonzerte und Heimatabende während der Sommersaison, Strick-,

Stick- und Nähkurse, Kino, Gemeindebücherei, Musikveranstaltungen, Museen.

Freibad, Sauna, Solarium, Reiten, Surfen, Segeln, Tennis, Minigolf, Golf in Bad Ischl, Kegeln, Alpinski- und Langlauf, Rodeln, Eislaufen, Eisstockschießen, Wanderwege, Sommer- und Winterskilauf.

Cafés, Gasthäuser, Konditoreien, Spezialitätenrestaurants.
Im Ort und in der Umgebung Sehenswürdigkeiten, Ausflüge nach Bad Ischl, Hallstatt, Obertraun.
Taxi/Mietwagen.

Seelsorge

röm.-kath., evangel., sonstige

Auskunft

Kurverwaltung Bad Goisern
4822 Bad Goisern
Tel. 06135/8329
Telex 68168 KHBG

Kurhotel Jodschwefelbad
4822 Bad Goisern 175
Tel. 06135/8305

Bad Großpertholz — Kuranstalt Moorbad — Niederösterreich

Moorbad an den Ausläufern des Böhmerwaldes im nordwestlichen Waldviertel.
1782 Einwohner

Verkehrsverbindungen

Von Wien mit der Franz-Josefs-Bahn bis Gmünd, von dort entweder mit der Schmalspurbahn bis Steinbach/Großpertholz oder mit dem Autobus direkt bis Bad Großpertholz, auch von Linz mit dem Bus zu erreichen. Pannenstellen in Gmünd.

Klima: mildes Reizklima
Seehöhe: 700 m ü. M.

Foto: Marktgemeinde Großpertholz

Kurmittel

Heilmoor (Hochmoortorf)

(Auszug aus der Peloidvollanalyse der Balneochemischen Abteilung der Bundesstaatlichen pharmazeutischen Untersuchungsanstalt in Wien, 1985):

Wassergehalt der naturfeuchten Probe 89,8%
Sedimentvolumen 29,5 ml/g
Wasserkapazität 12,8 g
Wärmehaltung 815 s

Kurmittelanwendung

Bäder und Packungen

Indikationen

Erkrankungen des rheumatischen Formenkreises, chronische Entzündungen der weiblichen Beckenorgane, Nachbehandlung von Verletzungs- oder Operationsfolgen (z. B. Adhäsionen, Auflockerung von Narben etc.)

Kontraindikationen

alle akut fieberhaften Erkrankungen, floride Tuberkulose, schwere Herz-Kreislauf-Erkrankungen, schlechter Allgemeinzustand, Neoplasmen

Zusatztherapien

Übungsbehandlung, Massagen, Hydrotherapie, Galvanisation, Diäten

Kureinrichtungen

Kuranstalt „Moorbad Großpertholz"
Saison: Anfang Jänner bis Anfang Dezember

Medizinische Versorgung

Ärzte (Hausapotheke), Fachärzte, Krankenhaus in Gmünd (25 km)
2 Geldinstitute

Beherbergung

Hotels/Pensionen/Gasthäuser
143 Betten, 154 Betten privat
Kurheim 30 Betten

Freizeitgestaltung

Museen, Wildererausstellung im Naturpark-Blockhaus, Gemeindebücherei, Heimatabende, Kurse.

Hallenbad, Sauna, Solarium, Tennisplätze, Stockschußbahn, Radfahren, Schlepplifte Langlaufloipen, Asphaltstockschußbahnen, Eislaufplatz, Rodelbahn, Wanderwege; Fahrrad-, Langlaufskiverleih.
Naturpark Nordwald-Großpertholz.

Taxi/Mietwagen

Seelsorge

röm.-kath

Auskunft

Marktgemeinde
3972 Bad Großpertholz Nr. 138
Tel. 02857/253

Bad Hall Badekurort Oberösterreich

Der Kurort liegt im Grüngürtel des oberösterreichischen Städtedreiecks Linz – Wels – Steyr. Das ab 1855 am Rande der Kurparkanlage entstandene Kurviertel wurde 1975 durch ein neues, den heutigen Erfordernissen entsprechendes Kurzentrum ersetzt.
Kurbezirk 5500 Einwohner

Verkehrsverbindungen

Bahn: Schnellzugstation Rohr der Linie Linz–Graz (Anschlüsse zu jedem Zug nach Bad Hall, 4 km). Täglicher Kurswagen Wien West – Bad Hall und zurück.

Bus: Steyr – Bad Hall – Wels; Steyr – Bad Hall – Gmunden

Auto: Autobahn aus Richtung Salzburg: Ausfahrt Sattledt – Bad Hall, aus Richtung Wien: Ausfahrt Stadt Haag – Steyr – Bad Hall, aus dem Süden über Phyrnpaß – Klaus – Bad Hall; Pannenstellen im Ort

Klima: mildes Schonklima

Seehöhe: 390 – 410 m ü. M.

Kurmittel

Jodsolewässer (Derzeit werden folgende Jodsolequellen genutzt: Feyereggbach II und III, Mühlgrub I, V 18, Tassilo, Holzner, Zehrmühle, Paracelsus, Sulzbach II.)

Die Tassilo-Quelle findet nur zu Trinkkuren Verwendung. Alle anderen Quellen werden gemeinsam als Jodsolemischwasser genutzt, wobei die Paracelsus-Quelle den Hauptanteil ausmacht. Der durchschnittliche Kochsalzgehalt des Jodsolemischwassers beträgt 20 g/kg, der durchschnittliche Jodgehalt 45 mg/kg.

Zur weiteren Illustration wird ein Auszug aus der Analyse der Paracelsus-Quelle, durchgeführt von der Chemischen Abteilung des Paracelsus Instituts in Bad Hall in den Jahren 1981/82, wiedergegeben.

Foto: ÖFVW, Archiv

Temperatur 14,7 °C
Schüttung 0,14 l/s

In 1 kg Quellwasser sind enthalten:

Natrium	7585,3 mg	92,1 mval%
Chlorid	12 515,9 mg	98,2 mval%
Jodid	48,1 mg	
Summe der gelösten festen Stoffe	21 117 mg	

Kurmittelanwendung

Trinkkur, Bäder, Packungen, Inhalationen, Besprühungen, Jod-Iontophorese, Jodsole-Mundduschen

Indikationen

Herz-Kreislauf-Erkrankungen: universelle Arteriosklerose, Hypertonie, Koronarsklerose, nervöse Herz-Kreislauf-Beschwerden, arterielle Durchblutungsstörungen, venöse Zirkulationsstörungen bei Krampfadernleiden und nach Venenthrombosen (postthrombotisches Syndrom)

Augenerkrankungen: Folgezustände der hohen Kurzsichtigkeit, Glaskörpertrübung, z. B. nach Blutungen bzw. nach entzündlichen Prozessen, Gefäßerkrankungen des Auges (Arteriosklerose, Hypertonie, Diabetes), Erkrankungen der Makulagegend entzündlicher oder degenerativer Art, senile Makuladegeneration, Sehnervenerkrankungen und trockenes Auge

Neurologische Erkrankungen: cerebrale Durchblutungsstörungen, Lähmungen nach Schlaganfall, multiple Sklerose, Zustand nach Poliomyelitis, Nervenwurzelirritationen, chronische Nervenentzündungen, Phantomschmerz

Atemwegserkrankungen: chronische Entzündungen der Nebenhöhlen, Nasenrachenkatarrh, chronische Bronchitis, Emphysem, Staublungenerkrankungen, Asthma bronchiale

Gelenks- und Wirbelsäulenerkrankungen: Arthrosen, Spondylosen, Spondylarthrosen, Zustand nach Bandscheibenvorfall, M. Bechterew, Weichteilrheumatismus, posttraumatische Gelenkserkrankungen, Lumbago

Gynäkologische Erkrankungen: chronische Entzündungen

Zahnfleischerkrankungen: Paradentose

Kontraindikationen

kardiale Dekompensation, Schilddrüsenüberfunktion, akute Entzündungen, alle akuten Augenerkrankungen, frische Schlaganfälle, akute Beinvenenthrombosen, Jodüberempfindlichkeit, maligne, neoplastische Erkrankungen

Zusatztherapien

Übungsbehandlung, Medikomechanik, Massagen, Ultraschall, Hydrotherapie, Infrarot- und Chromotherapie, Diathermie, Warmluftbehandlung, Kryotherapie, Phototherapie, Galvanisation, Reizstromtherapie, Aerosol- und Inhalationstherapie, Diäten, Terrainkuren, Ergometrie, Klimakammer

Kureinrichtungen

Saison: ganzjährig, Hauptkurzeit vom 1.März bis 30. September

Medizinische Versorgung

Ärzte, Internisten, Augenfachärzte, Zahnärzte, Dentisten, Apotheken, Tierarzt, nächste Krankenhäuser in Steyr und Kirchdorf, je 19 km entfernt

3 Geldinstitute

Beherbergung

Hotels/Pensionen/Gasthäuser
1084 Betten, 295 Betten privat

Kurheime etc.: Versicherung der Bauern, Gebietskrankenkasse, Versicherungsanstalt der Österr. Eisenbahnen, Versicherungsanstalt der Bundesbediensteten, Landeskurheim

Freizeitgestaltung

Kurtheater, Heimathaus, Bibliotheken, Hörbibliothek im Gästezentrum, jährlich ca. 200 Veranstaltungen: Konzerte, Vorträge, Folklore, Operetten (Robert-Stolz-Festspiele jährlich Juni/Juli), 2 bis 3 Kurkonzerte tägl. von 1.5 – 30.9., Heimatabende, Kurse, Kino.

Hallenbad, Freibad, Sauna, Solarium, Reiten, Tennis, Minigolf, Radwandern, Kegeln, Langlauf, Eisstockschießen, Langlaufbedarf- und Fahrradverleih, 100 km markierte Wanderwege, geführte Wanderungen, 34 km^2 großer Kurpark.

Cafés, Konditoreien, Ausflugslokale.

Sehenswürdigkeiten im Ort, Ausflüge in die Umgebung. Taxi/Mietwagen/ Reisebüro.

Seelsorge

röm.-kath., evangel.

Auskunft

Kurverwaltung, Kurhaus
4540 Bad Hall
Postfach 18
Tel. 07258/2031-0
Telex 028277 halkur

Bad Häring   Badekurort   Tirol

Nördlich von Wörgl, zwischen den Wildschönauer Bergen und dem Wilden Kaiser, breitet sich am südlichen Innufer ein sonniges, nebelfreies Hochplateau aus. Hier liegt, 2 km oberhalb des bedeutenden Industrieortes Kirchbichl, umgeben von Wiesen und Wäldern, am Westhang des Hohen Pölven (1594 m) der ruhige Kurort Bad Häring.
2065 Einwohner

Verkehrsverbindungen

Bahnstation Kirchbichl für Personenzüge, Wörgl für Schnellzüge; von beiden Stationen ÖBB-Busse nach Bad Häring.

Klima: mildes, subalpines Schonklima

Seehöhe: 630 m ü. M.

Kurmittel

Schwefelquelle (laue Natrium-Calcium-Chlorid-Hydrogencarbonat-Schwefel-Mineralquelle)

(Auszug aus der Analyse des Instituts für Balneologie und Physiologie der Universität Innsbruck, 1973:)

Temperatur 16,2 °C
Schüttung 48,5 l/min

In 1 kg Quellwasser sind enthalten:

Natrium	208 mg	59,85 mval%
Calcium	68,4 mg	22,6 mval%
Chlorid	363,3 mg	68 mval%
Hydrogencarbonat	216,7 mg	23,6 mval%
Summe der gelösten festen Stoffe	1011,7 mg	
Zweiwertiger Schwefel	12,9 mg	
Freier Schwefelwasserstoff	14,1 mg	

Kurmittelanwendungen

Badekuren, Trinkkuren

Indikationen

Badekuren: chronisch-entzündliche rheumatische Erkrankungen und degenerative Erkrankungen der Gelenke, Folgezustände nach akuten Rheumatoiden und entzündliche Erkrankungen der Wirbelsäule (Morbus Bechterew), chronisch-rheumatische Erkrankungen der Muskeln und Nerven, nichtkontagiöse Hauterkrankungen wie Psoriasis und juckende Ekzeme

Trinkkuren: Unterstützung einer Badekur, echte (uratische) Gicht, chronische Metallvergiftung mit Arsen, Blei, Wismut und Quecksilber, Obstipation verschiedener Genese, allergische Darmerkrankungen, leichte bis mittelschwere Fälle von Diabetes mellitus

Kontraindikationen

akute entzündliche Erkrankungen, Tuberkulose, Karzinome, Verdacht auf karzinomatöse und andere konsumierende Erkrankungen, dekompensierte Herzerkrankungen

Zusatztherapie

Übungsbehandlungen, Medikomechanik, Massagen, Hydrotherapie

Kureinrichtungen

Kurmittelhaus

Saison: 15. Jänner bis 15. Dezember

Foto: ÖFVW, Fitz

Medizinische Versorgung

Arzt, Krankenhaus in Wörgl

Geldinstitut

Beherbergung

Hotels/Pensionen/Gasthäuser
483 Betten, privat 402 Betten, Campingplatz

Freizeitgestaltung

Gemeindebücherei, Diavorträge, Platzkonzerte, Heimatabende vierzehntägig. Freibad, Sauna, Solarium, Tennis, Minigolf, Kegeln, Alpinski- und Skilanglauf, Rodeln, Eislaufen, Eisstockschießen.
Cafés. Sehenswürdigkeiten im Ort, Ausflüge in die Umgebung. Taxi/ Mietwagen.

Auskunft

Fremdenverkehrsverband
Bad Häring
6323 Bad Häring
Tel. 05332/4757

Bad Hofgastein Badekurort Salzburg

Alpenthermalbad inmitten der Hohen Tauern im breitesten und sonnigsten Teil des Gasteinertales.
Ca. 6000 Einwohner

Verkehrsverbindungen

Bahn: vom Norden (Salzburg) oder vom Süden (Villach) über Tauernstrecke – Schnellzugstation

Auto: Autobahn bis vor Bischofshofen, B 159, B 167 (Salzburg – Bad Hofgastein ca. 90 km). Pannenstellen in St. Johann im Pongau, ca. 20 km

Klima: subalpines Klima, weitgehende Nebelfreiheit, für Höhe relativ mild, Schlechtwettereinbrüche auch im Sommer möglich, schneesicher

Seehöhe: 875 m ü. M.

Kurmittel

radonhaltiges Akratothermalwasser
(Quelle IX = Elisabethquelle aus Badgastein)
Temperatur 46,1 °C
Schüttung 29 l/s
Radongehalt 47,8 nCi/l

Kurmittelanwendung

Bäder, Inhalationen, Mundduschen

Indikationen

Bäder: chronisch-entzündliche rheumatische Erkrankungen, degenerative Erkrankungen des Bewegungsapparates, Morbus Bechterew, Nervenentzündungen, Ischialgie, Sklerodermie, Lähmungen und Funktionsstörungen nach Verletzungen, periphere arterielle und venöse Durchblutungsstörungen, Störungen der Fertilität und der Potenz, Altersbeschwerden und geriatrische Syndrome, chronisch-entzündliche Erkrankungen der weiblichen Geschlechtsorgane

Inhalationen: Erkrankungen der oberen Luftwege und der Nasennebenhöhlen

Mundduschen: Paradentose

Foto: ÖFVW, Markowitsch

Kontraindikationen

alle akut fieberhaften Erkrankungen, nicht sanierte Infektherde (Zahngranulome, chronische Tonsillitiden), aktive Tuberkulose, Neoplasmen, auch operativ entfernte, bis zu vierjähriger Rezidivfreiheit, Schwangerschaft, Geisteskrankheiten, Anfallsleiden, akute Entzündungen (Gelenksentzündungen)

Zusatztherapien

Übungsbehandlung, Medikomechanik, Massagen, Ultraschall, Hydrotherapie, Infrarot- und Chromotherapie, Diathermie, Warmluftbehandlungen, Kryotherapie, Phototherapie, Galvanisation, Reizstromtherapie, Diäten

Sonstiges medizinisches Angebot

biologische Behandlungsmethoden, wie Homöopathie, Akupunktur, Zelltherapie, Neuraltherapie etc.

Kureinrichtungen

Kurzentrum (Institut für Rheumatologie, Rehabilitation und Sportmedizin),
49 Kurhotels bzw. Kurhäuser,
1 Sonderheilanstalt für Erkrankungen des rheumatischen Formenkreises,
3 Kurheime der Sozialversicherungsinstitute,
1 Kneippanstalt

Saison: ganzjährig

Medizinische Versorgung

Ärzte, Internisten, Urologe, Neurologe, Zahnärzte, Dialysestation, Apotheke, Tierarzt, nächstes Krankenhaus in Schwarzach/St. Veit (ca. 20 km)

Beherbergung

Hotels/Pensionen/Gasthäuser
5000 Betten, 1400 Betten privat,
Kurheime/Reha-Zentren 500 Betten,
Campingplatz mit Winterbetrieb

Freizeitgestaltung

Theater im Kur- und Kongreßhaus, Museum, Volksbücherei, Lichtbildervorträge, ärztliche Vorträge, volkstümliche Veranstaltungen, Heimat-

abende, Kurkonzerte tägl. außer Mittwoch von 10.30 – 12.00, 16.00 – 17.00 und 20.00 – 21.30 Uhr, Kurse für dekoratives Basteln mit Gewürzen, Morgengymnastik, Biotraining, Zeichnen, Malen; Kino.
Hallenbad, Freibad, Sauna, Solarium, Reiten, Tennis, Hallentennis, Squash, Minigolf, Radwandern, Kegeln, Alpinski- und Langlauf, Rodeln, Eislaufen, Eisstockschießen, Reiten und Golfen im benachbarten Badbruck bei Badgastein (ca. 5 km entfernt); Sportgeräteverleih, 150 km markierte Wanderwege, wöchentlich je 2 geführte Halbtags- und 2 geführte Ganztagswanderungen, Bridge und Skat, Fitneß-Parcours, Gesundheitsgymnastik, Schach, Schießstand.
Café-Konditoreien, Restaurants.
Sehenswürdigkeiten wie Pfarrkirche, Weitmoserschlößl im Ort, Ausflüge in die Umgebung. Taxi/Mietwagen/Reisebüros.

Seelsorge

röm.-kath., evangel.

Auskunft

Kurverwaltung
5630 Bad Hofgastein
Tel. 06432/6481-0
Telex 67796

Bad Ischl Luft- und Badekurort Oberösterreich

Luftkurort mit Heilquellen im Zentrum des Salzkammergutes.
Ca. 13 000 Einwohner

Verkehrsverbindungen

Bahn / Bus / Auto B 158 und B 145, 40 km von A1 entfernt
Flugplätze Salzburg und Linz, tägliche Verbindungen mit AUA, Pannenstellen

Kurmittel

1) Subalpines Klima mit leichten Reizfaktoren. Seehöhe: 468 m ü. M.

2) Sole (Bergbausole) und kaltes Natrium-Chlorid-Wasser

3) Soleschlamm

4) Glaubersalzquelle (Schwefelquelle III)

5) Schwefelquellen

Foto: F. Kobelhirt

ad 2)

Bergbausole

(Analyse der Bergbausole von Prof. Scheminzky, 1951 bzw. der Bundesstaatlichen Anstalt für experimentell-pharmakologische und balneologische Untersuchungen in Wien, 1973:)

Im 1 kg Sole sind enthalten:

Natrium	98 g	96 mval%
Chlorid	152 g	97 mval%
Summe der gelösten festen Stoffe	262 g	

Maria-Louisen-Quelle

(Auszug aus der Analyse der Technischen Versuchsanstalt am Forschungsinstitut Gastein, 1967:)

Temperatur 8,5 °C
Schüttung nicht meßbar

In 1 kg Quellwasser sind enthalten:

Natrium	1026 mg
Chlorid	1530 mg
Summe der gelösten festen Stoffe	2929,1 mg

ad 3)

(Peloid-Vollanalyse von Prof. Scheminzky, 1967:)

Wassergehalt der lufttrockenen Substanz	1,99%
Sedimentvolumen	1,46 ml
Wasserkapazität	0,48 g
Wassergehalt bei Normalkonsistenz	32,4%
Wassergehalt bei Packungskonsistenz	30 %
Wärmehaltung bei Normalkonsistenz	377 s
Wärmehaltung bei Packungskonsistenz	366 s

ad 4)

(Auszug aus der Analyse der Technischen Versuchsanstalt am Forschungsinstitut Gastein, 1967:)

Temperatur 12,4 °C
Schüttung 0,03 l/s

In 1 kg Quellwasser sind enthalten:

Natrium	3629 mg
Magnesium	119 mg
Chlorid	4195 mg
Sulfat	2377 mg
Summe der gelösten festen Stoffe	10 815,4 mg
Titrierbarer zweiwertiger Schwefel	34,3 mg

ad 5)

Schwefelquelle I

(Auszug aus der Analyse der Technischen Versuchsanstalt am Forschungsinstitut Gastein, 1967:)

Temperatur 12,2 °C
Schüttung 0,02 l/s

In 1 kg Quellwasser sind enthalten:

Nastrium	3119 mg
Chlorid	3527 mg
Sulfat	1893 mg
Summe der gelösten festen Stoffe	9127,[illegible] mg
Titrierbarer zweiwertiger Schwefel	60,[illegible] mg

Schwefelquelle II

(Auszug aus der Analyse des Instituts für Pharmazeutische Chemie der Universität Graz, 1974:)

Temperatur 12 3 °C
Schüttung 0,03 l/s

In 1 kg Quellwasser sind enthalten:

Natrium	2164 mg
Chlorid	2133 mg
Sulfat	1774 mg
Summe der gelösten festen Stoffe	6713 mg
Titrierbarer zweiwertiger Schwefel	53 mg

Kurmittelanwendung

Bäder, Inhalationen, Trinkkuren, Schlammpackungen, Klimakuren, Terrainkuren

Indikationen

Bäder mit Sole: chronisch rheumatische und degenerative Erkrankungen des Bewegungsapparates; bestimmte gynäkologische Erkrankungen wie Sterilität infolge neurovegetativer Störungen, habitueller Abort, cervicale Hypersekretion, chronische Entzündungen im kleinen Becken, Beschwerden im Klimakterium und in der Menopause; periphere Durchblutungsstörungen;
hyperergische Reaktionslagen im

Kindesalter, besonders die sogen. lymphatische Diathese

Bäder mit Schwefelwasser: chronisch-entzündliche Erkrankungen und degenerative Erkrankungen des Stütz- und Bewegungsapparates

Inhalationen mit Sole: chronisch-entzündliche Erkrankungen der Atemwege

Trinkkuren mit Sole: unterstützende Behandlung bei chronisch-entzündlichen Erkrankungen des Magen-Darm-Trakts, besonders bei Subaziditätsbeschwerden

Trinkkuren mit Glaubersalzquelle: chronisch-entzündliche Erkrankungen der Gallenblase und der Gallenwege, Nachbehandlung nach Gallenblasenoperationen, chronisch-entzündliche Erkrankung der Leber, katarrhalische Erkrankungen des Magens, Hypazidität, Obstipation

Klimakuren: Erholungsbedürftigkeit und Rekonvaleszenz

Kontraindikationen

Bäder: dekompensierte Herzerkrankungen, schwere Nierenerkrankungen, fixierter Hochdruck, rezidivierende Blutungsneigung, Thrombosen, alle akuten und fieberhaften Erkrankungen, Tuberkulose, Neoplasmen, kontagiöse Erkrankungen, schlechter Allgemeinzustand

Trinkkuren: neben den erwähnten Kontraindikationen zusätzlich Cor pulmonale mit Stauungskatarrhen, Leberzirrhosen im Stadium der Dekompensation, große Gallensteine, Störungen der Wasserausscheidung, Neigung zu Ödembildung

Zusatztherapien

Übungsbehandlung, Medikomechanik, Massagen, Hydrotherapie, Infrarot- und Chromotherapie, Diathermie, Warmluftbehandlung, Phototherapie, Galvanisation, Reizstromtherapie, Aerosol- und Inhalationstherapie, Diäten, pneumatische Kammer, Atemgymnastik

Kureinrichtungen

1 Kurmittelhaus
1 Kurhotel
4 Kurheime der Sozialversicherungsanstalten

Saison: ganzjährig

Medizinische Versorgung

Ärzte, Fachärzte, Zahnärzte, Krankenhaus, Dialysestation, Dentisten, Apotheke, Tierarzt

5 Geldinstitute

Beherbergung

Hotels/Pensionen/Gasthäuser
2500 Betten, privat 1000 Betten,
Kurheime usw. 900 Betten

Freizeitgestaltung

Kurkonzerte täglich von Mai bis September, Museen, 2 Bibliotheken, vierzehntägig Heimatabende, Vorträge.

Hallenbad, Freibad, Sauna, Solarium, Reiten, Tennis, Hallentennis, Golf, Minigolf, Radwandern, Kegeln, Alpinski- und Langlauf, Eislaufen, Eisstockschießen, Sportgeräteverleih.

Cafés, Konditoreien, Diätküche im Landeskurmittelhaus, Restaurants, Ausflugslokale.

Sehenswürdigkeiten im Ort, Ausflüge in die Umgebung – Salzkammergut.

Seelsorge

röm.-kath., evangel., sonstige

Auskunft

Kurdirektion
Bahnhofstraße 6
4820 Bad Ischl
Tel. 06132/3520

Bad Kleinkirchheim Badekurort Kärnten

Kurort inmitten der Oberkärntner Nockberge, 10 km vom Millstätter See entfernt, in einem sonnigen Hochtal in waldreicher Umgebung gelegen.
Ca. 1700 Einwohner

Verkehrsverbindungen

Bahn/Bus: Bahnhof Spittal an der Drau, von dort Bus- oder Taxitransfer nach Bad Kleinkirchheim (30 km entfernt)
Auto: Autobahn München – Salzburg, Tauernautobahn Abfahrt Millstätter See

Klima: mildes subalpines Klima mit leichten Reizfaktoren

Seehöhe: 1076 m ü. M.

Kurmittel

Akratothermalwässer (Quelle 1/74 und 2/74)

(Auszug aus der Analyse der Bundesstaatlichen Anstalt für experimentell-pharmakologische und balneologische Untersuchungen in Wien, 1977:)

	Quelle 1/74	Quelle 2/74
Temperatur	35 °C	34,8 °C
Schüttung	10,5 l/s	9 l/s
Summe der gelösten festen Stoffe	287,8 mg/kg	265,8 mg/kg

Kurmittelanwendung

Bäder, Bewegungsbäder

Indikationen

Affektionen des Bewegungsapparates, neurovegetative Dystonien, Kreislauflabilität, labile Hypertonie, Übermüdung, Erschöpfung, Rekonvaleszenz, funktionelle Zyklusstörungen, präklimakterische und klimakterische Beschwerden, chronisch-entzündliche Adnexerkrankungen

Kontraindikationen

dekompensierte Herzerkrankungen, maligne Prozesse, alle akuten fieberhaften Prozesse, nicht sanierte Herde, rheumatische Erkrankungen mit akuten Schüben, Neigung zu rezidivierenden Thrombosen, Tuberkulose

Zusatztherapie

Übungsbehandlung, Hydrotherapie, Warmluftbehandlung, Kryotherapie, Phototherapie, Aerosol- und Inhalationstherapie, Diäten

Foto: ÖFVW, Markowitsch

Kureinrichtungen

in den Thermalbädern Alpenthermen (2 Hallen-, 1 Freibecken) und Römerbad (1 Hallen-, 1 Freibecken) sowie Thermalwasser im Kurhotel Ronacher und Hotel Pulverer

Saison: ganzjährig

Medizinische Versorgung

6 Ärzte, 1 Facharzt, Apotheke, Dialysestation und Krankenhaus 35 km entfernt. Jedes größere Hotel mit Haus- bzw. Kurarzt.

3 Geldinstitute

Beherbergung

Hotels/Pensionen/Gasthäuser
4000 Betten, privat 1000 Betten, Ferienwohnungen 1500 Betten

Freizeitgestaltung

Kurkonzerte jede Woche, Heimatabende vierzehntägig, Film- und Diavorträge, im Sommer Laienspieltheater, Buchverleih im Kuramt, Lesesaal in der Alpentherme, Museen, diverse Sportveranstaltungen, Wanderkino einmal wöchentlich.
Thermalhallen- und Thermalfreibad, Sauna, Solarium, Reiten, Tennis, Hallentennis, 18-Loch-Golfplatz, Minigolf, Radwandern, Kegeln, Alpinski- und Langlauf, Rodeln, Eislaufen, Eisstockschießen, geführte Almwanderungen, 80 km Wanderwege in Tal-, Mittel- und Höhenlage, Fischen, Sportgeräteverleih, Kurpark, Talrundweg auf 1100 m Seehöhe.
Alle Formen gastronomischer Unterhaltungslokale.
Im Ort Pfarrkirche St. Ulrich, Kirche St. Kathrein, Kirche St. Oswald, Ausflüge zum Gurker Dom, Nockalmstraße. Taxi/Mietwagen/Reisebüros.

Auskunft

Fremdenverkehrsverband
9546 Bad Kleinkirchheim
Tel. 04240/8212
Telex 045552

Bad Leonfelden Badekurort Oberösterreich

Der Kurort liegt 26 km nördlich von Linz, im mittleren Mühlviertel, am Fuße des 1125 m hohen Sternsteins (Aussichtswarte).
Ca. 3000 Einwohner

Foto: ÖFVW, Markowitsch

Verkehrsverbindungen

Postautoverbindung regelmäßig nach Linz. B 126, B 128.
Pannenstellen in Freistadt und Linz.

Klima: Reizklima

Seehöhe: 749 m ü. M.

Kurmittel

Heilmoor (Flachmoor)

(Auszug aus der Kontrollanalyse der Bundesstaatlichen Untersuchungsanstalt für experimentell-pharmakologische und balneologische Untersuchungen, 1970:)

Wassergehalt des naturfeuchten Materials 85,2%
Wasserkapazität 6,78 g
Sedimentvolumen 10,4 ml/g

Kurmittelanwendung

Moorvollbäder, Moorpackungen, Moorwasserbäder

Indikationen

Erkrankungen des rheumatischen Formenkreises, Arthrosen, Bandscheibenerkrankungen, Unfall- und Verletzungsfolgen, Gicht, Ischias, chronisch-entzündliche Erkrankungen der weiblichen und der männlichen Unterleibsorgane, entzündliche Adnextumoren, Beckenexsudate, Dysmenorrhoen, Wechselbeschwerden, neurovegetative-neurozirkulatorische Dystonien, Varicosis

Kontraindikationen

Epilepsie, Geisteskrankheiten, Tuberkulose, Infektionskrankheiten, Herz-Kreislauf-Störungen, Neoplasmen, schlechter Allgemeinzustand

Zusatztherapien

Übungsbehandlung, Medikomechanik, Massagen, Hydrotherapie, Diathermie, Warmluftbehandlungen, Aerosol- und Inhalationstherapie, Diäten

Sonstiges medizinisches Angebot

Lymphdrainage, Kneipp-Anwendungen, Aslan-Kuren

Kureinrichtungen

1 Kurhotel mit Moor- und Kneippkuranstalt

Saison: ganzjährig

Medizinische Versorgung

Praktische Ärzte, Zahnarzt, Dentist, Apotheke, 2 Tierärzte, Krankenhäuser in Freistadt und Linz

4 Geldinstitute

Beherbergung

Hotels/Pensionen/Gasthäuser/privat
600 Betten insgesamt,
Kneipp-Kuranstalt „Bründlhof“ (Lehrerkrankenfürsorge)

Freizeitgestaltung

Bibliothek, Konzerte, Kurkonzerte, Theateraufführungen, Heimatabende, Kino.

Hallenbad, Freibad, Sauna, Solarium, Reiten, Tennis, Radwanderwege, Kegeln, Alpinski- und Langlauf, Eisstockschießen, Langlaufski- und Fahrradverleih, markierte Wanderwege, Sportplatz.

Café-Konditorei.

Ausflüge nach Waldburg, Freistadt, Kefermarkt, Stift St. Florian, Wildpark Altenfelden. Taxi.

Seelsorge

röm.-kath., evangel.

Auskunft

Kurverwaltung
4190 Bad Leonfelden
Tel. 07213/397- 412

Bad Mitterndorf

Heilklimatischer Kurort und Badekurort

Steiermark

Kurort, der im südlichsten Salzkammergut liegt.
Ca. 2000 Einwohner

Verkehrsverbindungen

Auto: B 145; Pannenstellen in Liezen

Bahn: Transfer vom Bahnhof zum Hotel (Bahnhof Mitterndorf, Haltestelle Bad Heilbrunn)

Bus: regelmäßige Linienbusse in den Ort

Kurmittel

1) Heilklima, alpines Klima mit leichten Reizfaktoren. Seehöhe: 800 m ü. M.

2) Heilmoor (Rödschitzer Moor, Hochmoortorf)

3) Akratothermalwasser

ad 2)

(Auszug aus der Analyse der Bundesstaatlichen Anstalt für experimentell-pharmakologische und balneologische Untersuchungen in Wien, 1964:)

Wassergehalt des naturfeuchten Materials: 91%
Wasserkapazität 12,5 g
Sedimentvolumen 24,7 ml/g
Wärmehaltung 748 s

ad 3)

(Auszug aus der Heilquellenanerkennung durch das Land Steiermark, 1963:)

Temperatur 24 °C
Summe der gelösten festen Stoffe 869,7 mg/kg

Kurmittelanwendung

Bäder, Moorschwebstoffbäder, Moorpackungen

Indikationen

ad 1)
Erholungsbedürftigkeit und Rekonvaleszenz, Erkrankungen der Atemwege, labile essentielle Hypertonie, hyperthyreotische Zustände, bestimmte Hauterkrankungen

ad 2)
chronisch-entzündliche Erkrankungen der Gelenke, Muskeln und Nerven, bestimmte gynäkologische Erkrankungen wie Sterilität, chronische Erkrankungen der Genitalorgane, Zyklusstörungen, klimakterische Beschwerden, Verletzungsfolgen, Entzündungsreste im Brust- und Bauchraum, bestimmte nicht kontagiöse Hauterkrankungen

ad 3)
Erkrankungen des Bewegungsapparates rheumatischer und nichtrheumatischer Genese, Verletzungen und Verletzungsfolgen, Kräftigung der Muskulatur nach Poliomyelitis, Nachbehandlung nach Neuritiden, Übermüdung und Erschöpfung, vegetative Dystonie, bestimmte gynäkologische Erkrankungen wie Zyklusstörungen, beginnende klimakterische Beschwerden, chronisch-entzündliche Adnexerkrankungen

Foto: H. Kain, Bad Mitterndorf

Kontraindikationen

alle akut entzündlichen und fieberhaften Erkrankungen, Tuberkulose, schwere Herz-Kreislauf-Erkrankungen, maligne Neoplasmen, schlechter Allgemeinzustand

Zusatztherapien

Übungsbehandlung, Massagen, Hydrotherapie, Diathermie, Warmluftbehandlung, Kryotherapie, Phototherapie, Aerosol- und Inhalationstherapie, Diäten

Sonstiges medizinisches Angebot

Ozon-Sauerstoff-Therapie, Sauerstoff-Mehrschritt-Therapie nach Prof. Ardenne, Wiedemann-Kur, Aslan-Kur

Kureinrichtungen

1 Kuranstalt, Hotel Heilbrunn, Thermal-Römerquelle

Saison: ganzjährig

Medizinische Versorgung

2 praktische Ärzte, 2 Dentisten, Apotheke, Krankenhäuser in Bad Aussee, ca. 17 km entfernt, Bad Ischl (ca. 41 km)

3 Geldinstitute

Beherbergung

Hotel 160 Betten, Campingplatz

Freizeitgestaltung

Heimatmuseum, Bibliothek im Hotel, Spielabende, Grillabende, Dia-Vorträge über die Umgebung, Kurkonzerte, Heimatabende.
Hallen-, Freibad, Sauna, Solarium, Reiten, Tischtennis, Minigolf, Radwandern, Alpinskilauf, Skilanglauf (Sportartikelverleih), Rodeln, Eislaufen, Eisstockschießen, Gartenschach, Fitneßparcours, Hallentennis, markierte Wanderwege, Bergtouren, Ausflüge.

Cafés, Konditoreien.
Weitere Hinweise im Gästepaß.

Seelsorge

röm.-kath.

Auskunft

Kurverwaltung im Gemeindeamt
8983 Bad Mitterndorf

Mo – Fr 8.00 – 12.00 und 13.30 – 17.30 Uhr, Sa 8.00 – 12.00 Uhr
Tel. 06153/2444, 06153/2784

Der Kurort liegt im Südosten der Steiermark, abseits der großen Verkehrsströme, inmitten von Auen und Weinbergen.
1846 Einwohner

Verkehrsverbindungen

Auto: B 69; Kfz-Werkstätten im Ort
Bahn: Bahnlinie Graz – Spielfeld – Bad Radkersburg
Busverbindungen

Klima: pannonisches Klima
Seehöhe: 209 m ü. M.

Kurmittel

1) Natrium-Hydrogencarbonat-Thermalmineralwasser (Therme Radkersburg)

2) Magnesium-Calcium-Hydrogencarbonat-Säuerling (Stadtquelle, unter dem Markennamen „Long Life" im Versand; nähere Details siehe im Abschnitt Versandheilquellen)

ad 1)
(Auszug aus der Analyse des Instituts für pharmazeutische Chemie der Universität Graz, 1979:)

Temperatur 78 °C
Schüttung ca. 90 l/s

In 1 kg Quellwasser sind enthalten:

Natrium	2238 mg	88,7 mval%
Hydrogencarbonat	5534,3 mg	82,9 mval%
Summe der gelösten festen Stoffe	8924,6 mg	
Gelöste Kohlensäure	770 mg	

Frei aufsteigende Quellgase 885 ml/Minute, 99,8% CO_2

Kurmittelanwendung

Bäder

Indikationen

Erkrankungen des rheumatischen Formenkreises, Neuralgien, Arthritis urica, Nachbehandlung und Rehabilitation nach Schädigungen am Bewegungsapparat, periphere Durchblutungsstörungen, verschiedene Erschöpfungszustände

Foto: M. Rosenfeld, Klenkendorf

Kontraindikationen

akute und subakute Entzündungen, maligne Tumoren, Schilddrüsenerkrankungen, dekompensierte Herzerkrankungen, verschiedene gynäkologische Erkrankungen wie Meno- und Metrorrhagien, Ovarialtumoren etc., ausgeprägtes Lungenemphysem, Gravidität

Zusatztherapien

Massagen, Galvanisation (elektrogalvanische Bäder), Moorschwebstoffbäder und Naturmoorpackungen

Kureinrichtungen

1 Kurmittelhaus,
1 Kur- und Sporthotel (Sauna)
Saison: März bis 15. November

Medizinische Versorgung

Arzt, Internist, Chirurg, Gynäkologe, 2 Dentisten, Apotheke, Krankenhaus, Dialysestation 35 km entfernt
3 Kreditinstitute

Beherbergung

Hotels, Pensionen, Gasthäuser
288 Betten, 210 Privatbetten, Campingplatz

Freizeitgestaltung

Heimatmuseum, öffentliche Schul- und Stadtbücherei, Kurkonzerte, Lesungen, Laientheater, Heimatabende, Töpferkurse.
Freibad, Solarium, Tennis, Hallentennis, Minigolf, Radwandern (Fahrradverleih), Kegeln, Eislaufen, Volleyball, Kleinkaliber, Boccia, Fitneß, markierte Rad- und Wanderwege, Kurpark, Fitneßstrecke, organisierte Ausflüge. Sehenswürdigkeiten im Ort (Altstadt).
Cafés. Taxi/Mietwagen.

Seelsorge

röm.-kath., evangel.

Auskunft

Fremdenverkehrsverein
Bad Radkersburg
Hauptplatz 1
8490 Bad Radkersburg
Tel. 03476/2545

Bad St. Leonhard im Lavanttal

Badekurort

Kärnten

Kurort im oberen Lavanttal.
Ca. 5000 Einwohner

Verkehrsverbindungen

A2 Südautobahn – Abfahrt Bad St. Leonhard

Bahn: Zeltweg – Bad St. Leonhard – Wolfsberg – Klagenfurt

Seehöhe: 720 m ü. M.

Kurmittel

Schwefelwasser akratischer Konzentration

(Auszug aus der Analyse der Bundesstaatlichen Untersuchungsanstalt für experimentell-pharmakologische und balneologische Untersuchungen, 1970:)

Temperatur 10,3 °C
Schüttung 0,27 l/s
Summe der gelösten festen Stoffe 306 mg/kg
Titrierbarer zweiwertiger Schwefel 5,2 mg/kg

Kurmittelanwendung

Bäder

Indikationen

Erkrankungen des rheumatischen Formenkreises im subakuten und chronischen Stadium, wie primär und sekundär chronische Polyarthritis, chronische Infektarthritiden, Spondylarthrosen, Muskelrheumatismus, Morbus Bechterew, sekundär traumatische Arthrosen, Neuralgien nach Abklingen des akuten Stadiums, bestimmte chronische Hauterkrankungen wie z. B. Akne, Vergiftungen mit Schwefelmetallen wie Quecksilber, Wismut und Blei

Kontraindikationen

allgemeine Kontraindikationen gegen Kuren

Foto: Stadtgemeinde St. Leonhard im Lavanttal

Zusatztherapien

Massagen, Hydrotherapie, Aerosol- und Inhalationstherapie, Diäten

Kureinrichtungen

Saison: Mai bis Oktober

Medizinische Versorgung

Ärzte, Zahnarzt, Apotheke, Tierarzt, Landeskrankenhaus in Wolfsberg (20 km)

3 Geldinstitute

Beherbergung

Hotels/Pensionen/Gasthäuser
250 Betten, privat 80 Betten

Freizeitgestaltung

Gemeindebücherei. Hallenbad, Sauna, Solarium, Reiten, Tennis, Minigolf, Kegeln, Alpinski- und Skilanglauf, Rodeln, Eislaufen, Eisstockschießen. 100 km Wanderwege.
Café, Konditorei.

Sehenswürdigkeiten im Ort, Ausflüge in die Umgebung.

Seelsorge

röm.-kath.

Auskunft

Fremdenverkehrsamt
9462 Bad St. Leonhard im Lavanttal
Tel. 04350/218

Die Marktgemeinde liegt im Trattnachtal an den Ausläufern des Hausruckwaldes in hügeliger, waldreicher Gegend weitab von Industrie.
2850 Einwohner

Foto: ÖFVW, Markowitsch

Verkehrsverbindungen

Bahn: Schnellzugstation an der Linie Wels – Passau
Busverbindungen

Auto: 4 km von Innkreisautobahn A8 entfernt, direkt an B 137, 13 km von Wels entfernt; Kfz-Werkstätten im Ort

Klima: Schonklima, relativ mild

Seehöhe: 308 m ü. M.

Kurmittel

Schwefelthermalwasser akratischer Konzentration mit zwei Austritten (S 1 und S 2)

(Auszug aus der Analyse des Instituts für analytische Chemie der Universität Graz, 1983:)

	Austritt S 1	Austritt S 2
Temperatur	37,4 °C	39,4 °C
Schüttung	44,8 l/s	32,6 l/s
Summe der gelösten festen Stoffe	504,7 mg/kg	1125 mg/kg
Titrierbarer zweiwertiger Schwefel	4,17 mg/kg	5,17 mg/kg

Kurmittelanwendung

Bäder, Unterwassertherapie, Unterwasserbewegungstherapie, Trinkkuren

Indikationen

Rehabilitation bei chronischen Erkrankungen des Stütz- und Bewegungsapparates:
Erkrankungen des rheumatischen Formenkreises, Morbus Bechterew, degenerative Gelenks- und Wirbelsäulenveränderungen wie Arthrosen und Spondylopathien, Arthropathia psoriatrica, sekundäre Arthrosen bei Arthritis urica, Nervenwurzel- und rheumatische Weichteilbeschwerden; posttraumatische Schäden und Beschwerden, Funktionstherapie bei Osteoporose, Nachbehandlung nach Lähmungen, als Zusatztherapie bei bestimmten Hauterkrankungen (Akne, Furunkel, Ekzeme), schlecht heilende Wunden

Kontraindikationen

akute fieberhafte Erkrankungen, rheumatische Erkrankungen im akuten Schub, Fokalherde, Tuberkulose, Karzinome, Leukämien, schwere Herz-Kreislauf-Erkrankungen, Hypertonie, Koronarinfarkt, schwere Formen von Zerebralsklerose, Hyperthyreosen, Asthma bronchiale, Niereninsuffizienz, Anfallsleiden, Psychosen, Gravidität

Zusatztherapien

Übungsbehandlung, Medikomechanik, Massagen, Parafangopackungen, Infrarot- und Chromotherapie, Diathermie, Warmluftbehandlung, Phototherapie, Galvanisation, Reizstromtherapie, Aerosol- und Inhalationstherapie, Diäten

Kureinrichtungen

1 Kurmittelhaus, 12 Kurheime von Sozialversicherungsanstalten

Saison: ganzjährig
Hauptsaison 1. April bis 31. Oktober

Medizinische Versorgung

7 prakt. (Kur-) Ärzte, 1 Internist und Kurarzt, 2 Zahnärzte, Dentist, Apotheke, Tierarzt, nächste Krankenhäuser in Grieskirchen (9 km) und Wels (12 km)

3 Geldinstitute

Beherbergung

Hotels/Pensionen/Gasthäuser
860 Betten, privat 660 Betten,
840 Betten in Kurheimen usw.,
zusammen 2360 Betten, Camping

Freizeitgestaltung

Kurkonzerte mit eigenem Kurorchester, Kur- und Pfarrbücherei, Heimatabende, Kurse, Kino.

Hallenbad, Freibad, Sauna, Solarium, Tennis, Minigolf, Radwandern (Fahrradverleih), Kegeln, Alpinski- und Langlauf, Eisstockschießen, Terrainkurwege, markierte Wanderwege.
Sehenswürdigkeiten im Ort und in der Umgebung, Ausflüge. Cafés, Konditoreien im Ort. Taxi/Mietwagen.

Seelsorge

röm.-kath., evangel.

Auskunft

Kurverwaltung Bad Schallerbach
Kurpromenade 1
4701 Bad Schallerbach
Tel. 07249/2071, 2072

Info über Kurbetrieb:
Schwefelbad Schallerbach
Ges.m.b.H.
Kurpromenade 2
Tel. 07249/8115-0

Bad Schönau Badekurort Niederösterreich

Der Kurort liegt im Hügelland der „Buckligen Welt“, im Südosten Niederösterreichs an der B 55.
Ca. 800 Einwohner

Verkehrsverbindungen

Bahn: von Wien – Edlitz-Grimmenstein
von Graz – Wr. Neustadt – Edlitz-Grimmenstein jeweils Autobusanschluß nach Bad Schönau

Bus: Wien – Wr. Neustadt – Bad Schönau

Auto: Wien – Grimmenstein (Südautobahn)
Graz – über den Wechsel oder Gleisdorf – Hartberg – Oberwart – Bernstein – Kirchschlag. Pannenstellen in Aspang

Klima: mildes Schonklima

Seehöhe: 505 m ü. M.

Kurmittel

Calcium-Magnesium-Hydrogencarbonat-Sulfat-Säuerling (alte Quelle oder Quelle I)

Calcium-Magnesium-Hydrogencarbonat-Sulfat-Eisensäuerling (neue Quelle oder Quelle II)

Calcium-Hydrogencarbonat-Sulfat-Säuerling (Quelle III)

Frei aufsteigende Quellgase

(Auszug aus der Analyse der Quelle I, durchgeführt von der Technischen Versuchsanstalt am Forschungsinstitut Gastein, 1964:)

Temperatur 15,4 °C
Schüttung 0,4 l/s

In 1 kg Quellwasser sind enthalten:

Eisen (zweiwertig)	15,5	mg
Hydrogencarbonat	2288	mg
Summe der gelösten festen Stoffe	5200	mg
Gelöste freie Kohlensäure	2028	mg

(Auszug aus der Analyse der Quelle II, durchgeführt von der Bundesstaatlichen Anstalt für experimentell-pharmakologische und balneologische Untersuchungen in Wien:)

Temperatur 11,3 °C
Schüttung 0,02 l/s

Foto: Kurkommission Bad Schönau

In 1 kg Quellwasser sind enthalten:

Calcium	889,8	mg	65,6 mval%
Magnesium	188,2	mg	22,9 mval%
Eisen	12,5	mg	
Sulfat	1472	mg	45,3 mval%
Hydrogencarbonat	2163	mg	52,4 mval%
Summe der gelösten festen Stoffe	4900	mg	
Gelöste freie Kohlensäure	2145	mg	

(Auszug aus der Analyse der Quelle III, durchgeführt vom Institut für anorganische und analytische Chemie der Universität Graz, 1978:)

Temperatur 16,8 °C
Schüttung 1,1 l/s

In 1 kg Quellwasser sind enthalten:

Calcium	908,2	mg	67,8 mval%
Magnesium	138,5	mg	17 mval%
Sulfat	1546	mg	48,1 mval%
Hydrogencarbonat	2013	mg	49,3 mval%
Summe der gelösten festen Stoffe	4900	mg	
Gelöste freie Kohlensäure	1800	mg	

Kurmittelanwendung

Kohlensäurewannenbäder, Kohlensäuregasbäder, Trinkkuren

Indikationen

Kohlensäurewannenbäder: Herz-Kreislauf-Erkrankungen wie verminderte Leistungsfähigkeit des Herzmuskels, Erkrankungen der Koronargefäße, Herzneurosen, Reizleitungsstörungen, Herzklappenfehler, Schädigungen des rechten Herzens durch Hindernisse im kleinen Kreislauf, Hypertonien;
nervöse Erschöpfungszustände, neurasthenische Zustandsbilder, Dysfunktionen der Schilddrüse, neurovegetative Regulationsstörungen, Pruritus, Ekzeme

Kohlensäuregasbäder: Kreislauferkrankungen, wie vor allem periphere Durchblutungsstörungen, Herzerkrankungen, bei denen Wasserbäder bereits kontraindiziert sind (mit Stauungen im kleinen Kreislauf), schlecht heilende Wunden, Verbrennungen, Erfrierungen, bestimmte chronische Hauterkrankungen, Erkrankungen der Sexualsphäre (Frigidität, Sterilität, Menustrationsstörungen, Impotenz)

Trinkkuren: Hyperazidität, entzündliche Erkrankungen des Magen-Darm-Trakts, Diureseförderung bei Urat-, Zystin- oder Xanthinsteinen, leichte Fälle von alimentär bedingtem Eisenmangel

Kontraindikationen

Bäder: dekompensierte Herz-Kreislauf-Erkrankungen, jede absolute Herzinsuffizienz, d. h. jede Ruhedyspnoe oder Dyspnoe nach geringer Anstrengung, frischer Herzinfarkt, Angina pectoris mit hoher Anfallsbereitschaft, Infektionskrankheiten, Geisteskrankheiten, akute fieberhafte Erkrankungen aller Art, aktive Tuberkulose, frische Venenentzündungen und Thrombosen, Klimakterium mit starken Blutungen im Vordergrund der Beschwerden

Trinkkuren: akute Nierenentzündung sowie praktische alle Erkrankungen des Nierenparenchyms, Vorhandensein von Ödemen oder Ödembereitschaft, Hochdruck, Phosphat- oder Karbonatsteine

Zusatztherapien

Übungsbehandlung, Massagen, Hydrotherapie, Infrarot- und Chromotherapie, Diathermie, Warmluftbehandlung, Galvanisation, Reizstromtherapie, Aerosol- und Inhalationstherapie, Diäten

Kureinrichtungen

Kurhotel Bad Schönau,
Kuranstalt Landsknechte
Saison: ganzjährig

Medizinische Versorgung

Arzt, Zahnarzt, Apotheke in Kirchschlag bzw. Krumbach (je 6 km), nächste Krankenhäuser in Wr. Neustadt, Neunkirchen, Oberpullendorf, Oberwart; Dialysestationen
Geldinstitute

Beherbergung

Hotels/Pensionen/Gasthäuser
470 Betten, 300 Betten privat

Freizeitgestaltung

Brauchtumsveranstaltungen, Kurkonzerte (Mai bis September), Hobbymalkurse, Bibliotheken in der Kuranstalt und im Kurhotel, Kinos in Krumbach und Kirchschlag (je 6 km entfernt).

Hallenbad, Sauna, Solarium, Tennishalle, Minigolf, Radwanderwege (Fahrradverleih), Skilanglauf (Skiverleih), Rodeln, Tischtennis, ca. 50 km Wanderwege.

Café-Konditorei, Restaurant.
Im Ort sehenswerte Wehrkirche, Ursprung der Heilquelle, Ausflüge zur Burg Lockenhaus, Schloß Bernstein, Stift Vorau u. a. Taxi/Mietwagen.

Auskunft

Kurkommission
Kurhausstraße 8
2853 Bad Schönau
Tel. 02646/2389

Kurhotel Bad Schönau
Am Kurpark 1
Tel. 02646/25850
Telex: 016571

Kuranstalt Bad Schönau
Kurhausstraße 11
Tel. 02646/2374,

Zentr. Zimmervermittlung
Kurhausstraße 6
Tel. 02646/2386

Bad Tatzmannsdorf

Badekurort — Burgenland

Der Kurort liegt eingebettet in eine sanfte Hügellandschaft, die Umgebung des Kurmittelhauses ist frei von jeglicher Industrie.
Ca. 1100 Einwohner

Foto: ÖFVW, Markowitsch

Verkehrsverbindungen

Bahn: Bahnverbindung nach Wien und Wiener Neustadt mit eigenem Kurswagen und Bahnhof in Bad Tatzmannsdorf

Bus: Graz und Wien direkt

Auto: Abzweigung von der Bundesstraße 50; Pannenstelle in Oberwart (4,5 km), Abholservice direkt von Haustüre – Wien mehrmals täglich

Klima: 20.Mai bis 16.Oktober Schonungsklima, die übrige Zeit des Jahres reizmildes Klima. Das Klima ist stark vom pannonischen Klima beeinflußt.

Seehöhe: 340 m ü. M.

Kurmittel

1) Natrium-Calcium-Hydrogencarbonat-Säuerling (Marienquelle)

2) Calcium-Hydrogencarbonat-Eisensäuerling (neue Franzquelle)

3) Natrium-Calcium-Magnesium-Hydrogencarbonat-Säuerling (Wetsch-Quelle)

4) Calcium-Hydrogencarbonat-Thermal-Säuerling (Therme 72)

5) Heilmoor – flachmoortorfiger bis lehmiger Ton(schlamm)

ad 1)

(Auszug aus der Analyse der Technischen Versuchsanstalt am Forschungsinstitut Gastein, 1967:)

Temperatur 16,2 °C
Schüttung 0,95 l/s

In 1 kg Quellwasser sind enthalten:

Natrium	906,2 mg
Calcium	430,8 mg
Hydrogencarbonat	3160 mg
Summe dergelösten festen Stoffe	5680,5 mg
Gelöste freie Kohlensäure	2191 mg

Frei aufsteigende Quellgase 294 l/Minute, 98,5% CO_2

ad 2)

(Auszug aus der Analyse der Technischen Versuchsanstalt am Forschungsinstitut Gastein, 1976:)

Temperatur 14,4 °C
Schüttung 0,05 l/s

In 1 kg Quellwasser sind enthalten:

Calcium	334,2 mg
Hydrogencarbonat	1472 mg
Eisen (Fe^{++})	33,2 mg
Summe der gelösten festen Stoffe	2085,9 mg
Gelöste freie Kohlensäure	1639 mg

ad 3)

(Auszug aus der Analyse der Technischen Versuchsanstalt am Forschungsinstitut Gastein, 1964:)

Temperatur 11,1 °C
Schüttung 1,15 l/s

In 1 kg Quellwasser sind enthalten:

Natrium	327,8 mg	38,9 mval%
Calcium	277,4 mg	37,7 mval%
Magnesium	95,1 mg	21,3 mval%
Hydrogencarbonat	1794 mg	80,2 mval%
Summe der gelösten festen Stoffe	2954 mg	
Gelöste freie Kohlensäure	2490 mg	

ad 4)

(Auszug aus der Analyse der chemischen Abteilung am Institut für gerichtliche Medizin der Universität Wien, 1978:)

Temperatur 24,5 °C
Schüttung 8,1 l/s

In 1 kg Quellwasser sind enthalten:

Calcium	575 mg	86,7 mval%
Hydrogencarbonat	1879 mg	99,8 mval%
Summe der gelösten festen Stoffe	2532,8 mg	
Gelöste freie Kohlensäure	1511,4 mg	

ad 5)

(Auszug aus der Analyse der Bundesstaatlichen Anstalt für experimentell-pharmakologische und balneologische Untersuchungen in Wien, 1979:)

Wassergehalt des naturfeuchten Materials 70,1%
Wasserkapazität 4,28 g
Sedimentvolumen 8 ml/g
Wärmehaltung bei Normalkonsistenz 650 s

Kurmittelanwendung

natürliche Kohlensäurewannenbäder, Kohlensäuretrockenbäder, Trinkkuren, Inhalationen, Moorbäder, Moorpackungen

Indikationen

Kohlensäurewannenbäder: Herz-Kreislauf-Erkrankungen wie Koronarinsuffizienz, kompensierte Herzerkrankungen, Funktionsstörungen des Herzmuskels, Nachbehandlung nach Operationen, z. B. Bypass-Operationen, periphere Durchblutungsstörungen, nervöse Erschöpfungszustände, Managerkrankheit, Rekonvaleszenz

Kohlensäuretrockenbäder: Indikationen wie bei Kohlensäurewannenbädern, zusätzlich insbesondere periphere Durchblutungsstörungen, Erfrierungen, schlecht heilende Wunden, Dermatitiden und Ekzeme, Störungen der Sexualfunktion (Zyklusstörungen, Frigidität, Sterilität, Impotenz)

Trinkkuren: Erkrankungen des Magen-Darm-Trakts wie hyperazide Gastritis, Ulcus ventriculi und Ulcus duodeni, Nachbehandlung nach Ulcusoperationen, chronische Erkrankungen der Gallenwege; Erkrankungen der ableitenden Harnwege: Spülbehandlung bei Harnwegsinfekten, Verhinderung von Rezidiven bei Neigung zu Steinbildung (ausgenommen Phosphat- und Carbonatsteine)

Franzquelle: zusätzlich Eisenmangelzustände

Inhalationen mit Quellsole: chronische Katarrhe der Atemwege

Moorbäder und -packungen: Erkrankungen des rheumatischen Formenkreises, gynäkologische Erkrankungen wie chronische Entzündungen im Genitalbereich, Zyklusstörungen, Ovarialinsuffizienz, Dysmenorrhoe, präklimakterische Beschwerden, Sterilität, Fluor vaginalis et cervicalis; Nachbehandlung nach Verletzungs- und Operationsfolgen, z. B. Adhäsionsbeschwerden durch Entzündungsreste im Brust- und Bauchraum; bestimmte Hauterkrankungen, z. B. Akne

Kontraindikationen

Badekuren und Heilmooranwendungen: alle akuten fieberhaften Erkrankungen, schlechter Allgemeinzustand, aktive oder nicht seit mindestens zwei Jahren ausgeheilte Tuberkulose, frischer Herzinfarkt, schwere Kreislaufinsuffizienz, Angina pectoris mit hoher Anfallsbereitschaft, starke gynäkologische Blutungen, Endometriose, Myome, Menorrhagien und Metrorrhagien, Gravidität, Ovarialtumoren, maligne, neoplastische Erkrankungen

Trinkkuren: Phosphat- und Carbonatsteine, alle Krankheiten, die mit erhöhter Ödembereitschaft verbunden sind

Zusatztherapien

Übungsbehandlung, Medikomechanik (Unterwasserextension-System Bad Tatzmannsdorf), Massagen, Ultraschall, Hydrotherapie, Infrarot, Diathermie, Warmluftbehandlung, Phototherapie, Galvanisation, Reizstromtherapie, Aerosol- und Inhalationstherapie, Diäten

Sonstiges medizinisches Angebot

Neuraltherapie, Akupunktur, Ozontherapie, Regenerationskuren nach Aslan, Wiedemann, Niehans, Immuntherapie mit Thymusextrakt, Sauerstoff-Mehrschritt-Therapie nach M. v. Ardenne

Kureinrichtungen

Kurmittelhaus
Saison: ganzjährig

Medizinische Versorgung

Ärzte, nächstes Krankenhaus in Oberwart/Schwerpunktkrankenhaus mit Dialysestation,
Zahnarzt in der unmittelbaren Umgebung, Apotheke, Tierärzte in unmittelbarer Umgebung
2 Geldinstitute

Beherbergung

Hotels/Pensionen/Gasthäuser
1324 Betten, privat 161 Betten,
Campingplatz, Möglichkeit für Caravans und Motorheime besteht.

Freizeitgestaltung

Kurkonzerte mit Kurkapelle, 3 Theatergruppen – laufend Aufführungen, Bücherei im Kurmittelhaus, Heimatmuseum in Oberschützen (2 km entfernt), 140 Veranstaltungen im Jahr, Heimatabende, Chorkonzerte, Folkloregruppen, Galerie, Blaskapellen, Kurse: Autogenes Training, Bio Feed Back.

Hallenbad, Freibad, Sauna, Solarium, Tennis, Minigolf, Radwandern (Fahrradverleih), Eisstockschießen, 60 km markierte Wander- und Radwege, Kurpark.

Kaffeehäuser, Konditorei, Tanzlokal, Weinschenken.

Großes Freilichtmuseum im Ort mit 24 alten Gehöften, Ausflüge. Taxi.

Seelsorge

röm.-kath., evangel.

Auskunft

Kurverwaltung
7431 Bad Tatzmannsdorf
Tel. 03353/284

Die Stadt liegt am Ostrand des südlichen Wienerwaldes, 30 km südlich von Wien
11 534 Einwohner

Verkehrsverbindungen

Auto: von der Westautobahn A1 kommend, dann zur A21 abzweigen (Wr. Außenring-Autobahn), Abfahrt Alland durch das Helenental nach Baden – Bad Vöslau

Südautobahn A2, Abfahrt Leobersdorf oder Baden

Bahn: Bad Vöslau steht über Wien mit allen internationalen Verkehrslinien in Verbindung: Südbahnschnellbahnzüge.

Bus: Autobuslinie der AG der Wr. Lokalbahnen ab Wien-Oper – Baden – Bad Vöslau (Fahrzeit ca. 45 min)

Flugzeug: Flughafen Wien-Schwechat 36 km von Bad Vöslau entfernt; Flugplatz Vöslau – für Flugzeuge bis 6 Tonnen Zoll- und Paßabfertigung

Klima: Die Thermenbruchlinie bedingt ein sehr mildes, in Mitteleuropa einzigartiges Klima (pannonisches Klima) mit besonderer Fauna und Flora.

Seehöhe: 276 m ü. M.

Foto: ÖFVW, Markowitsch

Kurmittel

Akratothermalwasser

(Auszug aus der Analyse der Bundesstaatlichen Anstalt für experimentell-pharmakologische und balneologische Untersuchungen in Wien, 1980:)

Temperatur 22,1 °C
Schüttung 38 l/s
Summe der gelösten festen Stoffe 644 mg/kg

Kurmittelanwendung

Bäder, Trinkkuren

Indikationen

Übermüdungs- und Erschöpfungszustände, leichtere rheumatische Erkrankungen, Kreislaufstörungen (vegetative Dystonie), reversible Altersbeschwerden, Rekonvaleszenz, Wiederherstellung nach Verletzungen am Bewegungsapparat

Kontraindikationen
allgemeine Kontraindikationen gegen Kuren

Zusatztherapien

Übungsbehandlung, Medikomechanik, Massagen, Ultraschall, Hydrotherapie, Infrarot- und Chromotherapie, Diathermie, Warmluftbehandlung, Kryotherapie, Phototherapie, Galvanisation, Reizstromtherapie, Aerosol- und Inhalationstherapie, Diäten

Kureinrichtungen

Kurmittelhaus, Kurhotel Neydharting, Parkvillasanatorium

Medizinische Versorgung

7 Ärzte, 1 Gynäkologe, 5 Zahnärzte, Apotheke, nächstes Krankenhaus in Baden (2 km)

Beherbergung

Hotels/Pensionen/Gasthäuser 345 Betten, 182 Betten privat,
Erholungsheim des ÖGB 54 Betten,
Erholungsheim der Arbeiterkammer 135 Betten,
Sanatorium Parkvilla 46 Betten

Freizeitgestaltung

Stadtmuseum, Stadtbücherei, Kurkonzerte in der Saison jeden Sonntag, Heimatabende 14tägig. Hallenbad, Freibad, Sauna, Solarium, Reiten, Tennis, Hallentennis, Minigolf, Radwanderwege, Langlauf, Tischtennis, Eis- und Asphaltschießen, Sport- und Tontaubenschießen. Gaststätten, Restaurants, Cafés, Konditoreien. Zahlreiche Natur- und Baudenkmäler, Ausflüge zu Rax und Schneeberg, Höllental, Neusiedler See, Carnuntum, Wien. Reisebüro/Taxi.

Auskunft

Fremdenverkehrsverein
2540 Bad Vöslau
Tel. 02252/7743

Bad Wimsbach-Neydharting

Badekurort

Oberösterreich

Der Kurort liegt westlich von Linz, abseits von Hektik und Lärm, im oberösterreichischen Alpenvorland. 2160 Einwohner

Foto: ÖFVW, Archiv

Verkehrsverbindungen

Bahn: Bahnstation Wels und Lambach (Buszubringer)

Bus: Buszubringerdienst von Wien jeden Montag

Auto: Autobahnausfahrt Vorchdorf – Bad Wimsbach-Neydharting (5 km)

Klima: mildes Schonklima

Seehöhe: 384 m ü. M.

Kurmittel

Heilmoor (erdiger Flachmoortorf)

(Auszug aus der Analyse der Bundesstaatlichen Anstalt für experimentell-pharmakologische und balneologische Untersuchungen in Wien, 1971:)

Wassergehalt des naturfeuchten Torfs ca. 80 – 85%

Wasserkapazität des naturfeuchten Torfs zwischen 6 und 11 g

Sedimentvolumen zwischen 10 und 20 ml/g

Wassergehalt bei Normalkonsistenz (gebrauchsfertiger Zustand) zwischen 86 und 91%

Kurmittelanwendung

Moorschwebstoffbäder, Moorpackungen, Moortrinkkuren

Indikationen

chronisch-entzündliche Frauenkrankheiten,
vegetativ-endokrines Syndrom der Frau,
primäre und sekundäre Sterilität,
alle subakuten und chronischen rheumatischen Erkrankungen einschließlich Arthrosen und chronischen Nervenentzündungen,
Lokalbehandlung von Entzündungsresten nichtspezifischer Art der Gelenke und des Bauchraums,
Verletzungsfolgen bzw. Versteifungen nach Unfällen,
Lokalbehandlung chronischer Leber- und Gallenleiden,
Behandlung bestimmter dermatologischer Erkrankungen,
insbesondere Psoriasis vulgaris

Kontraindikationen

alle akut entzündlichen Krankheiten, endogene Depressionen, psychische Erkrankungen, Tuberkulose, schwere Herz-Kreislauf-Erkrankungen, schlechter Allgemeinzustand, kontagiöse Erkrankungen, maligne Neoplasmen

Zusatztherapien

Massagen, Hydrotherapie, Phototherapie, Diäten

Kureinrichtungen

1 Kuranstalt

Saison: ganzjährig

Medizinische Versorgung

Ärzte, Tierarzt, Krankenhaus in Wels

3 Geldinstitute

Beherbergung

Hotels/Pensionen/Gasthäuser
270 Betten, 80 Betten privat,
Campingplatz

Freizeitgestaltung

Heimat-, Int. Moor-, Jungschützen-, Verkehrsmuseum, Bibliothek, Brauchtumsabende, Kurkonzerte, Heimatabende, Bastelkurse, Kino. Hallenbad, Freibad, Reiten, Tennis, Radwandern (Fahrradverleih), Kegeln, 65 km markierte Wanderwege. Kaffeehaus, gastronomische Betriebe.
Sehenswürdigkeiten im Ort und in der Umgebung. Taxi/Reisebüro.

Seelsorge

röm.-kath., evangel.

Auskunft

Kurkommission
4654 Bad Wimsbach-Neydharting
Tel. 07245/4155

Kurhaus
Tel. 07245/8916

Ruhiger, schöner Markt in Talsenke in waldreicher Umgebung.
Ca. 2600 Einwohner

Verkehrsverbindungen

Bahn: Linz – Pregarten, dann Bus nach Bad Zell oder von Linz mit Bus nach Bad Zell

Auto: A1, Abfahrt Enns-Mauthausen; Pannenstellen in Perg und Freistadt

Klima: mildes Reizklima

Seehöhe: 513 m ü. M.

Kurmittel

mehrere kalte akratische Radonquellen

(Auszug aus Analysen der Bundesstaatlichen Anstalt für experimentell-pharmakologische und balneologische Untersuchungen in Wien, 1983 und 1984:)

Grinnerquelle I
Temperatur 9,4 °C
Schüttung 1 l/s

Höllgrafenquelle I
Temperatur 7,8 °C
Schüttung 0,4 l/s

Radongehalt der Quellen zwischen 11 und 45 nCi/l.

Kurmittelanwendung

Bäder, Bürstenbäder, Unterwassermassagen, Inhalationen

Indikationen

Erkrankungen des rheumatischen Formenkreises (Arthritis, Myositis, Neuritis), Abnützung der Gelenke und des Stützapparates, Verletzungsfolgen, Restzustände nach Lähmungen, Alters- und Aufbrauchkrankheiten, klimakterische Beschwerden, Sterilität, Impotenz, Erkrankungen des Gefäßsystems, chronische Entzündungen der Nasennebenhöhlen, Bronchitiden, leichte organische und funktionelle Herzerkrankungen, Bluthochdruck

Foto: Landeskuranstalt Bad Zell

Kontraindikationen

alle akut fieberhaften Erkrankungen einschließlich akute rheumatische Erkrankungen, alle malignen Erkrankungen, aktive und fraglich aktive Tuberkulose, Koronarsklerose, Infarktgefahr, schwere Herzinsuffizienz, thrombotische Erkrankungen, nicht sanierte Fokalherde, Schwangerschaft, Psychopathien und Depressionen, latente Anfallsbereitschaft

Zusatztherapien

Übungsbehandlung, Medikomechanik, Massagen, Hydrotherapie, Warmluftbehandlung, Phototherapie, Aerosol- und Inhalationstherapie, Diäten

Kureinrichtungen

1 Landeskuranstalt

Saison: Mitte Jänner bis Mitte Dezember

Medizinische Versorgung

2 Ärzte, 1 Dentist, 2 Apotheken, Tierarzt, Krankenhäuser in Freistadt, Linz und Steyr

3 Geldinstitute

Beherbergung

Pensionen/Gasthäuser 206 Betten, 96 Betten privat

Freizeitgestaltung

Gemeindebücherei, Ausstellungen, Kurkonzerte, Heimatabende, Hobbykurse (Hinterglasmalerei, Kerbschnitzen etc.), Diavorträge.
Sauna, Solarium, Reiten, Tennis, Radwandern, Kegeln, Langlaufen, Eislaufen, Eisstockschießen, Rad- und Skiverleih, 80 km markierte Wanderwege, Freizeitteich.
Cafés, Gastwirtschaften.
Im Ort gotische Kirche, Prangermandl, Ausflüge zu den Ruinen Ruttenstein, Prandegg, Reichenstein usw. Kefermarkt (Flügelaltar).
Taxi/Mietwagen/Reisebüros.

Seelsorge

röm.-kath.

Auskunft

Kurverwaltung Bad Zell
4283 Bad Zell
Tel. 07263/516

Burgwies/ Stuhlfelden

Heilbad

Salzburg

Das Schwefelheilbad Burgwies liegt 2 km westlich von Stuhlfelden, abseits des Straßenlärms.
Stuhlfelden 1366 Einwohner

Verkehrsverbindungen

Bahn: Schnellzugstation Zell am See, von da 26 km mit der Bahn

Bus: ab Zell am See, ab Kitzbühel (29 km)

Auto: zwischen Mittersill und Zell am See

Klima: alpines Klima mit leichten Reizfaktoren

Seehöhe: 789 m ü. M.

Kurmittel

kalte Schwefelquelle akratischer Konzentration

(Auszug aus der Analyse der Technischen Versuchsanstalt am Forschungsinstitut Gastein, 1964:)
Temperatur 10,8 °C
Titrierbarer zweiwertiger Schwefel 2,7 mg/kg

Kurmittelanwendung

Bäder

Indikationen

Erkrankungen des rheumatischen Formenkreises, Neuralgien, bestimmte gynäkologische Erkrankungen

Kontraindikationen

allgemeine Kontraindikationen gegen Kuren

Zusatztherapie

Massagen

Foto: Verlag A. Gründler, Salzburg

Kureinrichtungen

1 Kuranstalt
Saison: Mai bis Oktober

Medizinische Versorgung

in den Nachbarorten (ca. 3 km)

Beherbergung

Hotels/Pensionen/Gasthäuser
422 Betten, privat 375 Betten

Freizeitgestaltung

Schwimmbad, Sauna, Solarium, Sport- und Freizeitanlagen, Wintersport, Brauchtumsveranstaltungen.

Gasthäuser, Restaurants, Cafés.
Ausflüge zu Krimmler Wasserfällen, Kitzsteinhorn, Großglockner.

Seelsorge

röm.-kath.

Auskunft

Verkehrsverein
5724 Stuhlfelden
Tel. 06562/49094 oder
Gemeinde:
Tel. 06562/33102
Schwefelbad Burgwies
Familie Stipke
Tel. 06562/226

Dellach im Drautal

Luftkurort — Kärnten

Luftkurort in Mittelgebirgslage südlich des Alpenhauptkammes.
1895 Einwohner

Foto: ÖFVW, Markowitsch

Verkehrsverbindungen

Bahn: Salzburg – Badgastein – Spittal (umsteigen Richtung Lienz) – Dellach
Wien – Graz – Klagenfurt – Spittal (umsteigen Richtung Lienz) – Dellach

Auto: Tauernautobahn über Salzburg – Spittal – Greifenburg – Dellach, Kufstein – Mittersill – Felbertauern – Lienz – Dellach
Kfz-Werkstätten im Ort

Kurmittel

alpines Klima mit leichten Reizfaktoren

Seehöhe: 606 bis 1000 m ü. M.

Kurmittelanwendung

Wandern, leichter Sport

Indikationen

allgemeine Rekonvaleszenz, vegetative Störungen, Erschöpfungszustände

Kontraindikationen

allgemeine Gegenanzeigen gegen Kuren

Zusatztherapien

Massagen, Hydrotherapie, Warmluftbehandlung, Diäten

Saison: ganzjährig

Medizinische Versorgung

Ärzte, Dentist, Bezirkskrankenhaus Lienz (25 km)
2 Geldinstitute

Beherbergung

Hotels/Pensionen/Gasthäuser
360 Betten, 510 Betten privat, Campingplatz

Freizeitgestaltung

Gemeindebibliothek, Gartenfeste, Bälle, Frühschoppen, Veranstaltungsreihe „Bildung – Information – Kultur“, Kurkonzerte regelmäßig während der Sommersaison, Heimatabende.

Freibad, Tennis, Radwandern, Kegeln, Alpinski- und Langlauf, Rodeln, Eislaufen, Eisstockschießen, Fitneßparcours, geführte Wanderungen und Bergtouren, 40 km Wanderwege von leicht in Tallagen bis in Alpenregionen, Fahrradverleih

Kaffeehäuser, Konditorei, Gasthäuser.

Naturdenkmal „Weittal-Wasserfall“, Schloß Stein, Ziegenklamm, Ausflüge zum Nationalpark Hohe Tauern.
Taxi.

Seelsorge

röm.-kath.

Auskunft

Gästeamt Luftkurort
Dellach im Drautal
9772 Dellach im Drautal
Tel. 04714/304, 314, 234

Dürrnberg bei Hallein

Heilbad Dürrnberg — Salzburg

Kur- und Bergwerksort zwischen Hallein und Berchtesgaden, direkt an der Staatsgrenze Österreich – Deutschland gelegen.
Bis 1938 selbständiger Bergwerksort (Salzbergbau), seitdem ein Ortsteil von Hallein.
Ca. 800 Einwohner

Verkehrsverbindungen

Bahn: Schnellzugstation Hallein, dann 5 km mit der Salzbergbahn

Auto: Autobahnabfahrt Hallein. Panoramastraße zum Dürrnberg

Flugzeug: Flughafen Salzburg (20 km)

Klima: Höhenklima

Seehöhe: 800 – 1320 m ü. M.

Kurmittel

1) Bergwerksole

2) Natrium-Calcium-Chlorid-Sulfat-Schwefel-Mineralwasser (Glaubersalzhaltige Kochsalzquelle, Wiestalquelle)

3) Soleschlamm (Laist)

ad 1)

(Auszug aus der Analyse der Bundesstaatlichen Anstalt für experimentell-pharmakologische und balneologische Untersuchungen in Wien, 1972:)

Temperatur 23,5 °C

In 1 kg Quellwasser sind enthalten:

Natrium	83,6 g	95,7 mval%
Chlorid	130,9 g	97,1 mval%
Summe der gelösten festen Stoffe ca.	223 g	

ad 2)

(Auszug aus der Analyse des Instituts für Physiologie und Balneologie der Universität Innsbruck, 1976:)

Temperatur 11,2 °C
Schüttung 0,05 l/s

In 1 kg Quellwasser sind enthalten:

Natrium	1875 mg	59,8 mval%
Calcium	618 mg	22,6 mval%
Chlorid	2737,5 mg	56,7 mval%
Sulfat	2736,8 mg	41,8 mval%
Summe der gelösten festen Stoffe	8423 mg	
Titrierbarer zweiwertiger Schwefel	2,11 mg	

Foto: F. Kobelhirt

Kurmittelanwendung

Bäder, Inhalationen, Packungen, Trinkkuren

Indikationen

Bäder mit Sole: chronisch-rheumatische Erkrankungen, degenerative Erkrankungen des Bewegungsapparates, bestimmte gynäkologische Erkrankungen wie Sterilität, habitueller Abort, zervikale Hypersekretion, Klimakteriumsbeschwerden, Beschwerden in der Menopause, hyperergische Reaktionslagen im Kindesalter, besonders die sog. lymphatische Diathese, periphere Durchblutungsstörungen

Inhalationen mit Sole: unspezifische katarrhalische Erkrankungen der Atemwege

Trinkkuren mit Wiestalquelle: chronische Erkrankungen der Leber, Gallenblase und Gallenwege, Nachbehandlung nach Gallenblasenoperationen, chronische Katarrhe des Magens, bestimmte Formen der Obstipation

Packungen mit Soleschlamm: unterstützende Behandlung der Trinkkuren bei Leber- und Gallenerkrankungen

Kontraindikationen

Cor pulmonale mit Stauung, Herzinsuffizienz, schwere Nierenerkrankungen, fixierter Hochdruck, rezidivierende Blutungsneigung, Thrombosen, akut fieberhafte und infektiöse Erkrankungen, Tuberkulose, maligne Neoplasmen, ekelerregende Krankheiten, schlechter Allgemeinzustand; für Trinkkuren darüber hinaus noch alle Störungen des Wasser- und Elektrolythaushaltes, bei denen die Kochsalzausscheidung im Sinne einer Retention gestört ist, d. s. bestimmte Herz- und Nierenerkrankungen.

Kureinrichtungen

3 Kurhäuser, 1 Kurklinik

Saison: ganzjährig

Medizinische Versorgung

Ärzte, Zahnärzte, Tierärzte, Apotheken, Krankenhaus in Hallein, Arzt, Post in Bad Dürrnberg

Beherbergung

Hotels/Pensionen/Gasthäuser
350 Betten, privat 150 Betten

Freizeitgestaltung

Leihbücherei, Kurkonzerte, Lichtbildervorträge, Tanz- und Unterhaltungsabende, historische Dürrnberg-Führungen, Kurse für Bauernmalerei, Hinterglasmalerei, Modellstrikken, Stoffdruck.

Sole-Hallenbad, Sauna, Solarium, Alpinski- und Skilanglauf, Gras-Skilauf, Rodeln, Wanderwege, Sportgeräteverleih.

Restaurants, Cafés.

Sehenswürdigkeiten: Salzbergwerk Hallein, Schaustellendiorama, Freilichtmuseum (Keltendorf und Fürstengrab), Brunnhaus mit Marmorbrunnen.

Ausflüge in die Umgebung. Autobus- und Taxiunternehmen.

Seelsorge

röm.-kath., evangel.

Auskunft

Kurverwaltung Bad Dürrnberg
Rupertusplatz 3
5422 Dürrnberg
Tel. 06245/5185

Kurdirektor
Tel. 06245/2514/169

Eisenkappel-Vellach

Bade- und Luftkurort Kärnten

Badekur- und Luftkurort südlich von Klagenfurt in einer schmalen Talebene zwischen bewaldeten voralpinen Erhebungen.
3500 Einwohner

Verkehrsverbindungen

Bahn/Bus: Schnellzugstation Klagenfurt oder Völkermarkt-Kühnsdorf – Umsteigen in den Bus nach Eisenkappel

Auto: Wien – Graz – Völkermarkt – Eisenkappel
Klagenfurt – Grafenstein – Gallizien – Eisenkappel
Kfz-Werkstätten im Ort

Nächster Flugplatz: Klagenfurt-Wörthersee

Foto: ÖFVW, Markowitsch

Kurmittel

1) Natrium-Hydrogencarbonat-Chlorid-Säuerlinge (Konstantinquelle, Kellerquelle, neue Helenquelle, Neue Carinthia-Bohrquellen I – IV)

2) Frei aufsteigendes natürliches Kohlendioxid

3) Schonklima bis reizmildes Klima.

Seehöhe: 558 m ü. M.

ad 1)
Konstantinquelle – wird aus drei Quellauftrieben zusammengefaßt:
Auftrieb 1: Annemarie-Quelle,
Auftrieb 2: neue Konstantinquelle,
Auftrieb 3: Josefquelle

(Auszug aus dem balneologischen Gutachten für die Nutzung und Betriebsbewilligung der Carinthia-Quellen und der Kuranstalt in Eisenkappel-Vellach, Bundesstaatliche Anstalt für experimentell-pharmakologische und balneologische Untersuchungen in Wien, 1975:)

In 1 kg Quellwasser sind enthalten:

Natrium	1723 mg	81 mval%
Hydrogencarbonat	4000 mg	70,8 mval%
Chlorid	660 mg	20,1 mval%
Summe der gelösten festen Stoffe	7222,5 mg	
Gelöste freie Kohlensäure	1400 mg	

Kellerquelle:
Natrium-Calcium-Hydrogencarbonat-Eisen-Säuerling
(Auszug aus der Analyse der Bundesstaatlichen Anstalt für experimentell-pharmakologische und balneologische Untersuchungen in Wien, 1975:)

Temperatur 10,6 °C
Schüttung 0,03 l/s

In 1 kg Quellwasser sind enthalten:

Natrium	112 mg	41,7 mval%
Calcium	72 mg	31 mval%
Hydrogencarbonat	634,5 mg	88,3 mval%
Summe der gelösten festen Stoffe	976 mg	
Gelöste freie Kohlensäure	1920 mg	

Neue Helenquelle – wird aus zwei Quellauftrieben zusammengefaßt:
Auftrieb 4: neue Helenquelle,
Auftrieb 5: A-Quelle

(Auszug aus dem balneologischen Gutachten für die Nutzung und Betriebsbewilligung der Carinthia-Quellen und der zugehörigen Kuranstalt in Eisenkappel-Vellach, Bundesstaatliche Anstalt für experimentell-pharmakologische und balneologische Untersuchungen in Wien, 1975:)

In 1 kg Quellwasser sind enthalten:

Natrium	1056 mg	79,5 mval%
Hydrogencarbonat	2519 mg	71,5 mval%
Summe der gelösten festen Stoffe	4509 mg	
Gelöste freie Kohlensäure	2395 mg	

Neue Carinthia-Bohrquellen I – IV:
(Auszug aus Heilwasseranalysen der Bundesstaatlichen Anstalt für experimentell-pharmakologische und balneologische Untersuchungen in Wien, 1984:)

Temperatur 8,2 °C
Schüttung 0,7 l/s

In 1 kg Quellwasser sind enthalten:

Natrium	2076 mg
Hydrogencarbonat	4651 mg
Chlorid	809,2 mg
Summe der gelösten festen Stoffe	8517,9 mg
Gelöste freie Kohlensäure	2430 mg

Kurmittelanwendung

Wannenbäder, Kohlensäuretrockenbäder, Trinkkuren, Klimakuren

Indikationen

ad 1)
Badekuren: Herz- und Kreislauferkrankungen: Herzmuskelschäden ohne Dekompensationserscheinun-

gen, Rehabilitation nach Herzinfarkt, Koronarinsuffizienz, Störungen der Blutdruckregulation, labile Hypertonie, Hypotonie, arterielle und venöse Zirkulationsstörungen, nervöse funktionelle Herz-Kreislauf-Beschwerden, periphere Durchblutungsstörungen.

Nervöse und neurovegetative Funktionsstörungen: nervöse Schlaflosigkeit, chronisch-nervöse Überbelastung, neurovegetative Dystonie, Managerkrankheit, Herzneurose, Rekonvaleszenz nach Infekten und Operationen

ad 2)
Kohlensäuregasbäder: Herz-Kreislauf-Erkrankungen wie bei Badekuren, sexuelle Funktionsstörungen, bestimmte Hauterkrankungen, die mit Durchblutungsstörungen verbunden sind, Wundheilungsstörungen

Trinkkuren: Übersäuerung des Magens und deren Folgeerscheinungen, hyperazide Gastritis, Ulcus ventriculi und duodeni; entzündliche Erkrankungen der ableitenden Harnwege, Harnkonkremente (Oxalat- und Zystinsteine), Nachbehandlung nach Prostataoperationen

ad 3)
Klimakuren im Luftkurort: Erholungsbedürftigkeit und Rekonvaleszenz, funktionelle Herz-Kreislauf-Störungen, vegetative Regulationsstörungen

Kontraindikationen

Badekuren: Marasmus, fieberhafte Erkrankungen, alle Infektionskrankheiten, frische Venenentzündungen und Thrombosen, frischer Herzinfarkt, Kreislaufinsuffizienz, Angina pectoris, Hyperthyreosen, neoplastische Erkrankungen, Menorrhagien, Metrorrhagien

Trinkkuren: Neigung zu Phosphat- und Carbonatsteinen, Ödembereitschaft

Zusatztherapien

Übungsbehandlung, Massagen, Hydrotherapie, Infrarot- und Chromotherapie, Diathermie, Warmluftbehandlung, Galvanisation, Reizstromtherapie, Aerosol- und Inhalationstherapie, Diäten

Kureinrichtungen

1 Kurmittelhaus

Saison: ganzjährig

Medizinische Versorgung

Ärzte, Zahnarzt, Krankenhaus in Klagenfurt

4 Geldinstitute

Beherbergung

Hotels/Pensionen/Gasthäuser
390 Betten, 190 Betten privat

Freizeitgestaltung

Theater, Museum, Buchverleih, Kurkonzerte, Heimatabende, internationale Folkloretreffen, Sporttreffen, Skatabende.

Freibad, Sauna, Solarium, Reiten, Tennis, Kegeln, Alpinski- und Langlauf, Rodeln, Eisstockschießen, Zimmergewehrschießen, Fahrradverleih, 180 km markierte Wanderwege.

Kaffeehäuser, Konditoreien, Restaurants.

Im Ort Wallfahrtskirche, Türkenschanze. Ausflüge in die Umgebung (Naturschutzgebiete „Trögener Klamm" und „Vellacher Kotschna"). Taxi.

Seelsorge

röm.-kath., evangel.

Auskunft

Marktgemeinde Eisenkappel
9135 Eisenkappel
Tel. 04238/245, 375

Fresach Luftkurort Kärnten

Der Luftkurort liegt am sonnigen Südhang des Mirnocks auf einer Hochebene, absolut nebelfrei, windgeschützt und staubfrei, inmitten von Nadelwäldern und Wiesen (Sonnenbalkon des Drautales).
1190 Einwohner

Foto: ÖFVW, Markowitsch

Verkehrsverbindungen

Bahn: Paternion-Feistritz (Tauernstrecke Salzburg – Villach), Eilzugstation

Bus: Postautobusverbindung zu den Zügen und dem Millstätter See sowie Weißensee

Auto: B 100 Spittal/Drau – Villach, Landstraße nach Fresach; Kfz-Werkstätte im Ort

Kurmittel

Schonklima mit milden Reizfaktoren.
Seehöhe: 718 bis 1300 m ü. M.

Indikationen

Erholungsbedürftigkeit und Rekonvaleszenz, subjektive Beschwerden bei Herz-Kreislauf-Erkrankungen und chronischem Rheumatismus, chronische Entzündungen des Respirationstrakts, Asthma, Kräftigung des schwächlichen oder erholungsbedürftigen kindlichen Organismus

Kontraindikationen

allgemeine Kontraindikationen gegen Kuren

Medizinische Versorgung

Kurarzt einmal wöchentlich
1 Geldinstitut

Beherbergung

Pensionen/Gasthäuser
170 Betten, privat 461 Betten

Freizeitgestaltung

Diözesanmuseum, Gemeindebücherei, Sommerfeste örtlicher Vereine, Kärntner Abende.

Tennis, Kegeln, Alpinski- und Langlauf, Eislaufen, Eisstockschießen, Sportgeräteverleih. Markierte Wanderwege.

Ausflüge nach Venedig und zu Sehenswürdigkeiten in Kärnten. Gasthöfe.

Seelsorge

röm.-kath., evangel.

Auskunft

Gemeinde Fresach
9712 Fresach 160
Tel. 04245/2060

Luftkurort im waldreichen Alpenvorland in der Ferienregion Innviertel/Hausruckwald zwischen Passau und Wels, ländliche Struktur mit vorwiegend Ackerbau, Viehzucht und Waldwirtschaft.
Ca. 2000 Einwohner

Verkehrsverbindungen

Bahn: Schnellzugstation Grieskirchen/Gallspach Strecke Wien – Linz – Wels – Passau – Nürnberg

Bus: nach Grieskirchen, Wels–Linz

Auto: A25 Abfahrt Pichl
Von Wien A1–Knoten Haid, A25 Pichl, ab 1987 Meggenhofen
Pannenstellen in Grieskirchen (5 km), 2 Kfz-Werkstätten im Ort

Kurmittel

Schonklima.
Seehöhe: 365 bis 420 m ü. M.

Kurmittelanwendung

Terrainkuren (Wanderungen,leichter Sport)

Indikationen

Erholungsbedürftigkeit und Rekonvaleszenz

Kontraindikationen

allgemeine Kontraindikationen gegen Kuren
Für Behandlungen im Institut Zeileis (siehe unten) zusätzlich Herzschrittmacher, nach therapeutischen Röntgen- oder Radiumbestrahlungen müssen mindestens drei Monate, nach Bäderkuren drei bis vier Wochen vergangen sein.

Zusatztherapien

Massagen, Ultraschall, Diathermie, Aerosol- und Inhalationstherapie, Diäten

Gallspach ist Sitz des Instituts Zeileis, in dem folgende Behandlungen durchgeführt werden: Hochfrequenzströme, Kurzwellen, Mikrowellen, Ultraschall, Eigenblutserum, Grenzstrahlen und Aerosoltherapie, Homöopathie.

Foto: Kurverwaltung Gallspach

Kureinrichtungen

1 Kuranstalt
Saison: ganzjährig

Medizinische Versorgung

Ärzte, Fachärzte für physikalische Medizin und für interne Medizin, Zahnarzt, Krankenhaus in Grieskirchen (5 km entfernt), Apotheke, Tierarzt in Grieskirchen

3 Geldinstitute

Beherbergung

Hotels/Pensionen/Gasthäuser
1100 Betten, privat 400 Betten
4 kleine Privatcampingplätze

Freizeitgestaltung

Mai bis Oktober regelmäßig Parkkonzerte, Heimatabende, fallweise Bastelnachmittage, Leihbibliothek, regelmäßiges Veranstaltungsprogramm im Kursaal, Konzerte, Lichtbildervorträge, viele Saisonveranstaltungen: Gallspacher Dorffest, Wandertag, int. Kurortelauf, Faschingssitzungen.

Freibad, Sauna, Solarium, Reiten (4 km entfernt), Tennis, Radwandern, Kegeln, Eisstockschießen, Fahrradverleih, wöchentlich geführte Gästewanderungen und Gymnastikstunden im eigenen Fitpark, 40 km markierte Wanderwege, 10 beschriebene Wanderwege von rollstuhlgeeignet bis Tageswanderung.

Cafés, Konditorei, Spezialitätenrestaurants.

Sehenswürdigkeiten im Ort: Wasserschloß usw. Ausflüge ins Salzkammergut, Donaufahrten, Schloß Parz.
Reisebüro/Taxi/Mietwagen/Behindertentransport.

Seelsorge

röm.-kath., evangel.

Auskunft

Kurverwaltung Gallspach
Hauptplatz 8
4713 Gallspach
Tel. 07248/23750 oder 26340

Medizinische Auskünfte:
Institut Zeileis
Tel. 07248/2351

Gmös/Laakirchen Moorbad Gmös Oberösterreich

Moorbad Gmös liegt am Eingang des Salzkammergutes (3 km von Laakirchen entfernt).
Ca. 9000 Einwohner

Verkehrsverbindungen

12 km von Gmunden, 7 km von Autobahnabfahrt Steyrermühl entfernt; Pannenstellen in Gmunden

Klima: subalpines Klima

Seehöhe: 440 m ü. M.

Kurmittel

Heilmoor (Hochmoortorf) und Moorwasser

(Auszug aus der Kontrollanalyse des Instituts für pharmazeutische Chemie der Universität Graz, 1974:)

Wassergehalt des naturfeuchten Moores 81%
Sedimentvolumen 10 ml/g
Wasserkapazität 5,7 g

Kurmittelanwendung

Moorbäder, Moorpackungen

Indikationen

chronische Erkrankungen des rheumatischen Formenkreises, chronisch-entzündliche Erkrankungen der Gelenke, Muskeln, Bänder, Sehnen und Nerven, Frauenleiden, Nachbehandlung von Verletzungs- und Operationsfolgen, Lokalbehandlung von Entzündungsresten nichtspezifischer Art des Bauchraumes

Kontraindikationen

Es gelten die allgemeinen Kontraindikationen gegen Kuren mit Peloiden.

Foto: F. Kobelhirt

Zusatztherapien

Massagen, Hydrotherapie

Kureinrichtungen

Kuranstalt

Saison: Februar bis November ambulant
April bis September stationär

Medizinische Versorgung

4 Ärzte, 2 Zahnärzte, Apotheke, Tierarzt, Krankenhaus und Fachärzte in Gmunden

3 Geldinstitute

Beherbergung

Kuranstalt Moorbad Gmös

Freizeitgestaltung

2 Bibliotheken. Freibad, Tennis, Minigolf, Fischen. Cafés.

Seelsorge

röm.-kath., evangel.

Auskunft

Kuranstalt Moorbad Gmös
4663 Laakirchen
Tel. 07613/2614

Kurort am Traunsee in Oberösterreich, umgeben von Gebirgslandschaft.
Ca. 13 000 Einwohner

Verkehrsverbindungen

Auto: Westautobahn, Ausfahrt Regau, dann Bundesstraße in Richtung Gmunden

Bahn: über München – Salzburg – Attnang/Puchheim – Gmunden

Kurmittel

Schonklima von Mai bis September, reizmildes Klima während der übrigen Jahreszeit. Seehöhe: 420 m ü. M.

Kurmittelanwendung

Terrainkuren, Wanderungen

Foto: F. Kobelhirt

Indikationen

Erholungsbedürftigkeit und Rekonvaleszenz

Kontraindikationen

allgemeine Kontraindikationen gegen Kuren

Zusatztherapie

Hydrotherapie

Kureinrichtungen

Kuranstalt

Saison: ganzjährig

Medizinische Versorgung

Ärzte, Fachärzte, Zahnärzte, Dentisten, Tierarzt, Krankenhaus, Apotheke

Geldinstitute

Beherbergung

Hotels/Pensionen/Gasthäuser
1330 Betten, 409 Betten privat,
Ferienwohnungen 210 Betten,
Urlaub am Bauernhof 70 Betten

Freizeitgestaltung

Freibad, Hallenbad, Sauna, Segeln, Surfen, Tennis, Hallentennis, Wintersport, Sportgeräteverleih, Minigolf.
Kino, Bücherei, Museum.
Cafés, Restaurants, Gasthäuser, Konditoreien.
Taxi/Reisebüro.

Seelsorge

röm.-kath., evangel.

Auskunft

Kurverwaltung Gmunden
Am Graben 2
4810 Gmunden
Tel. 07612/4305

Das Moorheilbad Harbach liegt im Waldviertler Oberland zwischen Mandelstein und Nebelstein.
Ca. 800 Einwohner

Verkehrsverbindungen

Bahn: Wien – Gmünd – Weitra

Bus: Wien – Weitra – Harbach, Linz – Weitra – Harbach

Gästeabholung von Wien am Samstag und Sonntag
Pannenstellen in Gmünd und Zwettl

Klima: Reizklima

Seehöhe: 631 m ü. M.

Kurmittel

Heilmoor (Hochmoortorf)

(Auszug aus der Analyse der Bundesstaatlichen Untersuchungsanstalt für experimentell-pharmakologische und balneologische Untersuchungen, 1977:)

Wasserkapazität 15,45 g
Sedimentvolumen 24,5 ml/g
Wärmehaltung bei Normalkonsistenz 850 s

Kurmittelanwendung

Moorbäder, Moorpackungen, Moorschwebstoffbäder

Indikationen

chronisch-rheumatischer Formenkreis (Arthrosen, Spondylosen, Bandscheibendegeneration, Halswirbel- und Lumbalsyndrom, Migraine cervicale, Neuralgien und Neuritiden), Abnützungserscheinungen und Erschöpfungszustände, Durchblutungsstörungen, Rekonvaleszenz, vegetative Dysregulationen, Frauenkrankheiten (primäre und sekundäre Sterilität, chronische Adnexitis, Parametropathien, klimakterische Ausfallserscheinungen, chronische Entzündungen der Prostata

Kontraindikationen

schwere Herz-Kreislauf-Erkrankungen, akute entzündliche und infektiöse Erkrankungen, schlechter Allgemeinzustand, maligne Neoplasmen, Geisteskrankheiten

Foto: Kainz, Gmünd

Zusatztherapien

Übungsbehandlung, Massagen, Hydrotherapie, Infrarot, Diathermie, Warmluftbehandlung, Galvanisation, Reizstromtherapie, Aerosol- und Inhalationstherapie, Diäten

Kureinrichtungen

2 Kurhotels, Sonderkrankenanstalt mit modernsten Kureinrichtungen

Saison: ganzjährig

Medizinische Versorgung

Ärzte im Haus, nächstes Krankenhaus in Gmünd, 20 km entfernt

Geldinstitute in Harbach und im 8 km entfernten Weitra

Beherbergung

Hotels/Pensionen/Gasthäuser
475 Betten, privat ca. 100 Betten,
Kinderheim 80 Betten,
Schutzhütte 30 Betten

Freizeitgestaltung

Diverse Veranstaltungen im Schloßtheater Weitra, Bauernmuseum Lauterbach, Bibliothek im Kurhaus, Lichtbildervorträge, Filmabende, Brauchtumsabende, Platzkonzerte, Web- und Spinnkurse im Bauernmuseum Moorbad Harbach-Lauterbach. Tennis, Reiten, Minigolf, Radwandern (Fahrradverleih), Skilanglauf, Fischen, Kegeln, Tischtennis, Hallenbad, Freibad, Sauna, Solarium, Eisstockschießen, klimatisierte Tennishalle mit 2 Sandplätzen, Kreuzungsbzw. Ausgangspunkt von internationalen Wanderwegen, wie z. B. Nord-Süd-Weitwanderweg, Fernwanderweg, Nordwaldkammweg, Kamptalseenweg etc. Café, Gasthöfe.
Taxi/Mietwagen. Ausflüge nach Weitra (Altstadt), Naturpark Großpertholz, Blockheide Eibenstein bei Gmünd, Wasserburg Heidenreichstein.

Seelsorge

röm.-kath.

Auskunft

Kurgemeinde Moorbad Harbach
3970 Moorbad Harbach
Tel. 02858/214 oder 255–0

Hochmoos/ St. Martin bei Lofer — Moorbad — Salzburg

Erholungsort im Saalachtal, umgeben von waldreichen Gebirgszügen. Ca. 2600 Einwohner

Verkehrsverbindungen

Bus: Salzburg, Lofer, Zell am See

Auto: B 311

Klima: subalpines Klima

Seehöhe: 639 m ü. M.

Kurmittel

Heilmoor (Hochmoortorf)

(Auszug aus der Analyse der Technischen Versuchsanstalt am Forschungsinstitut Gastein, 1969:)

Wassergehalt des naturfeuchten Materials 91,5%
Sedimentvolumen 37,3 ml/g
Wasserkapazität 16 g
Wärmehaltung 784 s

Kurmittelanwendung

Moorbreibad, Moorwasserbad, Moorpackungen

Indikationen

Nachbehandlung nach Verletzungen, Unfällen und Operationen, Erkrankungen des Nervensystems, Lokalbehandlung nichtspezifischer Entzündungsreste im Brust- und Bauchraum, Rekonvaleszenz, Erkrankungen des Bewegungsapparates rheumatischer und degenerativer Genese, gynäkologische Erkrankungen, periphere Durchblutungsstörungen

Kontraindikationen:

allgemeine Kontraindikationen gegen Kuren

Zusatztherapien

Massagen, Hydrotherapie, Warmluftbehandlung, Phototherapie

Foto: F. Kobelhirt

Kureinrichtungen

1 Kuranstalt

Saison: 1.Mai bis 31. Oktober

Medizinische Versorgung

Ärzte, Zahnarzt, Apotheke, Tierarzt, Krankenhäuser in Zell am See (38 km), St. Johann (25 km), Salzburg (45 km), Bad Reichenhall (25 km)

5 Geldinstitute

Beherbergung

Hotels/Pensionen/Gasthäuser
2000 Betten, 2200 Betten privat, Campingplatz

Freizeitgestaltung

Theater, Heimatmuseum, 2 Bibliotheken, Platzkonzerte, Kurse, Kino. Hallenbad, Freibad, Sauna, Solarium; in 15 km Entfernung Reiten, Hallentennis, Squash, Golf; Tennis, Minigolf, Radwandern, Alpinski- und Langlauf, Rodeln, Eislaufen, Eisstockschießen, Sportgeräteverleih.

Cafés, Konditoreien.

Taxi/Mietwagen/Reisebüro im Ort. Sehenswürdigkeiten im Ort und in der Umgebung

Seelsorge

röm.-kath., evangel., sonstige

Auskunft

Moorbad Hochmoos
St. Martin/Lofer 3
5092 St. Martin/Lofer
Tel. 06388/226

Der bekannte Tiroler Wintersportort liegt inmitten der Kitzbüheler Alpen an der Bundesstraße 161, 30 km von der Inntalautobahn entfernt.
Ca. 8500 Einwohner

Verkehrsverbindungen

Bahnstation für sämtliche Schnellzüge; an der Paß-Thurn-Bundesstraße; nächste Flughäfen: Innsbruck, Salzburg und München (jeweils ca. 1 Fahrstunde entfernt); regelmäßiger Zubringerdienst zu den Flughäfen Innsbruck und München
Pannenstellen

Klima: mildes Reizklima

Seehöhe: 800 m ü. M.

Foto: ÖFVW, Markowitsch

Kurmittel

Heilmoor (Lutzenberger Moor), Hochmoortorf

(Auszug aus der Analyse des Instituts für Physiologie und Balneologie der Universität Innsbruck, 1984:)
Sedimentvolumen 30,5 ml
Wassergehalt der naturfeuchten Substanz 86,9%
Wasserkapazität 11,0 g
Wärmehaltung bei Normalkonsistenz 824,9 s

Kurmittelanwendung

Moorpackungen, Moorbäder, Moorwasserbäder

Indikationen

alle nicht akuten rheumatischen Erkrankungen wie z. B. primär und sekundär chronische Polyarthritis, Muskelrheumatismus; Hexenschuß, Ischias, Neuralgien; chronisch entzündliche Gelenkserkrankungen und Aufbrauchskrankheiten des Bewegungsapparates; chronische Frauenkrankheiten (chronisch entzündliche Erkrankungen, hormonelle Störungen); Prostatitis; Nachbehandlung nach Verletzungen der Knochen, Gelenke und Weichteile; Muskelschwund, Gelenksversteifung; Folgezustände nach Venenentzündungen

Kontraindikationen

Herzleiden mit Zeichen der Dekompensation, ansteckende Krankheiten und alle akuten Prozesse, offene Hautgeschwüre und chronische Hautausschläge, bösartige Neubildungen, Gelenks- und Knochenerkrankungen tuberkulöser Art.

Zusatztherapien

Massagen, Hydrotherapie, Warmluftbehandlung

Kureinrichtungen

Kurhaus für Regeneration und Heilung

Saison: Wintersaison: Dezember bis Mitte April; Sommersaison: Juni bis Mitte Oktober

Medizinische Versorgung

Krankenhaus im Ort, Ärzte, Zahnärzte, Dentisten, 2 Apotheken, Tierarzt

6 Geldinstitute

Freizeitgestaltung

Heimatbühne im Kolpinghaus, klassische Konzerte im Festsaal der Handelskammer, Heimatmuseum und Bauernhausmuseum, Öffentliche Bücherei im Kolpinghaus, Spielkasino, Modeschauen.
Wintersport, Hahnenkammrennen (Weltcupabfahrt), Pferdeschlittenrennen, Curling- und Eisschießturniere, Eishockey, Tennis, Golfwoche, Radrennen, Stadt- und Berglauf, Schwarzseeschwimmen, Drachenflugmeisterschaft, Sportgeräteverleih. 2 Kinos, Bars, Discos, Tanzlokale, Bierkeller, Konditoreien, Tirolerabende in der berühmten Tenne. Zahlreiche betreute Wanderwege im flachen Gelände, in mittlerer Höhenlage und am Berg, geführte, kostenlose Almwanderungen im Sommer, Panoramaweg am Hahnenkamm, Alpenblumengarten am Kitzbüheler Horn, im Winter geführte, kostenlose Skiwanderungen. Mietwagen, Taxi, 3 Reisebüros.

Auskunft

Fremdenverkehrsverband Kitzbühel
6370 Kitzbühel
Tel. 05356-2226 oder 2155
Telex 05/179

Kötschach-Mauthen

Heilklimatischer Kurort Kärnten

Luftkurort zwischen Plöckenpaß und Gailberg sowie oberem Gail- und Lesachtal, im südlichsten und längsten Flußtal der österreichischen Alpen. 2750 Einwohner

Foto: Fremdenverkehrsverein Kötschach-Mauthen

Verkehrsverbindungen

Bahn: Wien – Klagenfurt – Villach – Kötschach-Mauthen

Auto: Südautobahn bis Autobahnende (Thörl-Maglern/Tarvisio), von dort durch das Gailtal bis Kötschach-Mauthen
Flughafen Klagenfurt – Villach – Kötschach-Mauthen

Kurmittel

Heilklima; reizmildes Klima. Seehöhe: 710 m ü. M.

Kurmittelanwendung

Liegekuren, Wanderungen, Terrainkuren

Indikationen

Erholungsbedürftigkeit, Abhärtung, Prophylaxe und Rehabilitation von Adaptationsschwächen, Rekonvaleszenz, Erschöpfungszustände, vegetative Regulationsstörungen, psychosomatische Störungen, funktionelle Kreislauferkrankungen, Katarrhe der Atemwege, Hyperthyreosen leichten bis mittleren Grades

Kontraindikationen

alle akuten, infektiös-toxischen Krankheiten, akute Schübe chronischer Erkrankungen, konsumierende Erkrankungen, dekompensierte Leber- und Nierenerkrankungen, frische Herz- und Lungeninfarkte, akute Thrombophlebitiden, akute schwere Herzinsuffizienz, sicher aktiver Fokus, Psychosen jeder Genese, schwere endogene Depression

Zusatztherapie

Hydrotherapie, Warmluftbehandlung, Phototherapie, Massagen, Diät

Kureinrichtungen

1 Kurhaus

Saison: ganzjährig

Medizinische Versorgung

Ärzte, Apotheke, Krankenhaus

Geldinstitute

Beherbergung

Hotels/Pensionen/Gasthäuser
1185 Betten, privat 1475 Betten

Freizeitgestaltung

Museen, Kurse, Brauchtumsveranstaltungen, Bücherei. Hallenbad, Freibad, Sauna, Solarium, Reiten, Tennis, Minigolf, Radwandern, Kegeln, Wandern, Wintersport. Cafés, Restaurants. Taxi/Reisebüro.

Seelsorge

röm.-kath., evangel.

Auskunft

Kurverwaltung im Rathaus
04715/268, 213

Laßnitzhöhe Heilklimatischer Kurort Steiermark

Heilklimatischer Kurort auf einem waldreichen Höhenrücken.
1720 Einwohner

Verkehrsverbindungen

Bahn/Bus/Auto

Kurmittel

Heilklima. Seehöhe: 600 m ü. M. Schonungsklima im Sommer und Herbst, reizmildes Klima im Winter. Klimaschaukel.

Kurmittelanwendung

Liegekuren, Terrainkuren

Indikationen

nervöse Erschöpfungszustände,
Kreislaufstörungen funktioneller Natur,
leichte Hypertonieformen,
neurasthenische Beschwerden,
Erholungskuren nach Operationen,
chronische Erkrankungen der Atemwege

Kontraindikationen

allgemeine Gegenanzeigen gegen Kuren

Zusatztherapien

Massagen, Hydrotherapie, Infrarot- und Chromotherapie, Diathermie (Kurzwelle), Warmluftbehandlungen, Aerosol- und Inhalationstherapie, Diäten

Kureinrichtungen

1 Kuranstalt
Saison: ganzjährig

Foto: Fremdenverkehrsverein Laßnitzhöhe

Medizinische Versorgung

Arzt, Zahnarzt, nächstes Krankenhaus in Graz (15 km), Apotheke, Tierarzt

2 Geldinstitute

Beherbergung

Hotels/Pensionen/Gasthäuser
373 Betten, privat 61 Betten,
Kurheim für Erwachsene der Gebietskrankenkasse

Freizeitgestaltung

Kurkonzerte, Kammerkonzerte, Heimatabende, Handarbeits-, Werkkurse, einmal wöchentlich Filmvorführung; Graz nur 15 km entfernt. Sauna, Solarium, Hallentennis, Tennis, Minigolf, Eisstockschießen, Gymnastik, Kurpromenade, Waldlehrpfad, Fitneßstrecke, markierte Wanderwege.

Sehenswürdigkeiten in der Umgebung – Tagesausflüge. Taxi

Seelsorge

röm.-kath., evangel.

Auskunft

Fremdenverkehrsbüro
8301 Laßnitzhöhe
Tel. 03133/204

Loipersdorf

Therme Loipersdorf

Steiermark

Therme in der hügeligen Landschaft der Oststeiermark, 4 km vom Ort Loipersdorf, 9 km von der Bezirkshauptstadt Fürstenfeld und 70 km von Graz entfernt.
Ort Loipersdorf 1298 Einwohner

Verkehrsverbindungen

Auto: von Graz oder Wien auf Autobahn bis Ausfahrt Ilz, weiter nach Fürstenfeld und Loipersdorf und zur Therme
Bus bis zur Therme
Hotelabholung möglich
Pannenstelle in Fürstenfeld

Klima: April bis Oktober Schonklima
November bis März reizmildes Klima
Seehöhe: 249 m ü. M.

Foto: H. Langhans, Fürstenfeld

Kurmittel

1) Natrium-Chlorid-Hydrogencarbonat-Thermalwasser

2) Heilschlamm (Gossendorfer Bentonit, Gossendorfer Fango)

ad 1)
Das Thermalwasservorkommen tritt aus zwei Bohrstellen zutage (Quelle I und Quelle II)

Quelle I
(Auszug aus der Analyse des Instituts für anorganische und analytische Chemie der Universität Graz, 1976:)

Wassertemperatur 48,6 °C
Schüttung 3 l/s

In 1 kg Quellwasser sind enthalten:

Natrium	2518 mg	97,2 mval%
Chlorid	2002 mg	50,1 mval%
Hydrogencarbonat	3414 mg	49,6 mval%
Summe der gelösten festen Stoffe	8113 mg	

Quelle II
(Auszug aus der Analyse des Instituts für anorganische und analytische Chemie der Universität Graz, 1977:)

Wassertemperatur 60 °C
Schüttung 5,6 l/s
Chemische Inhaltsstoffe wie bei Quelle I

ad 2)
(Auszug aus der Analyse des Instituts für anorganische Chemie der Universität Graz, 1983:)

Wassergehalt 8,8%
Sedimentvolumen 4,12 ml/g
Wasserkapazität 0,83 ml/g
Wärmehaltung 521 s

Kurmittelanwendung

ad 1) Bäder, Unterwassermassage
ad 2) Packungen, Schwebstoffbad

Indikationen

ad 1)
Erkrankungen des rheumatischen Formenkreises wie chronisch-entzündliche Polyarthritis, Spondylarthritis ankylopoetica, Gicht; degenerativer Rheumatismus wie Arthrosen, Spondylosen, Brachialgien, Ischialgien, Myalgien; Weichteilrheumatismus wie Periarthritis humeroscapularis, Tendovaginitis, Panniculitis, Cellulitis, Muskelrheumatismus, Neuralgien; Poliomyelitis-Nachbehandlung, posttraumatische Restitution nach Gelenks-, Sehnen-, Knochen-, Muskel- und Nervenschädigungen; vegetative Erschöpfungszustände; periphere Durchblutungsstörungen

ad 2)
Erkrankungen des Bewegungsapparates wie bei 1), zusätzlich chronisch-entzündliche Prozesse des Verdauungstrakts, chronisch-entzündliche Prozesse des Urogenitaltrakts, chronische Thrombophlebitiden

Kontraindikationen *ad 1) und 2)*
dekompensierte Herzleiden, maligne Prozesse, Thyreotoxikose, ausgeprägtes Lungenemphysem, thromboembolische Erkrankungen, Menorrhagien und Metrorrhagien, Ovarialtumoren, Gravidität

Zusatztherapien

Übungsbehandlungen, Massagen, Ultraschall, Hydrotherapie, Diathermie, Warmluftbehandlung, Kryotherapie, Galvanisation, Reizstromtherapie, Aerosol- und Inhalationstherapie, Diäten

Sonstige medizinische Angebote

Aslan-Kuren

Kureinrichtungen

Therme Loipersdorf

Saison: ganzjährig

Medizinische Versorgung

Kurarzt in der Therme,
Landeskrankenhaus Fürstenfeld

2 Geldinstitute (direkt neben Therme)

Beherbergung

4 Hotels Kat. A/B 320 Betten,
privat (Umkreis von 3 – 10 km) 200 Betten,
Campingplatz Fürstenfeld

Freizeitgestaltung

Hallenbad, Freibad (Thermalbad 28 – 32 °C), Sauna, Solarium, Reiten, Tennis, Hallentennis, Radwanderwege, Kegeln, Langlauf, Eislaufen und Eisstockschießen in Loipersdorf; Fahrradverleih, Wander- und Laufwege, Volleyballplatz, Videoräume, Aktivurlaub-Kurse mit Prof. Preiml. Buchverleih in Hotels, monatlich Heimatabende, Aktiv-, Aufbaukurse mit Prof. Preiml (ganzjährig), Tenniskurse, Managerkurse.

Restaurants, Kaffeehäuser.

Taxi/Mietwagen/Reisebüro.

Auskunft

Therme Loipersdorf
8282 Loipersdorf 152
Tel. 03382/8204-0
Tel. aus Ausland 00433382–8204-0
Telex 39292 thlop a

Mallnitz

Heilklimatischer Kurort Kärnten

Heilklimatischer Kurort an der Südseite des Hauptkammes der Hohen Tauern im Kärntner Oberland in einem Hochtal, das nach Süden offen ist (frei von Industrie).
1012 Einwohner

Verkehrsverbindungen

Bahn: Mallnitz ist die höchste Bahnstation der Tauernbahn, die über Salzburg Nord und Süd verbindet. Schnellzugstation für alle internationalen Züge

Auto/Bus: München – Salzburg – Autobahn – Bischofshofen – Badgastein – Böckstein (Autoverladung durch den Tauerntunnel Mallnitz)

Kurmittel

Heilklima; im Winter reizstarkes Klima, im Sommer zeitweise Schonklima. Seehöhe: 1200 m ü. M.

Kurmittelanwendung

Terrainkuren

Indikationen

prämorbide Erholungsbedürftigkeit, allgemeine geriatrische Erholungsbedürftigkeit, Prophylaxe von Erkältungskrankheiten (Abhärtungskuren), Prophylaxe und Rehabilitation von Adaptationsschwächen.
Allgemeine Rekonvaleszenz nach schweren Erkrankungen und Operationen, nervöse Erschöpfungszustände, psychische und körperliche Dauerüberlastung, vegetative Regulationsstörungen aller Schweregrade, psychosomatische Störungen, neurovaskuläre Regulationsstörungen ohne organische Grundlage, Hypotonie, essentielle Hypertonie, funktionelle periphere Durchblutungsstörungen, Schädigungen des Herzens mit labiler Anpassungslage

Foto: ÖFVW, Markowitsch

Kontraindikationen

alle akuten infektiös-toxischen Krankheiten, akute Schübe chronischer Leiden, alle konsumierenden Erkrankungen wie bösartige Tumoren, Tuberkulose, Toxoplasmose, Morbus Bang u. a., dekompensierte Leber- und Nierenerkrankungen, frische Herz- und Lungeninfarkte, akute Thrombophlebitis, akute schwere Herzinsuffizienz, sicher aktiver Fokus (Streuherd), Psychosen jeder Genese, schwere endogene Depressionen

Zusatztherapien

Massagen, Warmluftbehandlung, Phototherapie, Diäten

Kureinrichtungen

Saison: Mitte Dezember bis Mitte April und Anfang Juni bis Ende September

Medizinische Versorgung

Ärzte, Apotheke, Krankenhaus in Spittal/Drau (40 km)
1 Geldinstitut

Beherbergung

Hotels/Pensionen/Gasthäuser
1837 Betten, 448 Betten privat

Freizeitgestaltung

Gemeindebücherei, Kurkonzerte, Heimatabende, Kino, Dia- und Filmvorträge, Töpfern, Wurzelschnitzen, Dorffeste. Hallenbad, Freibad, Sauna, Solarium, Kinderreiten, Tennis, Minigolf, Kegeln, Alpinski- und Langlauf, Rodeln, Eislaufen, Eisstockschießen, Sportgeräteverleih, über 200 km markierte Wanderwege, geführte Wanderungen, Hochgebirgstouren, mineralogische Führungen, Ausflugsfahrten zum Großglockner, nach Jugoslawien und Italien, zu Kärntner Seen. Taxi/Reisebüro.
Cafés, Konditoreien.
Tauernsaal – geeignet für Kongresse und Seminare (Fassungsvermögen bis 400 Personen)

Seelsorge

röm.-kath., evangel.

Auskunft

Kurverwaltung Mallnitz
9822 Mallnitz
Tel. 04784/290
Telex 48254

Mattsee

Der Ort liegt 18 km von der Landeshauptstadt Salzburg entfernt in unberührter Landschaft.
Ca. 2200 Einwohner

Verkehrsverbindungen

Bahn: bis Salzburg mit der Bahn, dann ÖBB-Bus

Auto: Autobahnabfahrt Salzburg Nord oder Wallersee-Mattsee
Flughafen Salzburg

Klima: Schonklima

Seehöhe: 500 – 801 m ü. M.

Kurmittel

Heilmoor Hochmoortorf

(Auszug aus der Analyse des Forschungsinstituts Gastein, 1955:)

Wassergehalt bei Normalkonsistenz 91,8%
Wasserkapazität 11,2 g
Sedimentvolumen 15 ml/g
Wärmehaltung 777 s

Kurmittelanwendung

Bäder

Indikationen

Erkrankungen des Stütz- und Bewegungsapparates rheumatischer und degenerativer Genese, Nachbehandlung von Verletzungs- und Operationsfolgen, Resorptionsförderung bei Entzündungsresten im Brust- und Bauchraum, bestimmte gynäkologische Erkrankungen wie chronische Entzündung der Genitalorgane, Zyklusstörungen, Sterilität, klimakterische Beschwerden, vegetativ-endokrine Störungen von Beckenorganen

Foto: F. Kobelhirt

Kontraindikationen

allgemeine Kontraindikationen gegen Kuren

Zusatztherapie

Hydrotherapie

Kureinrichtungen

1 Kurmittelhaus

Saison: Mai bis Ende September

Medizinische Versorgung

Ärzte, Apotheke, Tierarzt

Geldinstitute

Beherbergung

Hotels/Pensionen/Gasthäuser
600 Betten, privat 600 Betten,
Campingplatz

Freizeitgestaltung

Leihbücherei, Museen.
Strandbad, Sauna, Solarium, Angelsport, Reiten, Segeln, Tennis, Wandern, Wintersport.

Gasthäuser. Taxi, Mietwagen.

Seelsorge

röm.-kath.

Auskunft

Verkehrsbüro – Zimmernachweis
5163 Mattsee
Tel. 06217/520

Mehrn/Brixlegg Heilbad Tirol

Kuranstalt in einem kleinen Tiroler Ort am Eingang des Alpbachtales in waldreicher Gebirgsgegend, 15 Gehminuten von Brixlegg entfernt.
Ca. 2600 Einwohner

Verkehrsverbindungen

Auto: Inntalautobahn, 1 km bis Bad Mehrn

Bahn: Eisenbahnstationen Rattenberg (2 km bis Mehrn) und Brixlegg (60,5 km von Mehrn entfernt)

Bus: Autobusverbindung von Wörgl und Jenbach

Klima: gemäßigtes alpines Klima, sonnige, windgeschützte Lage.

Seehöhe: 560 m ü. M.

Kurmittel

Calcium-Magnesium-Sulfat-Hydrogencarbonat-Wasser

(Auszug aus der Analyse des Instituts für Physiologie und Balneologie der Universität Innsbruck, 1978:)

Temperatur 10,2 °C
Schüttung 0,43 l/s

In 1 kg Quellwasser sind enthalten:

Calcium	283,4 mg	77,7 mval%
Magnesium	47,2 mg	21,3 mval%
Hydrogencarbonat	291,9 mg	26,1 mval%
Sulfat	639,8 mg	72,8 mval%
Summe der gelösten festen Stoffe	1284,2 mg	

Kurmittelanwendung

Bäder, Trinkkuren

Indikationen

Bäder: Erkrankungen des rheumatischen Formenkreises, Erholungsbedürftigkeit und Rekonvaleszenz

Trinkkuren: Gicht, leichte Diabetesfälle, chronische Leberschäden

Foto: Fremdenverkehrsverband Brixlegg

Kontraindikationen

allgemeine Kontraindikationen gegen Kuren

Zusatztherapie

Massagen, Packungen

Kureinrichtungen

1 Kuranstalt
Saison: ganzjährig

Medizinische Versorgung

Ärzte in Brixlegg; Dentist, Apotheke in Rattenberg

Beherbergung

Hotels/Pensionen/Gasthäuser
350 Betten, 500 Betten privat

Freizeitgestaltung

In Brixlegg: Leihbücherei, Kino, Brauchtumsveranstaltungen.
Hallenbad, Freibad, Tennis, Fischen, Wandern, Wintersport.
Sehenswürdigkeiten im Ort und in der Umgebung.
Gasthäuser, Cafés.

Seelsorge

röm.-kath.

Auskunft

Heilbad Mehrn
Faberstraße 5
6230 Brixlegg
Tel. 05337/2344

Fremdenverkehrsamt Brixlegg
Tel. 05337/2581

Millstatt am See   Heilklimatischer Kurort   Kärnten

Heilklimatischer Kurort am Millstätter See, am Fuß der Millstätter Alpe. Ca. 3100 Einwohner

Verkehrsverbindungen

Bahn: Bahnhof Spittal, dann Bus oder Auto

Auto: 6 km von Tauernautobahn A 10 an der B 98, 12 km von der Stadt Spittal entfernt;
Pannenstellen

Kurmittel

Heilklima; im Sommer Schonklima, in den übrigen Jahreszeiten Reizfaktoren.

Seehöhe: 588 bis 2110 m ü. M.

Kurmittelanwendung

Liegekuren, Terrainkuren

Indikationen

Erholungsbedürftigkeit und Rekonvaleszenz, Katarrhe der Atemwege, Abhärtung, Prophylaxe und Rehabilitation von Zivilisationsschäden, neurovegetative Regulationsstörungen, funktionelle Kreislauferkrankungen, Hyperthyreosen leichten bis mittleren Grades

Kontraindikationen

alle akuten, infektiös-toxischen Krankheiten und akuten Schübe chronischer Leiden, alle konsumierenden Krankheiten wie bösartige Tumoren, Tuberkulose, Toxoplasmose, M. Bang, dekompensierte Leber- und Nierenerkrankungen, frische Herz- und Lungeninfarkte, akute Thrombophlebitiden, akute schwere Herzinsuffizienz, aktive Herde, Psychosen jeder Genese, schwere endogene Depressionen

Foto: ÖFVW, Markowitsch

Zusatztherapien

Massagen, Ultraschall, Hydrotherapie, Warmluftbehandlung, Aerosol- und Inhalationstherapie, Diäten

Kureinrichtungen

Saison: Ostern bis Ende Oktober, Weihnachten

Medizinische Versorgung

Ärzte, Internist, Dentist, Apotheke, Krankenhaus in Spittal/Drau, Seeboden (4 km)

2 Geldinstitute

Beherbergung

Hotels/Pensionen/Gasthäuser
4000 Betten, 4000 Betten privat, Campingplatz

Freizeitgestaltung

Internationale Musikwochen, Kunstsymposien; Meisterkurse.

Hallenbad, Freibad, Sauna, Solarium, Reiten, Segeln, Surfen, Tennis, Minigolf, Kegeln, Langlauf, Rodeln, Eisstockschießen.

Im Ort Stiftskirche (Kreuzgang, Stiftskirche, Stiftsmuseum), Ausflüge in die Umgebung. Taxi/Mietwagen/Reisebüro.

Seelsorge

röm.-kath., evangel.

Auskunft

Kurverwaltung
9872 Millstatt
Tel. 04766/2022/31

Mönichkirchen Heilklimatischer Kurort Niederösterreich

Heilklimatischer Kurort am Südostrand des Wechsels (1738 m), am Hang des Kogelberges in waldreicher Umgebung
741 Einwohner

Verkehrsverbindungen

Bahn: Eisenbahnlinie Wien – Graz

Bus: Postautobusanschluß vom Bahnhof Aspang, tägliche Autobusverbindung mit Fa. Dr. Richard Wien – Mönichkirchen
Taxi- und Reisedienst – Hausabholung

Kurmittel

Heilklima; im Sommer Schonklima, in den übrigen Jahreszeiten reizmildes Klima. Seehöhe: 650 bis 1000 m ü. M.

Kurmittelanwendung

Wanderungen

Indikationen

nervöse Erschöpfungszustände mit neurovegetativen Dysregulationen, vegetative Regulationsstörungen, funktionelle Kreislaufstörungen, sofern keine organische Ursache vorliegt,
körperliche und psychische Überlastungszustände,
Hyperthyreosen,
Rehabilitation nach schweren inneren Erkrankungen und nach Operationen,
Erkrankungen der Atmungsorgane bei Fällen, die einer gewissen Abhärtung und Belastung unterzogen werden sollen

Kontraindikationen

Herzinsuffizienz, besonders bei Pulmonalinsuffizienz und Mitralstenose, Angina pectoris, Zustand nach Herzinfarkt, aktive Tuberkulose, Asthma bronchiale und chronische Bronchitis, soweit durch die Klimareize eine Exazerbation der Erkrankung zu erwarten ist

Foto: F. Kobelhirt

Kureinrichtungen

Saison: ganzjährig mit kurzzeitiger Unterbrechung vom 1. Oktober bis 20. Dezember

Medizinische Versorgung

Arzt, Hausapotheke beim Gemeindearzt (Kurarzt), Krankenhäuser in Neunkirchen, Oberwart, Hartberg und Vorau

Geldinstitut

Beherbergung

Hotels/Pensionen/Gasthäuser
830 Betten, privat 280 Betten

Freizeitgestaltung

von Juli bis September Kurkonzerte und Heimatabende, Brauchtumsveranstaltungen.
Hotelhallenbad, Sauna, Tennis, Alpinski- und Langskilauf, Eisstockschießen im Ortsteil Tauchen, Wintersportgeräteverleih, Wanderwege. Gasthäuser, Konditorei. Im Ort spätgotische barockisierte Pfarrkirche mit Netzrippengewölbe; Ausflüge in die Umgebung. Taxi- und Reisedienst.

Seelsorge

röm.-kath.

Auskunft

Marktgemeinde Mönichkirchen
2872 Mönichkirchen
Tel. 02649/225

Obervellach Luftkurort Kärnten

Der Luftkurort liegt an der Südseite der Hohen Tauern, mitten im Kärntner Oberland. Obervellach gehört zu den Orten Österreichs mit den meisten Sonnentagen.
2520 Einwohner

Verkehrsverbindungen

Bahn: über Westbahn (Linz–Salzburg) nach Mallnitz–Obervellach über Südbahn (Graz–Villach) nach Mallnitz–Obervellach

Bus: nach Spittal/Drau, Heiligenblut, Lienz von Mallnitz aus

Auto: aus dem Norden über Autobahn München – Salzburg bis Bischofshofen und durch das Gasteinertal bis Böckstein – Autoverladung Böckstein–Mallnitz – Obervellach aus dem Osten und Süden über Villach und durch das Drautal – Mölltal bis Obervellach; Pannenstellen 30 km entfernt in Spittal/Drau

Kurmittel

dynamisches Klima mit starken Reizfaktoren im Winter und Schonklima im Sommer. Seehöhe: 680 m ü. M.

Indikationen

allgemeine Rekonvaleszenz und Erholungsbedürftigkeit, Streß und Folgezustände, vegetative Beschwerden, Katarrhe der oberen und mittleren Luftwege

Kontraindikationen

alle Krankheiten im akuten Stadium, schwere Stoffwechselkrankheiten, bösartige Tumoren

Zusatztherapien

Massagen, Warmluftbehandlungen, Diäten

Foto: ÖFVW, Markowitsch

Sonstiges medizinisches Angebot

Schroth-Kur

Medizinische Versorgung

3 praktische Ärzte, Zahnarzt, Apotheke, Tierarzt, Krankenhaus in Spittal/Drau

Geldinstitute

Beherbergung

Hotels/Pensionen/Gasthäuser
541 Betten, 488 Betten privat,
Campingplatz (ca. 50 000 m²)

Freizeitgestaltung

Gemeindebücherei, Kurkonzerte 14tägig, Wollspinnkurse, Kino, Veranstaltungskalender.

Hallenbad, Freibad, Sauna, Solarium, Reiten, Segeln, Surfen, Tennis, Hallentennis, Minigolf, Kegeln, Alpinski- und Skilanglauf, Rodeln, Eislaufen, Eisstockschießen, Fitneßangebot (tägl. von Mo – Fr im Sommer), 1. Kärntner Kanuschule, Start- und Landeplatz für Hängegleiter, Fischen, Fitneßparcours, Asphaltstockbahn, Wander-, Spazier- und Klettermöglichkeiten. Sportgeräteverleih.

Sehenswürdigkeiten im Ort und in der Umgebung. Taxi/Reisebüros.

Seelsorge

röm.-kath., evangel.

Auskunft

Fremdenverkehrsamt Obervellach
9821 Obervellach
Tel. 4782/2510

Oberzeiring Heilstollen Steiermark

Kurort in einem obersteirischen Gebirgstal im Bezirk Judenburg.
1032 Einwohner

Verkehrsverbindungen

Zielbahnhöfe: Judenburg und Trieben
Postautobusverbindungen mit beiden Orten mehrmals täglich.

Klima: alpines, mildes Reizklima

Seehöhe: 930 m ü. M.

Kurmittel

allergenfreie Heilstollenluft mit Gehalt an Radon und Calciumcarbonat-Aerosol

(Auszug aus einem Gutachten des Instituts für Physiologie und Balneologie der Universität Innsbruck, 1971:)

Lufttemperatur im Stollen 8,5 °C
relative Luftfeuchtigkeit im Stollen 95 – 100%
Radongehalt 102 – 193 pCi/l

Kurmittelanwendung

Inhalationen

Indikationen

Asthma bronchiale, chronische Bronchitis, asthmoide Bronchitis, spastische Bronchitis, Emphysem, Sinusitis allergica

Kontraindikationen

akute fieberhafte Erkrankungen, hochgradiges Lungenemphysem, gehäufter Status asthmaticus, Dyspnoe bei spezifischen Lungenerkrankungen, Tuberkulose, Neoplasmen, dekompensierte und subdekompensierte Herzerkrankungen (Stauungsbronchitis)

Foto: ÖFVW, Markowitsch

Kureinrichtungen

Saison: ganzjährig

Medizinische Versorgung

Ärzte, Apotheke, Tierarzt, Krankenhaus in Judenburg
2 Geldinstitute

Beherbergung

Hotels/Pensionen/Gasthäuser
200 Betten, 100 Betten privat

Freizeitgestaltung

Laienbühne, Bergbau- und Schimuseum, Leihbibliothek, Lichtbildervorträge, Zeltfeste, Gartenfeste, Kurkonzerte im Sommer wöchentlich, Heimatabende, Heilkräuterkurse.
Alpinski- und Skilanglauf, Rodeln, Eislaufen, Eisstockschießen, Skiverleih, markierte Wanderwege.
Café. Historischer Ortskern, Schaubergwerk, Knappenkirche mit Fresken aus dem 14. Jh., Reise- und Ausflugsdienst.
Mietwagen, Taxi, Reisebüro.

Seelsorge

röm.-kath.

Auskunft

Verkehrsbüro Oberzeiring
8762 Oberzeiring
Tel. 03571/308

Pamhagen

Das Feriendorf Pannonia liegt beim südlichen Ende des Neusiedler Sees, direkt an einem Badesee. Kilometerweite absolute Ruhezonen. Pußtalandschaft.
1991 Einwohner

Foto: Helmreich, Bruck-Neusiedl

Verkehrsverbindungen

Auto: Autobahn nach Wien-Schwechat – Neusiedl am See – Mönchhof – Frauenkirchen – Wallern – Pamhagen
Bahn: Wien – Neusiedl am See – Mönchhof – Frauenkirchen – Wallern – Pamhagen
nächster Flughafen: Wien-Schwechat
Seehöhe: 121 m ü. M.

Klima: mild, pannonisch

Kurmittel

Natrium-Hydrogencarbonat-Thermal-Trinksäuerling

(Auszug aus der balneologischen Stellungnahme der Bundesstaatlichen Anstalt für experimentell-pharmakologische und balneologische Untersuchungen in Wien zum Ansuchen um die Nutzungs- und Betriebsbewilligung für die Pamhagener St. Martinsquelle, 1980:)

Temperatur 27,7 °C
Schüttung 0,02 l/s

In 1 kg Quellwasser sind enthalten:

Natrium	1540 mg	90,6 mval%
Hydrogencarbonat	3682 mg	82,6 mval%
Summe der gelösten festen Stoffe	5892,6 mg	
Gelöste freie Kohlensäure	865 mg	

Kurmittelanwendung

Bäder, Trinkkuren, Kohlensäuregasbäder

Indikationen

Trinkkuren: hyperazide Gastritis, Ulcus pepticum, Harnsäure- und Uratsteine, bestimmte Infektionen der ableitenden Harnwege

Badekuren: Affektionen des Bewegungsapparates rheumatischer und degenerativer Genese, Nachbehandlung nach Neuritiden, Folgezustände nach Traumen, Kreislauflabilität im Rahmen einer neurovegetativen Dystonie, Übermüdung und Erschöpfung, bestimmte gynäkologische Erkrankungen

Kohlensäuregasbäder: periphere Durchblutungsstörungen, schlecht heilende Wunden, Verbrennungen, Erfrierungen, Störungen der Sexualfunktion

Kontraindikationen

Trinkkuren: Krankheiten mit natriumarmer Diät, Coliinfektionen der ableitenden Harnwege, Phosphatsteine
Badekuren: dekompensierte Herzerkrankungen, maligne Prozesse, alle akut fieberhaften Erkrankungen, nicht sanierte Herde, akute Schübe rheumatischer Erkrankungen, Neigung zu rezidivierenden Thrombosen, Tuberkulose, schlechter Allgemeinzustand, infektiöse Hauterkrankungen

Zusatztherapien

Massagen, Diät

Kureinrichtungen

Gesundheitszentrum Pannonia – Pamhagen

Saison: ortsgebundene Kurzeit, ganzjähriger Betrieb

Freizeitgestaltung

eine Vielzahl von Sportmöglichkeiten: Asphaltstockbahn, Badesee, Billard, Bogenschießen, Bootfahren, Fahrradverleih, Joggingpfad, Hallen- und Freiluftkegeln, Kutschenfahrten, Minigolf, Segeln, Ponyreiten, Reiten, Sauna, Schach, Schaffel- oder Zuberbad, Shuffle Board, Solarium, Flutlichttennisplatz, Hallentennis, Freitennis, Tischtennis, Wandern u. v. a. m.

Auskunft

Reservation Pannonia-Zentrum
7152 Pamhagen
Tel. 02175-2180

Medizinische Auskunft
MR Dr. K. Egermann
7152 Pamhagen
Tel. 02174-2190

Pörtschach am Wörthersee

Luftkurort — Kärnten

Der Luftkurort liegt am Nordufer des Wörthersees auf einer Halbinsel. 2486 Einwohner

Verkehrsverbindungen

Bahn: Schnellzugstation

Auto/Bus: Tauernautobahn Villach – Pörtschach; Kfz-Werkstätte im Ort

Kurmittel

Schonklima im Sommer, Reizfaktoren im Winter. Seehöhe: 446 m ü. M.

Indikationen

Erholungsbedürftigkeit, Rekonvaleszenz, Erkrankungen der Atemwege

Kontraindikationen

allgemeine Kontraindikationen gegen Kuren

Zusatztherapien

Übungsbehandlung, Massagen, Warmluftbehandlung, Diäten

Kureinrichtungen

1 Kuranstalt

Saison: Hauptsaison: Juli, August
Vor- und Nachsaison: Juni, September
Zwischensaison: bis 31. Mai, ab 1. Oktober

Medizinische Versorgung

Ärzte, Zahnarzt, Apotheke, Tierarzt, Dialysestation, Krankenhaus in Klagenfurt (20 km)

Geldinstitute

Foto: Kurverwaltung Pörtschach

Beherbergung

Hotels/Pensionen/Gasthäuser
5104 Betten, privat 942 Betten

Freizeitgestaltung

Buchverleih, Kurkonzert 3mal in der Woche, Kino, Sauna, Solarium, Reiten, Segeln, Surfen, Tennis, Hallentennis, Minigolf, Kegeln, Sportgeräteverleih, über 100 km Wanderwege, 3mal wöchentlich geführte Halbtagswanderungen. 1mal wöchentlich Ganztagswanderungen.

Cafés, Restaurants.

Im Ort Ruine Leonstein, Hohe Gloriette, Ausflüge in die Umgebung. Taxi.

Seelsorge

röm.-kath., evangel.

Auskunft

Kurverwaltung
Pörtschach am Wörthersee
Hauptstraße 153
9210 Pörtschach/Wörthersee
Tel. 04272/2354, 2810

Puchberg am Schneeberg

Heilklimatischer Kurort — Niederösterreich

Höhenluftkurort am höchsten Berg Niederösterreichs (2075 m).
3063 Einwohner

Verkehrsverbindungen

Wien – Puchberg 60 km (Südautobahn, dann von Wr. Neustadt in Richtung Puchberg)

Kurmittel

Heilklima; im Sommer Schonklima, in den Übergangszeiten reizmildes Klima, im Winter stärkere Reizfaktoren. Seehöhe: 585 m ü.M.

Kurmittelanwendung

Wanderungen

Indikationen

neurovaskuläre Regulationsstörungen, nervöse Erschöpfungszustände, neurovegetative Dysregulationen, Labilität des Gefäßsystems, funktionelle Durchblutungsstörungen, psychische und körperliche Überlastung, Rehabilitation nach schweren inneren Erkrankungen und Operationen

Kontraindikationen

Herzinsuffizienz, besonders bei Pulmonalinsuffizienz und Mitralstenose, Angina pectoris, Zustand nach Herzinfarkt, aktive Tuberkulose, Asthma bronchiale und chronische Bronchitis, soweit durch die Klimareize eine Exazerbation der Erkrankung zu erwarten ist

Zusatztherapien

Massagen, Hydrotherapie

Foto: ÖFVW, Fitz

Kureinrichtungen

Kurmittelhaus
Saison: ganzjährig

Medizinische Versorgung

Ärzte, Zahnärzte
Geldinstitute

Beherbergung

Hotels/Pensionen/Gasthäuser
803 Betten, privat 246 Betten

Freizeitgestaltung

Gemeindebücherei. Schwimmbad, Wanderungen, Wintersport, Tennis, Minigolf, Reiten.
Restaurants, Cafés, Konditoreien, Gasthöfe.

Seelsorge

röm.-kath.

Auskunft

Fremdenverkehrsamt
der Gemeinde Puchberg
2734 Puchberg am Schneeberg
Tel. 02636/2201

Reichenau an der Rax

Heilklimatischer Kurort Niederösterreich

Der heilklimatische Kurort liegt 85 km südlich von Wien in dem von der Schwarza durchflossenen Talkessel, der gegen Norden und Westen von den bewaldeten Vorbergen des Schneeberges und den Steilhängen der Raxalpe abgeschirmt ist und im Süden und Osten von den Wiesen und Wäldern des Kreuzberges begrenzt wird.
3567 Einwohner

Foto: F. Kobelhirt

Verkehrsverbindungen

Bahn: Südbahnstation Reichenau

Auto: Südautobahn, S 6 und B 27; Kfz-Werkstätte im Ort

Kurmittel

Heilklima; Schonklima mit leichten Reizfaktoren im Winter. Seehöhe: 480 bis 2075 m ü. M.

Kurmittelanwendung

Klima- und Terrainkuren

Indikationen

nervöse Erschöpfungszustände mit neurovegetativen Dysregulationen, neurovaskuläre Regulationsstörungen, Labilität des Gefäßsystems, Durchblutungsstörungen,
Entspannung nach körperlichen und psychischen Überlastungen mit entsprechend überwachtem Belastungsaufbau,
Rehabilitation nach schweren internen Erkrankungen und nach Operationen

Kontraindikationen

allgemeine Kontraindikationen gegen Kuren

Zusatztherapien

Übungsbehandlung, Medikomechanik, Massagen, Hydrotherapie, Warmluftbehandlung, Galvanisation, Reizstromtherapie, Aerosol- und Inhalationstherapie, Diäten

Kureinrichtungen

Kur- und Erholungszentrum der Krankenfürsorgeanstalt der Bediensteten der Stadt Wien

Erholungsheim der Semperit AG

Jugenderholungsheim des Österreichischen Gewerkschaftsbundes

Erholungsheim der Österreichischen Postsparkasse

Erholungsheim der Niederösterreichischen Landesbediensteten

2 Kurhotels

Saison: ganzjährig

Medizinische Versorgung

Ärzte, Zahnarzt, Apotheke, Krankenhaus in Neunkirchen (25 km)

2 Geldinstitute

Beherbergung

Hotels/Pensionen/Gasthäuser
792 Betten, privat 126 Betten,
in Kurheimen usw. 575 Betten

Freizeitgestaltung

Kurtheater, Museen, Bücherei im Rathaus Reichenau, Sommertheater des NÖ Kammerspiels im Kurtheater (VII – VIII), Sommerfeste in Reichenau, Edlach und Prein, Vortragsabende, Kunstausstellungen, Kurkonzerte im Pavillon im Kurpark, Malkurse. Hallenbäder, Freibäder, Sauna, Solarium, Tennis, Hallentennis, Kegeln, Alpinskilauf, Skilanglauf, Rodeln, Eislaufplatz, Eisstockschießen, Radfahren (Fahrradverleih – Skiverleih), Fitneßparcours, Reithalle und Reitplatz, Kletterschule.
Sehenswürdigkeiten im Ort.
Cafés. Viele markierte Wanderwege. Ausflüge zur Ruine Klamm, Semmeringbahn, Neusiedler See. Mietwagen.

Auskunft

Kurverwaltung Reichenau an der Rax
Hauptstraße 57
2651 Reichenau an der Rax
Tel. 02666/2865

Kuranstalt im Bregenzerwald in einem Talkessel der Bregenzer Ache, 30 km von Bregenz entfernt.
Ca. 500 Einwohner

Verkehrsverbindungen

Bahn bis Bregenz, Bus bis Berau, Autoabholung von Berau – Reuthe

Klima: subalpines Reizklima

Seehöhe: 650 m ü. M.

Kurmittel

1) Heilmoor

2) Eisenquelle akratischer Konzentration

ad 1)

(Auszug aus der Analyse des Forschungsinstituts Gastein, 1952:)

Wassergehalt der naturfeuchten Probe 88,9%
Sedimentvolumen 20,7 ml/g
Wasserkapazität 10,8 g
Wärmehaltung bei Normalkonsistenz 785 s

ad 2)

Temperatur 12,3 °C
Gehalt an zweiwertigem Eisen 16,2 mg/kg

Kurmittelanwendung

Moorbäder, Moorpackungen, Wannenbäder

Indikationen

ad 1)

Erkrankungen des Bewegungsapparates rheumatischer und nichtrheumatischer Genese (chronischer Rheumatismus der Gelenke und Muskeln, degenerative Arthrosen, Lumbal- und Zervikalsyndrom, Neuralgien, Ischialgien), Unfallfolgen, Frauenleiden (chronisch-entzündliche Erkrankungen, Sterilität, Neigung zu Früh- und Fehlgeburten, klimakterische Beschwerden)

ad 2)

Rekonvaleszenz, Erschöpfungszustände

Kontraindikationen

allgemeine Kontraindikationen gegen Kuren

Foto: ÖFVW, Markowitsch

Zusatztherapien

Übungsbehandlung, Medikomechanik, Massagen, Hydrotherapie, Infrarot- und Chromotherapie, Diathermie, Warmluftbehandlung, Kryotherapie, Phototherapie, Galvanisation, Reizstromtherapie, Aerosol- und Inhalationstherapie, Diäten

Sonstiges medizinisches Angebot

Gero-Aslan-Kur

Kureinrichtungen

1 Kuranstalt
Saison: ganzjährig

Medizinische Versorgung

Ärzte, Zahnarzt, Apotheke, nächste Krankenhäuser in Bregenz, Dornbirn, Tierarzt

Geldinstitute

Beherbergung

Campingplatz in Berau

Freizeitgestaltung

Diavorträge, Filmabend mit dem Kurarzt.
Geführte Wanderungen mit dem Kurarzt, Wanderwege, Hallenbad, Freibad, Sauna, Solarium, Tennis, Hallentennis, Minigolf, Radwanderwege, Alpinskilauf, Langlauf.

Älteste Kirche des Bregenzerwaldes.

Seelsorge

röm.-kath.

Auskunft

Kurverwaltung
6870 Bad Reuthe
Tel. 05514/2446

Salzburg liegt am Nordrand der Ostalpen nahezu in der Mitte Österreichs. Ca. 140 000 Einwohner

Foto: Stadtverkehrsbüro Salzburg

Verkehrsverbindungen

Bahn: Schnellzugstation, Schnittpunkt der wichtigsten Ost – West- und Nord – Süd-Verbindungen

Auto: Westautobahn: München – Salzburg – Wien
Tauernautobahn: Salzburg – Villach
Umfahrungsring mit 5 Ausfahrten; Pannenstellen

Flugverkehr: Flughafen Salzburg-Maxglan
Autobusbahnhof

Klima: relativ mildes subalpines Klima mit leichten Reizfaktoren

Seehöhe: 425 m ü. M.

Kurmittel

Das natürliche Heilmittel von Salzburg stellt ein Heilmoor dar, das aus neun verschiedenen Parzellen abgebaut wird.

(Auszug aus Gutachten der Bundesstaatlichen Anstalt für experimentell-pharmakologische und balneologische Untersuchungen in Wien, 1970, 1984 und 1985:)

Wassergehalt der naturfeuchten Proben zwischen 88,7 und 91,9%
Wasserkapazität zwischen 11,6 und 15 g
Sedimentvolumen zwischen 23,7 und 38,7 ml/g
Wärmehaltung zwischen 775 und 822 s

Von einem dieser Heilmoore (Haslauer-Moor-Parzelle 1152/1) werden auch Versandprodukte hergestellt.

Kurmittelanwendung

Moorbreibäder und Moorpackungen

Indikationen

gynäkologische Erkrankungen: chronische Entzündungen der Genitalorgane, Ovarialinsuffizienz, Zyklusstörungen, Sterilität, Fluor vaginalis, klimakterische Beschwerden, vegetativ-endokrine Störungen im kleinen Becken, Rekonvaleszenz nach gynäkologischen Operationen, schwierigen Geburten und großen Blutverlusten;

Erkrankungen des Stütz- und Bewegungsapparates: chronisch-entzündliche Gelenks-, Muskel-, Bänder- und Sehnenerkrankungen, primär und sekundär chronische Polyarthritis, Morbus Bechterew, chronische Myositis, Neuritis, Tendovaginitis;

degenerative Erkrankungen der Stütz- und Bewegungsorgane, Arthrosen, Osteochondrosen, Spondylosen, Spondylarthrosen, Myogelosen etc;

Nachbehandlung von Verletzungs- und Operationsfolgen, Adhäsionsbeschwerden nach entzündlichen Erkrankungen und Operationen im Brust- und Bauchraum

Kontraindikationen

akute Stadien sämtlicher Erkrankungen, vor allem Infektionskrankheiten, dekompensierte Herz-Kreislauf-, Leber- und Nierenerkrankungen, frische Magen- und Zwölffingerdarmgeschwüre, maligne Neoplasmen, sichere Herderkrankungen, Anfallsleiden

Zusatztherapien

Übungsbehandlung, Medikomechanik, Massagen, Hydrotherapie, Warmluftbehandlung, Phototherapie, Aerosol- und Inhalationstherapie, Diäten

Im Paracelsus-Kurhaus werden die Bergwerksole und die glaubersalzhältige Wiestalquelle aus dem Heilbad Dürrnberg verwendet. Nähere Angaben über Charakteristik, Anwendungsformen, Indikationen und Kontraindikationen siehe dort.

Kureinrichtungen

Paracelsus-Kurhaus der Stadt Salzburg mit angeschlossenem Kurhotel Carlton

Saison: ganzjährig

Medizinische Versorgung

Krankenhaus, Dialysestation, Ärzte, Fachärzte, Zahnärzte, Dentisten, Apotheken, Tierärzte

zahlreiche Geldinstitute

Beherbergung

Hotels/Pensionen/Gasthäuser
9400 Betten, 1460 Betten privat.
8 Campingplätze, Jugendherbergen

Freizeitgestaltung

Mehrere Theater, Salzburger Festspiele, Museen und Gedenkstätten, zahlreiche Bibliotheken, Konzerte, Brauchtumsveranstaltungen, Veranstaltungskalender; Kurse: Internationale Sommerakademie für bildende Kunst und der Hochschule Mozarteum, Orff-Kurse, Sprachkurse, Hobbykurse, Kinos, Kasino.

Hallenbäder, Freibäder, Sauna, Solarium, Reiten, Segeln und Surfen in näherer Umgebung, Tennis und Hallentennis, Squash, Golf, Minigolf, Radwanderwege, Kegeln, Alpinski- und Skilanglauf, Eislaufen, Eisstockschießen, Sportgeräteverleih, im Stadtgebiet ca. 70 km markierte Wanderwege, Angeln, Schießsport.

Zahlreiche gastronomische Betriebe, Cafés, Konditoreien.

Sehenswürdigkeiten im Ort (Festung Hohensalzburg, Nonnberg, Mozarts Geburtshaus, Kirchen verschiedenster Baustile, Mirabell, Hellbrunn), in der Umgebung (Untersberg, Hallein-Salzbergwerk, Eisriesenwelt. Großglockner Hochalpenstraße, Krimmler Wasserfälle). Taxi, Autovermietung (8mal), Reisebüros.

Seelsorge

röm.-kath., evangel., sonstige

Auskunft

Stadtverkehrsbüro
Zentrale
Auerspergstraße 7
5024 Salzburg
Tel. 0662/72531-0 (8072-0),
72591-0 (8072-0)
Mo – Fr 7.30 – 18.00 Uhr und
Außenstellen des Stadtverkehrsbüros

Kuranstalt Salzerbad liegt 1,5 km von Kleinzell entfernt im waldreichen Voralpengebiet, 35 km südlich von St. Pölten.
Ca. 1000 Einwohner

Verkehrsverbindungen

Bahn: Westbahn, Bahnstation Rainfeld – Kleinzell
Südbahn über Leobersdorf – Hainfeld

Bus: „Mariazeller Bus" von Wien-Landstraße bis Station Rainfeld. Von Bahn und Bus Abholung durch Anstaltsbus.

Auto: Westautobahn, Abfahrt Altlengbach – Hainfeld – Rainfeld – Kleinzell; Pannenstellen in Traisen

Klima: voralpines Reizklima
Seehöhe: 470 m ü. M.

Foto: F. Kobelhirt

Kurmittel

Solequelle

(Auszug aus der Analyse der Bundesstaatlichen Anstalt für experimentell-pharmakologische und balneologische Untersuchungen in Wien, 1981:)

Temperatur 11,6 °C
Schüttung 0,04 l/s

In 1 kg Quellwasser sind enthalten:

Natrium	6803,5 mg	82,5 mval%
Chlorid	10 275 mg	80,8 mval%
Summe der gelösten festen Stoffe	21 594 mg	

Kurmittelanwendung

Bäder, Inhalationen, Trinkkuren

Indikationen

Bäder: Rekonvaleszenz nach Operationen und schweren Erkrankungen, Kreislaufstörungen, Neurasthenien, chronisch-rheumatische Erkrankungen, chronisch-entzündliche Erkrankungen im kleinen Becken der Frau, endogene Sterilität

Trinkkuren: Störungen der Magensäureproduktion (Hypoazidität), Obstipation

Inhalationen: chronische Katarrhe der oberen Luftwege

Kontraindikationen

Ödemneigung, rheumatische Erkrankungen im akuten Stadium, schwere Herz-Kreislauf-Erkrankungen, frische Herzinfarkte, Thrombosen und Embolien, floride Infektionskrankheiten, Karzinome

Zusatztherapien

Aerosol- und Inhalationstherapie, Diäten („Schonkost")

Die Kuranstalt ist ab 30. September 1985 ca. 1 1/2 Jahre lang wegen Umbau und Erweiterung des therapeutischen Angebotes geschlossen.

Kureinrichtungen

1 Kuranstalt
Saison: ganzjährig

Medizinische Versorgung

Ärzte, nächstes Krankenhaus in Lilienfeld
Geldinstitut

Beherbergung

Kuranstalt, Campingplatz

Freizeitgestaltung

Bibliothek in Kuranstalt, Heimatabende, diverse Hobbykurse „bäuerliche Kunst".

Tennisplatz, Radverleih, Fischen, Wanderwege, Skilaufen, Langlaufen.

Gasthöfe. Mietwagen im Haus

Seelsorge

röm.-kath., evangel.

Auskunft

Salzerbad,
Evangelische Erholungsheime und Solbad
3171 Kleinzell
Tel. 02766/201

St. Felix/ Lamprechtshausen Moorbad St. Felix Salzburg

Das kleine Moorbad St. Felix liegt abgeschieden in idyllischer Moorlandschaft.
Ca. 300 Einwohner

Verkehrsverbindungen

30 km von Landeshauptstadt Salzburg entfernt, mit der Lokalbahn Lamprechtshausen – Salzburg fast stündlich in 45 Minuten Fahrzeit zu erreichen.

Klima: mildes subalpines Klima mit leichten Reizfaktoren

Seehöhe: 400 m ü. M.

Kurmittel

Heilmoor (Hochmoortorf)

(Auszug aus der Analyse der Bundesstaatlichen Anstalt für experimentell-pharmakologische und balneologische Untersuchungen in Wien, 1978:)

Wasserkapazität 11, 8 g
Sedimentvolumen 23,5 ml/g
Wärmehaltung 748 s

Foto: F. Kobelhirt

Kurmittelanwendung

Moorbäder, Moorpackungen

Indikationen

Erkrankungen des rheumatischen Formenkreises (chronisch-entzündliche Erkrankungen der Gelenke, Muskeln, Nerven, Bänder und Sehnen), Abnützungserscheinungen am Stütz- und Bewegungsapparat, Verletzungs- und Operationsfolgen, Entzündungsreste im Brust- und Bauchraum (Resorptionsförderung), Frauenleiden (chronische Entzündungen der Genitalorgane, Zyklusstörungen, Sterilität, klimakterische Beschwerden, vegetativ-endokrine Störungen im kleinen Becken, Rekonvaleszenz nach gynäkologischen Operationen), Erholungsbedürftigkeit

Kontraindikationen

alle akut entzündlichen Erkrankungen, Tuberkulose, maligne Tumoren, schwere Herzerkrankungen, schlechter Allgemeinzustand

Zusatztherapien

Hydrotherapie, Unterwassertherapie

Medizinische Versorgung

Kurarzt für die Kurgäste; beste medizinische Versorgung in Salzburg

Beherbergung

20 Betten

Freizeitgestaltung

Spaziergänge, Wandern

Seelsorge

röm.-kath.

Auskunft

Moorbad St. Felix
5112 Lamprechtshausen
Tel. 06274/7414

St. Lorenzen im Lesachtal

Tuffbad

Kärnten

Das Lesachtal ist eingebettet zwischen den Karnischen Alpen und den Lienzer Dolomiten. Der Luftkurort St. Lorenzen liegt in diesem Tal, zwischen Maria Luggau und Liesing.
520 Einwohner

Verkehrsverbindungen

Auto: Kufstein – Felber Tauern – Lienz – Oberdrauburg – Lesachtal; über den Brenner nach Sillian – Lesachtal oder über Tauernautobahn bzw. Bahnverladung nach Spittal bzw. Oberdrauburg und von dort ins Lesachtal

Bahn: über Salzburg – Spittal nach Oberdrauburg oder über Villach nach Kötschach-Mauthen; von dort weiter mit dem Postbus

Seehöhe: 1127 m ü. M.

Foto: Fremdenverkehrsverband St. Lorenzen

Kurmittel

Calcium-Magnesium-Sulfat-Wässer (obere Tuffquellgruppe mit folgenden Quellaustritten: Austritt I, I/3, I/3A, I/3B und I/3C)

(Auszug aus der Analyse der Quelle I/3, durchgeführt vom Institut für Physiologie und Balneologie der Universität Innsbruck, 1982:)

Temperatur 12 °C
Schüttung 4,2 l/s

In 1 kg Quellwasser sind enthalten:

Calcium	236,9 mg	77,1 mval%
Magnesium	42,1 mg	22,6 mval%
Sulfat	613,9 mg	83,4 mval%
Summe der gelösten festen Stoffe	1061,2 mg	

Kurmittelanwendung

Bäder, Inhalationen, Trinkkuren

Indikationen

Bäder: Erkrankungen des Stütz- und Bewegungsapparates rheumatischer und degenerativer Genese
Inhalationen: chronisch-entzündliche und allergische Erkrankungen der Luftwege, thorakomechanische Insuffizienz der Atemwege
Trinkkuren: chronisch-entzündliche Erkrankungen der Gallenwege, Dyskinesien der Gallenwege, Postcholecystektomiesyndrom, leichtere chronische Leberzellschäden, Zusatzbehandlung bei leichten Diabetesfällen sowie bei Gicht und Hyperuricämie

Kontraindikationen

algemeine Kontraindikationen gegen Kuren

Zusatztherapien

Massagen, Diät

Kureinrichtungen

Kurmittelhaus

Medizinische Versorgung

im Lesachtal: Arzt, Tierarzt

Beherbergung

Hotels/Pensionen/Gasthäuser
99 Betten, privat 418 Betten

Freizeitgestaltung

Zahlreiche Freizeitmöglichkeiten sind mit dem Auto in einer Stunde erreichbar.

Kulturelle Veranstaltungen, Heimatabende, Tanzabende. Wintersport, Wandern. Gasthäuser.

Seelsorge

röm.-kath.

Auskunft

Fremdenverkehrsgemeinde
Lesachtal
9653 Liesing
Tel. 04716/243

St. Radegund   Heilklimatischer Kurort   Steiermark

Luftkurort am Südhang des Schöckel.
1709 Einwohner

Verkehrsverbindungen

in der Nähe der Landeshauptstadt Graz gelegen, verkehrsgünstige Lage (Autobahn, Bundesstr.)

Seehöhe: 750 m ü. M.

Kurmittel

Heilklima; subalpines Klima mit leichten Reizfaktoren, im Sommer Schonklima. Seehöhe: 718 m ü. M.

Kurmittelanwendung

Liegekuren, Wanderungen

Indikationen

Zivilisationsschäden einschließlich neurovegetativer Erschöpfungszustände und ihre Folgeerscheinungen wie funktionelle Kreislaufstörungen; Erschöpfung, Rekonvaleszenz nach schweren inneren Erkrankungen und Operationen, Hyperthyreose, chronisch-entzündliche und allergische Erkrankungen der Atemwege

Kontraindikationen

Herzkrankheiten mit Ruheinsuffizienz, frische Herzinfarkte, akut entzündliche Herz- und Gefäßerkrankungen, akute Thrombosen und Gefäßembolien, alle malignen, hormonell bedingten oder nephrogenen Hypertonieformen, nicht sanierte Herde, alle akut fieberhaften und infektiösen Erkrankungen, Epilepsie und andere organische Nervenerkrankungen, Psychosen, infektiöse Hautkrankheiten

Foto: Kurkommission St. Radegund

Zusatztherapien

Massagen, Hydrotherapie, Warmluftbehandlung, Phototherapie, Aerosol- und Inhalationstherapie, Diäten

Sonstiges medizinisches Angebot

Elektroschlafbehandlung,
Revitalisierungskuren nach Aslan

Kureinrichtungen

Kurmittelhaus

Saison: ganzjährig

Medizinische Versorgung

Arzt, Hausapotheke

Beherbergung

Hotels/Pensionen/Gasthäuser
und privat insgesamt 260 Betten

Freizeitgestaltung

Bibliothek. Schwimmbad, Tennis, Wintersport, Wanderwege.

Ausflüge in die Umgebung.

Autobusunternehmen.

Seelsorge

röm.-kath.

Auskunft

Kurkommission
8061 St. Radegund
Tel. 03132/2334, 2301

St. Wolfgang im Salzkammergut Luftkurort Oberösterreich

Luftkurort am Ufer des Wolfgangsees und am Fuß des 1783 m hohen Schafberges.
Ca. 2400 Einwohner

Verkehrsverbindungen

Bahn: Bad Ischl 15 km, Salzburg 50 km

Bus: Salzburg, Bad Ischl, Hallstatt, Gosau, Mondsee, Attersee-Region, Bad Aussee, Traunsee usw.

Auto: B 158, A1 Abfahrt Mondsee, Thalgau, Regau; Pannenstellen in Bad Ischl (15 km)

Foto: F. Kobelhirt

Kurmittel

Im Sommer Schonklima, in den Übergangszeiten reizmildes Klima, im Winter stärkere Reizfaktoren.
Seehöhe: 550 m ü. M.

Indikationen

Erholungsbedürftigkeit und Rekonvaleszenz

Kontraindikationen
allgemeine Kontraindikationen gegen Kuren

Zusatztherapien

keine

Saison: ganzjährig

Medizinische Versorgung

Ärzte, Zahnarzt, Dentist,
Apotheken; Krankenhaus in Bad Ischl (15 km)

2 Geldinstitute

Beherbergung

Hotels/Pensionen/Gasthäuser
2512 Betten, 1880 Betten privat, Campingplätze in Berau, Appesbach, Ried, Neuwirt (Radau)

Freizeitgestaltung

Puppenmuseum, Bibliothek, Operettenabende, Heimatabende, Nachtschiffahrten, Promenaden-, Kur-, Schloß-, Platz- und Orgelkonzerte, Kurse, Kino.

Hallenbad, Freibäder, Sauna, Solarium, Reiten, Segeln, Surfen, Tennis, Hallentennis, Golf, Minigolf, Radwanderwege, Kegeln, Alpinski- und Langlauf, Rodeln, Eislaufen, Eisstockschießen, Wasserski, Para-Sail, 130 km markierte Wanderwege, Fischen, Zimmergewehrschießen, Winterwandern, Wintergolf, Pferdeschlittenfahrten; Verleih von Fahrrädern, Tennisausrüstung, Segelbooten, Surfern, Skiausrüstungen.

Cafés, Spezialitätenlokale, Weinlokale.

Sehenswürdigkeiten im Ort und in der Umgebung (Tagesausflüge). Reisebüros.

Seelsorge

röm.-kath., evangel.

Auskunft

Kurdirektion
Markt 28
5360 St. Wolfgang
Tel. 06138/2239
Telex 68164

Sauerbrunn ist am Südostabhang des Rosaliengebirges in waldreicher Umgebung gelegen.
Ca. 1700 Einwohner

Verkehrsverbindungen

Auto: Bundesstraße B 53, 13 km von Südautobahn A2, 10 km von Wiener Neustadt entfernt

Bahn: Eisenbahnstation an der Strekke von Wiener Neustadt nach Sopron (Ungarn)

Bus: Autobusverbindungen von Wien und Wiener Neustadt

Klima: mildes Schonklima
Seehöhe: 290 m ü. M.

Kurmittel

In Sauerbrunn existieren zwei Heilquellen:

1) Magnesium-Calcium-Hydrogencarbonat-Säuerling (Paulquelle)

2) Magnesium-Calcium-Natrium-Hydrogencarbonat-Sulfat-Mineralsäuerling (Gemeindequelle)

ad 1)
(Auszug aus der Analyse der Balneochemischen Abteilung der Bundesanstalt für chemische und pharmazeutische Untersuchungen in Wien, 1985:)

Temperatur 11,2 °C
Schüttung 0,5 l/s

In 1 kg Quellwasser sind enthalten:

Magnesium	81	mg	44,1 mval%
Calcium	109	mg	35,9 mval%
Hydrogencarbonat	739	mg	80,3 mval%
Summe der gelösten festen Stoffe	1181	mg	
Gelöste freie Kohlensäure	1277,3	mg	

Die Paulquelle wird derzeit nur für Trinkzwecke verwendet.

ad 2)
(Auszug aus der Analyse der Balneochemischen Abteilung an der Bundesanstalt für chemische und pharmazeutische Untersuchungen in Wien, 1985:)

Wassertemperatur 9,4 °C
Schüttung ca. 0,2 l/s

In 1 kg Quellwasser sind enthalten:

Natrium	314,5	mg	25,6 mval%
Magnesium	235,3	mg	37,6 mval%
Calcium	343,5	mg	33,3 mval%
Sulfat	618,9	mg	25,0 mval%
Hydrogencarbonat	2201	mg	70,0 mval%
Summe der gelösten festen Stoffe	3921,5	mg	
Gelöste freie Kohlensäure	2580	mg	

Foto: F. Kobelhirt

Die Gemeindequelle wird im Kurzentrum verwendet.

Kurmittelanwendung

Trinkkuren

Indikationen

hyperazide Gastritis, Duodenitis, leichte Anregung der Gallensekretion, Harnsteine, Nachbehandlung nach Prostata- und Harnblaseninfektionen

Kontraindikationen

jede Erkrankung mit Ödembereitschaft, Erkrankungen, bei denen eine Alkalisierung des Harns unangebracht ist; alle sonstigen Gegenindikationen gegen Kuren

Zusatztherapien

Hydrotherapie, Übungsbehandlung, Massagen, Ultraschall, Warmluftbehandlung, Kryotherapie, Phototherapie, Galvanisation, Reizstromtherapie, Packungen, Diäten

Kureinrichtungen

Kurzentrum Heilbad Sauerbrunn
Saison: ganzjährig

Medizinische Versorgung

2 praktische Ärzte, 2 Dentisten, Apotheke im Ort

Beherbergung

Kurzentrum (116 Betten), 2 Hotels, 2 Gasthöfe (zusammen 190 Betten) und 21 Privatquartiere

Freizeitgestaltung

Kurkonzerte, Leihbibliothek.
Freibad, Tennis, Waldsportpfad, viele Spazier- (Kurpark) und Wanderwege. Kaffeehäuser.
Sehenswürdigkeit: Burg Forchtenstein (14 km).

Auskunft

Gemeindeamt
Wr. Neustädter-Straße 2
7202 Sauerbrunn
Tel. 02625/2203

Schwanberg

Moorbad im Kloster Schwanberg — Steiermark

Moorbad am Fuß der Koralpe, Kuranstalt in einem ehemaligen Kloster. Ca. 2500 Einwohner

Verkehrsverbindungen

Auto: B 76, 30 km von A2 entfernt; Pannenstellen in Deutschlandsberg.

Bahn: GKB-Bahn von Graz bis Bahnhof Schwanberg (3 km vom Ort entfernt) und Busverbindung zum Ort

Bus: Graz – Schwanberg

Klima: mildes Reizklima

Seehöhe: 431 m ü. M.

Foto: Moorbad Schwanberg

Kurmittel

Heilmoor
(Hochmoortorf von Garanas)

(Auszug aus der Analyse des Instituts für anorganische und analytische Chemie der Universität Graz, 1977:)

Wasserkapazität 15,9 g
Sedimentvolumen 28,4 ml/g
Wärmehaltung 924 s

Kurmittelanwendung

Vollbreibäder, Packungen, verdünnte Moorbäder

Indikationen

Erkrankungen des rheumatischen Formenkreises (chronisch-entzündliche Erkrankungen der Gelenke, Muskeln, Bänder, Sehnen und Nerven), Arthrosen und Spondylosen, Frauenkrankheiten, Nachbehandlung von Verletzungs- und Operationsfolgen und Nachbehandlung von Entzündungsresten im Brust- und Bauchraum

Verdünnte Moorbäder bei nichtkontagiösen Hauterkrankungen und bestimmten Frauenleiden

Kontraindikationen

alle akut fieberhaften Erkrankungen, floride Tuberkulose, Herz-Kreislauf-Krankheiten, schlechter Allgemeinzustand, Neoplasmen

Zusatztherapien

Übungsbehandlung, Massagen, Hydrotherapie, Warmluftbehandlungen, Aerosol- und Inhalationstherapie, Diäten

Sonstiges medizinisches Angebot

Aslan-Kuren

Kureinrichtungen

1 Kuranstalt

Saison: 1. März bis 30. November

Medizinische Versorgung

Ärzte, Zahnarzt, Apotheke, Landeskrankenhaus im Bezirk Deutschlandsberg

Geldinstitute

Beherbergung

Hotels/Pensionen/Gasthäuser
170 Betten, 130 Betten privat, Campingplatz

Freizeitgestaltung

Freibad, Sauna, Solarium, Reiten, Tennis, Minigolf, Kegeln, Alpinski, Skilanglauf, Eislaufplatz, Eisstockschießen, Radwandern (Fahrradverleih), Wanderwege mit Anschluß an den Weitwanderweg.

Konditorei, Cafés, Buschenschenken.

Bibliothek, Heimatabende, Kurse.

Ortsbildschutzzone, Josefskirche, Ausflüge (Südsteirische Weinstraße, Gestüt Piber, . . .). Taxi.

Seelsorge

röm.-kath.

Auskunft

Fremdenverkehrsbüro
8541 Schwanberg
Tel. 03467/484

Moorbad im Kloster Schwanberg
Tel. 03467/217

Streusiedlung am Hochplateau, Bauten vorwiegend im Tiroler Stil, Fußgängerzone, Luftkurort.
Ca. 2600 Einwohner

Verkehrsverbindungen

Bahn: „Karwendelbahn" Innsbruck – Garmisch (Schnellzugstation)

Auto: aus dem Osten Autobahn: Wien – Salzburg – Innsbruck – Zirl, dann noch 12 km nach Seefeld, aus dem Norden Autobahn: München – Garmisch und weitere 35 km und aus dem Westen Bundesstraße: Arlberg – Telfs und weitere 12 km.
21 km nordwestlich von Innsbruck; Autowerkstätten im Ort.

Seehöhe: 1200 m ü. M.

Foto: ÖFVW, Markowitsch

Kurmittel

Akratopege (einfache kalte Quelle)

Kurmittelanwendung

Bäder

Indikationen

rheumatische Beschwerden, Kreislaufstörungen, Nervenerkrankungen, Rekonvaleszenz und Erholung, Alters- und Aufbraucherscheinungen

Kontraindikationen

allgemeine Kontraindikationen gegen Kuren

Zusatztherapien

Übungsbehandlung, Massagen, Hydrotherapie, Warmluftbehandlung, Diäten

Kureinrichtungen

1 Kurzentrum im Kurhotel

Medizinische Versorgung

Ärzte, Fachärzte, Zahnärzte, Dentist, Apotheke, Tierarzt, Krankenhaus und Dialysestation in Innsbruck

4 Geldinstitute

Beherbergung

Hotels/Pensionen/Gasthäuser
6800 Betten, privat 860 Betten

Freizeitgestaltung

Kurkonzerte 2mal wöchentlich (Donnerstag und Sonntag), Heimatabende 4mal wöchentlich, Tennis-, Wander-, Golf-, Reit-, Biokurse, Bauerntheater, Buchverleih, Spielkasino; breitgestreuter Veranstaltungskalender, Konzerte, Kino.
Skirennen, Skispringen, 260 km Sommerwanderwege (leichte Spaziergänge bis Höhenwanderungen), 60 km geräumte Winterwanderungen. Hallenbad, Freibad, Sauna, Solarium, Reiten, Tennis, Hallentennis, Squash, Golf, Minigolf, Kegeln, Alpinski- und Skilanglauf, Eislaufen, Eisstockschießen. Sportgeräteverleih.

Cafés, Konditoreien, Restaurants.

Im Ort „Seekirchl", Ausflüge nach Innsbruck, Salzburg, Bozen und Meran, Ötztal, Zillertal, St. Moritz.
Taxi/Mietwagen/Reisebüros.

Seelsorge

röm.-kath., evangel., sonstige

Auskunft

Fremdenverkehrsverband Seefeld
Rathaus 43
6100 Seefeld
Tel. 05212/2323, 2316
Telex 53452

Der heilklimatische Kurort liegt in 1000 m Seehöhe zwischen dem 1318 m hohen Hirschenkogel und dem 1297 m hohen Pinkenkogel inmitten herrlicher Wälder und ist frei von Industrie.
819 Einwohner

Verkehrsverbindungen
Bahn/Bus/Auto

Kurmittel
reizmildes Heilklima.
Seehöhe: 900 bis 1000 m ü. M.

Kurmittelanwendung
Wanderungen

Indikationen
neurovegetative Dysregulationen, Kreislauflabilität, funktionelle Durchblutungsstörungen, neurovaskuläre Regulationsstörungen, Rehabilitation nach schweren Erkrankungen oder Operationen, subakute und chronische Erkrankungen der Atemwege, essentielle Hypertonie, Hyperthyreose

Kontraindikationen
schwere Fälle von renaler oder arteriosklerotischer Hypertonie sowie die allgemeinen Gegenanzeigen gegen Kuren

Zusatztherapien
Übungsbehandlung, Medikomechanik, Massagen, Ultraschall, Hydrotherapie, Diathermie, Warmluftbehandlung, Phototherapie, Aerosol- und Inhalationstherapie, Diäten

Foto: Raika-Paßhöhe, Semmering

Sonstiges medizinisches Angebot
Frischzellentherapie nach Prof. Niehaus, Sauerstofftherapie
Saison: ganzjährig

Medizinische Versorgung
Ärzte, Apotheke, Krankenhäuser in Mürzzuschlag und Neunkirchen
2 Geldinstitute

Beherbergung
Hotels/Pensionen/Gasthäuser,
Kurheime,
Reha-Zentren einer Sozialversicherungsanstalt

Freizeitgestaltung
Pfarrbücherei, Kurkonzerte, Heimatabende, Kurse.
Hallenbad, Sauna, Solarium, Tennis, Hallentennis, Golf, Minigolf, Kegeln, Alpinski- und Skilanglauf, Rodeln, Eislaufen, Eisstockschießen.
Markierte Wanderwege, Sportgeräteverleih.
Sehenswürdigkeiten im Ort, Ausflüge in die Umgebung. Taxi/Reisebüro.

Seelsorge
röm.-kath.

Auskunft
Kurverwaltung
2680 Semmering
Tel. 02664/326

Strobl am Wolfgangsee

Alpenmoorbad Kurhotel Schloß Strobl

Salzburg

Alpenmoorbad im Salzkammergut
Ca. 10 600 Einwohner

Verkehrsverbindungen

Auto: Westautobahn Abfahrt Mondsee, St. Gilgen, Strobl
Bus: von Salzburg oder Bad Ischl

Klima: Schonklima

Seehöhe: 600 m ü. M.

Kurmittel

Heilmoor (Hochmoortorf)

(Auszug aus der Analyse der Bundesstaatlichen Anstalt für experimentell-pharmakologische und balneologische Untersuchungen in Wien, 1984:)

Wassergehalt der naturfeuchten Probe 89,4%
Sedimentvolumen 22 ml/g
Wärmehaltung 732 s

Foto: F. Kobelhirt

Kurmittelanwendung

Packungen, Moorschwebstoffbäder

Indikationen

Erkrankungen des rheumatischen Formenkreises: chronisch-entzündliche Erkrankungen der Gelenke, Muskeln, Bänder, Sehnen und Nerven

gynäkologische Erkrankungen: chronische Entzündungen des Genitalbereiches, Zyklusstörungen, Ovarialinsuffizienz, Dysmenorrhoe, präklimakterische Beschwerden, Sterilität, Fluor vaginalis und cervicalis, soferne keine spezifischen Erreger nachweisbar sind

bestimmte Hauterkrankungen, insbesondere Akne

Nachbehandlung von Verletzungs- und Operationsfolgen: z. B. Adhäsionsbeschwerden nach Operationen, Entzündungsreste im Brust- und Bauchraum

Kontraindikationen

alle akut fieberhaften Erkrankungen, alle akuten und z. T. auch subakuten entzündlichen Erkrankungen des Bewegungsapparates und des Genitaltrakts, Endometriose, Myome, juvenile Blutungen, Menorrhagien und Metrorrhagien, Gravidität, cystische Ovarialtumore, Tuberkulose, maligne Tumoren und andere neoplastische Erkrankungen, schwere Herz-Kreislauf-Erkrankungen, schlechter Allgemeinzustand

Zusatztherapien

Massagen, Hydrotherapie, Warmluftbehandlung, Phototherapie

Kureinrichtungen

Kurhotel
Saison: Mai bis Oktober

Medizinische Versorgung

Arzt, Kurarzt, Hausapotheke, Krankenhaus in Bad Ischl (12 km)

2 Geldinstitute

Beherbergung

Hotels/Pensionen/Gasthäuser
900 Betten,1400 Betten privat,
Kurheime usw. 800 Betten

Freizeitgestaltung

Hallenbad, Sauna, Solarium, Fitneßgeräte, Spazierwege, viele Ausflugsmöglichkeiten, Restaurant, Parkcafé

Seelsorge

röm.-kath.

Auskunft

Alpenmoorbad Strobl
5350 Strobl am Wolfgangsee
Tel. 06137/310

oder
Prim. Dr. Günther Wiesinger
Untere Augartenstraße 40
1020 Wien
Tel. 0222/335145

oder
Fremdenverkehrsverein Strobl
Tel. 06137/255

Trebesing

Trebesingerhof Bad Königsquell

Kärnten

Idyllisches Bauerndorf
1160 Einwohner

Klima: subalpines Reizklima
Seehöhe: 750 bis 2965 m ü. M.

Kurmittel

Calcium-Hydrogencarbonat-Sulfat-Säuerling (Königsquelle)

(Auszug aus der Analyse der Bundesstaatlichen Anstalt für experimentell-pharmakologische und balneologische Untersuchungen in Wien, 1970:)

Temperatur 12,1 °C
Schüttung 0,3 l/s

In 1 kg Quellwasser sind enthalten:

Calcium	361,5 mg	64,8 mval%
Hydrogencarbonat	1068 mg	63,2 mval%
Sulfat	434,5 mg	32,6 mval%
Summe der gelösten festen Stoffe	2114,9 mg	
Gelöste freie Kohlensäure	1312 mg	

Foto: Fremdenverkehrsverband Lieser- und Maltatal

Kurmittelanwendung

Bäder, Trinkkuren

Indikationen

Bäder: nichtkompensierte Herz-Kreislauf-Erkrankungen, Rekonvaleszenz

Trinkkuren: Magen-Darm-Katarrhe, Hyperazidität, leichte Entzündungen der ableitenden Harnwege

Kontraindikationen

allgemeine Kontraindikationen gegen Kuren

Zusatztherapien

Übungsbehandlung, Massagen

Kureinrichtungen

1 Kuranstalt
Saison: ganzjährig

Medizinische Versorgung

im Kurhaus, in Gmünd (3 km) weitere medizinische Versorgung

Beherbergung

Hotels/Pensionen/Gasthäuser 306 Betten, privat 298 Betten, Ferienwohnungen 63 Betten

Freizeitgestaltung

Wandern, Wintersport

Seelsorge

röm.-kath., evangel.

Auskunft

Fremdenverkehrsamt
9852 Trebesing
Tel. 04732/2391

Velden am Wörthersee

Luftkurort

Kärnten

Luftkurort in der windgeschützten Bucht des Wörthersees.
7488 Einwohner

Verkehrsverbindungen

Bahn: Schnellzugstation

Busstation

Auto: von Deutschland über Salzburg – Tauernautobahn – Velden;
Wien – Graz – Klagenfurt – Velden;
Pannenstellen in Villach und Klagenfurt

Flugzeug: Flughafen Klagenfurt, 30 Autominuten von Velden

Kurmittel

Schonklima im Sommer, Reizfaktoren in den übrigen Jahreszeiten.
Seehöhe: 470 m ü. M.

Kurmittelanwendung

Wandern, Gymnastik, leichter Sport

Indikationen

Rekonvaleszenz, Erholungsbedürftigkeit, Erkrankungen der Atemwege

Kontraindikationen

allgemeine Kontraindikationen gegen Kuren

Zusatztherapien

Übungsbehandlung, Medikomechanik, Massagen, Ultraschall, Hydrotherapie, Diathermie, Warmluftbehandlung, Kryotherapie, Phototherapie, Galvanisation, Reizstromtherapie, Aerosol- und Inhalationstherapie, Diäten

Sonstiges medizinisches Angebot

Cytoplasmatische Therapie nach Prof. Theurer, Aslan-Kuren, Chelat-Infusionstherapie, intravenöse Sauerstoffzufuhr – Oxygenierungstherapie nach Dr. Regelsberger, Veldener Revitalisierungskur

Foto: ÖFVW, Markowitsch

Kureinrichtungen

Kurhotel

Saison: Mai bis Oktober

Medizinische Versorgung

Ärzte, Zahnärzte, Apotheke, Tierarzt, Landeskrankenhaus Villach, und Landeskrankenhaus Klagenfurt, Dialysestation in Pörtschach (privat bei Dr. Jilly)

3 Geldinstitute

Beherbergung

Hotels/Pensionen/Gasthäuser
8600 Betten, 3560 Betten privat,
Kurheime etc. 212 Betten,
Campingplatz

Freizeitgestaltung

Leihbücherei im Haus der Kurverwaltung, Spielkasino. Von Mai bis Oktober täglich Veranstaltungen und Feste wie Kärntnerabende, Tennisturniere, Kicker-Velden-Cup, Lichtermärchen, Wasserski-Shows, wöchentlich Heimatabende, Kurse (Tennis, Segeln, Surfen, Wasserski, Reiten), Kino.

Hallenbad, Freibad, Sauna, Solarium, Reiten, Segeln, Surfen, Tennis, Hallentennis, Squash, Minigolf, Radwandern, Kegeln, Alpinski- und Skilanglauf, Eislaufen, Eisstockschießen, Sportgeräteverleih, 120 km markierte Wanderwege. Restaurants, Cafés, Konditoreien, Heurigenlokale. Sehenswürdigkeiten im Ort, Ausflüge in die Umgebung wie Kärntner Seenfahrt. Taxi/Reisebüro.

Seelsorge

röm.-kath., evangel.

Auskunft

Parkhotel Velden
Süduferstraße 34
9220 Velden
Tel. 04274/2406
Telex 422721
oder
Tel. 04274/2103, 2105

Kurort 17 km südlich von Salzburg am Rande des Tennengebirges.
Ca. 1700 Einwohner

Verkehrsverbindungen

Bahn: Bahnhof Vigaun 1 km, Schnellzugstation, Hallein 4 km

Auto: Tauernautobahn, Abfahrt Hallein, Pannenstellen in Hallein

Flugzeug: Flughafen Salzburg 17 km entfernt

Klima: mildes Reizklima, Mittelgebirgslage

Seehöhe: 468 m ü. M.

Kurmittel

Natrium-Calcium-Chlorid-Sulfat-Mineralthermalwasser

(Auszug aus der Analyse der Bundesstaatlichen Anstalt für experimentell-pharmakologische und balneologische Untersuchungen in Wien, 1985:)

Temperatur 33 °C
Schüttung ca. 2,2 l/s (gepumpt)

In 1 kg Quellwasser sind enthalten:

Natrium	1938 mg	63,7 mval%
Calcium	623,8 mg	23,5 mval%
Chlorid	2660,5 mg	56,7 mval%
Sulfat	2656 mg	41,8 mval%
Summe der gelösten festen Stoffe	8200 mg	

Kurmittelanwendung

Bäder, Trinkkuren

Indikationen

Bäder: degenerative und chronisch-entzündliche Erkrankungen des Bewegungsapparates, Weichteilrheumatismus, Wiederherstellung nach traumatischen Schäden und nach Operationen und deren Folgen; gynäkologische Erkrankungen wie Zyklusstörungen, beginnendes Klimakterium, chronisch-entzündliche Adnexerkrankungen, Fertilitätsstörungen; neurovegetative Dystonien, Kreislauflabilität, labile Hypertonie; Übermüdungs- und Erschöpfungszustände

Foto: F. Kobelhirt

Trinkkuren: chronische Erkrankungen der Gallenwege und der Gallenblase, chronische Erkrankungen der Leber, sub- und anacide Gastritis, chronische Obstipation, Störungen der Mikroflora des Darms, Hypercholesterinämie als Folge langdauernder Fehlernährung

Kontraindikationen

Bäder: dekompensierte Herzerkrankungen, maligne Prozesse, alle akuten, fieberhaften Prozesse, nicht sanierte Herde, rheumatische Erkrankungen im akuten Schub, Neigung zu rezidivierenden Thrombosen, tuberkulöse Erkrankungen, die nicht seit mindestens zwei Jahren abgeklungen sind, schlechter Allgemeinzustand, infektiöse Hauterkrankungen
Trinkkuren: chronisch-aggressive Hepatitis, Prostataadenomatose Grad II und III, akute Nephritis, Ödeme, akute Magenblutungen, Alkoholabusus, alle Krankheiten, bei denen eine erhöhte Kochsalz- und Flüssigkeitszufuhr vermieden werden muß

Zusatztherapien

Übungsbehandlung, Medikomechanik, Massagen, Ultraschall, Hydrotherapie, Infrarot- und Chromotherapie, Diathermie, Warmluftbehandlung, Kryotherapie, Galvanisation, Reizstromtherapie, Aerosol- und Inhalationstherapie, Diäten

Sonstiges medizinisches Angebot

Sauerstoff-Mehrschritt-Therapie nach M. v. Ardenne

Kureinrichtungen

1 Kurzentrum
Saison: ganzjährig

Medizinische Versorgung

Ärzte, Fachärzte und Arzneimitteldepot im Haus, Privatklinik dem Kurzentrum angeschlossen, Krankenhaus und Tierarzt in Hallein (4 km)
1 Geldinstitut

Beherbergung

Hotels/Pensionen/Gasthäuser
200 Betten, privat 200 Betten

Freizeitgestaltung

Kurkonzerte, Heimatabende, Kurse. Hallenbad, Freibad, Sauna, Solarium, Tennis, Minigolf, Radwandern, Kegeln, Alpinski- und Langlauf, Sportgeräteverleih.

Café, Restaurant.

Sehenswürdigkeiten im Ort, Ausflüge ins Salzkammergut, Berchtesgadener Land. Bus- und Taxiunternehmen im Ort.

Seelsorge

röm.-kath.

Auskunft

Kurzentrum Vigaun
5400 Vigaun
Tel. 06245/4116

Der Kurort liegt mitten im oststeirischen Hügelland in der Ferienregion Hartbergerland.
Ca. 2000 Einwohner

Verkehrsverbindungen

Bahn: Bahnhof in Waltersdorf

Bus: Graz, Hartberg, Neunkirchen, Wien – regelmäßige Busverbindungen

Auto: Südautobahn Abfahrt Sebersdorf/Waltersdorf; Pannenstellen in Hartberg

Klima: mild

Seehöhe: 291 m ü. M.

Kurmittel

Natrium-Hydrogencarbonat-Chlorid-Therme

(Auszug aus der Analyse des Instituts für anorganische und analytische Chemie der Universität Graz, 1979:)

Temperatur 56,2 °C
Schüttung 3,4 l/s

In 1 kg Quellwasser sind enthalten:

Natrium	375,4 mg	92,7 mval%
Hydrogencarbonat	764,8 mg	70,4 mval%
Chlorid	179,8 mg	28,5 mval%
Summe der gelösten festen Stoffe	1354,8 mg	

Kurmittelanwendung

Bäder, Unterwassermassagen

Indikationen

entzündlicher Rheumatismus (chronisch-entzündliche Polyarthritis, Gicht, Morbus Bechterew), degenerativer Rheumatismus (Ischialgien, Spondylosen, Arthrosen, Brachialgien, Myalgien), Weichteilrheumatismus (Neuralgien, Panniculitis, Cellulitis, Tendovaginitis, Periarthritis humeroscapularis, Muskelrheumatismus), vegetative Erschöpfungszustände und Steigerung der Abwehrfunktion, Überwärmungstherapie im Sinne einer allgemeinen Umstellungsbehandlung

Foto: Heiltherme Waltersdorf

Kontraindikationen

Herzmuskelschwäche, schwere Durchblutungsstörungen, Bluthochdruck, Zustand nach Herzinfarkt oder Schlaganfall, akute Gelenksentzündungen, Asthma

Zusatztherapien

Massagen, Hydrotherapie, Warmluftbehandlungen (Sauna), Diäten

Kureinrichtungen

1 Kuranstalt / Heilthermalbad

Saison: ganzjährig

Medizinische Versorgung

Ärzte im Ort

1 Geldinstitut

Beherbergung

Hotels/Pensionen/Gasthäuser
150 Betten, privat 50 Betten,
Campingplatz in Planung

Freizeitgestaltung

Kurkonzerte wöchentlich im Sommer, regelmäßig kulturelle Veranstaltungen und Vorträge, z. B. Volksmusikabende, Ausstellungen, Ärztesymposion, Freiluftmuseum (Römersteine), Pfarrbibliothek, Theateraufführungen, Heimatabende.

Freibad, Sauna, Solarium, Reiten, Tennis, Radwandern, Kegeln, Eislaufen, Eisstockschießen, Fischen, ca. 300 km markierte Wanderwege.

Cafés, Heurigenlokale.
Ausflüge zum Stubenbergsee,
Tierpark Herberstein,
Naturpark Pöllauer Tal,
Stift Vorau.
Taxi/Busunternehmen.

Seelsorge

röm.-kath.

Auskunft

Marktgemeindeamt
8271 Waltersdorf
Tel. 03333/2321

Heiltherme
8271 Waltersdorf
Tel. 03333/2717

Warmbad Villach Badekurort Kärnten

Kurort südlich der Alpen an der 2167 m hohen Villacher Alpe (Dobratsch) in natürlicher, vielfältiger Landschaft. 52 690 Einwohner

Verkehrsverbindungen

Bahn: Expreßzüge aus fast allen Ländern Europas, Autoreisezüge im Sommer aus Deutschland, Holland, Wien, im Winter aus Düsseldorf und Wien

Auto: Autobahn bis knapp vor Villach, Schnellstraße (Spittal – Villach); Pannenstellen

Flugzeug: Kursverbindungen täglich Klagenfurt–Frankfurt, Zürich und Wien, Charterflüge ab Berlin

Taxiabholdienst vom Hauptbahnhof Villach und vom Flughafen Klagenfurt.

Foto: ÖFVW, Markowitsch

Klima: subalpines Schonklima, föhn- und nebelfrei

Seehöhe: 500 m ü. M.

Kurmittel

Akratothermen

(Auszug aus den Analysen der Bundesanstalt für experimentell-pharmakologische und balneologische Untersuchungen in Wien, 1983 und 1984:)

Quelle 1/81
Temperatur 27,4 °C
Schüttung 2 l/s
Summe der gelösten festen Stoffe 582 mg/kg

Kurbassin-Quelle
Temperatur 28,2 °C
Schüttung 35 l/s
Summe der gelösten festen Stoffe 556,7 mg/kg

Tschamer Quelle
Temperatur 25 °C
Schüttung 2 – 4 l/s
Summe der gelösten festen Stoffe 526,1 mg/kg

Freibad-Quelle
Temperatur 25,9 °C
Schüttung 10,7 l/s
Summe der gelösten festen Stoffe 528,4 mg/kg

Neue Quelle
Temperatur 25 °C
Schüttung 1,3 l/s
Summe der gelösten festen Stoffe 529,8 mg/kg

Zillerbad-Quelle
Temperatur 25,7 °C
Schüttung 2 – 5 l/s
Summe der gelösten festen Stoffe 526,2 mg/kg

Josefinenhof-Quelle
Temperatur 24 °C
Schüttung nicht meßbar
Summe der gelösten festen Stoffe 506,3 mg/kg

Kurmittelanwendung

Bäder, Bewegungsbäder, Unterwassermassagen, Unterwassergymnastik

Indikationen

Präventivkuren bei subklinischen Arthrosen, artikulär-muskuläre Kontraktur-Neigung, Muskelverspannung, Muskelatrophie durch Inaktivität, inzipiente Durchblutungsstörungen, Adipositas und Bewegungsmangel, Übermüdung und Erschöpfung, Streßfolgen.
Heilbehandlung bei degenerativen und rheumatischen Erkrankungen des Bewegungsapparates, primäre und sekundäre Arthrosen, Weichteilrheumatismus, muskuläre Insuffizienz, postoperative Nachbehandlung nach Gelenksplastiken, Laminektomien, Synovektomien, Bandrekonstruktionen, Frakturbehandlungen; Nervenerkrankungen (Zustände nach Poliomyelitis, posttraumatische Lähmungen peripherer Nerven, spastische Paresen, Neuritiden); Herz-Kreislauf-Erkrankungen (labile Hypertonie, vegetative Dystonie, Durchblutungsstörungen, venöse Insuffizienz); hormonelle Dysfunktionen (Dysmenorrhoe, Sterilität, klimakterische Beschwerden); chronische Adnexerkrankungen.
Spezielle Ausrichtung auf Erkrankungen des Bewegungsapparates, insbesondere Rehabilitation nach Operationen des Bewegungsapparates, Therapien nach Behandlungsrichtlinien der Orthopädischen Universitätsklinik, Wien.

Kontraindikationen

schwere akut-rheumatische Prozesse, schwere akute Herz-Kreislauf-Erkrankungen mit Dekompensation, venerische Krankheiten, eiternde Wunden, Infektionskrankheiten, hochgradig reduzierter Allgemeinzustand

Zusatztherapien

Übungsbehandlung, Medikomechanik, Massagen, Ultraschall, Hydrotherapie, Infrarot- und Chromotherapie, Diathermie, Warmluftbehandlungen, Kryotherapie, Phototherapie, Galvanisation, Reizstromtherapie, Aerosol- und Inhalationstherapie, Diäten

Kureinrichtungen

1 Kurmittelhaus, 3 Kurhotels

Saison: ganzjährig

Medizinische Versorgung

Ärzte, Fachärzte, Apotheken

Geldinstitute

Beherbergung

Hotels/Pensionen/Gasthäuser
800 Betten, privat 400 Betten

Freizeitgestaltung

Theater im Kongreßhaus Villach, Museum, Bibliothek, Bastelkurs, 2 Kinos, zahlreiche Veranstaltungen.

Hallenbad, Freibad, Sauna, Solarium, Reiten, Segeln und Surfen 10 bis 14 km entfernt; Tennis, Hallentennis, Squash, Golf (15 km entfernt), Minigolf, Radwandern, Kegeln, Alpinski- und Skilanglauf, Rodeln, Eislaufen, Eisstockschießen, markierte Wanderwege.

Cafés, Konditoreien, Heurigenlokale.

Villacher Altstadt, Alpenstraße mit Alpengarten, Burgruine Landskron mit Adlerwarte, Ausflüge nach Italien und Jugoslawien.

Taxi/Mietwagen/Reisebüro.

Seelsorge

röm.-kath., evangel., sonstige

Auskunft

Heilbäder Verwaltung
9504 Warmbad Villach
Tel. 04242/25501

Weinberg/ Prambachkirchen — Heilbad Weinberg — Oberösterreich

Der Kurort liegt am Rande des böhmischen Granitmassives in sehr ruhiger, waldreicher Umgebung.
Ca. 2400 Einwohner

Verkehrsverbindungen

Bahn: auf der Linie Linz – Eferding – Prambachkirchen – Passau

Bus: Verbindung mit Wels, Linz, Grieskirchen

Auto: Autobahn Wien – Salzburg über Wels; Pannenstelle in Eferding

Klima: Mittelgebirgsklima

Seehöhe: 365 m ü. M.

Kurmittel

Calcium-Sulfat-Hydrogencarbonat-Eisenquelle mit bituminösen Inhaltsstoffen (Quelle I),

Calcium-Magnesium-Sulfat-(Hydrogencarbonat-)Quelle mit bituminösen Inhaltsstoffen (Quelle II)

(Auszug aus der Analyse der Technischen Versuchsanstalt am Forschungsinstitut Gastein, 1972:)

Quelle I:

Temperatur 13,3 °C

In 1 kg Quellwasser sind enthalten:

Calcium	136,6 mg	54 mval%
Magnesium	40 mg	26 mval%
Eisen	47,7 mg	14 mval%
Sulfat	327,7 mg	45 mval%
Hydrogencarbonat	331,8 mg	43 mval%
Summe der gelösten festen Stoffe	1039 mg	

Quelle II:

Temperatur 11,5 °C

In 1 kg Quellwasser sind enthalten:

Calcium	236,8 mg	47 mval%
Magnesium	135,2 mg	44 mval%
Sulfat	936,7 mg	77 mval%
Hydrogencarbonat	295,3 mg	19 mval%
Summe der gelösten festen Stoffe	1850 mg	

Kurmittelanwendung

Voll- und Teilbäder

Foto: Dr. Richtsfeld, Bad Weinberg

Indikationen

Hauterkrankungen (Ekzeme, Psoriasis, Neurodermitis, Akne vulgaris, Ulcus cruris, Ichthyosis, Lichen ruber planus, Furunkulose), Anämien, Erschöpfungszustände, Rekonvaleszenz, leichte Formen rheumatischer Erkrankungen

Kontraindikationen

Es gelten die allgemeinen Kontraindikationen gegen Kuren; zusätzlich Steinerkrankungen der Gallenblase.

Zusatztherapien

Übungsbehandlungen, Medikomechanik, Massagen, Hydrotherapie, Infrarot, Diathermie, Warmluftbehandlung, Aerosol- und Inhalationstherapie, Diäten

Kureinrichtungen

1 Kuranstalt

Saison: April bis Oktober

Medizinische Versorgung

3 Ärzte, Dentist, nächstes Krankenhaus in Grieskirchen,
Apotheke in Waizenkirchen,
Tierarzt in Prambachkirchen

2 Geldinstitute

Beherbergung

Pension Bad Weinberg 50 Betten,
20 Betten privat

Freizeitgestaltung

Bibliothek, Heimatabende.

Freibad, Sauna, Solarium, Reiten, Tennis, Radwandern (Radverleih), Kegeln, Langlauf, markierte Wanderwege, Tagesausflüge. Café. Taxi.

Seelsorge

röm.-kath.

Auskunft

Kurverwaltung Bad Weinberg
4731 Prambachkirchen
Tel. 07277/2302
Fremdenverkehrsverband

Weißenbach bei Wolfsberg

Heilbad

Kärnten

Kuranstalt 4 km außerhalb des Ortes St. Margareten im Lavanttal, zugehörig zur Stadtgemeinde Wolfsberg, in sehr waldreicher Umgebung, an der Alpensüdseite.

Ca. 29 000 Einwohner in Wolfsberg (6 km von Kuranstalt Weißenbach entfernt).

Foto: Gutschi, Wolfsberg

Verkehrsverbindungen

Bahn/Bus/Auto nach Wolfsberg, in die Kuranstalt mit Bus

Klima: Reizklima

Seehöhe: 620 m ü. M.

Kurmittel

1) Franz-Kahler-Quelle (früher Quelle II/82)
2) Thomas-Miriam-Quelle (früher Quelle I/82)
3) Quelle II-80
4) Haupt- oder Bäder-Quelle

ad 1)

(Auszug aus der Analyse der Bundesstaatlichen Anstalt für experimentell-pharmakologische und balneologische Untersuchungen in Wien, 1985:)

Calcium-Natrium-Hydrogencarbonat-Thermalsäuerling
Temperatur 31,5 °C
Schüttung 0,85 l/s

In 1 kg Quellwasser sind enthalten:

Natrium	250 mg	42,4 mval%
Calcium	229,9 mg	44,7 mval%
Hydrogencarbonat	1168,5 mg	74,8 mval%
Summe der gelösten festen Stoffe	2053,3 mg	
Gelöste freie Kohlensäure	1000 mg	

Frei aufsteigende Quellgase 240 l/Stunde
Gehalt an Kohlensäure 76,5 Vol%

ad 2)

(Auszug aus der Analyse der Bundesstaatlichen Anstalt für experimentell-pharmakologische und balneologische Untersuchungen in Wien, 1985:)

Schwefelhaltiger Calcium-Natrium-Hydrogencarbonat-Thermalsäuerling
Temperatur 32,3 °C
Schüttung 2,2 l/s

In 1 kg Quellwasser sind enthalten:

Natrium	265,8 mg	43 mval%
Calcium	234,9 mg	43,6 mval%
Hydrogencarbonat	1223,4 mg	74,5 mval%
Summe der gelösten festen Stoffe	2154,5 mg	
Gelöste freie Kohlensäure	1001 mg	
Titrierbarer zweiwertiger Schwefel	1,03 mg	

Frei aufsteigende Quellgase 1296 l/Stunde
Gehalt an Kohlensäure 82,8%

ad 3)

(Auszug aus der Analyse der Bundesstaatlichen Anstalt für experimentell-pharmakologische und balneologische Untersuchungen in Wien, 1985:)

Natrium-Calcium-Hydrogencarbonat-Thermalsäuerling
Temperatur 30,5 °C
Schüttung 0,25 l/s

In 1 kg Quellwasser sind enthalten:

Natrium	304,6 mg	48,3 mval%
Calcium	232,9 mg	42,3 mval%
Hydrogencarbonat	1221 mg	72,9 mval%
Summe der gelösten festen Stoffe	2187,2 mg	
Gelöste freie Kohlensäure	1116 mg	

ad 4)

(Auszug aus der Analyse des Instituts für Organische und Pharmazeutische Chemie der Universität Graz, 1967:)

Natrium-Calcium-Hydrogencarbonat-Thermalsäuerling
Temperatur 23,7 °C
Schüttung 3,7 l/s

In 1 kg Quellwasser sind enthalten:

Natrium	251,1 mg	44 mval%
Calcium	209,2 mg	42,1 mval%
Hydrogencarbonat	1096 mg	72,5 mval%
Summe der gelösten festen Stoffe	1991 mg	
Gelöste freie Kohlensäure	1140 mg	

Kurmittelanwendung

Bäder, Trinkkuren

Indikationen

Bäder: Herz-Kreislauf-Erkrankungen wie verminderte Leistungsfähigkeit des Myocards, Herzneurosen, Störungen der Koronardurchblutung, Gefäßerkrankungen wie Endangitis, Morbus Reynaud, Arteriosklerose,

Übermüdung und Erschöpfung, vegetative Dystonie; Erkrankungen des Bewegungsapparates wie z. B. Verletzungsfolgen, Kräftigung der Muskulatur nach Kinderlähmung

Trinkkuren: unterstützende Behandlung bei Übersäuerung des Magens und Gastritis, leichten Darmentzündungen, Nachbehandlung von Ulcusfällen, Spülbehandlung bei Harnsäure- und Uratsteinen, bei entzündlichen Erkrankungen der ableitenden Harnwege, unterstützende Behandlung bei leichten Diabetesfällen

Kontraindikationen

allgemeine Kontraindikationen gegen Kuren

Zusatztherapien

Massagen

Kureinrichtungen

1 Kuranstalt, neues Kurzentrum in Planung

Saison: Mai bis Oktober

Medizinische Versorgung

Ärzte, Zahnärzte, Apotheke in Wolfsberg

Geldinstitute in Wolfsberg

Beherbergung

Hotels/Pensionen/Gasthäuser und privat 2200 Betten

Freizeitgestaltung

in Wolfsberg: Schwimmen, Reiten, Tennis, Wandern, Wintersport.

Restaurants, Cafés, Konditoreien, Gasthöfe

Seelsorge

röm.-kath., evangel.

Auskunft

Verkehrsamt
Postfach 34
9400 Wolfsberg
Tel. 04352/3340

Heilklimatischer Kurort in Kärnten, der, im Norden und Süden durch Mittelgebirgszüge geschützt, in einem witterungskonstanten Becken liegt. 720 Einwohner

Verkehrsverbindungen

Bahn: München – Salzburg – Spittal/Drau – Greifenburg, Weißensee (Postbus). Wien – Bruck/Mur – St. Veit/Glan – Villach – Spittal/Drau – Greifenburg – Weißensee

Auto: günstige Straßenverbindungen aus dem In- und Ausland

Kurmittel

Heilklima; von Mai bis Sommer Schonklima, in den übrigen Monaten des Jahres reizmildes Klima.
Seehöhe: 930 m ü. M.

Kurmittelanwendung

Terrainkuren, Liegekuren

Foto: ÖFVW, Markowitsch

Indikationen

prämorbide Erholungsbedürftigkeit aller Altersstufen: Vorbeugung von Krankheiten durch Abhärtungskuren, Herstellung des körperlichen und seelischen Gleichgewichtes, Beseitigung von Zivilisationsschäden; Genesungsaufenthalte nach Krankheiten und Operationen; chronische Atemwegserkrankungen, insbesondere Folgezustände nach Exposition in luftverschmutzten Regionen, funktionelle Herz-Kreislauf-Störungen (Hypotonie, labile Hypertonie, funktionelle Durchblutungsstörungen), neurovegetative Regulationsstörungen (nervöse Erschöpfungszustände, Streßfolgen), Auswirkungen von Übergewicht, Bewegungsmangel und Fehlbelastungen auf den Stütz- und Bewegungsapparat, Wiederherstellung der körperlichen Leistungsfähigkeit

Kontraindikationen

alle akuten und akut infektiösen Krankheiten und akute Schübe von chronischen Krankheiten, dekompensierte chronische Leber- und Nierenerkrankungen, schwere und dekompensierte Herz-Kreislauf-Erkrankungen (Cor Pulmonale, Vitien, hochgradige Koronarsklerose), akute Schübe von Psychosen

Zusatztherapien

Massagen, Warmluftbehandlung
Saison: ganzjährig

Medizinische Versorgung

Arzt mit Hausapotheke, Fachärzte und Apotheke sowie Tierarzt ca. 10 km entfernt, Krankenhäuser ca. 45 km entfernt

Geldinstitute

Beherbergung

Hotels/Pensionen/Gasthäuser
3500 Betten, privat 800 Betten,
2 Campingplätze

Freizeitgestaltung

Buchverleih, Hobbykurse, Veranstaltungskalender.
Hotelhallenbäder, Freibad, Sauna, Solarium, Reiten, Segeln, Surfen, Tennis, Minigolf, Radfahren, Kegeln, Alpinski- und Skilanglauf, Fischen, Rodeln, Eislaufen, Eisstockschießen. Über 140 km markierte Wanderwege.

Cafés, Konditoreien.

Sehenswürdigkeiten im Ort und in der Umgebung, Ausflugsfahrten mit Reisebüro. Taxi/Mietwagen/Reisebüro.

Seelsorge

röm.-kath., evangel.

Auskunft

Verkehrsamt Weißensee
9762 Techendorf
Tel. 04713/2220-0, 12, 13

Der Luftkurort liegt im oberösterreichischen Ennstal.
2403 Einwohner

Verkehrsverbindungen

Bahn: Westbahn über Amstetten – Waidhofen/Ybbs – Weyer – Kleinreifling
Linz – St. Valentin – Steyr – Kastenreith bei Weyer – Kleinreifling
Bus: ÖBB-Bus Steyr – Weyer
Auto: B 121

Kurmittel

Schonklima im Sommer, reizmildes Klima während der Übergangszeiten, stärkere Reizfaktoren im Winter.
Seehöhe: 398 m ü. M.

Indikationen

Erholungsbedürftigkeit und Rekonvaleszenz

Kontraindikationen
allgemeine Kontraindikationen gegen Kuren

Zusatztherapie

Medikomechanik, Ultraschall, Hydrotherapie, Diathermie, Warmluftbehandlung, Galvanisation, Reizstromtherapie, Aerosol- und Inhalationstherapie, Diäten

Kureinrichtungen

Reha-Zentrum PVA der Arbeiter
Saison: ganzjährig

Medizinische Versorgung

Ärzte, Fachärzte, Zahnarzt, Apotheke, Tierarzt, Krankenhaus in Waidhofen/Ybbs.
3 Geldinstitute

Foto: ÖFVW, Markowitsch

Beherbergung

Hotels/Pensionen/Gasthäuser
120 Betten, 36 Betten privat

Freizeitgestaltung

Bücherei, diverse Veranstaltungen von Juni bis August; Weyeriade mit dem Streichertrio Anton Webern (Kammermusikseminar mit Konzerten).

Hallenbad, Freibad, Reiten, Tennis, Radwandern, Kegeln, Langlaufen, Rodeln, Eislaufen, Eisstockschießen, Fahrrad- und Skiverleih, 150 km markierte Wanderwege.

Konditoreien, Gasthöfe.

Sehenswürdigkeiten wie Ennsmuseum, Katzensteinmühle, ältestes Marterl Oberösterreichs, Ausflüge nach Garsten, Steyr, Großraming, Heiligenstein. Taxi/Mietwagen.

Seelsorge

röm.-kath., evangel.

Auskunft

Kurverwaltung Weyer
Marktplatz 8
3335 Weyer
Tel. 07447/255

Kuranstalt an der Thermenlinie am Südrand der Bundeshauptstadt Wien, auf dem Südhang des Laaerberges im 10. Wiener Gemeindebezirk.

Foto: ÖFVW, Markowitsch

Verkehrsverbindungen

U-Bahn bis Reumannplatz, sodann Linie 67 (Straßenbahn) bis Kurzentrum Oberlaa oder Linie 68A (Autobus) bis Filmteichstraße oder Linie 15A bis Laaerberg, dann Straßenbahnlinie 67 bis Kurzentrum Oberlaa

Klima: sonnenwarmes Schonklima mit pannonischem Einschlag

Seehöhe: 172 m ü. M.

Kurmittel

Natrium-Calcium-Sulfat-Chlorid-Schwefel-Therme

(Auszug aus der Analyse der Bundesstaatlichen Anstalt für experimentell-pharmakologische und balneologische Untersuchungen, 1982:)

In 1 kg Quellwasser sind enthalten:

Natrium	550,1 mg	42,3 mval%
Calcium	453,7 mg	40 mval%
Chlorid	848,9 mg	42,3 mval%
Sulfat	1319 mg	48,5 mval%
Summe der gelösten festen Stoffe	3638,6 mg	
Titrierbarer zweiwertiger Schwefel	59,3 mg	

Kurmittelanwendung

Bäder

Indikationen

Erkrankungen des rheumatischen Formenkreises im subakuten und chronischen Stadium wie Spondylarthrosen, Morbus Bechterew, sekundär traumatische Arthrosen, Muskelrheumatismus, Neuralgien (Ischialgien) nach Abklingen des akuten Stadiums; zur Wiederherstellung bei Verletzungsfolgen und Restparesen nach Poliomyelitis in Form von Unterwassergymnastik; chronische Ekzeme; Psoriasis vulgaris und Psoriasis mit Gelenksbeteiligung (nach Zuweisung durch Rheumatologen oder Dermatologen)

Kontraindikationen

schlechter Allgemeinzustand, dekompensierte Herzerkrankungen, alle fieberhaften Erkrankungen, nicht sanierte Herde und rheumatische Erkrankungen mit akuten Schüben, maligne Prozesse, tuberkulöse Erkrankungen, die nicht mindestens zwei Jahre abgeklungen sind, schwere Anämien, Neigung zu rezidivierenden Thrombosen, ansteckende Krankheiten

Zusatztherapien

Übungsbehandlung, Massagen, Hydrotherapie, Warmluftbehandlung, Diäten, Moorschwebstoffbäder, Munaripackung

Kureinrichtungen

Kurmittelhaus

Saison: ganzjährig

Medizinische Versorgung

6 praktische Ärzte, 2 Fachärzte (in Rheumaambulanz des Kurbetriebes), Ärzte aller Fachrichtungen im Raume Wiens. Enge Zusammenarbeit mit der II. Medizinischen Abteilung im Krankenhaus der Stadt Wien-Lainz, Zentrum für Diagnostik und Therapie rheumatischer Erkrankungen bei allen Akutfällen. Apotheke unmittelbar neben dem Kurmittelhaus.

Beherbergung

In Nähe des Kurmittelhauses 1 Hotel (250 Betten) und 1 Pension (62 Betten). Hotels aller Kategorien sowie Pensionen jeder Preislage und Ausstattung im Raum von Wien.

Freizeitgestaltung

Im Kurbereich steht den Gästen ein 100 ha großer Kurpark zur Verfügung und ein Thermal-Mineralbad (Sommer- und Winterbetrieb: 2 Innen- und 2 Außenbecken, Wassertemperatur 30 – 36 °C, Sauna, Eukalyptusstuben, Sprudelbecken, Solarien) sowie Tennisplätze (16 Hallen-, 7 Freiplätze) und eine Squash-Anlage.

In der Kurhalle (Mehrzweckhalle für rund 2700 Personen) finden laufend kulturelle und sportliche Veranstaltungen statt.
Im Freien und in Hallen gibt es Möglichkeiten, sämtliche Sportarten auszuüben.
Der Wienerwald und das Erholungsgebiet von Laxenburg bieten abwechslungsreiche Wandermöglichkeiten.
Das Stadtzentrum von Wien ist mit öffentlichen Verkehrsmitteln (siehe oben) in ca. 30 Minuten zu erreichen.
Taxi/Mietwagen/Reisebüros.

Auskunft

Kurbetrieb Heilquelle Wien-Oberlaa
Ges.m.b.H.
Kurbadstraße 10
1100 Wien
Tel. 0222/68 16 11
Telex 135503 kurwi a

Wildbad Einöd   Kuranstalt   Steiermark

Sehr kleiner weststeirischer Ort in einem Hochtal mit waldreicher Umgebung.
360 Einwohner

Verkehrsverbindungen

Bahn/Bus/Auto
Pannenstelle in Neumarkt (8 km)

Klima: subalpines Klima mit leichten Reizfaktoren
Seehöhe: 600 m ü. M.

Foto: ÖFVW, Grünert

Kurmittel

4 Calcium-Sulfat-Hydrogencarbonat-Thermalsäuerlinge (Michaelquelle, Georgsquelle, Ignazquelle, Hallenbadquelle)

(Auszug aus der Analyse der Bundesstaatlichen Anstalt für experimentell-pharmakologische und balneologische Untersuchungen in Wien, 1976:)

Michaelquelle:
Temperatur 25,9 °C
Schüttung 0,95 l/s

In 1 kg Quellwasser sind enthalten:

Calcium	455,3 mg	64,8 mval%
Sulfat	769,2 mg	45,7 mval%
Hydrogencarbonat	1018,7 mg	47,6 mval%
Summe der gelösten festen Stoffe	2655 mg	
Gelöste freie Kohlensäure	1145 mg	

Georgsquelle:
Temperatur 21,6 °C
Schüttung 1,3 l/s

In 1 kg Quellwasser sind enthalten:

Calcium	365,5 mg	67,5 mval%
Sulfat	527,6 mg	40,6 mval%
Hydrogencarbonat	878,4 mg	53,3 mval%
Summe der gelösten festen Stoffe	2060 mg	
Gelöste freie Kohlensäure	730 mg	

Ignazquelle:
Temperatur 25,5 °C
Schüttung 0,85 l/s

In 1 kg Quellwasser sind enthalten:

Calcium	386,4 mg	66,7 mval%
Sulfat	586,5 mg	42,2 mval%
Hydrogencarbonat	908,9 mg	51,5 mval%
Summe der gelösten festen Stoffe	2188 mg	
Gelöste freie Kohlensäure	1010 mg	

Hallenbadquelle:
Temperatur 20 °C
Schüttung 7,3 l/s

In 1 kg Quellwasser sind enthalten:

Calcium	327,9 mg	69,4 mval%
Sulfat	444,3 mg	39,2 mval%
Hydrogencarbonat	793,0 mg	55,1 mval%
Summe der gelösten festen Stoffe	1782 mg	
Gelöste freie Kohlensäure	660 mg	

Kurmittelanwendung

Trinkkuren, Bäder

Indikationen

Trinkkuren: entzündliche Erkrankungen des Magen-Darm-Trakts, insbesondere bei hyperazider Gastritis, Hyperazidität mit Sodbrennen, Magengeschwüre; entzündliche Erkrankungen und Konkremente in den ableitenden Harnwegen

Bäder: verminderte Leistungsfähigkeit des Herzmuskels verschiedener Ursachen, Herzklappenfehler, Herzneurosen, Störungen der Koronardurchblutung, periphere Gefäßerkrankungen, Erholungsbedürftigkeit und Rekonvaleszenz, Ermüdung und Erschöpfung, Kreislaufstörungen im Rahmen der vegetativen Dystonie, labile Hypertonie. Affektionen des Bewegungsapparates degenerativer Natur, bestimmte gynäkologische Erkrankungen wie Zyklusstörungen, Beschwerden im beginnenden Klimakterium, chronisch-entzündliche Adnexerkrankungen

Kontraindikationen

allgemeine Kontraindikationen gegen Kuren

Zusatztherapien

Übungsbehandlung, Massagen, Hydrotherapie, Infrarot- und Chromotherapie, Diathermie, Warmluftbehandlung, Aerosol- und Inhalationstherapie, Diäten

Kureinrichtungen

Kuranstalt der Deutsch-Ordens-Schwestern

Thermal-Heilbad Wildbad Einöd

Saison: Mitte Dezember bis 3. November durchgehend

Medizinische Versorgung

Zahnarzt, Dentist, Apotheke, Ärzte, Krankenhaus in Friesach (8 km) und Neumarkt

Geldinstitut

Beherbergung

Pensionen/Gasthäuser 40 Betten, Kuranstalt 90 Betten

Freizeitgestaltung

Bibliothek. Hallenbad, Freibad, Sauna, Solarium, Wanderwege. Taxi/Mietwagen.

Seelsorge

röm.-kath.

Auskunft

Deutsch-Ordens-Schwestern
9323 Wildbad Einöd
Tel. 04268/41 6 03

Windischgarsten   Luftkurort   Oberösterreich

Der Luftkurort liegt in einem weiten, sonnigen Tal, umgeben von gewaltigen Gebirgsstöcken.
1980 Einwohner

Verkehrsverbindungen

Bahn: Verbindung mit BRD direkt

Bus und Auto: Autobahn Salzburg – Wien, Abfahrt Sattledt oder über Passau, Wels – Kirchdorf

Kurmittel

Reizmildes Klima. Seehöhe: bis 850 m ü. M. Klimaschaukel.

Kurmittelanwendung

Terrainkuren (Wandern, leichter Sport)

Indikationen

Erholungsbedürftigkeit und Rekonvaleszenz

Kontraindikationen

allgemeine Kontraindikationen gegen Kuren

Zusatztherapien

Übungsbehandlung, Medikomechanik, Massagen, Hydrotherapie, Infrarot- und Chromotherapie, Diathermie, Warmluftbehandlung, Galvanisation, Aerosol- und Inhalationstherapie, Diäten

Kureinrichtungen

Kurheime, Reha-Zentren

Saison: ganzjährig

Foto: ÖFVW, Fitz

Medizinische Versorgung

Ärzte, Zahnärzte, Dentist, Apotheke, Tierarzt, Krankenhaus in Kirchdorf (28 km).

2 Geldinstitute

Beherbergung

Hotels/Pensionen/Gasthäuser
2200 Betten, 600 Betten privat,
Campingplatz, Kurheime,
Reha-Zentren

Freizeitgestaltung

Museum, Bibliothek, Kurkonzerte, Heimatabende, Kurse, weitere Veranstaltungen siehe Kurzeitung.

Hallenbad, Freibad, Sauna, Solarium, Reiten, Tennis, Hallentennis, Squash, Minigolf, Kegeln, Alpinski- und Langlauf, Rodeln, Eisstockschießen, Sportgeräteverleih, markierte Wanderwege, Fitneßparcour.

Cafés, Heurigenlokale, Konditoreien.

Geologischer Lehrpfad, Römerfunde, Felsbildermuseum, Ausflüge in die Umgebung. Taxi/Mietwagen.

Seelsorge

röm.-kath., evangel.

Auskunft

Kurverwaltung Windischgarsten
4580 Windischgarsten
Tel. 07562/266

Wolfsegg am Hausruck

Luftkurort

Oberösterreich

Der Luftkurort liegt am Südausläufer des Hausruckwaldes. An besonders schönen Tagen Fernsicht auf ein über 300 km langes Alpenpanorama.
Ca. 2000 Einwohner

Foto: Kurverwaltung Wolfsegg

Verkehrsverbindungen

Bahn: Westbahnstrecke bis Attnang-Puchheim oder von Passau über Schärding nach Attnang. Von dort weiter nach Ottnang-Wolfsegg.

Bus: Vöcklabruck – Wolfsegg

Auto: A1 von Wien oder München, Abfahrt Regau, über Vöcklabruck nach Wolfsegg (ca. 20 km); Pannenstellen in Vöcklabruck, Attnang-Puchheim

Kurmittel

Schonklima mit leichten Reizfaktoren.

Seehöhe: 683 m ü. M.

Indikationen

Erholungsbedürftigkeit und Rekonvaleszenz

Kontraindikationen

allgemeine Gegenanzeigen gegen Kuren

Zusatztherapien

(werden im Physikotherapeutischen Institut Dr. Kollmer und im Kurhaus Dr. Petershofer durchgeführt)

Medikomechanik, Massagen, Ultraschall, Hydrotherapie, Infrarot- und Chromotherapie, Diathermie, Warmluftbehandlung, Galvanisation, Reizstromtherapie, Aerosol- und Inhalationstherapie, Diäten, Kneippkuren, Moorkuren

Sonstiges medizinisches Angebot

Molke-Topfen-Kuren, Lymphdrainagen, Akupunktur, Laser-Akupunktur, Elektroakupunktur, Ozon-Behandlung, Sauerstoff-Mehrschritt-Therapie, Mesenchym-Reaktivierungskuren, modifizierte Frischzellen

Kureinrichtungen

1 Kneippkurhaus,
1 Physikotherapeutisches Institut

Saison: Kurhaus März bis Oktober; Physikotherapeutisches Institut ganzjährig

Medizinische Versorgung

3 Ärzte mit Hausapotheke, nächstes Krankenhaus in Vöcklabruck

2 Geldinstitute

Beherbergung

Hotels/Pensionen/Gasthöfe
189 Betten, privat 51 Betten,
3 Campingplätze

Freizeitgestaltung

Leihbücherei, Brauchtumsfeste, Kurkonzerte im Musikpavillon, Handwerksstunden in Meisterbetrieben (Schnitzen, Glasmalen- und -ritzen, Stoff- und Seidenmalen, Batik), Vollwertbrot-Backkurse.

Freibad, Sauna, Solarium, 2 Tennisplätze, Reiten in der Umgebung, Radwandern, Kegeln, Langlaufen, Eisstockschießen, Rad- und Skiverleih, Lauf- und Fitparcours, zahlreiche Wanderwege, landwirtschaftlicher Lehrpfad.

Gaststätten, Cafés.

Kino 2 km entfernt. Viele Ausflugsmöglichkeiten in das nahegelegene Salzkammergut. Organisierte Besichtigungs- und Ausflugsfahrten. Taxi/Mietwagen.

Seelsorge

röm.-kath.

Auskunft

Kurverwaltung
Wolfsegg am Hausruck
Schulstraße 22
4902 Wolfsegg am Hausruck
Tel. 07676/355, 366 (7355, 7366)

Zell am See   Luftkurort   Salzburg

Luftkurort in der Mitte der Mittelpinzgauer Senke im Zeller Becken, das in einzigartiger Weise von verschiedenen geologischen Gebirgsformationen umschlossen wird.
Ca. 8300 Einwohner

Verkehrsverbindungen

Bahn: Westbahnstrecke Wien – Salzburg – Bischofshofen – Schwarzach – Zell am See.
München – Salzburg – Zell am See oder München – Wörgl – Zell am See.
Schnellzugstation Zell am See.

Auto: Westautobahn Wien – Salzburg – Werfen, Bundesstraße über Schwarzach nach Zell am See oder Wien – Salzburg – Lofer, Bundesstraße

Autobahn München – Salzburg (Ausfahrt Siegsdorf) – Bundesstraße über Lofer oder Autobahn München – Rosenheim – Kufstein – Kitzbühel – Zell am See; Pannenstellen.

Flugzeug: Flughafen Salzburg 100 km, München 200 km, Segel- und Sportflughafen in Zell am See.

Kurmittel

Alpines Klima mit leichten Reizfaktoren. Seehöhe: 758 m ü. M.

Kurmittelanwendung

Wanderungen

Indikationen

Erholungsbedürftigkeit und Rekonvaleszenz

Kontraindikationen

allgemeine Kontraindikationen gegen Kuren

Zusatztherapien

Übungsbehandlung, Massagen, Hydrotherapie

Foto: F. Kobelhirt

Sonstiges medizinisches Angebot

Ozon-Sauerstofftherapie, Lymphdrainagen, Revitalisierungskuren

Medizinische Versorgung

Ärzte, Fachärzte, Zahnarzt, Dentist, Apotheke, Tierarzt, Krankenhaus

zahlreiche Geldinstitute

Beherbergung

Hotels/Pensionen/Gasthäuser
7000 Betten, 2000 Betten privat, Campingplätze
Kurheime etc.: Private Krankenanstalt Schmittenhof

Freizeitgestaltung

Heimatmuseum, Stadtbücherei, Veranstaltungskalender, Kino, Kurkonzerte, Heimatabende.

Hallenbad, Freibad, Sauna, Solarium, Reiten, Segeln, Surfen, Tennis, Hallentennis, Squash, Golf, Minigolf, Randwandern, Kegeln, Alpinski- und Skilanglauf, Rodeln, Eislaufen, Eisstockschießen, Sportgeräteverleih. 25 km markierte Wanderwege.

Restaurants, Cafés, Konditoreien.

Sehenswürdigkeiten im Ort, Ausflüge in die Umgebung: Kitzsteinhorn, Großglockner, Einsiedelei in Saalfelden. Taxi/Mietwagen/Reisebüro.

Seelsorge

röm.-kath., evangel.

Auskunft

Kurverwaltung Zell am See
Brucker Bundesstraße
5700 Zell am See
Tel. 06542/2600, 2601

Außenstellen in Thumersbach
Tel. 06542/2466 und Schüttdorf 719

Heilmittel	Heilbad bzw. Kurort oder Kuranstalt
Akratopegen	Kurzentrum Seefeld in Tirol
Akratothermen	Bad Bleiberg, Bad Kleinkirchheim, Bad Mitterndorf (Bad Heilbrunn), Bad Vöslau, Warmbad Villach
Mineralthermalwasser	Waltersdorf
Allergenfreie Heilstollenluft	Oberzeiring
Eisenhaltige Wässer	Bad Schönau, Bad Tatzmannsdorf, Bad Gams, Moorbad Reuthe, Weinberg
Glaubersalzhaltige Wässer	Bad Aussee, Bad Ischl, Heilbad Dürrnberg, Paracelsus-Kurmittelhaus Salzburg
Heilklima	Aflenz Kurort, Bad Mitterndorf, Kötschach-Mauthen, Laßnitzhöhe, Mallnitz, Millstatt, Mönichkirchen, Puchberg am Schneeberg, Reichenau an der Rax, St. Radegund bei Graz, Semmering, Weißensee
Heilmoore, Heilschlamme und Heilerden	Heilschlamm- und Moorbad Althofen, Bad Leonfelden, Bad Mitterndorf (Bad Heilbrunn), Bad Tatzmannsdorf, Bad Wimsbach-Neydharting, Moorbad St. Felix/Lamprechtshausen, Moorbad Gmös/Laakirchen, Großpertholz, Kitzbühel, Harbach, Loipersdorf (Gossendorfer Bentonit), Moorbad Mattsee, Moorbad Reuthe, Paracelsus-Kurmittelhaus in Salzburg, Moorbad Hochmoos/St. Martin bei Lofer, Moorbad Schwanberg
Jodsole	Bad Hall
Klima mit unterschiedlichen Reizfaktoren (Luftkurorte)	Aspach, Baden, Bad Goisern, Bad Ischl, Dellach im Drautal, Eisenkappel-Vellach, Fresach, Gallspach, Gmunden, Obervellach, Pörtschach am Wörthersee, St. Wolfgang im Salzkammergut, Velden am Wörthersee, Weyer, Windischgarsten, Wolfsegg, Zell am See
Wässer mit organischen Inhaltsstoffen	Heilbad Weinberg
Radonhaltige Wässer	Bad Zell
Radonhaltige Akratothermen	Badgastein, Bad Hofgastein
Radioaktiver Thermalstollen	Gasteiner Heilstollen in Böckstein
Mineralsäuerlinge	Bad Gams, Bad Gleichenberg, Bad Radkersburg, Bad Schönau, Bad Tatzmannsdorf, Eisenkappel-Vellach, Sauerbrunn, Trebesing
Mineral-Thermalsäuerlinge	Bad Gleichenberg, Bad Tatzmannsdorf, Pamhagen, Weißenbach, Wildbad Einöd
Schwefelwässer	Bad Goisern, Bad Häring, Bad Ischl, Bad St. Leonhard im Lavanttal, Burgwies
Schwefelthermen	Bad Deutsch-Altenburg, Baden, Bad Schallerbach, Wien-Oberlaa
Solen	Bad Aussee, Bad Gleichenberg, Bad Ischl, Heilbad Dürrnberg, Salzerbad, Paracelsus-Kurmittelhaus Salzburg
Soleschlamm	Bad Aussee, Bad Ischl
Thermalsole	Loipersdorf
Sulfatwässer	Heilbad Mehrn, Tuffbad St. Lorenzen im Lesachtal, Vigaun

Was kuriert man wo?

Atemwegserkrankungen

Chronische Katarrhe der Atemwege

	(Chronische Bronchitis, Emphysembronchitis, Staubschäden, Nebenhöhlenentzündungen usw.)
Kuren im allergenfreien Heilstollen	Oberzeiring
Kuren im radioaktiven Thermalstollen	Gasteiner Heilstollen in Böckstein
Trinkkuren und Inhalationen mit Mineral-Säuerlingen	Bad Gleichenberg, Bad Schönau, Bad Tatzmannsdorf
Inhalationen mit Sole	Bad Aussee, Bad Gleichenberg, Bad Ischl, Heilbad Dürrnberg, Paracelsus-Kurmittelhaus in Salzburg, Salzerbad
Jodsoleinhalationen	Bad Hall
Inhalationen mit Schwefelwässern	Baden, Bad Goisern, Wien-Oberlaa
Inhalationen mit Ca-Mg-SO_4-Wässern	Tuffbad St. Lorenzen im Lesachtal
Kuren im Heilklima	Aflenz, Bad Mitterndorf, Kötschach-Mauthen, Laßnitzhöhe, Mallnitz, Millstatt, Mönichkirchen, Puchberg am Schneeberg, Reichenau an der Rax, St. Radegund bei Graz, Semmering, Weißensee
Kuren in Luftkurorten	Baden, Fresach, Obervellach, Pörtschach am Wörthersee, Velden am Wörthersee

Akute Infekte des Respirationstrakts

Inhalationen mit Schwefelwässern	Baden

Asthma

Kuren im allergenfreien Heilstollen	Oberzeiring
Inhalationen mit Sole	Bad Aussee, Bad Gleichenberg, Bad Ischl, Heilbad Dürrnberg, Paracelsus-Kurmittelhaus in Salzburg, Salzerbad
Kuren mit Radonwässern	Bad Zell
Kuren im Heilklima	Aflenz Kurort, Bad Mitterndorf, Kötschach-Mauthen, Laßnitzhöhe, Mallnitz, Millstatt, Mönichkirchen, Puchberg am Schneeberg, Reichenau an der Rax, St. Radegund bei Graz, Semmering, Weißensee
Kuren in Luftkurorten	Fresach

Augenerkrankungen

	(Myopia gravis mit zunehmenden Netzhautveränderungen und Glaskörpertrübungen, Glaskörpertrübungen als Entzündungsfolgen und nicht mehr ganz frische Glaskörpereinblutungen, Maculaveränderungen und Gefäßveränderungen des Auges, geeignete Fälle von Retinitis diabetica und -pigmentosa, Zustände nach entzündlichen Erkrankungen der Iris, des Ciliarkörpers und der Chorioidea, Narben nach Augenverletzungen)
Lokalbehandlung des Auges mit Jodsole und Ophtalmo-Iontophorese	Bad Hall

Erkrankungen des Bewegungsapparates rheumatischer und nichtrheumatischer Genese

	(Entzündlicher degenerativer und Weichteilrheumatismus im subakuten und chronischen Stadium, Kollagenkrankheiten, Gicht, Osteoporose, Arthrosen und Spondylosen usw.)
Bäder mit radonhaltigen Wässern und radonhaltigen Akratothermen	Badgastein, Bad Hofgastein, Bad Zell
Kuren im radioaktiven Thermalstollen	Gasteiner Heilstollen in Böckstein
Bäder mit Schwefelwässern und -thermen	Bad Deutsch-Altenburg, Baden, Bad Goisern, Bad Häring, Bad Ischl, Bad St. Leonhard im Lavanttal, Bad Schallerbach, Heilbad Burgwies, Wien-Oberlaa
Bäder- und Lokalbehandlung mit Heilmooren, Heilschlammen und Heilerden	Heilschlamm- und Moorbad Althofen, Bad Leonfelden, Bad Mitterndorf (Bad Heilbrunn), Bad Tatzmannsdorf, Bad Wimsbach-Neydharting, Moorbad St. Felix/Lamprechtshausen, Moorbad Gmös/Laakirchen, Großpertholz, Kitzbühel, Harbach, Loipersdorf (Gossendorfer Bentonit), Moorbad Mattsee, Moorbad Reuthe, Paracelsus-Kurmittelhaus in Salzburg, Moorbad Hochmoos/St. Martin bei Lofer, Moorbad Schwanberg, Strobl/Alpenmoorbad
Jodsole-Schlammpackungen	Bad Hall
Bäder mit Sole	Bad Aussee, Bad Ischl, Heilbad Dürrnberg, Paracelsus-Kurmittelhaus in Salzburg, Solbad Salzerbad
Packungen mit Soleschlamm	Bad Aussee, Bad Ischl
Bäder mit Thermalsole	Loipersdorf
Bäder mit Akratothermen	Bad Bleiberg, Bad Kleinkirchheim, Bad Mitterndorf (Bad Heilbrunn), Bad Vöslau, Warmbad Villach
Bäder mit Mineraltherme	Waltersdorf
Bäder mit Mineral-Thermalsäuerlingen	Bad Tatzmannsdorf, Vigaun, Weißenbach, Wildbad Einöd
Bäder mit Ca-Mg-SO_4-Wässern	Heilbad Mehrn, Tuffbad St. Lorenzen im Lesachtal
Bäder mit Eisensulfatwässern	Heilbad Weinberg
Bäder mit Akratopegen	Kurzentrum Seefeld in Tirol

Eisenmangelzustände

	(Anämien, Blutarmut)
Trink- und Badekuren mit eisenhaltigen Wässern	Heilbad Weinberg
Trinkkuren mit Eisensäuerling	Bad Tatzmannsdorf
Kohlensäurebäder	Bad Schönau

Entzündungsreste nichtspezifischer Art im Brust- und Bauchraum

	(Resorptionsförderung)
Bäder und Lokalbehandlung mit Heilmooren, Heilschlammen und Heilerden	Heilschlamm- und Moorbad Althofen, Bad Leonfelden, Bad Mitterndorf (Bad Heilbrunn), Bad Tatzmannsdorf, Bad Wimsbach-Neydharting, Moorbad St. Felix/Lamprechtshausen, Moorbad Gmös/Laakirchen, Großpertholz, Harbach, Kitzbühel, Loipersdorf (Gossendorfer Bentonit), Moorbad Mattsee, Moorbad Reuthe, Paracelsus-Kurmittelhaus in Salzburg, Moorbad Hochmoos/St. Martin bei Lofer, Moorbad Schwanberg, Strobl/Alpenmoorbad

Erholungsbedürftigkeit, Rekonvaleszenz, Erschöpfungszustände, Altersbeschwerden, allgemeine Rehabilitation

(Streßfolgen, Adaptationsschwächen, Zivilisationsschäden usw.)

Kuren in Luftkurorten	Aspach, Baden, Bad Goisern, Bad Ischl, Dellach im Drautal, Eisenkappel-Vellach, Fresach, Gallspach, Gmunden, Obervellach, Pörtschach am Wörthersee, St. Wolfgang im Salzkammergut, Velden am Wörthersee, Weyer, Windischgarsten, Wolfsegg, Zell am See
Kuren im Heilklima	Aflenz Kurort,Bad Mitterndorf, Kötschach-Mauthen, Laßnitzhöhe, Mallnitz, Mönichkirchen, Puchberg am Schneeberg, Reichenau an der Rax, St. Radegund bei Graz, Semmering, Weißensee
Bäder mit Akratopegen	Kurzentrum Seefeld in Tirol
Badekuren mit Akratothermen	Bad Bleiberg, Bad Kleinkirchheim, Bad Mitterndorf (Bad Heilbrunn), Bad Vöslau, Warmbad Villach
Bäder mit Sole	Bad Ischl, Salzerbad
Kohlensäurebäder	Bad Gleichenberg, Bad Radkersburg, Bad Schönau, Bad Tatzmannsdorf, Kuranstalt Trebesing, Weißenbach, Wildbad Einöd
Trink- und Badekuren mit eisenhaltigen Wässern	Bad Gams, Moorbad Reuthe, Weinberg
Bäder mit Radonwässern und -thermen	Badgastein, Bad Hofgastein, Bad Zell
Moorbadekuren	Bad Wimsbach-Neydharting, Moorbad St. Felix/Lamprechtshausen
Badekuren mit Mineralwasser	Heilbad Mehrn
Badekuren mit Mineraltherme	Vigaun, Waltersdorf

Frauenkrankheiten

(Chronische Entzündungen wie chronische Adnexitiden, Douglasexsudate, klimakterische Beschwerden, Zyklusstörungen, Sterilität, Ovarialinsuffizienz

Bäder mit Lokalbehandlung mit Heilmooren, Heilschlammen und Heilerden	Heilschlamm- und Moorbad Althofen, Bad Leonfelden, Bad Mitterndorf (Bad Heilbrunn), Bad Tatzmannsdorf, Bad Wimsbach-Neydharting, Moorbad St. Felix/Lamprechtshausen, Moorbad Gmös/Laakirchen, Großpertholz, Kitzbühel, Harbach, Loipersdorf (Gossendorfer Bentonit), Moorbad Mattsee, Moorbad Reuthe, Paracelsus-Kurmittelhaus in Salzburg, Moorbad Hochmoos/St. Martin bei Lofer, Moorbad Schwanberg, Strobl/Alpenmoorbad
Bäder mit Sole	Bad Aussee, Bad Ischl, Heilbad Dürrnberg, Paracelsus-Kurmittelhaus in Salzburg, Salzerbad
Packungen mit Soleschlamm	Bad Aussee, Bad Ischl
Bäder und Trinkkuren mit Jodsole	Bad Hall
Bäder mit Schwefelwässern und -thermen	Bad Deutsch-Altenburg, Baden, Burgwies
Bäder mit Radonwässern und -thermen	Badgastein, Bad Hofgastein, Bad Zell
Bäder mit Thermalsäuerlingen	Bad Tatzmannsdorf, Wildbad Einöd
Bäder mit Akratothermen	Bad Bleiberg,Bad Kleinkirchheim, Warmbad Villach
Bäder mit Mineraltherme	Vigaun

Harnwegserkrankungen

Steinleiden

(ausgenommen Phosphat- und Karbonatsteine)

Trinkkuren mit Mineralsäuerlingen	Bad Gleichenberg, Bad Radkersburg, Bad Schönau, Bad Tatzmannsdorf, Eisenkappel-Vellach, Pamhagen, Sauerbrunn, Weißenbach, Wildbad Einöd
Trinkkuren mit Akratothermen	Bad Kleinkirchheim, Bad Vöslau
Kuren mit radonhaltigen Akratothermen	Badgastein, Bad Hofgastein

Entzündungen der ableitenden Harnwege, Nachbehandlung nach Blasen- und Prostataoperationen

Trinkkuren mit Mineralsäuerlingen	Bad Gleichenberg, Bad Radkersburg, Bad Schönau, Bad Tatzmannsdorf, Eisenkappel-Vellach, Pamhagen, Sauerbrunn, Weißenbach, Wildbad Einöd
Badekuren mit Heilerde	Loipersdorf (Gossendorfer Bentonit)

Hauterkrankungen

Dermatitiden, Ekzeme, Seborrhoe, Akne usw.

Badekuren mit Schwefelwässern und -thermen	Bad Deutsch-Altenburg, Baden, Bad Goisern, Bad Ischl, Bad Schallerbach, Bad Häring, Bad St. Leonhard im Lavanttal, Burgwies, Wien-Oberlaa
Bäder mit Eisensulfatwasser mit bituminösen Inhaltsstoffen	Heilbad Weinberg
Moorbäder	Bad Wimsbach-Neydharting, Harbach, Moorbad Schwanberg
Lokalbehandlung mit Heilerde (chronische Thrombophlebitiden)	Loipersdorf (Gossendorfer Bentonit)
Kohlensäuregasbäder	Bad Schönau, Bad Tatzmannsdorf
Bäder mit Radonwasser	Bad Zell
Jod-Iontophorese mit allgemeiner Jodsoletherapie	Bad Hall
Kuren im Heilklima	Bad Mitterndorf

Psoriasis

Badekuren mit Schwefelwässern und -thermen	Bad Deutsch-Altenburg, Baden, Bad Goisern, Bad Ischl, Bad Schallerbach, Bad Häring, Bad St. Leonhard im Lavanttal, Heilbad Burgwies, Wien-Oberlaa
Badekuren mit Eisensulfatwasser mit bituminösen Inhaltsstoffen	Heilbad Weinberg
Moorbäder	Bad Wimsbach-Neydharting

Verbrennungen und Erfrierungen

Kohlensäuregasbäder	Bad Schönau, Bad Tatzmannsdorf, Eisenkappel-Vellach

Herz-Kreislauf-Erkrankungen

Funktionelle Herz-Kreislauf-Störungen

(Kreislauflabilität, Hypotonie ohne organische Ursache, neurovaskuläre Regulationsstörungen usw.)

Kohlensäurebäder	Bad Gleichenberg, Bad Radkersburg, Bad Schönau, Bad Tatzmannsdorf, Eisenkappel-Vellach, Trebesing, Weißenbach, Wildbad Einöd
Kohlensäuregasbäder	Bad Schönau, Bad Tatzmannsdorf, Eisenkappel-Vellach
Bäder mit Radonwässern und -thermen	Badgastein, Bad Hofgastein, Bad Zell
Bäder mit Sole	Bad Aussee, Bad Ischl, Heilbad Dürrnberg, Paracelsus-Kurmittelhaus in Salzburg, Salzerbad
Bäder mit Akratothermen	Bad Bleiberg, Bad Kleinkirchheim, Bad Vöslau, Warmbad Villach
Bäder mit Akratopegen	Seefeld in Tirol
Kuren im Heilklima	Aflenz Kurort, Bad Mitterndorf, Kötschach-Mauthen, Laßnitzhöhe, Mallnitz, Millstatt, Mönichkirchen, Puchberg am Schneeberg, Reichenau an der Rax, St. Radegund bei Graz, Semmering, Weißensee
Kuren in Luftkurorten	Baden, Fresach, Eisenkappel-Vellach

Kompensierte Herzklappenfehler

Kohlensäurebäder	Bad Gleichenberg, Bad Radkersburg, Bad Schönau, Bad Tatzmannsdorf, Eisenkappel-Vellach, Trebesing, Weißenbach, Wildbad Einöd
Kohlensäuregasbäder	Bad Schönau, Bad Tatzmannsdorf, Eisenkappel-Vellach

Arteriosklerose

(Behandlung subjektiver Symptome in leichteren Fällen)

Kohlensäurebäder	Bad Gleichenberg, Bad Radkersburg, Bad Schönau, Bad Tatzmannsdorf, Eisenkappel-Vellach, Trebesing, Weißenbach, Wildbad Einöd
Jodsoletherapie	Bad Hall

Hypertonie

(frühe Stadien)

Kohlensäurebäder	Bad Gleichenberg, Bad Radkersburg, Bad Schönau, Bad Tatzmannsdorf, Eisenkappel-Vellach, Trebesing, Weißenbach, Wildbad Einöd
Kohlensäuregasbäder	Bad Schönau, Bad Tatzmannsdorf, Eisenkappel-Vellach
Jodsoletherapie	Bad Hall
Badekuren mit Akratothermen	Bad Bleiberg, Bad Kleinkirchheim, Warmbad Villach
Kuren im Heilklima	Aflenz Kurort, Bad Mitterndorf, Kötschach-Mauthen, Laßnitzhöhe, Mallnitz, Millstatt, Mönichkirchen, Puchberg am Schneeberg, Reichenau an der Rax, St. Radegund bei Graz, Semmering, Weißensee
Kuren in Luftkurorten	Baden

Myocarderkrankungen, Reizleitungsstörungen, Zustände nach Myocardinfarkt

Kohlensäurebäder	Bad Gleichenberg, Bad Radkersburg, Bad Schönau, Bad Tatzmannsdorf, Eisenkappel-Vellach, Trebesing, Weißenbach, Wildbad Einöd
Kohlensäuregasbäder	Bad Schönau, Bad Tatzmannsdorf, Eisenkappel-Vellach
Jodsoletherapie	Bad Hall

Periphere Durchblutungsstörungen

Kohlensäurebäder	Bad Gleichenberg, Bad Radkersburg, Bad Schönau, Bad Tatzmannsdorf, Eisenkappel-Vellach, Trebesing, Weißenbach, Wildbad Einöd
Kohlensäuregasbäder	Bad Schönau, Bad Tatzmannsdorf, Eisenkappel-Vellach
Bäder mit Radonwässern und -thermen	Badgastein, Bad Hofgastein, Bad Zell
Kuren im radioaktiven Thermalstollen	Gasteiner Heilstollen in Böckstein
Jodsoletherapie	Bad Hall
Bäder mit Sole	Bad Aussee, Bad Ischl, Heilbad Dürrnberg, Paracelsus-Kurmittelhaus in Salzburg, Salzerbad
Bäder mit Thermalsole	Loipersdorf
Moorbadekuren	Bad Wimsbach-Neydharting, Moorbad Hochmoos/St. Martin bei Lofer, Loipersdorf (Gossendorfer Bentonit)
Bäder mit Schwefelthermen	Wien-Oberlaa

Kinderkrankheiten

Entwicklungs- und Stoffwechselstörungen bei Kindern, Rachitis

Bäder mit Sole	Bad Aussee, Bad Ischl, Heilbad Dürrnberg, Paracelsus-Kurmittelhaus in Salzburg, Salzerbad
Kuren in Luftkurorten	Fresach

Erkrankungen der Mundschleimhaut

	(Chronische Entzündungen, Paradontose)
Jodsole-Mundduschen	Bad Hall
Mundduschen mit Schwefelwässern	Baden
Mundspülungen mit radonhaltigen Akratothermen	Badgastein, Bad Hofgastein

Erkrankungen des Nervensystems

	(Nachbehandlungen nach Lähmungen wie z. B. Poliomyelitis, Zustände nach Schlaganfällen, Neuritiden und Neuralgien, Ischialgien usw.)
Bäder mit Schwefelwässern und -thermen	Bad Deutsch-Altenburg, Baden, Bad Goisern, Bad Häring, Bad Ischl, Bad Schallerbach, Bad St. Leonhard im Lavanttal, Burgwies, Wien-Oberlaa
Bäder und Lokalbehandlung mit Heilmooren, Heilschlammen und Heilerden	Heilschlamm- und Moorbad Althofen, Bad Leonfelden, Bad Mitterndorf (Bad Heilbrunn), Bad Tatzmannsdorf, Bad Wimsbach-Neydharting, Moorbad St. Felix/Lamprechtshausen, Moorbad Gmös/Laakirchen, Großpertholz, Harbach, Kitzbühel, Loipersdorf (Gossendorfer Bentonit), Moorbad Mattsee, Moorbad Reuthe, Paracelsus-Kurmittelhaus in Salzburg, Moorbad Hochmoos/St. Martin bei Lofer, Moorbad Schwanberg, Strobl/Alpenmoorbad
Bäder mit Radonwässern und -thermen	Badgastein, Bad Hofgastein, Bad Zell
Kuren im radioaktiven Thermalstollen	Gasteiner Heilstollen in Böckstein
Bäder mit Sole	Bad Aussee, Bad Ischl, Heilbad Dürrnberg, Paracelsus-Kurmittelhaus in Salzburg, Salzerbad

Bäder mit Thermalsole	Loipersdorf
Kombinierte Jodsoletherapie	Bad Hall
Bäder mit Mineral-Thermalsäuerlingen	Bad Tatzmannsdorf, Weißenbach, Wildbad Einöd
Bäder mit Akratothermen	Bad Bleiberg, Bad Kleinkirchheim, Bad Vöslau, Warmbad Villach
Bäder mit Mineraltherme	Waltersdorf
Bäder mit Akratopegen	Kurzentrum Seefeld in Tirol

Sexualfunktionsstörungen

(Frigidität und Impotenz; siehe auch Frauenkrankheiten)

Kohlensäuregasbäder	Bad Schönau, Bad Tatzmannsdorf, Eisenkappel-Vellach
Bäder mit Radonwässern und -thermen	Badgastein, Bad Hofgastein, Bad Zell

Stoffwechselerkrankungen und endokrine Erkrankungen

Gicht

(Badekuren siehe Erkrankungen des Bewegungsapparates)

Trinkkuren mit glaubersalzhältigen Wässern	Bad Aussee, Bad Ischl, Heilbad Dürrnberg, Paracelsus-Kurmittelhaus in Salzburg
Trinkkuren mit Sulfatwässern	Heilbad Mehrn, Tuffbad St. Lorenzen im Lesachtal, Vigaun
Trinkkuren mit Mineralsäuerlingen	Bad Gleichenberg, Bad Tatzmannsdorf, Piringsdorf
Trinkkuren mit radonhaltigen Akratothermen	Badgastein, Bad Hofgastein
Trinkkuren mit Schwefelwässern	Bad Häring

Unterstützende Behandlung leichter Diabetesfälle

Trinkkuren mit glaubersalzhältigen Wässern	Bad Aussee, Bad Ischl, Heilbad Dürrnberg, Paracelsus-Kurmittelhaus in Salzburg
Trinkkuren mit Mineralsäuerlingen	Bad Gleichenberg, Weißenbach
Trinkkuren mit Schwefelwässern	Bad Häring
Trinkkuren mit Sulfatwässern	Heilbad Mehrn, Tuffbad St. Lorenzen im Lesachtal, Vigaun
Kohlensäurebäder	Bad Schönau

Übergewicht

Trinkkuren mit glaubersalzhältigen Wässern (in Verbindung mit geeigneter Diät)	Bad Aussee, Bad Ischl, Heilbad Dürrnberg, Paracelsus-Kurmittelhaus in Salzburg

Hyperthyreosen leichten bis mittleren Grades

Kuren im Heilklima	Bad Mitterndorf, Kötschach-Mauthen, Millstatt, Mönichkirchen, St. Radegund, Semmering

Dysfunktionen der Schilddrüse

Kohlensäurebäder	Bad Schönau

Vegetative Dystonie

	(Vegetative Störungen, neurovegetative Dysregulationen)
Kuren in Luftkurorten	Aspach, Baden, Bad Goisern, Bad Ischl, Dellach im Drautal, Eisenkappel-Vellach, Fresach, Gallspach, Gmunden, Obervellach, Pörtschach am Wörthersee, St. Wolfgang im Salzkammergut, Velden am Wörthersee, Weyer, Windischgarsten, Wolfsegg, Zell am See
Kuren im Heilklima	Aflenz Kurort, Bad Mitterndorf, Kötschach-Mauthen, Laßnitzhöhe, Mallnitz, Millstatt, Mönichkirchen, Puchberg am Schneeberg, Reichenau an der Rax, St. Radegund bei Graz, Semmering, Weißensee
Badekuren mit Akratopegen	Seefeld in Tirol
Badekuren mit Akratothermen	Bad Bleiberg, Bad Kleinkirchheim, Bad Mitterndorf (Bad Heilbrunn), Bad Vöslau, Warmbad Villach
Badekuren mit Mineraltherme	Vigaun, Waltersdorf
Solebäder	Bad Aussee, Bad Ischl, Heilbad Dürrnberg, Paracelsus-Kurmittelhaus in Salzburg, Salzerbad
Bäder mit Thermalsole	Loipersdorf
Badekuren mit Mineralsäuerlingen und Mineralthermalsäuerlingen	Bad Gleichenberg, Bad Radkersburg, Bad Schönau, Bad Tatzmannsdorf, Eisenkappel-Vellach, Trebesing, Weißenbach, Wildbad Einöd
Badekuren mit Radonwässern und -thermen	Badgastein, Bad Hofgastein, Bad Zell

Erkrankungen des Verdauungsapparates

Magen-Darm-Erkrankungen

	(Verdauungsstörungen, Gastritiden, Hyperazidität, Magen- und Zwölffingerdarmgeschwüre in geeigneten Stadien, Obstipation)
Trinkkuren mit Glaubersalzwässern	Bad Aussee, Bad Ischl, Heilbad Dürrnberg, Paracelsus-Kurmittelhaus in Salzburg
Trinkkuren miit Sulfatwässern	Heilbad Mehrn, Tuffbad St. Lorenzen im Lesachtal, Vigaun
Trinkkuren mit Mineralsäuerlingen	Bad Gleichenberg, Bad Radkersburg, Bad Schönau, Bad Tatzmannsdorf, Eisenkappel-Vellach, Pamhagen, Sauerbrunn, Trebesing, Weißenbach, Wildbad Einöd
Trinkkuren mit Schwefelwässern	Baden, Bad Häring
Lokalbehandlung mit Heilmooren, Heilschlammen und Heilerden, Heilmoor-Trinkkuren	Heilschlamm- und Moorbad Althofen, Bad Leonfelden, Bad Mitterndorf (Bad Heilbrunn), Bad Tatzmannsdorf, Bad Wimsbach-Neydharting, Moorbad St. Felix/Lamprechtshausen, Moorbad Gmös/Laakirchen, Großpertholz, Harbach, Kitzbühel, Loipersdorf (Gossendorfer Bentonit), Moorbad Mattsee, Moorbad Reuthe, Paracelsus-Kurmittelhaus in Salzburg, Moorbad Hochmoos/St. Martin bei Lofer, Moorbad Schwanberg, Strobl/Alpenmoorbad

Erkrankungen der Leber- und Gallenwege

	(Chronische Cholecystitiden, Dyskinesien der Gallenwege, Postcholecystektomiesyndrom, leichtere Leberparenchymschäden)
Trinkkuren mit Glaubersalzwässern	Bad Aussee, Bad Ischl, Heilbad Dürrnberg, Paracelsus-Kurmittelhaus in Salzburg
Trinkkuren mit Sulfatwässern	Heilbad Mehrn, Tuffbad St. Lorenzen im Lesachtal, Vigaun

Trinkkuren mit Mineralsäuerlingen	Bad Gleichenberg, Bad Radkersburg, Bad Schönau, Bad Tatzmannsdorf, Eisenkappel-Vellach, Pamhagen, Sauerbrunn, Trebesing, Weißenbach, Wildbad Einöd
Lokalbehandlung mit Heilmooren, Heilschlammen und Heilerden, Heilmoor-Trinkkuren	Heilschlamm- und Moorbad Althofen, Bad Leonfelden, Bad Mitterndorf (Bad Heilbrunn), Bad Tatzmannsdorf, Bad Wimsbach-Neydharting, Moorbad St. Felix/Lamprechtshausen, Moorbad Gmös/Laakirchen, Großpertholz, Harbach, Kitzbühel, Loipersdorf (Gossendorfer Bentonit), Moorbad Mattsee, Moorbad Reuthe, Paracelsus-Kurmittelhaus in Salzburg, Moorbad Hochmoos/St. Martin bei Lofer, Moorbad Schwanberg, Strobl/Alpenmoorbad

Chronische Erkrankungen der Bauchspeicheldrüse

Trinkkuren mit Glaubersalzwässern	Bad Aussee, Bad Ischl, Heilbad Dürrnberg, Paracelsus-Kurmittelhaus in Salzburg

Vergiftungen

Schwermetallvergiftungen

Bäder- und Trinkkuren mit Schwefelwässern	Baden, Bad Deutsch-Altenburg, Bad Schallerbach, Bad St. Leonhard im Lavanttal, Bad Häring

Gewerbliche Vergiftungen

Trinkkuren mit Glaubersalzwässern	Bad Aussee, Bad Ischl, Heilbad Dürrnberg

Die Österreichischen Versandheilwässer

Deutschkreutz Juvina-Quelle

Natrium-Calcium-Hydrogencarbonat-Mineral-Säuerling

(Auszug aus der Analyse der Bundesstaatlichen Anstalt für experimentell-pharmakologische und balneologische Untersuchungen in Wien, 1982:)

In 1 kg Quellwasser sind enthalten:

Natrium	335 mg
Kalium	18,2 mg
Magnesium	57,7 mg
Calcium	261,5 mg
Eisen (Fe^{++})	2,9 mg
Chlorid	59,7 mg
Sulfat	71,6 mg
Hydrogencarbonat	1829,3 mg
Summe der gelösten festen Stoffe	2700 mg
Gelöste freie Kohlensäure	1800 mg
Mit Kohlensäure verstärkt auf ca.	4500 mg

Indikationen:

unterstützende Behandlung bei Übersäuerung des Magens, hyperazide Gastritis, Sodbrennen, Magengeschwüre, Spülbehandlung bei Harnwegsinfekten, Neigung zu Konkrementbildung (Harnsäure und Uratsteine) in den ableitenden Harnwegen

Anschrift:

Juvina Abfüllbetrieb
(der Heilmittelwerke Wien G.m.b.H.)
7301 Deutschkreutz
Tel. 02613/310

Edelstal Römerquelle

Calcium-Magnesium-Sulfat-Hydrogencarbonat-Mineralwasser

(Auszug aus der Analyse der Bundesstaatlichen Anstalt für experimentell-pharmakologische und balneologische Untersuchungen in Wien, 1979:)

In 1 kg Quellwasser sind enthalten:

Natrium	12,9 mg
Kalium	1,9 mg
Magnesium	68,7 mg
Calcium	136,9 mg
Chlorid	4 mg
Sulfat	291,7 mg
Hydrogencarbonat	416,7 mg
Summe der gelösten festen Stoffe	1000 mg
Mit Kohlensäure versetzt auf ca.	
(kohlensäurearm)	2000 mgCO_2
oder ca. (kohlensäurereich)	5000 mgCO_2

Indikationen:

zur diätetischen Unterstützung der Therapie bei Hyperazidität, bei Entzündungen des Darmkanals, zur Spülung der Harnwege, bei Nieren- und Blasensteinleiden, bei Infekten der ableitenden Harnwege (Blasenkatarrhe, Entzündungen des Nierenbekkens)

Anschrift:

Römerquelle Ges.m.b.H.
Edelstal
2413 Berg/Wolfsthal
Tel. 02145/2251

Sulz bei Güssing Severin-Quelle

(Vitaquelle IX)

Natrium-Calcium-Hydrogencarbonat-Mineralsäuerling

(Auszug aus der Analyse der Bundesstaatlichen Anstalt für experimentell-pharmakologische und balneologische Untersuchungen in Wien, 1978:)

In 1 kg Quellwasser sind enthalten:

Natrium	225,3 mg
Kalium	13 mg
Magnesium	36,6 mg
Calcium	133,5 mg
Chlorid	107,1 mg
Sulfat	13,3 mg
Hydrogencarbonat	1034 mg
Summe der gelösten festen Stoffe	1623,9 mg
Gelöste freie Kohlensäure	1412 mg
Mit Kohlensäure verstärkt auf ca.	4000 mgCO_2

Indikationen:

Trinkkuren bei entzündlichen Erkrankungen und Konkrementbildung (Harnsäure- und Uratsteine) in den ableitenden Harnwegen, unterstützende Behandlung bei Übersäuerung des Magens und bei entzündlichen Darmerkrankungen

Anschrift:

Güssinger Mineralwasser AG
7542 Sulz bei Güssing
Tel. 03322/2121–23

Kobersdorf Neue Gemeindequelle

(Schloßquelle)

Calcium-Natrium-Hydrogencarbonat-Mineralsäuerling

(Auszug aus der Analyse der Bundesstaatlichen Anstalt für experimentell-pharmakologische und balneologische Untersuchungen in Wien, 1982:)

In 1 kg Quellwasser sind enthalten:

Natrium	202,1 mg
Kalium	16,1 mg
Calcium	366,9 mg
Magnesium	57,9 mg
Chlorid	12,4 mg
Sulfat	53,3 mg
Hydrogencarbonat	1878,1 mg
Summe der gelösten festen Stoffe	2688 mg
Gelöste freie Kohlensäure	1928 mg
Mit Kohlensäure verstärkt auf ca.	5000 mg

Indikationen:

unterstützende Behandlung bei katarrhalischen Erkrankungen des Magen-Darm-Trakts, entzündliche Erkrankungen und bestimmte Konkremente der ableitenden Harnwege

Anschrift:

Getränkebetrieb Ing. A. Rumpler
Auwiese
7332 Kobersdorf
Tel. 02618/8289

Oberschützen Sixtina-Quelle

Natrium-Magnesium-Calcium-Hydrogencarbonat-Sulfat-Mineralsäuerling

(Auszug aus der Analyse der Bundesstaatlichen Anstalt für experimentell-pharmakologische und balneologische Untersuchungen in Wien, 1983:)

In 1 kg Quellwasser sind enthalten:	
Natrium	562,3 mg
Kalium	11,4 mg
Magnesium	281,2 mg
Calcium	277,4 mg
Chlorid	290,1 mg
Sulfat	820,7 mg
Hydrogencarbonat	2236,3 mg
Summe der gelösten festen Stoffe	4570,2 mg
Gelöste freie Kohlensäure	2720 mg
Mit Kohlensäure verstärkt auf ca.	4000 mg

Indikationen:

zur unterstützenden Behandlung im Verein mit einer geeigneten Diät bei Erkrankungen des Magen-Darm-Trakts, insbesondere bei hyperazider Gastritis und Duodenitis sowie bei allen Zuständen, bei welchen eine milde Anregung der Gallensekretion erwünscht ist, bei leichtem bis mittelschwerem Diabetes und Hyperurikämie Fettleibiger;

zur Spülbehandlung (stoßweises Trinken größerer Wassermengen) bei entzündlichen Erkrankungen und Harnsäurekonkrementen in den ableitenden Harnwegen

Anschrift:

Abfüllbetrieb Rudolf Dittel
7432 Oberschützen
Tel. 03353/6610

Eisenkappel Preblauer-Ebriach-Quelle

Natrium-Magnesium-Calcium-Hydrogencarbonat-Mineralsäuerling

(Auszug aus der Analyse der Technischen Versuchsanstalt am Forschungsinstitut Gastein, 1969:)

In 1 kg Quellwasser sind enthalten:	
Natrium	1069 mg
Kalium	28,3 mg
Magnesium	213,1 mg
Calcium	336,4 mg
Chlorid	39,5 mg
Fluorid	1,3 mg
Sulfat	77,6 mg
Hydrogencarbonat	4834 mg
Summe der gelösten festen Stoffe	6700 mg
Gelöste freie Kohlensäure	2100 mg

Indikationen:

katarrhalisch-entzündliche Erkrankungen des Nierenbeckens und der Harnblase (Diureseförderung und Harnalkalisierung insbesondere bei Coli-Infektion), Nachbehandlung nach Blasen- und Prostataoperationen, Nieren- und Blasensteine (Urat- und Oxalatsteine), Magen- und Darmkrankheiten (hyperazide Gastritis, Ulcus ventriculi und duodeni in geeigneten Fällen, Nachbehandlung nach Ulcus-Operationen), katarrhalische Erkrankungen der oberen Atemwege

Anschrift:

Preblauer Brunnenversendung
9461 Prebl
Tel. 04350/280 und 3115

Gräbern-Prebl Preblauer-Paracelsus-Quelle

Natrium-Hydrogencarbonat-Mineralsäuerling

(Auszug aus der Analyse der Technischen Versuchsanstalt am Forschungsinstitut Gastein, 1969:)

In 1 kg Quellwasser sind enthalten:	
Natrium	916,2 mg
Kalium	48,9 mg
Magnesium	23,8 mg
Calcium	144,3 mg
Chlorid	72,1 mg
Fluorid	1,2 mg
Sulfat	101,3 mg
Hydrogencarbonat	2828 mg
Summe der gelösten festen Stoffe	4200 mg
Gelöste freie Kohlensäure	2214 mg

Indikationen:

wie Preblauer-Ebriach-Quelle

Anschrift: siehe Preblauer-Ebriach-Quelle

Gräbern-Prebl Preblauer-Auen-Quelle

Natrium-Magnesium-Calcium-Hydrogencarbonat-Mineralsäuerling

(Auszug aus der Analyse der Technischen Versuchsanstalt am Forschungsinstitut Gastein, 1969:)

In 1 kg Quellwasser sind enthalten:	
Natrium	512 mg
Kalium	47 mg
Magnesium	123,9 mg
Calcium	266,1 mg
Eisen (Fe^{++})	4,8 mg
Chlorid	138,5 mg
Sulfat	27,7 mg
Hydrogencarbonat	2666 mg
Summe der gelösten festen Stoffe	3900 mg
Gelöste freie Kohlensäure	2056 mg

Indikationen:

wie Preblauer-Ebriach-Quelle

Anschrift: siehe Preblauer-Ebriach-Quelle

Eisenkappel Carinthia-Heilquellen

Natrium-Hydrogencarbonat-Mineralsäuerling

(Auszug aus der Analyse der Bundesstaatlichen Anstalt für experimentell-pharmakologische und balneologische Untersuchungen in Wien, 1964:)

Helenen-Quelle:

In 1 kg Quellwasser sind enthalten:	
Natrium	2050 mg
Kalium	36,5 mg
Calcium	186,7 mg
Magnesium	91 mg
Eisen (Fe^{++})	6,6 mg
Chlorid	777,5 mg
Sulfat	518 mg
Hydrogencarbonat	4567 mg
Summe der gelösten festen Stoffe	8200 mg
Gelöste freie Kohlensäure	1890 mg

Konstantin-Quelle:

In 1 kg Quellwasser sind enthalten:	
Natrium	1513 mg
Kalium	27,5 mg
Calcium	159,1 mg
Magnesium	68,6 mg
Eisen (Fe^{++})	7 mg

Chlorid	570,5 mg
Sulfat	396 mg
Hydrogencarbonat	3417 mg
Summe der gelösten festen Stoffe	6200 mg
Gelöste freie Kohlensäure	2067 mg

Indikationen:

zur unterstützenden Behandlung bei hyperaziden Zuständen des Magens, wie z. B. Sodbrennen und Magengeschwüre, katarrhalisch-entzündliche Erkrankungen der Atemwege, zur Spülbehandlung bei entzündlichen Erkrankungen der ableitenden Harnwege und bei Nierensteinen (Harnsäure- und Oxalatsteine)

Derzeit kein Versand

Laa a. d. Thaya
Vitus-Brunnen

Natrium-Magnesium-Calcium-Hydrogencarbonat-Sulfat-Mineralwasser

(Auszug aus der Analyse der Bundesstaatlichen Anstalt für experimentell-pharmakologische und balneologische Untersuchungen in Wien, 1983:)

In 1 kg Quellwasser sind enthalten:

Natrium	114 mg
Kalium	82,5 mg
Magnesium	43,5 mg
Calcium	68,1 mg
Chlorid	41,8 mg
Sulfat	162 mg
Hydrogencarbonat	587 mg
Summe der gelösten festen Stoffe	1151 mg
Mit Kohlensäure versetzt auf ca.	4500 mg

Indikationen:

entzündliche Erkrankungen der ableitenden Harnwege, Neigung zu Konkrementbildung in den ableitenden Harnwegen, Hyperazidität des Magens, entzündliche Erkrankungen des Magen-Darm-Trakts

Anschrift:

Hubertus Bräu
J. Kühtreiber
2136 Laa a. d. Thaya
Tel. 02522/346 und 446

Bad Hall
Tassilo-Quelle

Jod-Sole-Mineralwasser

Analysendaten und Indikationen für Trinkkuren siehe Bad Hall. Anschrift: siehe Bad Hall.

Bad Ischl
Glaubersalzquelle

(= Dr.-Nusko-Quelle oder Schwefelquelle III)

Natrium-Chlorid-Sulfat-Schwefel-Wasser
Analysendaten und Indikationen für Trinkkuren siehe Bad Ischl.
Das Wasser wird entschwefelt und mit Kohlensäure imprägniert. Es gelangt nur innerhalb der Landeskuranstalt zur Verwendung; kein Versand.

Bad Schallerbach
Gamsjägerbrunnen

(Schallerbacher Giess)

Natrium-Hydrogencarbonat-Chlorid-Mineralwasser

(Auszug aus der Analyse der Bundesstaatlichen Anstalt für experimentell-pharmakologische und balneologische Untersuchungen in Wien, 1973:)

In 1 kg Quellwasser sind enthalten:

Natrium	331,9 mg
Magnesium	7,7 mg
Calcium	12 mg
Chlorid	115,2 mg
Sulfat	1,3 mg
Hydrogencarbonat	789 mg
Summe der gelösten festen Stoffe	1315 mg

Indikationen:

unterstützende Therapie bei Hyperazidität, bestimmte Verdauungsstörungen, zur Spülbehandlung und zur Nachbehandlung nach Blasen- und Prostataoperationen
Derzeit kein Versand

Hallein Oberalm
Paracelsus-Quelle

Natrium-Calcium-Chlorid-Sulfat-Mineralwasser

(Auszug aus der Analyse der Technischen Versuchsanstalt am Forschungsinstitut Gastein, 1973:)

In 1 kg Quellwasser sind enthalten:

Natrium	1760 mg
Magnesium	278,6 mg
Calcium	632,9 mg
Chlorid	2421 mg
Sulfat	2931 mg
Hydrogencarbonat	107 mg
Summe der gelösten festen Stoffe	8130 mg

Indikationen:

Erkrankungen der Gallenwege, der Leber, des Magens, Darmstörungen, chronische Pankreatitiden

Wird derzeit nicht abgefüllt.

Altaussee
Ausseer Heilquelle

Natrium-Chlorid-Sulfat-Mineralwasser

Analysendaten und Indikationen siehe unter Bad Aussee.

Anschrift:

Bad Ausseer
Kurbetriebsgesellschaft m.b.H.
8990 Bad Aussee
Tel.06152/3203

Bad Gleichenberg

Gleichenberger Emmaquelle

Gleichenberger Konstantinquelle

Gleichenberger Johannisbrunnen

Natrium-Hydrogencarbonat-Chlorid-Mineralsäuerlinge

Analysendaten und Indikationen der Gleichenberger Mineralsäuerlinge siehe unter Bad Gleichenberg.

Anschrift:

Gleichenberger und
Johannisbrunnen AG
8344 Bad Gleichenberg
Tel. 03159/2294 und 393

Deutsch Goritz Peterquelle

Natrium-Calcium-Hydrogencarbonat-Mineralsäuerling

(Auszug aus der Analyse des Insituts für analytische Chemie der Universität Graz, 1980:)

In 1 kg abgefülltem Wasser sind enthalten:

Natrium	565,6 mg
Kalium	15,7 mg
Magnesium	44 mg
Calcium	160,2 mg
Chlorid	208 mg
Hydrogencarbonat	1893 mg
Summe der gelösten festen Stoffe	2868 mg
Gelöste freie Kohlensäure	2520 mg
Mit Kohlensäure verstärkt auf ca.	3500 mg

Indikationen:

katarrhalische Erkrankungen der Atemwege, entzündliche Erkrankungen des Magen-Darm-Trakts, Erkrankungen der Harnwege, Leber- und Gallenleiden, leichte Fälle von Diabetes

Anschrift:

Brunnenverwaltungsgesellschaft
Deutsch Goritz
Kern u. Co OHG
8483 Deutsch Goritz
Tel. 03474/225 und 333

Hengsberg Hengsberger Sauerbrunn

Natrium-Hydrogencarbonat-Chlorid-Mineralsäuerling

(Auszug aus der Analyse des Insitutes für pharmazeutische Chemie der Universität Graz, 1974:)

In 1 kg Quellwasser sind enthalten:

Natrium	1628 mg
Kalium	25,5 mg
Magnesium	54,5 mg
Calcium	67,3 mg
Fluorid	1,4 mg
Chlorid	798 mg
Sulfat	2 mg
Hydrogencarbonat	3466 mg
Summe der gelösten festen Stoffe	6100 mg
Gelöste freie Kohlensäure	1210 mg
Mit Kohlensäure verstärkt auf ca.	4000 mg

Indikationen:

Magenübersäuerung, Magengeschwüre, Entzündungen der Darmschleimhaut, bestimmte Erkrankungen der Leber und der Gallenwege, Infektionen und Konkremente der ableitenden Harnwege, katarrhalische Infekte der Atmungsorgane, leichte Fälle von Diabetes mellitus

Anschrift:

Hengsberger Sauerbrunn
Abfüllbetrieb
8411 Schrötten 38
Tel. 03185/2204

Bad Radkersburg Stadtquelle Radkersburg

(Long Life)

Magnesium-Calcium-Hydrogencarbonat-Mineralsäuerling

(Auszug aus der Analyse der Lebensmittel-Versuchsanstalt in Wien, 1983:)

In 1 kg Quellwasser sind enthalten:

Natrium	106,2 mg
Kalium	6,8 mg
Magnesium	197,4 mg
Calcium	263,4 mg
Chlorid	22,7 mg
Sulfat	6,4 mg
Hydrogencarbonat	2049,6 mg
Summe der gelösten festen Stoffe	2722,9 mg
Gelöste freie Kohlensäure	1364 mg
Mit Kohlensäure verstärkt auf ca.	5000 mg

Indikationen:

Nierenerkrankungen im subchronischen und chronischen Stadium, Entzündungen der ableitenden Harnwege, Steinleiden, Herz- und Kreislaufstörungen, die mit urologischen Erkrankungen in Zusammenhang stehen

Anschrift:

Long Life Getränke Ges.m.b.H.
8490 Bad Radkersburg
Tel. 03476/2321

Sicheldorf Sicheldorfer Josefsquelle

Natrium-Hydrogencarbonat-Mineralsäuerling

(Auszug aus der Analyse des Instituts für anorganische und analytische Chemie der Universität Graz, 1975:)

In 1 kg Quellwasser sind enthalten:

Natrium	1225,8 mg
Magnesium	80 mg
Calcium	172,9 mg
Chlorid	467,4 mg
Jodid	0,95 mg
Sulfat	0,9 mg
Hydrogencarbonat	3394 mg
Summe der gelösten festen Stoffe	5348,8 mg
Gelöste freie Kohlensäure	2410 mg
Mit Kohlensäure verstärkt auf ca.	5000 mg

Indikationen:

Magen-, Gallen- und Darmerkrankungen in geeigneten Fällen: hyperazide Gastritis, Ulcus ventriculi, Ulcus duodeni, Nachbehandlung nach Ulcus- und Gallensteinoperationen, chronisch-entzündliche sowie neurovegetativ bedingte Dysfunktion der Gallenblase, Gallensteine;

katarrhalisch-entzündliche Erkrankungen des Nierenbeckens und der Harnblase sowie Steinleiden (Harnsäure-, Zystin- und Oxalatsteine), Nachbehandlung nach Blasen- und Prostataoperationen (Spülwirkung und Alkalisierung des Harns), Coli-Infektion der ableitenden Harnwege;

Stoffwechselstörungen: azidotische Stoffwechsellagen, Lebererkrankungen in geeigneten Fällen, zur unterstützenden Behandlung leichterer Fälle von Diabetes mellitus; katarrhalische Erkrankungen der oberen Luftwege; Jodmangelzustände: Jodmangelkropf, Myxödem (bei Jodüberempfindlichkeit nicht zu empfehlen)

Anschrift:

Sicheldorfer Heil- und Mineralwasserabfüllbetrieb
8490 Bad Radkersburg
Tel. 03476/2476

Stainz
Johannesquelle

Calcium-Natrium-Hydrogencarbonat-Mineralsäuerling

(Auszug aus der Analyse des Instituts für organische und pharmazeutische Chemie der Universität Graz, 1972:)

In 1 kg Quellwasser sind enthalten:

Natrium	164 mg
Kalium	10,2mg
Magnesium	31,9 mg
Calcium	284,6 mg
Chlorid	146,1 mg
Sulfat	1 mg
Hydrogencarbonat	1228 mg
Summe der gelösten festen Stoffe	2000 mg
Mit Kohlensäure verstärkt auf ca.	5000 mg

Indikationen:

Übersäuerung des Magens, bestimmte entzündliche Darmerkrankungen, Diabetes mellitus, Gicht, Katarrhe der Atemwege, Erkrankungen der ableitenden Harnwege (Infektionen und Konkremente)

Wird derzeit nicht abgefüllt.

Thalheim
Thalheimer Schloßbrunn

Calcium-Natrium-Hydrogencarbonat-Sulfat-Chlorid-Mineralsäuerling

(Auszug aus der Analyse der Technischen Versuchsanstalt am Forschungsinstitut Gastein, 1971:)

In 1 kg Quellwasser sind enthalten:

Natrium	225,5 mg
Kalium	30,5 mg
Magnesium	86,7 mg
Calcium	399,5 mg
Chlorid	261,4 mg
Sulfat	484,4 mg
Hydrogencarbonat	1250 mg
Summe der gelösten festen Stoffe	3200 mg

Indikationen:

Erkrankungen der ableitenden Harnwege (Diureseförderung und Harnalkalisierung, Harnsäure und Oxalatsteine), Nachbehandlung von Blasen- und Prostataoperierten, Magen-Darm-Krankheiten (Nachbehandlung nach Ulcusoperationen) und katarrhalische Erkrankungen der oberen Atemwege

Derzeit kein Versand

Rohrbach am Rosenberg
Rosenbergquelle

Trinksäuerling akratischer Konzentration

(Auszug aus der Heilvorkommenserklärung durch das Land Steiermark, 1983:)

In 1 kg Quellwasser sind enthalten:

Natrium	57,7 mg
Magnesium	13,7 mg
Calcium	69,3 mg
Sulfat	0,2 mg
Hydrogencarbonat	306,9 mg
Chlorid	73,3 mg
Summe der gelösten festen Stoffe	528 mg
Gelöste freie Kohlensäure	807 mg

Indikationen:

Unterstützung der Behandlung von entzündlichen Erkrankungen der Nieren und der ableitenden Harnwege, Steinleiden, Übersäuerung und entzündliche Erkrankungen der Magenschleimhaut, Förderung der Harnsäureausscheidung

Anschrift:

J. Kögl
8092 Rohrbach am Rosenberg
Tel. 03477/360

Sulzegg
Marienquelle

Natrium-Hydrogencarbonat-Chlorid-Säuerling

(Auszug aus der Analyse des Instituts für anorganische und analytische Chemie der Universität Graz, 1980:)

In 1 kg Quellwasser sind enthalten:

Natrium	2009 mg
Kalium	61 mg
Magnesium	74,4 mg
Calcium	169,9 mg
Chlorid	1124 mg
Sulfat	123,2 mg
Hydrogencarbonat	4195 mg
Summe der gelösten festen Stoffe	7891 mg
Gelöste freie Kohlensäure	1855 mg

Indikationen:

Spülbehandlung bei Konkrementen und Infektionen in den ableitenden Harnwegen, Nachbehandlung nach urologischen Operationen, unterstützende Behandlung bei hyperazider Gastritis, Ulcus pepticum und entzündliche Darmerkrankungen, zur Unterstützung der Behandlung bei chronisch entzündlichen Leber- und Gallenwegserkrankungen

Wird derzeit nicht abgefüllt

Reith bei Brixlegg
Alp-Quell

(Aubadquelle, Felsenwandquelle und Quelle IV werden gemeinsam abgefüllt und unter dem Markennamen Alp-Quell zum Versand gebracht.)

Calcium-Sulfat-Mineralwasser

(Als Beispiel wird ein Auszug aus der Analyse der Quelle IV, durchgeführt von der Bundesstaatlichen Anstalt für experimentell-pharmakologische und balneologische Untersuchungen in Wien, 1982, wiedergegeben:)

In 1 kg Quellwasser sind enthalten:

Natrium	3,85 mg
Kalium	2,1 mg
Magnesium	39,1 mg
Calcium	224,6 mg
Chlorid	2,7 mg
Sulfat	497,4 mg
Hydrogencarbonat	252 mg
Summe der gelösten festen Stoffe	1034,9 mg
Mit Kohlensäure verstärkt auf ca.	7500 mg

Indikationen:

bestimmte chronisch-entzündliche Erkrankungen der Leber und der Gallenwege, Hyperuricämie, unterstützende Behandlung bei leichten Diabetesfällen

Anschrift:

Alpquell Betriebsgesellschaft m.b.H.
6230 Münster
Tel. 05337/2928 und 2929

Kontraindikationen gegen Trinkkuren:

Bei Trinkkuren mit Versandheilwässern sind einige allgemeine Kontraindikationen zu beachten. So sollen Trinkkuren bei allen jenen Erkrankungen, bei denen eine Ausscheidungsstörung oder eine Neigung zur Ödembildung (also z. B. Herzinsuffizienz, Nierenerkrankungen etc.) besteht, nicht durchgeführt werden. Natriumreiche Heilwässer sind bei Hypertonie kontraindiziert, Heilwässer mit einem hohen Hydrogencarbonatgehalt sollen bei Phosphatkonkrementen in den ableitenden Harnwegen, floriden Magengeschwüren und Alkalosen nicht getrunken werden. Darüber hinaus existieren für bestimmte Heilwässer mit speziellen Wasserinhaltsstoffen noch spezifische Kontraindikationen; diese sind, soweit nötig, jeweils bei der Darstellung des Versandheilwassers angeführt.

Übersicht über die wesentlichen Analysendaten österreichischer Versandheilwässer

Alle Angaben in mg/kg

Versandheilwässer	Natrium	Kalium	Magnesium	Calcium	Eisen (Fe^{++})	Chlorid	Sulfat	Hydrogencarbonat	Summe der gelösten festen Stoffe	Gesamtkohlensäuregehalt
Juvina-Quelle	335	18,2	57,7	261,5	2,9	59,7	71,6	1829,3	2700	4500
Römerquelle	12,9	1,9	68,7	136,9		4	291,7	416,7	1000	2000 oder 5000
Severin-Quelle	225,3	13	36,6	133,5		107,1	13,3	1034	1629	4000
Kobersdorfer Neue Gemeindequelle	202,1	16,1	366,9	57,9		12,4	53,3	1878,1	2688	5000
Sixtina-Quelle	562,3	11,4	281,2	277,4		290,1	820,7	2236,3	4570	4000
Preblauer-Ebriach-Quelle	1069	28,3	213,1	336,4		39,5	77,6	4834	6700	2100
Preblauer-Paracelsus-Quelle	916,2	48,9	23,8	144,3		72,1	101,3	2828	4200	2214
Preblauer Auen Quelle	512	47	123,9	266,1	4,8	138,5	27,7	2666	3900	2056
Vitus Brunnen	114	82,5	43,5	68,1		41,8	162	587	1151	4500
Gleichenberger Emmaquelle	1081	33,2	80,5	103,5	2,3	583	96,8	2343	4348	20
Gleichenberger Konstantinquelle	1722	39	118	138	2	1033	57,2	3811	7026	2310
Gleichenberger Johannisbrunnen	1055	36,1	127,2	203,6	7,6	318,1	0,8	3593	5404	2090
Hengsberger Sauerbrunn	1628	25,5	54,5	67,3		798	2	3466	6100	4000
Peterquelle	565,5	15,7	44	160,2		208		1893	2868	3500
Long Life (Stadtquelle Radkersburg)	106,2	6,8	197,4	263,4		22,7	6,4	2050	2723	5000
Sicheldorfer Josefsquelle	1225,8		80	172,9		467,4	0,9	3394	5349	5000
Alp-Quelle	3,9	2,1	39,1	224,6		2,7	497,4	252	1035	7500

Verzeichnis der Heilvorkommen Österreichs, die derzeit nicht oder nicht am Ort des Vorkommens genutzt werden

In das Verzeichnis wurden alle Heilwässer und Peloide aufgenommen, die eine Anerkennung als natürliches Heilvorkommen besitzen oder bei denen eine ausführliche Analyse durchgeführt wurde und die Heilvorkommenerklärung in naher Zukunft bevorsteht. Diese Heilvorkommen werden derzeit aus unterschiedlichen Gründen nicht oder nicht am Ort des Vorkommens genutzt; dies betrifft z. B. Peloide, die ausschließlich versandt werden. Für die Versandheilwässer existiert ein eigenes Verzeichnis.

1) Heilwässer

Georgbrunnen

Eisenhüttel, Burgenland

Natrium-Calcium-Hydrogencarbonat-Chlorid-Trinksäuerling
Summe der gelösten festen Stoffe ca. 1600 mg/kg
Gelöste freie Kohlensäure ca. 800 mg/kg

Indikationen:

Hyperazidität des Magens, Spülbehandlung bei Erkrankungen der ableitenden Harnwege

Anwendungsmöglichkeit: Trinkkuren

Sulfinaquelle

Illmitz, Burgenland

Natrium-Hydrogencarbonat-Sulfat-Schwefelwasser
Summe der gelösten festen Stoffe ca. 6000 mg/kg
Titrierbarer zweiwertiger Schwefel 18 mg/kg

Indikationen:

Trinkkuren: leichte Obstipation, Unterstützung einer Diabetes-Therapie, allergische Erkrankungen

Badekuren: rheumatische Erkrankungen, Ekzeme, Psoriasis

Inhalationen: Erkrankungen der Atemwege, vor allem allergischer Natur

Anwendungsmöglichkeiten: Trinkkuren, Bäder, Inhalationen

Bohrquelle I und II

Piringsdorf, Burgenland

Natrium-Calcium-Hydrogencarbonat-Säuerlinge

(Auszug aus der Analyse der Bundesstaatlichen Anstalt für experimentell-pharmakologische und balneologische Untersuchungen, 1983:)

Bohrquelle I:

Schüttung 4 l/s
Temperatur 13 °C
In 1 kg Quellwasser sind enthalten:

Natrium	561,3 mg	51,9 mval%
Calcium	319,4 mg	33,9 mval%
Hydrogencarbonat	2483 mg	86,8 mval%
Summe der gelösten festen Stoffe	3844,5 mg	
Gelöste freie Kohlensäure	2070 mg	

Bohrquelle II:

Schüttung 0,3 l/s
Temperatur 12,6 °C
In 1 kg Quellwasser sind enthalten:

Natrium	348,1 mg	49,6 mval%
Calcium	220,4 mg	36 mval%
Hydrogencarbonat	1635,3 mg	88 mval%
Summe der gelösten festen Stoffe	2532,7 mg	
Gelöste freie Kohlensäure	2250 mg	

Indikationen:

Trinkkuren: hyperazide Gastritis, leichte Formen ulceröser Erkrankungen des Magens und des Zwölffingerdarms; Neigung zu Konkrementbildung in den ableitenden Harnwegen, wenn es sich um Harnsäure-, Urat- oder Oxalatsteine handelt, chronische Entzündungen der Harnwege

Kohlensäurewannenbäder: essentielle Hypertonie, periphere Durchblutungsstörungen, Angio-Neuropathien, Zustände nach Erfrierungen und Verbrennungen, Nachbehandlung von Herzinfarkten in ausgewählten Fällen, Nachbehandlung nach Herzoperationen, Altersherz und Dyscardien (vegetative Fehlsteuerung), Erkrankungen des rheumatischen Formenkreises

Kohlensäuregasbäder: wie bei Kohlensäurewannenbädern sowie zusätzlich Kreislaufkrankheiten, für welche der Wasserdruck schädlich sein könnte (alle zur Stauung neigenden Herz-Kreislauf-Krankheiten mit erhöhtem Venendruck), variköser Symptomenkomplex mit Neigung zu Ulcus cruris, bestimmte Hauterkrankungen, psychogene Störungen der Sexualfunktion

Anwendungsmöglichkeiten: Trinkkuren, Kohlensäurewannenbäder, Kohlensäuregasbäder

Heilwässer von Bad Vellach, Kärnten

a) Natrium-Calcium-Hydrogencarbonat-Säuerling
Summe der gelösten festen Stoffe 5000 – 6000 mg/kg
Gelöste freie Kohlensäure 2500 mg/kg

b) Johannesquelle oder Quelle II:
Natrium-Calcium-Hydrogencarbonat-Säuerling
Summe der gelösten festen Stoffe 5800 mg/kg
Gelöste freie Kohlensäure 1400 mg/kg

c) Stahlquelle oder Quelle IV:
Natrium-Calcium-Hydrogencarbonat-Säuerling
Summe der gelösten festen Stoffe 5800 mg/kg
Gelöste freie Kohlensäure 2100 mg/kg

d) Muri-Quelle
Magnesium-Calcium-Eisen-Hydrogencarbonat-Säuerling
Summe der gelösten festen Stoffe 400 mg/kg
Zweiwertiges Eisen 31,2 mg/kg
Gelöste freie Kohlensäure 2100 mg/kg

Indikationen:
Bäder: Herz-Kreislauf-Erkrankungen
Trinkkuren: Magen-Darm-Erkrankungen, Erkrankungen der ableitenden Harnwege; für die Muri-Quelle zusätzlich alle Eisenmangelzustände mit und ohne Anämie

Anwendungsmöglichkeiten: Bäder, Kohlensäurebäder, Trinkkuren

Schwefelthermalquelle

Geinberg, Oberösterreich

Natrium-Hydrogencarbonat-Chlorid-Sulfat-Schwefelthermalwasser
Wassertemperatur 97 °C
Summe der gelösten festen Stoffe 1100 mg/kg
Titrierbarer zweiwertiger Schwefel 4 mg/kg

Therme Obernberg 1

Obernberg am Inn, Oberösterreich

Natrium-Chlorid-Jod-Mineralthermalwasser
Wassertemperatur 27 °C
Summe der gelösten festen Stoffe 2600 mg/kg
Jodid 1,4 mg/kg

Indikationen:
Erkrankungen des Bewegungsapparates, funktionelle Herz-Kreislauf-Erkrankungen, Weiter- bzw. Nachbehandlung bei bestimmten Erkrankungen des Nervensystems, chronische Ermüdung, Erschöpfung, Rekonvaleszenz, bestimmte gynäkologische Erkrankungen

Anwendungsmöglichkeit: Bäder

Natrium-Hydrogencarbonat-Chlorid-Thermalwasser

Reichersberg am Inn, Oberösterreich

Wassertemperatur 58 °C
Summe der gelösten festen Stoffe 1200 mg/kg

Indikationen:
Erkrankungen des Bewegungsapparates, Erkrankungen des Nervensystems, funktionelle Herz-Kreislauf-Erkrankungen, Nachbehandlung nach Verletzungen, allgemeine Regeneration, bestimmte gynäkologische Erkrankungen

Anwendungsmöglichkeit: Bäder

Schwefel-Thermalwasser akratischer Konzentration

Scharten, Oberösterreich

Wassertemperatur 21,5 °C
Titrierbarer zweiwertiger Schwefel 2,9 mg/kg

Indikationen:
chronisch-rheumatische Erkrankungen, Wiederherstellung bei Verletzungen und Restparesen

Anwendungsmöglichkeit: Bäder

St.-Rupertus-Quelle

Abtenau, Salzburg

Natrium-Calcium-Chlorid-Sulfat-Wasser
Summe der gelösten festen Stoffe 7900 mg/kg

Indikationen:
Bäder: Rekonvaleszenz

Trinkkuren: hyperazide Gastritis, chronischer Magenkatarrh, Phosphat- und Carbonatsteine, chronische Erkrankungen der Gallenwege und der Leber

Inhalationen: Katarrhe der oberen Luftwege

Anwendungsmöglichkeiten: Bäder, Inhalationen, Trinkkuren

Herrgottwies-Quelle

Graz-Puntigam, Steiermark

Akratothermalwasser

Indikationen:
Erholungskuren, vorzeitige Alterungsvorgänge, Übermüdung und Erschöpfung, vegetative Dystonie, Zyklusstörungen, Klimaktriumsbeschwerden, Erkrankungen des Bewegungsapparates, Nachbehandlung von Neuritiden und Poliomyelitis

Anwendungsmöglichkeit: Bäder

Heilwasser

Abfaltersbach-Lienz, Osttirol

Calcium-Magnesium-Sulfat-Hydrogencarbonat-Wasser
Summe der gelösten festen Stoffe 2400 mg/kg

Indikationen:
Bäder: Hautkrankheiten

Trinkkuren: unterstützende Behandlung bei Diabetes, chronische Lebererkrankungen, Beeinflussung des Purinstoffwechsels, chronische Darmkatarrhe, Harnblasenentzündungen

Anwendungsmöglichkeiten: Trinkkuren, Bäder

Schwefelquellen

Bad Wörschach, Steiermark

Vier Calcium-Magnesium-Sulfat-Hydrogencarbonat-Schwefelquellen, die gemeinsam genutzt werden

(Analysendaten des Mischwassers laut Heilvorkommenerklärung durch das Land Steiermark, 1982:)
Temperatur 8,3 °C
Schüttung 0,15 l/s
In 1 kg Quellwasser sind enthalten:

Calcium	367,1 mg	70,8 mval%
Magnesium	86,6 mg	27,5 mval%
Sulfat	930,6 mg	74,5 mval%
Hydrogencarbonat	336,8 mg	21,2 mval%
Summe der gelösten festen Stoffe	1807 mg	
Titrierbarer zweiwertiger Schwefel	54,7 mg	

Indikationen:
Erkrankungen des Bewegungsapparates rheumatischer und degenerativer Genese, bestimmte gynäkologische Erkrankungen, Verletzungsfolgen

Anwendungsmöglichkeiten: Bäder, Schwefelschlammpackungen

Hildequelle

Zlatten, Steiermark

Natrium-Magnesium-Chlorid-Hydrogencarbonat-Säuerling

(Auszug aus der Analyse der Bundesstaatlichen Anstalt für experimentell-pharmakologische und balneologische Untersuchungen, 1962:)
In 1 kg Quellwasser sind enthalten:

Natrium	471,5 mg
Magnesium	85,1 mg
Eisen	17,8 mg
Chlorid	319,5 mg
Hydrogencarbonat	1574 mg
Summe der gelösten festen Stoffe	2748,9 mg
Gelöste freie Kohlensäure	2640 mg

Indikationen:

Hyperazidität, Eisenmangelanämien, Spülbehandlung bei Erkrankungen der ableitenden Harnwege

Anwendungsmöglichkeit: Trinkkuren

Schwefelquelle akratischer Konzentration

Fieberbrunn, Tirol

Gehalt an zweiwertigem, titrierbarem Schwefel 2 mg/kg

Indikationen:

Erkrankungen des Bewegungsapparates

Anwendungsmöglichkeit: Bäder

Magnesium-Calcium-Sulfat-Mineralquelle

Grins bei Landeck, Tirol

Summe der gelösten festen Stoffe 2500 mg/kg

Indikationen:

Obstipation, Zusatztherapie bei chronischen Gallen- und Lebererkrankungen, Altersdiabetes, Gicht, Erkrankungen der Harnwege

Anwendungsmöglichkeit: Trinkkuren

Schwefelquelle

Hohenems, Vorarlberg

(Auszug aus der Analyse des Instituts für Physiologie und Balneologie der Universität Innsbruck, 1975:)
Temperatur 17,1 °C
Schüttung 0,6 l/s
Summe der gelösten festen Stoffe 466,5 mg/kg
Titrierbarer zweiwertiger Schwefel 3,9 mg/kg

Indikationen:

Erkrankungen des Bewegungsapparates rheumatischer und nichtrheumatischer Genese

Anwendungsmöglichkeit: Bäder

Calcium-Sulfat-Quelle

Rothenbrunn bei Bludenz, Vorarlberg

Indikationen:

leichte Formen rheumatischer Erkrankungen, Rekonvaleszenz, neurovegetative Dystonie

Anwendungsmöglichkeit: Bäder

Calcium-Sulfat-Quelle

Sonnenberg bei Bludenz, Vorarlberg

Summe der gelösten festen Stoffe 1900 mg/kg

Indikationen und Anwendungsmöglichkeit: wie bei Rothenbrunn

Calcium-Natrium-Magnesium-Hydrogencarbonat-Sulfat-Schwefelquelle

Schwefelquelle des ehemaligen Pfannschen Mineral- und Schwefelbades in Wien, 12. Bezirk

(Auszug aus der Analyse der Bundesstaatlichen Anstalt für experimentell-pharmakologische und balneologische Untersuchungen in Wien, 1967:)
Temperatur 12,8 °C
Schüttung 9 l/s
In 1 kg Quellwasser sind enthalten:

Natrium	111,7 mg
Calcium	109,2 mg
Magnesium	37,7 mg
Hydrogencarbonat	468 mg
Sulfat	239,5 mg
Summe der gelösten festen Stoffe	1025 mg
Titrierbarer zweiwertiger Schwefel	3,3 mg

Indikationen:

Bäder: Rheumatische Erkrankungen der Gelenke, Muskeln und Nerven nach Abklingen der akuten Entzündung, Morbus Bechterew, degenerative Erkrankungen des Bewegungsapparates, Myalgien, Lumbago, Neuralgien und Neuritiden, posttraumatische Gelenk-, Knochen-, Muskel- und Nervenschäden, Lähmungen peripheren Ursprungs, Nachbehandlung nach Poliomyelitis, Gicht, Psoriasis, chronische Ekzeme, Furunkulose, Akne vulgaris, Ulcus cruris, Neurodermitis, bestimmte gynäkologische Erkrankungen

Inhalationen: Katarrhe der Atemwege

Trinkkuren: Obstipation, Steinbildung in den ableitenden Harnwegen, chronische Metallvergiftungen, Unterstützung der Behandlung leichter bis mittelschwerer Formen von Diabetes mellitus

Anwendungsmöglichkeiten: Bäder, Inhalationen, Trinkkuren

2) Peloide

(Bei der Darstellung der Peloide wird auf die Aufzählung von Indikationen und Kontraindikationen verzichtet, da diese den üblichen Heil- und Gegenanzeigen der Peloide entsprechen.)

Harter Moor

Steuerberg, Kärnten

(Auszug aus der Analyse der Bundesstaatlichen Anstalt für experimentell-pharmakologische und balneologische Untersuchungen, 1982:)
Mischtorf aus Flachmoor, Waldmoor und Hochmoor

Wassergehalt der naturfeuchten Probe	90,2%
Wasserkapazität	12,9 g
Sedimentvolumen	25,3 ml
Wärmehaltung bei Normalkonsistenz	830 s

Moor in der Bayrischen Au

Aigen-Schlägl, Oberösterreich

(Auszug aus der Analyse der Bundesstaatlichen Anstalt für experimentell-pharmakologische und balneologische Untersuchungen, 1976:)
Waldmoor- bis Waldhochmoortorf

Wassergehalt	86,8%
Wasserkapazität	10,5 g
Sedimentvolumen	17,6 ml
Wärmehaltung	818 s

Feldinger Moor

Mondsee, Salzburg

(Auszug aus der Analyse der Bundesstaatlichen Anstalt für experimentell-pharmakologische und balneologische Untersuchungen, 1976:)
Flachmoor- und Hochmoortorf

Wassergehalt	91,9%
Wasserkapazität	11,3 g
Sedimentvolumen	23 ml
Wärmehaltung	830 s

Waidmoos-Moor

Bürmoos, Salzburg

Hochmoortorf

Wassergehalt	91,2%
Wasserkapazität	13,4 g
Sedimentvolumen	24,5 ml
Wärmehaltung	955 s

Moor

Neumarkt am Wallersee, Salzburg

Torf

Wasserkapazität	11,2 g
Sedimentvolumen	24 ml
Wärmehaltung	830 s

Moor

Koblach, Vorarlberg

(Auszug aus der Analyse der Bundesstaatlichen Anstalt für experimentell-pharmakologische und balneologische Untersuchungen in Wien, 1984:)
lehmiger Flachmoortorf

Wassergehalt	85,2%
Wasserkapazität	8,9 g
Sedimentvolumen	13,2 ml
Wärmehaltung	777 s

Stückler Moor

Miesenbach, Niederösterreich

(Auszug aus der Analyse der Bundesstaatlichen Anstalt für experimentell-pharmakologische und balneologische Untersuchungen in Wien, 1984:)
Moorerde

Wassergehalt	74,1%
Wasserkapazität	4 g
Sedimentvolumen	6,8 ml
Wärmehaltung	672 s

Wissenschaftlich-medizinischer Abschnitt

Die physiologischen Grundlagen der Wirkung natürlicher Heilmittel

Univ-.Doz. Dr. W. Marktl

Institut für medizinische Physiologie der Universität Wien   Vorstand: o. Univ.-Prof. Dr. P. G. Spieckermann

o. Univ-.Prof. Dr. P. Deetjen

Vorstand des Instituts für Physiologie und Balneologie der Universität Innsbruck

Natürliche Heilmittel sind Heilwässer, Peloide, Heilgase und klimatische Heilfaktoren. Ihre Anerkennung als Heilmittel hängt in erster Linie von bestimmten physikalischen und chemischen Eigenschaften ab und wird in Österreich durch das Bundesgesetz über natürliche Heilvorkommen und Kurorte aus dem Jahre 1958 geregelt. Der hinsichtlich Art, Dauer und Frequenz der Anwendung differenzierte Einsatz der natürlichen Heilmittel steht auch heute noch im Mittelpunkt dessen, was im balneologischen Sprachgebrauch als Kur bezeichnet wird.

Bei der Beurteilung der Wirkung von natürlichen Heilmitteln auf den menschlichen Organismus ist zwischen den sogenannten Sofortwirkungen, die Folge einer Einzelanwendung sind, und jenen Effekten zu unterscheiden, die das Resultat der wiederholten, also „kurmäßigen“ Applikation der Heilmittel darstellen. Besonders bei der Wirkung von Einzelanwendungen natürlicher Heilmittel spielen mechanische, thermische und chemische Faktoren eine Rolle. Mechanische Faktoren kommen in erster Linie bei der Anwendung von Heilwässern oder Peloiden in Form des Bades in seinen verschiedenen Variationen zum Tragen. Zu den mechanischen Einflüssen werden der Auftrieb, der hydrostatische Druck und, falls vorhanden, die Wellenbewegung und Wasserstrahlwirkung gezählt (1). Von diesen Faktoren hat, soweit es balneologische Gesichtspunkte betrifft, wohl der Auftrieb die größere Bedeutung. Er wirkt entlastend auf den Stütz- und Bewegungsapparat; dies ermöglicht die Durchführung von Bewegungen im Bad, die z. B. wegen Vorliegens von Muskelschwäche, Paresen oder Schmerzen außerhalb des Bades nicht durchführbar gewesen wären. Da unter Wasser auch ein Großteil der statischen Haltearbeit entfällt, kann es auch zu einer weitgehenden Entspannung der Muskulatur kommen (2).

Der hydrostatische Druck eines thermoindifferenten Vollbades äußert sich in einer Umverteilung des zirkulierenden Blutvolumens mit dem Resultat einer zentralen Hypervolämie (3, 9, 10). Die Zunahme des intrathorakalen Blutvolumens beträgt im Durchschnitt um 700 ml (6), wovon ein Teil in die Hohlräume des Herzens aufgenommen werden kann und der Rest in den Gefäßen verbleibt. Der damit einhergehende Anstieg des Druckes in den herznahen Venen bedingt auch, daß der effektive venöse Füllungsdruck ansteigt. In Ganzkörperbädern wurden Zunahmen des zentralen Venendruckes bis zu 2,3 kPa (= 17,5 mm Hg) gemessen (6). Entsprechend diesen Druckänderungen können in Vollbädern auch Verbreiterungen und Umformungen der Herzkonfiguration röntgenologisch festgestellt werden, die sowohl auf Lage- wie auch auf Füllungsänderungen des Herzens zurückgeführt werden (2, 6). Der hydrostatische Druck des Vollbades führt aber auch zu einer Erhöhung des Druckes in den Venen der Extremitäten und des Abdominalbereiches, was einerseits eine Förderung des venösen Rückstromes, andererseits aber auch eine Erschwerung desselben zur Folge haben kann. Letzteres ist nur dann der Fall, wenn der Druck in den Abdominalvenen höhere Werte erreicht. Für die Zunahme des Druckes in den Venen der unteren Extremität dürfte allerdings nicht der hydrostatische Druck des Bademediums von ausschlaggebender und alleiniger Bedeutung sein, da der Druck in den Femoralvenen erst dann sprunghaft ansteigt, wenn der intraabdominale Druck angestiegen ist (2).

Die geschilderten Veränderungen in den herznahen Venen lassen auch Auswirkungen auf die Größe des Herzzeitvolumens erwarten. Durch die Erhöhung des venösen Füllungsdruckes bzw. den Anstieg des venösen Rückstromes werden das enddiastolische Füllungsvolumen und damit die sogenannte Vorlast erhöht, was über den Frank-Straub-Starling-Mechanismus zu einer Erhöhung des Schlagvolumens führt. Da in thermoindifferenten Vollbädern die Ruhefrequenz um ca. 10 – 20% abnimmt (2, 6, 13), ist die Erhöhung des Herzzeitvolumens im Vollbad zur Gänze auf die Zunahme des Schlagvolumens zurückzuführen.

Auch unter thermodifferenten Bedingungen kommt es im Vollbad zu einer Abnahme des peripheren arteriellen Widerstandes (2), was die leichte Abnahme des mittleren arteriellen Blutdruckes (9) im Bad trotz erhöhten Herzzeitvolumens erklärt. Die geschilderten hämodynamischen Veränderungen im Vollbad sind von einer deutlichen Diurese, Natriurese und Kaliurese begleitet (3, 4, 10, 11, 12). Als primärer Stimulus der Diuresesteigerung wird die Umverteilung des Blutes in den Thoraxbereich und die dadurch bedingte Druckerhöhung im rechten Vorhof sowie in den Pulmonalgefäßen angesehen (11). Wie Henry und Gauer (66) zuerst zeigen konnten, führt eine vermehrte Dehnung im Bereich der Vorhöfe des Herzens zu einer Steigerung der Diurese. Dies wird auf das Vorhandensein von Dehnungsrezeptoren im rechten Vorhof zurückgeführt, die bei Stimulierung die Sekretion des antidiuretischen Hormons (ADH) aus der Hypophyse drosseln, was eine Wasserdiurese zur Folge hat (Henry-Gauer-Reflex). Solche Dehnungsrezeptoren, die eine Rolle bei der Volumsregulation spielen, werden auch für die Vena pulmonalis und für den linken Vorhof postuliert (67).

Die im Vollbad auftretende Natriurese wird auf andere Ursachen zurückgeführt, als die durch ADH-Suppression bedingte Wasserdiurese (14, 15, 16,17). Nach dem derzeitigen Stand des Wissens ist sie auf die Wirkung sogenannter Atriopeptide zurückzuführen. Für diese Stoffe, die auch als atriale(r) – natriuretische(r) – Faktor(en) (ANF) bezeichnet werden, ist eine Reihe von Wirkungen beschrieben worden. Sie führen zu einer Diurese und Natriurese, Herabsetzung der Reninfreisetzung mit Abnahme von Angiotensin II und Aldosteron und zu einer kalziumabhängigen Relaxation an der glatten Muskulatur mit der Folge einer Vasodilatation (68). Die Natriurese und die Diurese könnten durch einen Anstieg der glomerulären Filtrationsrate und durch eine verminderte Harnkonzentrierung (Auswaschen der osmotisch aktiven Substanzen in den Markpapillen) bedingt sein. Daneben dürften im Organismus aber auch noch andere natriuretisch wirksame Substanzen gebildet werden, deren Wirkung zumindest zum Teil über eine Verminderung der Natriumresorption in den Nierentubuli durch Hemmung der Na-K-ATPase zustandekommen soll (18, 19, 20, 21, 22). (Siehe auch den Abschnitt über die Regulation des Wasserhaushaltes im Beitrag über Trinkkuren.)

Insgesamt kann man sich den Verlauf der Vorgänge nach dem Eintauchen im Vollbad folgendermaßen vorstellen: Durch die Einwirkung des hydrostatischen Druckes auf die Körperoberfläche kommt es einerseits zur geschilderten Veränderung der Hämodynamik, andererseits werden aber auch die Bedingungen für die Filtration im Kapillargebiet dadurch verändert, daß der interstitielle Druck, in Abhängigkeit vom einwirkenden hydrostatischen Druck von außen, ansteigt. Dies hätte einen Anstieg des zirkulierenden Plasmavolumens zur Folge, wie er im Ganzkörperbad auch beschrieben wurde (10). Dieser Anstieg des Plasmavolumens ist allerdings vorübergehend, da das Plasmavolumen mit dem Einsetzen der Diurese wieder abnimmt. Im Zusammenhang mit diesen geschilderten Veränderungen steht eine Reihe von Vorgängen, die zum Teil als Kompensationsmechanismen aufzufassen sind. Neben den bereits beschriebenen Mechanismen einer Unterdrückung der ADH-Sekretion, die zu einer meßbaren Abnahme der ADH-Konzentration im Plasma führt (16, 33, 34), und der Suppression des Renin-Angiotensin-Aldosteronsystems (28, 29, 30, 31, 32) durch ANF werden auch noch eine erhöhte renale Prostaglandinaktivität (23) und eine Abnahme der Wirkung des sympathischen Nervensystems auf die Niere (24, 25, 26, 27) diskutiert.

Die Lungenfunktion wird im Vollbad vom hydrostatischen Druck in zweifacher Weise beeinflußt: Erstens wirkt der hydrostatische Druck den Inspirationsmuskeln entgegen und kann, wenn die Inspirationsmuskeln entspannt sind, die Thoraxwand geringfügig nach innen verlagern. Zweitens kommt es zur bereits beschriebenen Blutverschiebung in den Thoraxraum (7). Beide Einflüsse zusammen haben Auswirkungen auf verschiedene Lungenvolumina und auf das Verhältnis zwischen Ventilation und Perfusion in der Lunge. Wohl als direkte Wirkung des hydrostatischen Drucks auf die Körperoberfläche können Abnahmen der Totalkapazität, der Vitalkapazität und des exspiratorischen Reservevolumens aufgefaßt werden (7, 8, 35). Das sogenannte „closing volume“ (definiert als jenes Volumen, welches gemessen werden kann, bevor sich die Luftwege der basalen Lungenabschnitte infolge des in diesen Regionen herrschenden niedrigen transmuralen Druckes schließen) nimmt hingegen als Folge der intrathorakalen Hypervolämie zu, weswegen sich das Residualvolumen im Ganzkörperbad nur wenig verändert (7) bzw. sogar leicht zunehmen kann (35). Eine Konsequenz der geringfügigen Veränderungen des Residualvolumens ist jedenfalls, daß im Vollbad die funktionelle Residualkapazität weniger deutlich abnimmt als das exspiratorische Reservevolumen. Inspiratorische Größen erfahren im Vollbad eine Steigerung, es wird über Zunahme des inspiratorischen Reservevolumens (35) und der maximalen Inspirationsgeschwindigkeit (2) berichtet. Schließlich treten im Bad auch Veränderungen der Atemgaskonzentrationen in den Alveolen und im Blut auf, und zwar kommt es zu einem Anstieg des alveolären pCO_2 und zu einer Zunahme der alveolo-arteriellen O_2-Konzentrationsdifferenz (8).

Der letzte der früher aufgezählten mechanischen Einflüsse ist jener, der mit der Wasserbewegung im Zusammenhang steht. Durch die Wasserbewegung kann ein massageähnlicher Effekt auf die Haut ausgeübt werden, der z. B. im Falle einer Unterwasserdruckstrahlmassage recht erheblich sein kann.

Aus der Kenntnis der Wirkung der erwähnten mechanischen Faktoren allein kann sicherlich nicht auf den Wirkungsmechanismus von natürlichen Heilmitteln, geschweige denn auf das komplexe Phänomen des Kureffektes geschlossen werden. Zweifelsohne tragen jedoch die mechanischen Einflüsse zur Entwicklung jener Funktionsumstellungen bei, die sich im Laufe einer Kur im menschlichen Organismus abspielen.

Die zweite Gruppe von Faktoren, die bei der Anwendung natürlicher Heilmittel eine Wirkung entfalten können, sind die thermischen Faktoren. Es ist ein Kennzeichen des homoiothermen Organismus, daß er unter Einsatz seiner thermoregulatorischen Fähigkeiten seine Körperinnen- oder

-kerntemperatur innerhalb bestimmter Grenzen gegenüber Schwankungen der thermischen Außenverhältnisse konstant halten kann. Änderungen dieser thermischen Außenverhältnisse, das heißt vor allem der Temperatur, aber auch der Bewegung eines Mediums, seiner Feuchtigkeit etc., führen über Einwirkung auf die in der Haut gelegenen Thermorezeptoren zu einer Beanspruchung der thermoregulatorischen Funktionen des Menschen. Diese Beanspruchung ist umso deutlicher ausgeprägt, je weiter die einwirkende Temperatur von der sogenannten Thermoindifferenzzone entfernt ist. Die Thermoindifferenzzone wird als jener Temperaturbereich definiert, der von einem Individuum weder als kalt noch als warm empfunden wird. Die Höhe und Ausdehnung dieser Indifferenzzone hängen u. a. von der subjektiven Empfindlichkeit eines Individuums, dem Zustand seines Wärmehaushaltes, der Wärmeleitfähigkeit des umgebenden Mediums und der Einwirkungsdauer ab. Bei schlechten Wärmeleitern liegt die Indifferenzzone niedriger und hat eine größere Ausdehnung als bei guten Wärmeleitern. So liegt z. B. der Indifferenzbereich in der Luft zwischen 22 ° – 32 °C, im Wasser zwischen 34 ° – 36 °C und in den Peloiden zwischen 32 ° – 38 °C. Manche Autoren (2) unterscheiden einen subjektiv als indifferent empfundenen Bereich zwischen 34 ° – 36 °C und einen metabolisch indifferenten Bereich zwischen 32 ° – 38 °C. Die subjektive Indifferenztemperatur wird oft auch als Behaglichkeitstemperatur bezeichnet.

Von den vier Möglichkeiten des Wärmetransportes stehen bei balneotherapeutischen Maßnahmen die Leitung und die Konvektion im Vordergrund, während Strahlung und Verdunstung weniger Bedeutung besitzen. Die thermische Wirkung natürlicher Heilmittel steht mit den thermophysikalischen Eigenschaften des verwendeten Mediums in Verbindung. Vier Parameter dieser thermophysikalischen Eigenschaften sind die Wärmeleitung (L), die spezifische Wärme (c), die Wärmekapazität (k) und die Wärmehaltung (W). Die Wärmeleitung eines Mediums ist definiert als jene Wärmemenge, die durch 1 cm^2 einer 1 cm dicken Schicht bei 1 °C Temperaturdifferenz in 1 s hindurchgeht. Als spezifische Wärme wird jene Wärmemenge bezeichnet, die erforderlich ist, um 1 g eines bestimmten Stoffes um 1 °C zu erwärmen, während die Wärmekapazität jene Wärmemenge ist, die benötigt wird, um die Temperatur einer beliebigen Stoffmasse um 1 °C zu erhöhen. Die Größe der Wärmekapazität ist daher von der Masse der zu erwärmenden Substanz und der für die Substanz charakteristischen spezifischen Wärme abhängig. Als Wärmehaltung wird schließlich die Zeit in s bezeichnet, die erforderlich ist, um die Temperatur eines Würfels von 1 cm Kantenlänge um 1 °C zu verändern, wenn die Wärmezufuhr oder der Wärmeentzug je Sekunde gleich der durch die Wärmeleitzahl des betreffenden Stoffes angegebenen Kalorienzahl ist.

Für die thermische Wirkung von natürlichen Heilmitteln, vor allem wenn sie in Form von Teilanwendungen appliziert werden, ist nicht allein die Temperatur des verwendeten Mediums von Bedeutung, sondern auch die Raumtemperatur und der Ort der Applikation an der Körperoberfläche. So hängen z. B. die Reaktionen der Hautgefäße auf thermische Reize vom Zustand der Wärmebilanz des Körpers zum Zeitpunkt der Anwendung und damit wesentlich von der Umgebungstemperatur ab. Das Ausmaß der Durchblutung in den Extremitäten scheint sogar stärker von der Raumtemperatur als von der direkt einwirkenden Lokaltemperatur abzuhängen. Dies äußert sich darin, daß bei niedriger Raumtemperatur die Vasokonstriktion in den distalen Anteilen der Extremitäten trotz lokaler Wärmeapplikation nicht aufgehoben werden kann, während andererseits in thermoindifferenten Bädern die Durchblutung der Haut allein durch Erhöhung der Raumtemperatur gesteigert werden kann. Eine praktische Schlußfolgerung daraus ist, daß lokale Wärmebehandlungen dann erforderlich sind, wenn der Behandlungsraum gut temperiert ist.

Die Abhängigkeit der Wirkungsstärke thermischer Reize an verschiedenen Stellen der Körperoberfläche hängt mit der charakteristischen Verteilung der Kaltrezeptoren zusammen, die in einem Temperaturbereich zwischen 15 °C und 40 °C ansprechen und deren maximale Empfindlichkeit etwa zwischen 25 °C und 35 °C liegt (36). Die höchste Anzahl von Kaltrezeptoren pro Flächeneinheit befindet sich im Gesicht im Bereich des Versorgungsgebietes des N. trigeminus, am Rumpf liegt die Verteilungsdichte nur leicht darunter, während sich an den Extremitäten, abnehmend von proximal nach distal, die geringste Dichte an Kälterezeptoren befindet. Die Wärmerezeptoren, die in einem Bereich zwischen 25 ° und 50 °C ansprechen und deren Impulsmaximum bei etwa 38 °C liegt (36), sind insgesamt weniger dicht als die Kaltrezeptoren (das Verhältnis von Kalt- zu Warmrezeptoren beträgt ca. 10 : 1), aber gleichmäßig über die Körperoberfläche verteilt.

Diese Verhältnisse haben z. B. zur Folge, daß thermische Einwirkungen mit Reizcharakter für die Kaltrezeptoren bei Applikation im Gesicht und am Rumpf stärkere Reaktionen der thermoregulatorischen Funktionen hervorrufen, als es dieselben Reize bei Applikation an den Extremitäten vermögen. Die geringe Dichte an Kaltrezeptoren an den distalen Extremitäten hängt mit deren Funktion als Orte der bevorzugten Wärmeabgabe zusammen. Kühle Reize an diesen Orten führen zu keiner so starken Vasokonstriktion wie an anderen Stellen der Körperoberfläche, daher können wärmeentziehende Maßnahmen z. B. durch kühle Kompressen an Unterarmen und Unterschenkeln von diesen Stellen aus wirkungsvoll durchgeführt werden.

Einen modifizierenden Einfluß auf

die Wirkungsstärke thermischer Reize kann auch noch die endogene Circadianrhythmik der thermoregulatorischen Funktionen haben, die sich u. a. auch im Tagesgang der Körpertemperatur äußert. Der Anstieg der Kerntemperatur im Laufe des Tages ist dabei einerseits durch die körperliche Aktivität und Stoffwechselaktivität und andererseits durch eine vasokonstriktorische Tendenz in den peripheren Gefäßen bedingt, während der natürliche Temperaturabfall durch gegensinnige Mechanismen verursacht wird. Nach Hildebrandt (37) sollen thermische Reize, welche die vorherrschende vasomotorische Tendenz unterstützen, leichter und deutlicher zu Reaktionen führen als solche, die ihr zuwiderlaufen.

Von der großen Anzahl der physiologischen Reaktionen auf Temperaturreize spielen wahrscheinlich jene, die sich im Herz-Kreislauf-System abspielen, die größte praktische Rolle. Temperaturreize können am Gefäßsystem in verschiedener Weise angreifen (38):

1. durch direkte Einwirkung der Temperatur auf die Hautgefäße,
2. über Bildung oder Freisetzung lokaler, vasoaktiver Stoffe,
3. über Lokalreflexe aus den Hautnervenenden,
4. mit Hilfe spinaler oder höherer Reflexe, ausgelöst von den Thermorezeptoren der Haut und
5. durch Wirkung der Bluttemperatur über den Hypothalamus.

Einwirkung von Wärme auf das Hautorgan führt zur cutanen Vasodilatation und zur Durchblutungszunahme in der Haut. Die Vasodilatation, besonders jene der Arteriolen, hat eine Verminderung des peripheren Widerstandes zur Folge. Um den vermehrten Erfordernissen der Hautdurchblutung nachkommen zu können, wird das zirkulierende Blutvolumen gesteigert, und damit nimmt auch die Auswurfsleistung des Herzens zu. Dabei steigt zuerst die Herzfrequenz und erst bei höherer thermischer Belastung auch das Schlagvolumen. Da infolge der Abnahme des peripheren Widerstandes auch der diastolische Blutdruck absinkt, hat das Herz zwar eine höhere Volumenarbeit, nicht aber größere Druckarbeit zu leisten. Ob die Erhöhung des Herzzeitvolumens unter Einfluß von Wärme solche Ausmaße annimmt, daß von einer Belastung für das Herz gesprochen werden kann, hängt weniger von den äußeren thermischen Verhältnissen ab als davon, inwieweit dadurch ein Wärmestau und damit eine Hyperthermie erzielt wird, da die Zunahme von Herzfrequenz und Schlagvolumen mit der Höhe der Hyperthermie korreliert ist (38).

Kühle Temperaturen haben im Herz-Kreislauf-System im wesentlichen gegensinnige Veränderungen zur Folge wie Wärmeanwendungen. Bei ausgesprochenen Kältereizen ergeben sich in bezug auf das Herz-Kreislauf-System auch noch besondere Reaktionen wie z. B. die sogenannte Kältevasodilatation. Starke Kältereize spielen jedoch in der physikalischen Therapie, nicht aber bei Anwendung natürlicher Heilmittel eine Rolle.

Ein Phänomen, das mit der lokalen Applikation von thermischen Reizen zusammenhängt, ist jenes der sogenannten „konsensuellen" Gefäßreaktionen. Damit wird die Tatsache beschrieben, daß bei lokaler Einwirkung thermischer Reize die dort ausgelöste Reaktion, also Vasodilatation oder Vasokonstriktion, nicht lokal begrenzt bleibt, sondern eine dem thermischen Reiz entsprechende Veränderung auch in anderen, vom thermischen Reiz nicht direkt betroffenen Körperabschnitten auftritt. Die konsensuelle Gefäßreaktion soll nach Wärmereizen deutlicher ausgeprägt sein und über andere Mechanismen verlaufen als nach lokaler Kälteapplikation (38).

Bei den thermoregulatorischen Vorgängen im Organismus sind auch Teile des endokrinen Systems, vor allem die Schilddrüse, beteiligt, und die Umstellungen, die als Reaktion auf thermische Reize vor allem in der Kreislaufperipherie auftreten, stehen zum Teil mit hormonellen Einflüssen in Verbindung. Angesichts jener Reizstärken, die bei der Anwendung natürlicher Heilmittel in Frage kommen, dürfte aber eher mit einer mehr oder minder lokalisierten Beeinflussung und Wirkung von Gewebshormonen wie Histamin, Serotonin und den Kininen zu rechnen sein als mit systemischen Effekten von glandulären Hormonen.

Thermische Reize können Wirkungen haben, die medizinisch erwünscht sind, aber auch solche, für die dies nicht zutrifft. Schmidt (39) faßt dies folgendermaßen zusammen: Erwünschte Wirkungen lokaler Wärme sind Schmerzlinderung, antiphlogistische Eigenschaften bei chronischen Entzündungen, Herabsetzung des Muskeltonus, Auflockerung des kollagenen Bindegewebes, Durchblutungsverbesserung, Stimulation der Phagocytose, Anregung von Diffusionsvorgängen und Herabsetzung der Viskosität der Synovialflüssigkeit. Als unerwünschte Wirkungen lokaler Wärmeanwendungen werden angegeben: eine Begünstigung von Ödembildungen, Erhöhung der Blutungsneigung, mögliche Einschränkung der Muskeldurchblutung, Aktivierung kollagenolytischer Enzyme, Förderung von Entzündungsvorgängen in bestimmten Fällen und eine kardiozirkulatorische Belastung. Als erwünschte Wirkung lokaler Kälteapplikation werden die Schmerzreduzierung, die antiphlogistische Wirkung hauptsächlich bei akuten Entzündungen, eine antihaemorrhagische Wirkung, Hemmung der Ödembildung und eine geringe Herz-Kreislauf-Belastung genannt. Unerwünschte Wirkung lokaler Kälte sind schließlich die Einschränkung der Durchblutung, die langdauernde Kühlung der Muskulatur, die Erhöhung der Viskosität der Synovialflüssigkeit und eine Förderung von Entzündungsvorgängen in bestimmten Fällen.

Die Grundlage der Klassifikation natürlicher Heilmittel, in erster Linie von Heilwässern, stellen die chemischen Inhaltsstoffe dar. Auch bei der Indikationsstellung wird nach wie vor vom Chemismus der Heilmittel ausgegangen. Über Einzeleffekte, die spezifischen chemischen Inhaltsstoffen zugeschrieben werden können, existieren sehr viele Untersuchungen. Aufgrund der Ergebnisse solcher Untersuchungen können spezifische, mit dem Chemismus der Heilmittel in Zusammenhang stehende Wirkungen für einige natürliche Heilmittel als ziemlich sicher angenommen werden. Einige Beispiele dafür wären Beeinflussung systolischer Zeitintervalle und der Blutdruckwerte durch Jodsole (40, 41), subzelluläre Veränderungen der Nebennierenrinde nach Radoninhalationen (42, 43), eine Verbesserung der Funktion des Flimmerepithels des oberen Respirationstraktes bei Soleinhalationen (44, 45) und eine gegenüber Kontrollbedingungen signifikant deutlichere Diurese und Natriurese im Kohlendioxidbad (46). Bei praktisch allen Untersuchungen möglicher spezifischer Wirkungen der chemischen Inhaltsstoffe natürlicher Heilmittel handelt es sich allerdings nicht um Doppelblinduntersuchungen, weswegen alle Ergebnisse vom streng naturwissenschaftlichen Standpunkt aus auch nicht als endgültig gesichert angesehen werden können. Auch über mögliche Wirkungsmechanismen chemischer Inhaltsstoffe existieren nur wenig gesicherte Vorstellungen. Die eigentliche Grundlage für die Erstellung der Indikationen und für den therapeutischen Einsatz der natürlichen Heilmittel sowie für differentialbalneologische Überlegungen ist daher eine Verbindung zwischen ärztlicher Empirie und dem aus den erwähnten Untersuchungen resultierenden Wissen.

Es ist ein Spezifikum dessen, was als Kureffekt bezeichnet wird, daß es sich dabei um das Resultat der wiederholten, d. h. kurmäßigen Anwendung natürlicher Heilmittel und aller spezifischen und unspezifischen Zusatzmaßnahmen handelt. Die Wirkungen, welche das Ergebnis der wiederholten Applikation des natürlichen Heilmittels/der natürlichen Heilmittel sind, können nicht einfach als eine Summation von Einzeleffekten angesehen werden, sondern es handelt sich dabei um komplizierte Vorgänge, bei denen die Reaktionen des Organismus eine Rolle spielen. Aus der Adaptationsphysiologie ist bekannt, daß die wiederholte Einwirkung eines bestimmten Stimulus über längere Zeit zu Modifikationen der ursprünglichen Reaktionen des Organismus führt, die als physiologische Adaptationsvorgänge bezeichnet werden. Für die Art und das Ausmaß der Adaptationsvorgänge sind die Reizqualität, die Zeitdauer der Reizeinwirkung, die Reizfrequenz und die Reizstärke ausschlaggebende Faktoren. Durch Variation dieser Größen ergeben sich auch Möglichkeiten der Dosierung bei der Verabreichung natürlicher Heilmittel.

Als Ausdruck der Beteiligung des Organismus bei der Entwicklung adaptativer Veränderungen unter kurmäßiger Applikation natürlicher Heilmittel wird auch das Auftreten einer sogenannten reaktiven Periodik gedeutet (55, 56). Damit wird die Tatsache beschrieben, daß im Verlauf einer Kur bestimmte Zeitabschnitte abgegrenzt werden können, die dadurch gekennzeichnet sind, daß Streuungen zwischen den Werten verschiedener Patienten oder starke Abweichungen gemessener Einzelwerte vom Mittelwert des Kurverlaufes auftreten, die die konventionelle Grenze des 2-Sigma-Bereiches überschreiten (54). Diese Phänomene treten gehäuft um den 7., 14. und 21. Tag des Kuraufenthaltes auf, weswegen von einer reaktiven Circa-Septan-Periodik im Kurverlauf gesprochen wird (55). Sie sollen mit den aus der kurärztlichen Empirie schon lange bekannten Phasen der Kurkrisen im Zusammenhang stehen (57).

Primärer Angriffsort der natürlichen Heilmittel ist die Körperoberfläche, also die Haut und Schleimhäute und die dort gelegenen Mechano- und Thermorezeptoren. Ziel der kurmäßigen Anwendung und damit Nutzeffekt der adaptativen Vorgänge ist eine „verbesserte ökonomische und rationelle Reaktion des Organismus auf jede Art von Belastung“ (47). Dies setzt voraus, daß eine Beeinflussung innerer Organe von der Haut her stattfindet. Eine solche Beeinflussung wäre über die Reflexbögen zwischen somatischem und visceralem Nervensystem denkbar. Die Annahme, daß darin ein Wirkungsprinzip kurmäßiger Behandlungsverfahren zu suchen sei, ist zwar plausibel, hat aber nichtsdestoweniger so lange hypothetischen Charakter, bis zu dieser Problematik klare und eindeutige Ergebnisse mit Beweiskraft vorliegen.

Im Zusammenhang mit dem Begriff Kureffekt werden Phänomene beschrieben, die möglicherweise mit den Vorgängen der physiologischen Adaptation in Verbindung stehen oder Folgen derselben sind. Diese Phänomene werden mit Ausdrücken wie „Normalisierung, Homogenisierung (48) und Rhythmisierung (48, 49, 50, 51)“ bezeichnet. Als Normalisierung wird das Zustreben einzelner Zustands- und Funktionsgrößen auf Zielwerte, die man einem durchschnittlichen Kollektiv gesunder Menschen zuordnen würde, definiert; der Begriff Homogenisierung beschreibt den Sachverhalt, daß sich kurzfristig zeitliche Änderungen untersuchter Verlaufsgrößen innerhalb von Kollektiven nach Größe und Richtung angleichen (52, 53, 54). Die Phänomene Normalisierung und Homogenisierung werden als Zeichen der Stabilisierung funktioneller und koordinativer Leistungen gewertet (52).

Hinter dem Begriff Rhythmisierung verbergen sich Vorgänge unterschiedlicher Art. Dabei kommt vor allem dem circadianen System des menschlichen Organismus Interesse zu. Das System der Circadianrhythmen hat zwei Aufgaben zu erfüllen: erstens die

Aufrechterhaltung bestimmter interner Phasenbeziehungen zwischen verschiedenen endogenen Rhythmen und zweitens die Anpassung an die sich ständig periodisch ändernden Umwelteinflüsse oder, mit anderen Worten ausgedrückt, die Einhaltung bestimmter externer Phasenbeziehungen (58). Ausgeprägte circadiane Rhythmen werden daher als Zeichen ordnungsgemäß ablaufender physiologischer Funktionen gewertet, während Rhythmusstörungen Ursache oder Folge von Funktionsstörungen sein können (59). Eine Verbesserung der internen Synchronisation verschiedener rhythmischer Funktionen im Verlauf von Kuren wurde verschiedentlich nachgewiesen (51, 60). Desgleichen konnte gezeigt werden, daß bezüglich verschiedener Parameter und Funktionen eine Akzentuierung von Circadianrhythmen von Kuranfang zu Kurende hin auftritt (48, 49, 50, 61, 62, 63, 64). Schließlich unterstützen Befunde, wie z. B. die Resynchronisation der Cortisolausscheidung im Kurverlauf (65), die Annahme eines rhythmisierenden Effektes von Kuren. Aufgrund der bisherigen Erkenntnisse ist aber nicht zu entscheiden, welcher Anteil daran der regelmäßig wiederholten Anwendung der natürlichen Heilmittel zukommt bzw. wieweit andere im Rahmen einer Kur auftretende Einflüsse eine Rolle spielen. Auf jeden Fall ist Rhythmisierung kein allgemeiner Vorgang, da während verschiedener Kuren bei verschiedenen Patientengruppen nicht jeder untersuchte, sondern nur bestimmte Parameter eine Rhythmenakzentuierung zeigen, was bedeuten könnte, daß dieser Kureffekt von der Art der Kur abhängt, möglicherweise aber auch bei verschiedenen Krankheiten qualitativ und quantitativ unterschiedlich ausgeprägt ist.

Natürliche Heilmittel beeinflussen durch physikalische und chemische Faktoren über die in der Haut gelegenen Rezeptoren den Organismus des Menschen. Die kurmäßige Applikation dieser Heilmittel hat Effekte zur Folge, die über die einfache Summation der Wirkungen von Einzelanwendungen hinausgehen und denen zumindest zum Teil physiologische Adaptationsvorgänge zugrunde liegen. Aus der Zeitdauer, die für die Ausbildung dieser adaptativen Vorgänge nötig ist, ergibt sich die Notwendigkeit einer bestimmten Kurdauer. Da diese funktionellen Veränderungen andererseits aber auch nicht binnen weniger Tage rückgebildet werden, kann damit gerechnet werden, daß Kureffekte über einen gewissen Zeitraum nach der Kur anhalten.

Literatur

1. KUKOWKA, A.: Z. f. angew. Bäder- u. Klimaheilk. 10: 125 (1963).
2. WITZLEB, E.: Physikalische Wirkung der Badekur, in: Handbuch der Bäder- u. Klimaheilk. Hrsg. W. Amelung u. A. Evers, Schattauer Verlag (1962).
3. EPSTEIN, M.: Physiol. Rev. 58: 529 (1978).
4. DIGIESI, V. et al.: IRCS Med. Sci. 10: 251 (1982).
5. EPSTEIN, M. et al.: J. Clin. Endocrin. Metab. 41: 618 (1975).
6. RISCH, W. D. et al.: Pflügers Arch. 374: 115 (1978).
7. ROBERTSON, Ch. et al.: J. Appl. Physiol. 44: 679 (1978).
8. PREFAUT, C. et al.: Respirat. Physiol. 34: 307 (1978).
9. EPSTEIN, M. et al.: J. Clin. Endocrin. Metab. 51: 122 (1980).
10. GREENLEAF, J. E. et al.: J. Appl. Physiol. 55: 1688 (1983).
11. GREENLEAF, J. E. et al.: Med. a. Sci. in Sports a. Exercise 16: 20 (1984).
12. EPSTEIN, M. et al.: Kidney internat. 13: 152 (1978).
13. LÖLLGEN, H. et al.: Klin. Wschr. 59: 623 (1981).
14. EPSTEIN, M. et al.: J. Appl. Physiol. 49: 184 (1980).
15. EPSTEIN, M. et al.: Clin. Sci. 43: 275 (1972).
16. EPSTEIN, M. et al.: J. Clin. Endocrin. Metab. 52: 256 (1981).
17. KHOSLA, S. S. et al.: J. Appl. Physiol. 51: 686 (1981).
18. PALLUK, R. et al.: Life Sci. 36: 1415 (1985).
19. DE BOLD, A. J. et al.: Life Sci. 33: 302 (1983).
20. DE WARDENER, H. E. et al.: Clin. Sci. 63: 415 (1982).
21. THIBAULT, G. R. et al.: Hypertens. 5, Suppl. I, I: 75 (1983).
22. TRIPPODO, N. C. et al.: Hypertens. 5, Suppl. I. I:81 (1983).
23. EPSTEIN, M. et al.: Circ. Res. 45: 71 (1979).
24. CLEMENT, D. L. et al.: Circ. Res. 31: 824 (1972).
25. GILMORE, J. P. et al.: Am. J. Physiol.242, F592 (1982).
26. GILMORE, J. P. et al.: Basic Res. Cardiol. 75: 281 (1980).
27. KARIM, F. et al.: J. Physiol. (London), 227, 243 (1972).
28. CRANE, M. G. et al.: Metab. 23: 359 (1974).
29. EPSTEIN, M. et al.: Proc. Soc. Exp. Biol. Med. 138: 939 (1971).
30. EPSTEIN, M. et al.: J. Clin. Endocrin. Metab. 49: 358 (1979).
31. EPSTEIN, M. et al.: J. Appl. Physiol. 31: 368 (1971).
32. KORZ, R. et al.: Klin. Wschr. 47: 1263 (1969).
33. GREENLEAF, J. E. et al.: Aviat. Space Env. Med. 52: 329 (1981).
34. GREENLEAF, J. E. et al.: J. Appl. Physiol. 48: 79 (1980).
35. GIRANDOLA, R. F. et al.: J. Appl. Physiol. 43: 276 (1977).
36. ASCHOFF, J.: Temperaturregulation, in: Physiologie des Menschen Bd. 2, Energiehaushalt und Temperaturregulation, von J. Aschoff, B. Günther u. K. Kramer. Hrsg. O. H. Gauer, H. Kramer, R. Jung. Urban u. Schwarzenberg (1971).
37. HILDEBRANDT, G.: Biologische Rhythmen und ihre Bedeutung für die Bäder- u. Klimaheilkunde, in: Handbuch der Bäder- u. Klimaheilkunde, Hrsg. W. Amelung u. A. Evers, Schattauer Verlag (1962).
38. WIEDEMANN, E.: Thermotherapie, in: Handbuch der Physikalischen Therapie Bd. II, Hrsg. J. Grober u. F. E. Stieve, Fischer Verlag (1971).
39. SCHMIDT, K. L. et al.: Z. Rheumatol. 38: 391 (1979).
40. KLIEBER, M.: Z. f. angew. Bäder- u. Klimaheilk. 23: 421 (1976).
41. KLIEBER, M. et al.: Z. f. Bäder- u. Klimaheilk. 27: 112 (1980).
42. PFALLER, W. et al.: Z. f. angew. Bäder- u. Klimaheilk. 26: 154 (1979).
43. PFALLER, W.: Z. f. angew. Bäder- u. Klimaheilk. 26: 384 (1979).
44. DIRNAGL, K.: Z. f. angew. Bäder- u. Klimaheilk. 25: 225 (1978).
45. DIRNAGL, K.: Heilbad u. Kurort 32: 2 (1980).
46. KOLESAR, J.: Z. Physikal. Med. Baln. Med. Klimatol 13, Sonderheft 2:12 (1984).
47. HILDEBRANDT, G. et al.: Deutscher Bä-

derkalender 1984
48. GÜNTHER, R. et al.: Z. f. angew. Bäder- u. Klimaheilk. 16: 33 u. 123 (1969).
49. GÜNTHER, R. et al.: Der prakt. Arzt Schriftenreihe Bd. 6:195
50. KNAPP, E. et al.: Arch. Physikal. Therap. 6: 481 (1969).
51. HILDEBRANDT, G.: Z. f. angew. Bäder- u. Klimaheilk. 10: 402 (1963).
52. DREXEL, H.: Z. f. Physikal. Med. 6: 4 (1977).
53. DIRNAGL, K. et al.: Münch. Med. Wschr. 116: 529 (1974).
54. MAGYAROSY, J. et al.: Z. f. angew. Bäder- u. Klimaheilk. 24: 115 (1977).
55. HILDEBRANDT, G.: Z. f. angew. Bäder- u. Klimaheilk. 19: 219 (1972).
56. BAIER, H. et al.: Z. f. angew. Bäder- u. Klimaheilk. 21: 97 (1974).
57. HILDEBRANDT, G.: Therapiewoche 32: 4122 (1975).
58. WEVER, R.: Arzneim. Forsch. 26: 1050 (1976).
59. WEVER, R.: The Circadian System of Man. Results of Experiments Under Temporal Isolation, Topics in Environmental Physiology and Medicine. Ed. K. E. Schaefer, Springer Verlag (1979).
60. HILDEBRANDT, G.: Heilbad u. Kurort 34: 318 (1982).
61. MARKTL, W.: Wien. Klin. Wschr. 95: 183 (1983).
62. MARKTL, W. et al.: Chronobiologia 10: 140 (1983).
63. MARKTL, W. et al.: Pflügers Arch. Suppl. toVol. 400, R53 (1984).
64. MARKTL, W.: Z. f. Physikal. Med. Baln. Med. Klimatol. 13: 280 (1984).
65. GÜNTHER, R.: Z. f.angew. Bäder- u. Klimaheilk. 8:662 (1961).
66. GAUER, O. H., HENRY, J. P.: Klin. Wschr. 34: 356 (1956).
67. STEINHAUSEN, M.: Lehrbuch der vegetativen Physiologie, J. F. Bergmann Verlag, München (1984).
68. HELLIGE, G. u. P. G. SPIECKERMANN, Med. Prax. 80: 17 (1985).

Die gesetzliche Regelung des Kurwesens in Österreich

Mag. Dr. jur. G. Aigner

Bundesministerium für Gesundheit und Umweltschutz

1. Verfassungsrechtliche Grundlagen

Der föderalistische Aufbau Österreichs findet auch im Kurwesen durch dessen Zuordnung sowohl in die Zuständigkeit des Bundes als auch der Länder seinen Niederschlag. So ist gemäß Art. 12 Abs. 1 Z 1 des Österreichischen Bundes-Verfassungsgesetzes (B-VG) der Bund zur Gesetzgebung über die Grundsätze hinsichtlich der vom gesundheitlichen Standpunkt aus an Kurorte sowie Kuranstalten und Kureinrichtungen zu stellenden Anforderungen sowie hinsichtlich der natürlichen Heilvorkommen berufen, während den Ländern die Erlassung der Ausführungsgesetze, durch die den vom Bund aufgestellten Grundsätzen entsprechende Detailregelungen zu treffen sind, und die Vollziehung obliegt. Die sanitäre Aufsicht ist jedoch gemäß Art. 10 Abs. 1 Z 12 B-VG sowohl in Gesetzgebung als auch in Vollziehung ausschließlich Sache des Bundes.

Diese Zuteilung der Aufgaben im Bereich des – vom Verfassungsgesetzgeber als Angelegenheiten des Kurortewesens und der natürlichen Heilvorkommen bezeichneten – Kurwesens an den Bund und die Länder war im wesentlichen bereits in der Stammfassung des von der Konstituierenden Nationalversammlung am 1. Oktober 1920 beschlossenen B-VG enthalten.

Statt der Angelegenheiten der natürlichen Heilvorkommen oblagen dem Bund jedoch zur Regelung der Grundsätze bloß die Angelegenheiten der Heilquellen, während natürliche Heilvorkommen im übrigen auf Grund des Kompetenztatbestandes „Gesundheitswesen" ausschließlich Sache des Bundes waren (vgl. Art. 10 Abs. 1 Z 12 B-VG).

Die Novelle zum B-VG vom 2. Dezember 1958, BGBl. Nr. 271, trug sodann dem Umstand Rechnung, daß außer den Heilquellen, die nach dem allgemeinen Sprachgebrauch wohl zweifellos ein Hervortreten von fließendem Wasser voraussetzen, noch zahlreiche andere natürliche Heilvorkommen, insbesondere die sogenannten Heilpeloide (Heilmoor, Heilschlamm oder Heilschlick) sowie die Heilfaktoren, wie Klima, Lage und Höhe, bestehen. Die Zweiteilung in Heilquellen einerseits und sonstige natürliche Heilvorkommen andererseits wurde durch die neue verfassungsmäßige Umschreibung der Angelegenheit im Art. 12 B-VG mit „natürliche Heilvorkommen" beseitigt.

Die nunmehr geltende Fassung der verfassungs-(kompetenz-)rechtlichen Grundlagen des Kurwesens besteht seit dem Jahre 1983. Im Tausch gegen eine neue, dem Bund von den Ländern eingeräumte Immissionsschutzkompetenz wurde durch die B-VG-Novelle BGBl. Nr. 175/1983 die Zuständigkeit des Bundes zur Grundsatzgesetzgebung hinsichtlich der Kurorte sowie Kuranstalten und Kureinrichtungen auf die vom gesundheitlichen Standpunkt zu stellenden Anforderungen reduziert. Diese Aufgabe von Bundeskompetenzen sollte die Forderung der Länder nach vollständiger Zuordnung des Kurortewesens in ihren Zuständigkeitsbereich erfüllen. Im Interesse der Erhaltung eines einheitlichen medizinischen Standards mußten die vom gesundheitlichen Standpunkt aus zu stellenden Anforderungen jedoch in der Grundsatzkompetenz des Bundes verbleiben. Die eine ausschließliche Angelegenheit des Bundes darstellende sanitäre Aufsicht blieb unberührt.

2. Rechtsvorschriften des Bundes

Das Bundesgesetz über natürliche Heilvorkommen und Kurorte, BGBl. Nr. 272/1958:

Die bereits mehrfach erwähnten Grundsätze des Bundes sind im Bundesgesetz vom 2. Dezember 1958, BGBl. Nr. 272, über natürliche Heilvorkommen und Kurorte enthalten; dieses Gesetz trifft auch die wesentlichen Begriffsbestimmungen.

Demnach werden unter natürlichen Heilvorkommen ortsgebundene, natürliche Vorkommen, die auf Grund besonderer Eigenschaften und ohne jede Veränderung ihrer natürlichen Zusammensetzung eine wissenschaftlich anerkannte Heilwirkung ausüben oder erwarten lassen, und ferner natürliche Faktoren ortsbedingter Art, die gleichfalls eine wissenschaftlich anerkannte Heilwirkung ausüben oder erwarten lassen, verstanden (§ 1 Abs. 1). *)

Heilvorkommen sind insbesondere Heilquellen, Heilpeloide sowie die Heilfaktoren.

Unter Heilquellen sind Quellen zu verstehen, deren Wasser auf Grund besonderer Eigenschaften und ohne jede Veränderung ihrer natürlichen Zusammensetzung eine wissenschaftlich anerkannte Heilwirkung ausüben oder erwarten lassen (§ 1 Abs. 3).

Heilpeloide (Heilmoor, -schlamm oder -schlick) sind durch geologische oder geologisch-biologische Vorgänge entstandene Peloide, die, in feinkörnigem Zustand mit Wasser vermischt und erwärmt, bei Bädern, Packungen oder sonstiger Anwendung

*) Paragraphen ohne nähere Angabe beziehen sich auf das Bundesgesetz BGBl. Nr. 272/1958.

auf Grund besonderer Eigenschaften ohne weiteren Zusatz eine wissenschaftlich anerkannte Heilwirkung ausüben oder erwarten lassen (§ 1 Abs. 4).

Heilfaktoren sind natürliche Faktoren ortsbedingter Art, wie Klima, Lage, Höhe und dgl., die eine wissenschaftlich anerkannte Heilwirkung ausüben oder erwarten lassen (§ 1 Abs. 5).

Unter Kurorten sind Gebiete zu verstehen, in denen behördlich anerkannte Heilvorkommen ortsgebunden genutzt werden und in denen die hiefür erforderlichen Kureinrichtungen vorhanden sind (§ 1 Abs. 6).

Kuranstalten und Kureinrichtungen sind Einrichtungen, die der stationären oder ambulanten Anwendung medizinischer Behandlungsarten dienen, die sich aus dem ortsgebundenen Heilvorkommen oder dessen Produkten ergeben (§ 1 Abs. 7). In Abgrenzung gegenüber Krankenanstalten sieht § 2 Abs. 2 lit. c des Bundesgesetzes über Krankenanstalten, BGBl. Nr. 1/1957, i. d. F. BGBl. Nr. 281/1974, überdies vor, daß in Kuranstalten ausschließlich („nur") solche in den ärztlichen Aufgabenkreis fallende Behandlungsarten Anwendung finden, die sich aus dem ortsgebundenen Heilvorkommen selbst ergeben.

Heilvorkommen, ausgenommen Heilfaktoren, bedürfen einer Anerkennung durch die Landesregierung. Die Anerkennung einer Quelle als Heilquelle setzt insbesondere den Nachweis voraus, daß sie eine für die beabsichtigte therapeutische Anwendung hinreichende Ergiebigkeit besitzt und daß das Quellwasser eine bestimmte spezifische Beschaffenheit aufweist oder pharmakologisch bereits in kleinsten Mengen wirksame Inhaltsstoffe enthält. Ein Peloid darf nur dann als Heilpeloid anerkannt werden, wenn insbesondere nachgewiesen wird, daß es in einem für die beabsichtigte Behandlung ausreichenden Lager vorhanden ist und geeignete physikalische, physikalisch-chemische oder chemische Eigenschaften besitzt. Sowohl bei Heilquellen als auch bei Heilpeloiden muß weiters der Nachweis erbracht werden, daß ohne Änderung der natürlichen Zusammensetzung eine wissenschaftlich anerkannte Heilwirkung ausgeübt wird oder zu erwarten ist (vgl. zur Anerkennung im einzelnen § 2). Schließlich bedarf nach erfolgter Anerkennung auch die Nutzung von Heilvorkommen einer Bewilligung durch die Landesregierung (§ 3).

Die Anerkennung eines Kurortes durch die Landesregierung erfolgt auf Antrag der Gemeinde oder jener Gemeinden, über deren Gebiet sich der beantragte Kurbereich erstreckt. Die Anerkennung setzt insbesondere das Vorhandensein eines Heilvorkommens sowie weiters voraus, daß die zur Ausnützung der Heilvorkommen erforderlichen Betriebs- bzw. Aufbereitungsanlagen sowie weitere, nötigenfalls den Heilzweck fördernde Einrichtungen vorhanden sind. Ferner sind als Voraussetzungen für die Anerkennung als Kurort Maßnahmen gegen Rauch-, Staub- und Lärmplage, insbesondere im Zusammenhang mit Industriebetrieben, eine entsprechende ärztliche Versorgung sowie eine gesicherte Versorgung mit Arzneimitteln und Maßnahmen gegen die Gefährdung der Kurgäste durch den Verkehr zu erwähnen (vgl. im einzelnen § 5).

Die der Nutzung der Heilvorkommen dienenden Kuranstalten und Kureinrichtungen bedürfen vor ihrer Inbetriebnahme einer Bewilligung der Landesregierung. Aus den zahlreichen Voraussetzungen für deren Erteilung sei u. a. das Vorhandensein aller den Sicherheitsvorschriften entsprechenden medizinischen Apparate und technischen Einrichtungen genannt. Weiters muß die Aufsicht über den Betrieb durch einen geeigneten, zur selbständigen Berufsausübung berechtigten Arzt gewährleistet sein (vgl. zur Betriebsgenehmigung näher § 7).

Die Inhaber von Heilvorkommen sind verpflichtet, innerhalb von 6 Monaten nach Erhalt des Anerkennungsbescheides die Indikationen und therapeutischen Anwendungsformen der Landesregierung bekanntzugeben (§ 9 Abs. 1). Alle 20 Jahre haben sie eine Vollanalyse und mindestens alle 5 Jahre eine Kontrollanalyse durchführen zu lassen (§ 8 Abs. 1).

Das Produkt eines Heilvorkommens darf erwerbsmäßig zu Heilzwecken nur auf Grund einer Bewilligung der Landesregierung vertrieben oder versendet werden. Voraussetzung für diese Bewilligung ist u. a., daß das Produkt im natürlichen Zustand versand- und lagerfähig ist, es sich dabei nicht in einer die Heilwirkung maßgeblich beeinflussenden Weise ändert und entsprechende hygienische Abfüll-, Aufbereitungs- und Lagereinrichtungen vorhanden sind. Die zum Versand gelangenden Flaschen und Packungen sind mit Etiketten zu versehen, die den Namen und die örtliche Lage des Heilvorkommens, eine kurze Darstellung der letzten Analyse, der anerkannten Indikationen und bei Wässern von Heilquellen die Angabe über einen allenfalls erfolgten Zusatz von Kohlensäure zu enthalten haben (§ 10).

In diesem Zusammenhang ist auch auf die zufolge der Übergangsbestimmungen des Lebensmittelgesetzes 1975 als Gesetz weiter in Geltung stehende Verordnung vom 30. September 1935, BGBl. Nr. 526, über den Verkehr mit Mineralwasser, derzufolge ein Verkauf nur in Glasflaschen erfolgen darf, auf das Tafelwasser (Mineral- und Quellwasser), Sodawasser und künstliches Mineralwasser betreffende Kapitel B 17 des Österreichischen Lebensmittelbuches (Codex Alimentarius Austriacus) und schließlich auf das Arzneimittelgesetz, BGBl. Nr. 185/1983, zu verweisen.

Besondere Bestimmungen enthält das Bundesgesetz BGBl. Nr. 272/1958 über Kurorte. So hat die Landesregierung, wenn ein Gebiet als Kurort anerkannt wird, seinen Umfang (Kurbezirk) durch Verordnung genau festzusetzen. Der Kurbezirk eines Kurortes soll das gesamte Gebiet umfassen, dessen Einrichtungen der Nutzung eines Heilvorkommens dienen. Die Grenzen des Kurbezirkes sind grundsätzlich vom Verlauf der Gemeindegrenzen unabhängig (§ 11).

Im Zusammenhang mit den grundsätzlichen Bestimmungen des Bundes über natürliche Heilvorkommen und Kurorte ist schließlich noch die Möglichkeit zu erwähnen, erteilte Bewilligungen bei Hervorkommen von Mängeln oder Mißständen zurückzunehmen und Grundstücke zum Zweck der Nutzung von Heilquellen oder Heilpeloiden zu enteignen.

Die auf Grund unmittelbaren Bundesrechts auszuübende sanitäre Aufsicht wird von den Bezirksverwaltungsbehörden durch deren Amtsärzte besorgt. Der Amtsarzt hat die zu überwachenden Heilvorkommen, Kuranstalten, Kureinrichtungen und Kurorte mindestens einmal im Jahr zu besichtigen. Erforderlichenfalls kann der Amtsarzt dabei auch eine hygienische Untersuchung durch die nächstgelegene Bundesanstalt für Lebensmitteluntersuchung, Bundesanstalt für bakteriologisch-serologische Untersuchungen oder ein Universitätsinstitut für Hygiene veranlassen. Die Untersuchung hat eine hygienisch-chemische, mikroskopische und bakteriologische Prüfung zu umfassen und kann sich auf alle Einrichtungen und Anlagen sowie auf die Produkte eines Heilvorkommens erstrecken.

Im Rahmen der sanitären Aufsicht hat weiters auch der Landeshauptmann, u. a. im Zusammenhang mit Anerkennungen von Heilvorkommen bzw. Kurorten, der Erteilung von Nutzungsbewilligungen und Inbetriebnahmegenehmigungen für Kuranstalten und Kureinrichtungen sowie der Bewilligung für den Vertrieb des Produktes eines Heilvorkommens, Gutachten zu erstatten.

Zur Beratung der Organe der sanitären Aufsicht in Fragen der Heilvorkommen und Kurorte ist beim Bundesministerium für Gesundheit und Umweltschutz die sogenannte „Balneologische Kommission" eingerichtet, die in Zweifelsfragen und Fragen grundsätzlicher Art Gutachten zu erstatten hat und von sich aus Anträge stellen kann.

Im Zusammenhang mit den Rechtsvorschriften des Bundes ist schließlich noch auf das Wasserrechtsgesetz 1959, BGBl. Nr. 215, i. d. F. BGBl. Nr. 207/1969, 50/1974 und 390/1983, zu verweisen, findet doch der in diesem Gesetz vorgesehene umfassende Schutz von Wasserversorgungsanlagen, z. B. hinsichtlich Verunreinigung oder Beeinträchtigung der Ergiebigkeit, auch auf Heilquellen und Heilmoore Anwendung (§§ 34 und 37 Wasserrechtsgesetz).

3. Die Ausführungsgesetze der Länder:

Die im Rahmen der vom Bund getroffenen und oben wiedergegebenen Grundsätze von den Ländern geschaffenen Heilvorkommen- und Kurortegesetze stellen mit ihren Detailregelungen die eigentliche Grundlage für die Vollziehung im Bereich des Kurwesens dar. Im einzelnen sind dies folgende Gesetze:

Burgenland: LGBl. Nr. 15/1963 i. d. F. LGBl. Nr. 37/1969, 29/1972 und 45/1982

Kärnten: LGBl. Nr. 157/1962 i. d. F. LGBl. Nr. 5/1970 und 183/1974

Niederösterreich: LGBl. Nr. 7600-1

Oberösterreich: LGBl. Nr. 47/1961 i. d. F. LGBl. Nr. 9/1969 und 101/1983

Salzburg: LGBl. Nr. 39/1960 i. d. F. LGBl. Nr. 82/1965 und 8/1969

Steiermark: LGBl. Nr. 161/1962 i. d. F. LGBl. Nr. 168/1969

Tirol: LGBl. Nr. 55/1961 i. d. F. LGBl. Nr. 53/1977

Wien: LGBl. Nr. 7/1961 i. d. F. LGBl. Nr. 37/1975, 29/1979 und 28/1982

In Vorarlberg besteht kein Landesgesetz über Heilvorkommen und Kurorte.

Neben der genauen Ausführung der vom Bund getroffenen Grundsätze etwa hinsichtlich der Anerkennung der einzelnen Heilvorkommen sowie dem Betrieb von Kuranstalten und Kureinrichtungen enthalten die Heilvorkommen- und Kurortegesetze der Länder insbesondere auch Bestimmungen über Kurkommissionen, deren Aufgabe die Besorgung der das Kurwesen betreffenden Angelegenheiten des jeweiligen Kurortes ist. Hierunter fallen beispielsweise die Fragen der Erhaltung, Weiterentwicklung und Ausgestaltung des Kurortes und des Kurbetriebes, die Förderung von Forschungsarbeiten über die Heilwerte der Kurmittel einschließlich deren publizistische Auswertung, die Werbung für den Kurort und seine Einrichtungen, die Betreuung der öffentlichen Kuranlagen sowie Maßahmen für ein entsprechendes kulturelles, geselliges und sportliches Angebot.

Nach einigen Landesgesetzen bewirkt die Anerkennung als Kurort auch die Errichtung eines Fonds (Kurfonds) mit eigener Rechtspersönlichkeit. In diesen Fällen ist die Kurkommission das Organ des Kurfonds.

Die Kurkommissionen setzen sich regelmäßig aus Vertretern der im Kurbezirk gelegenen Gemeinden, der Besitzer der Kurmittel, der einschlägigen Gewerbebetriebe (Gastronomie- und Hotelunternehmen), der Dienstnehmer der Kuranstalten und Kureinrichtungen, der im Kurbezirk ansässigen Ärzteschaft sowie der im Hinblick auf die bestehenden Kuranstalten (Kurheime) in Betracht kommenden Sozialversicherungsträger zusammen.

Weitere landesgesetzliche Bestimmungen – überwiegend bestehen hiefür eigene Gesetze – betreffen die finanziellen Angelegenheiten und sehen dabei insbesondere auch zur Dekkung der für das Kurwesen erforderlichen Ausgaben die Einhebung von Kurtaxen vor.

Schließlich enthalten die Heilvorkommen- und Kurortegesetze der Länder auch detaillierte Strafbestimmungen, wodurch Verstöße gegen die das Kurwesen regelnden Vorschriften regelmäßig auch das Tatbild entsprechender Verwaltungsübertretungen sind.

Zur Untersuchung (Analyse), Klassifikation und Analysendarstellung von natürlichen Heilvorkommen

Ing. A. J. Stehlik*)

Bundesstaatliche Anstalt für experimentell- pharmakologische und balneologische Untersuchungen, 1090 Wien, Währingerstr. 13a Direktor: HR Dr. Eichler

1. Aufgaben- und Untersuchungsbereich

Die Analyse (Untersuchung) natürlicher Heilvorkommen erstreckt sich vor allem auf chemische, chemisch-physikalische und physikalische Untersuchungen sowie auf die analytische Begutachtung der Heilwässer, Heilpeloide und Heilgase (auch radonhältiger Luft) und eventuell auch sonstiger natürlicher Heilvorkommen, wenn nachgewiesen wird, daß letztere ohne Veränderung ihrer natürlichen Zusammensetzung oder Beschaffenheit eine wissenschaftlich anerkannte Heilwirkung ausüben oder erwarten lassen.

Es wird daher nachstehend hauptsächlich auf die Balneochemie im weiteren Sinn Bezug genommen. Die Analysengutachten können von sehr unterschiedlichem Umfang sein. „Voruntersuchungen" dienen der Prüfung auf eventuell vorliegende Heileigenschaften, „Kontrollanalysen" von bereits anerkannten bzw. genutzten Heilvorkommen erfolgen in Abständen von spätestens 5 Jahren. Vollanalysen („Große Heilwasseranalyse", „Kleine Heilwasseranalyse", „Peloid-Vollanalyse" und „Große Heilgasanalyse") werden für die Heilvorkommenserklärung benötigt und danach spätestens alle 20 Jahre wiederholt. Die Untersuchungen beziehen sich bei den genutzten Vorkommen sowohl auf den naturbelassenen Zustand als auch auf jenen bei der Nutzanwendung.

Laut Heilvorkommen- und Kurortegesetz müssen die ausführlicheren Analysen zusätzlich hygienisch-bakteriologische und in gewissen Fällen auch biologische Untersuchungsergebnisse beinhalten. Für die Nutzungsbewilligung, Betriebs- und Vertriebsbewilligung sind überdies noch die Lagerfähigkeit von Versandprodukten, ferner die technisch einwandfreie Fassung bei Heilquellen sowie Gewinnung bzw. Aufbereitung der Heilvorkommensprodukte und die sonstigen nutzungstechnischen Einrichtungen zu prüfen. Auch dafür wird der balneotechnisch versierte Balneochemiker herangezogen.

Obwohl im Heilvorkommen- und Kurortegesetz nicht angeführt, sind schließlich oft noch umfangreiche Erhebungen nötig (z. B. Mächtigkeitsermittlung und Qualitätsprüfung der verschiedenen Schichten von Mooren, ferner die Beschaffung geologischer, hydrologischer und sonstiger einschlägiger Untersuchungen).

Vor allem die Vollanalysen („Große Heilwasseranalyse", „Kleine Heilwasseranalyse", „Peloid-Vollanalyse" und „Große Heilgasanalyse") sind mehr als nur „chemische Untersuchungen".

Dies sei erwähnt, da sich in dieser Hinsicht aus den angeführten gesetzlichen Untersuchungsbezeichnungen vielfach Unklarheiten ergeben. Der Balneoanalytiker bemüht sich, von neuen Untersuchungsmöglichkeiten Gebrauch zu machen. Er beschäftigt sich mit der Verbesserung bestehender Analysenmethoden und im wissenschaftlichen Bereich mit der Ausarbeitung neuer Untersuchungsverfahren. Schließlich ist es notwendig, in der Forschung bei vielen Fragen balneoanalytisch und balneomedizinisch zusammenzuarbeiten. In der quantitativen Erfassung von Inhaltsstoffen natürlicher Heilvorkommen ist man schon weit vorangeschritten. Die biopositiven bzw. bionegativen Wirkungen etlicher dieser Einzelstoffe bzw. Faktoren sind in Tier- und Pflanzenversuchen studiert worden. Es sind aber am Menschen selbst erst relativ wenige fundierte Untersuchungen mit Einzelstoffen erfolgt. Wir haben fast gar keine Kenntnisse bezüglich der Auswirkung des Zusammenspiels mehrerer oder zahlreicher Inhaltsstoffe oder Wirkfaktoren von natürlichen Heilvorkommen. Die Reaktionsvorgänge bzw. Wirkmechanismen im menschlichen Organismus müssen erst geklärt werden.

Der Wert der Balneoanalytik liegt vor allem in der Beschreibung und Beschaffenheitsuntersuchung von natürlichen Heilvorkommen und Heilfaktoren als Voraussetzung für die medizinische Auswertung. Darüber hinaus können balneoanalytische Daten und Gutachten auch für andere Fachgebiete und Nutzungsbereiche von Bedeutung sein. Analytische Untersuchungswerte liefern seit fast zwei Jahrhunderten der Medizin die Möglichkeit, die aus der ärztlichen Erfahrung bekannten Heileigenschaften natürlicher Heilvorkommen mit der Stoff- und Zustandsbeschaffenheit

---

*) Anmerkung der Redaktion:
Die balneologische Untersuchungsabteilung (Leiter: Ing. A. Stehlik) der Bundesstaatlichen Anstalt in der Währingerstraße 13a ist im April 1985 der Bundesanstalt für chemische und pharmazeutische Untersuchungen in 1090 Wien, Zimmermanngasse 3, (Direktor: HR. Dr. E. Schlederer) angegliedert worden.

derselben zu vergleichen. Im Laufe der Zeit konnten so gewisse chemische Inhaltsstoffe und bestimmte physikalische Eigenschaften als Heilfaktoren erkannt und ihre heilwirksamen Mindestwerte festgelegt werden. Heute ist es daher in den meisten Fällen möglich, allein schon auf Grund der Analyse auszusagen, ob und wofür das in Frage kommende natürliche Untersuchungsmedium balneotherapeutisch brauchbar ist. Nur in Ausnahmefällen sind zusätzliche klinische Untersuchungen nötig.

2. Grundsätzliche Begriffsbestimmungen, Einteilung, Bezeichnung und analytische Charakterisierung von natürlichen Heilvorkommen

Die Begriffsbestimmung „natürliche Heilvorkommen" des Bundesgesetzes Nr. 272 vom 2. Dezember 1958 über natürliche Heilvorkommen und Kurorte lautet (1):

„Unter natürlichen Heilvorkommen im Sinne dieses Bundesgesetzes – im folgenden kurz Heilvorkommen genannt – werden ortsgebundene, natürliche Heilvorkommen, die auf Grund besonderer Eigenschaften und ohne jede Veränderung ihrer natürlichen Zusammensetzung eine wissenschaftlich anerkannte Heilwirkung ausüben oder erwarten lassen, ferner natürliche Faktoren ortsbedingter Art, die gleichfalls eine wissenschaftlich anerkannte Heilwirkung ausüben oder erwarten lassen, verstanden."

2.1 Grobeinteilung der natürlichen Heilvorkommen:

- Heilquellen,
- Heilpeloide,
- Heilfaktoren ortsbedingter Art,
- sonstige natürliche Heilvorkommen.

Die natürlichen Heilfaktoren ortsbedingter Art beziehen sich auf Klima, Lage, Höhe und dgl.

Zu den sonstigen natürlichen Heilvorkommen zählen:

- Moorwässer,
- radonhältige Luft,
- Heilgase und
- eventuell sonstige als heilwirksam erkannte Vorkommen.

Die angeführten Heilvorkommen werden durch Heilfaktoren charakterisiert. Die gesetzlichen Heilfaktoren sind (außer der Gesamtmineralisation) durchwegs spezifisch chemischer bzw. physikalischer Natur. Sie dienen auch der detaillierten Bezeichnung der natürlichen Heilvorkommen.

2.2 Die Heilfaktoren

(für die Heilwirkung maßgebende Merkmale):

1. bei Heilquellen:

a) eine gleichbleibende Temperatur von mindestens 20 °C am Quellaustritt oder

b) ein Mindestgehalt von 1 Gramm an gelösten festen Stoffen pro Kilogramm Wasser oder

c) ein Mindestgehalt an natürlichem freien Kohlendioxid beim Quellaustritt von
250 mg/kg für Trinkkuren bzw.
1000 mg/kg für Badekuren oder,

d) unabhängig von der Gesamtmineralisierung, ein Mindestgehalt an einem der nachstehend angeführten pharmakologisch wirksamen Inhaltsstoffe:

- Eisen: 10 mg/kg
- Jod: 1 mg/kg
- Titrierbarer zweiwertiger Schwefel: 1 mg/kg
- Radon: entsprechend $100 \cdot 10^{-9}$ Curie/kg für Trinkkuren (= 3700 Bq/kg) bzw. $10 \cdot 10^{-9}$ Curie/kg für Badekuren (= 370 Bq/kg) oder

e) sonstige Inhaltsstoffe oder Eigenschaften – soferne diese auf Grund wissenschaftlicher Erkenntnisse als heilwirksam anerkannt werden – in einer für die Heilwirkung notwendigen Mindestmenge bzw. nötigen Beschaffenheit.

2. bei Heilpeloiden:
Bisher sind gesetzlich noch keine Heilfaktoren und dazugehörige Mindestwerte festgelegt worden.

3. bei Heilfaktoren ortsbedingter Art:
Die Heilfaktoren ortsbedingter Art betreffend sind im Heilvorkommen- und Kurortegesetz ebenfalls noch keine Mindestanforderungen erschienen.

4. bei den „sonstigen natürlichen Heilvorkommen":

Heilmoorwasser: noch keine Heilfaktorenmindestwerte festgelegt;

radonhältige Luft: für Inhalationen mindestens
$1 \cdot 10^{-9}$ Curie Rn/Liter Luft
(= 37 BqRn/Liter Luft);

Heilgase: noch keine Heilfaktorenmindestwerte festgelegt.

Grundsätzlich dürfen alle festgelegten Mindestwerte auch an Orten der Nutzanwendung nicht unterschritten werden. Lediglich bei jenen Säuerlingen, die für Badezwecke therapeutisch genutzt werden, haben mehrere Landesregierungen den geforderten Mindestwert an den Nutzungsstellen auf 700 mg/kg herabgesetzt.

Bezeichnung der Heilquellen bzw. Heilwässer nach der Art der Heilfaktoren

Tabelle 1

	Heilfaktor	Bezeichnung der Quelle (2)	Bezeichnung des Wassers
a)	Wassertemperatur stets über 20 °C (beim Quellaustritt)	„Therme" (Weil als Thermen geologisch solche Quellen gelten, deren Austrittstemperatur über dem Jahresmittel der Lufttemperatur des Quellortes liegt, wäre es besser, in der Balneologie statt „Therme" die Bezeichnung „Heiltherme" zu verwenden.) „Akratotherme", wenn der Gehalt an gelösten festen Stoffen unter 1 g/kg liegt.	„Thermalwasser" (Besser wäre die Bezeichnung „Heilthermalwasser" oder „natürliches Thermalwasser" zum Unterschied von ursprünglich kaltem, aufgewärmtem Wasser.)
b)	Summe der gelösten festen Stoffe mindestens 1 g/kg	„Heilmineralquelle" (Diese Bezeichnung ist im Gesetz leider nicht berücksichtigt worden.)	„Mineralwasser" (Leider nur im Wiener Heilvorkommen- und Kurortegesetz so bezeichnet. Zur Unterscheidung vom „Tafelmineralwasser" wäre es besser, die Bezeichnung „Heilmineralwasser" einzuführen.)
		Zur Bezeichnung gehört auch die Anführung jener Ionen, die mit mindestens 20 mval % vertreten sind. Hiebei sind zuerst die Kationen und dann die Anionen in der Reihenfolge fallenden Gehaltes anzuführen.	
		„Solquelle" oder „Sole" (Wässer, die mindestens je 240 mval Natrium- bzw. Chlorid-Ionen in 1 kg Wasser enthalten)	
		Man verwendet bei Mineralwässern gerne noch Bezeichnungen nach dem überwiegenden Anion:	
		„Chlorid-Quellen",	bzw. „Chlorid-Wässer",
		„Sulfat-Quellen",	bzw. „Sulfat-Wässer",
		„Hydrogencarbonat-Quellen",	bzw. „Hydrogencarbonat-Wässer",
		die je nach dem vorherrschenden Kation unterteilt werden in z. B.:	
		„Kochsalz-Quellen",	bzw. „Kochsalz-Wässer",
		„Glaubersalz-Quellen",	bzw. „Glaubersalz-Wässer",
		„Bittersalz-Quellen",	bzw. „Bittersalz-Wässer",
		„Alkalische Quellen",	bzw. „Alkalische Wässer".
c)	Gelöstes freies Kohlendioxid: über 250 mg/kg	„Trinksäuerling"	(Könnte „natürliches Kohlensäure-Wasser" mit dem Vermerk „-für Trinkkuren-" heißen)
	über 1000 mg/kg	„Badesäuerling"	(Könnte „natürliches Kohlensäure-Wasser" mit dem Vermerk „-für Badekuren-" heißen)
d)	Pharmakologisch besonders wirksame Inhaltsstoffe:		Im Gesetz nicht extra angeführte, jedoch übliche Bezeichnung:
	Eisen: mindestens 10 mg/kg	„Eisenquelle"	„Eisenwasser"
	Jod: mindestens 1 mg/kg	„Jodquelle"	„Jodwasser"
	Schwefel (S^{II}): mindestens 1 mg/kg	„Schwefelquelle"	„Schwefelwasser"
	Radon: mindestens 100 nCi/kg (= 3700 Bq/kg)	„Radonquelle (f. Trinkkuren)"	„Radonwasser (f. Trinkkuren)"
	10 nCi/kg (= 370 Bq/kg)	„Radonquelle (f. Badekuren)"	„Radonwasser (f. Badekuren)"
e)	Sonstige Inhaltsstoffe bzw. Eigenschaften bestimmter Mindestanforderung, wie sie für eine Heilwirkung erkannt wurden		
	(Noch keine Heilfaktoren-mindestmengen festgelegt)	(„Moorwasserquelle") (gesetzlich noch nicht festgelegte Bezeichnung)	(„Moorheilwasser")

Versandheilwässer, die auch als Tafelwässer (meist handelt es sich um „Tafel-Mineralwasser") vertrieben werden, müssen bei der Untersuchung, Bezeichnung, Charakterisierung und sonstigen gesetzlichen Anforderungen sowohl dem Heilvorkommen- und Kurortegesetz als auch dem Lebensmittelcodexkapitel B 17 entsprechen. (3)

2.3 Zur Erstellung der balneochemischen Charakteristik von Heilquellen

Bei einer Heilquelle mit mehreren Heilfaktoren hebt man die bedeutsamere Eigenschaft in der Bezeichnung hervor. Ob diese Hervorhebung durch Voranstellen (z. B. „Schwefelhaltiger(s) . . . . ") oder Nachstellen („ . . . . -Schwefelquelle") geschehen soll, ist gesetzlich nicht festgelegt. Wenn einem Versandheilwasser vor dem Abfüllen künstlich Kohlendioxid zugegeben wurde, so wäre es nötig, den Gehalt an Kohlendioxid auf ganze Gramm abgerundet pro kg oder l bei der Charakteristik anzugeben.
Quellwässer mit mindestens 1 Gramm gelöster fester Stoffe (Mineralwässer) sind durch jene Ionen zu bezeichnen, die mit wenigstens 20 Äquivalentprozenten vertreten sind. Hiebei sind zuerst die Kationen und dann die Anionen in der Reihenfolge fallenden Gehaltes anzuführen. An diese Reihenfolge schließt das Wort "-Mineralwasser" (besser wäre „-Heilmineralwasser") an. So lautet z. B. die Charakteristik des als Heilwasser genutzten Wassers der Ausseer „Scheibenstollenquelle":
„Natrium-Chlorid-Sulfat-Mineralwasser"

(Im Jahre 1981 wurden im Rahmen einer Kontrollanalyse gefunden:
mval%
Natriumion 79,30
Chloridion 57,73
Sulfation 41,25
Summe der gelösten festen Stoffe: 13,8 g/kg)

Wie man die Äquivalentanteile berechnet, wird im Abschnitt zur Darstellung der Analyse beschrieben.

Die Charakteristik der anderen Heilquellen stimmt mit den Bezeichnungen der Tabelle 1 überein.

2.4 Definition und Bezeichnung (Klassifizierung) der Heilpeloide

Nach den Begriffsbestimmungen des Heilvorkommen- und Kurortegesetzes versteht man unter „Heilpeloiden" durch geologische oder geologisch-biologische Vorgänge entstandene Peloide, die, in feinkörnigem Zustand mit Wasser vermischt und erwärmt, bei Bädern, Packungen oder sonstiger Anwendung auf Grund besonderer Eigenschaften ohne weiteren Zusatz eine wissenschaftlich anerkannte Heilwirkung ausüben oder erwarten lassen. Peloide können in der natürlichen Beschaffenheit mehr oder weniger wasserhaltig vorkommen.

Diese Definition lehnt sich weitgehend an jene des Peloid-Komitees der International Society of Medical Hydrology (ISMH) aus dem Jahre 1938 an. Es gibt auch noch andere Definitionen und Definitionsvorschläge, auf die hier nicht näher eingegangen werden kann.

Weil das Zerdrücken oder Zerkleinern gröberer, leicht zerfallender anorganischer Materialien und mürber pflanzlicher Grobreste in relativ einfacher Weise möglich ist, ohne daß sich die Zusammensetzung der Peloidmasse verändert, sind derartige Peloidaufbereitungsmaßnahmen gestattet.

Die quantitative Erfassung der Einzelsubstanzen und physikalischen Eigenschaften ist bei den Peloiden wesentlich schwieriger als bei den Wässern. Es gibt daher noch keine gesetzlich festgelegten Heilfaktoren und hierfür nötige Mindestwerte. Somit fehlt bis heute ein balneomedizinisch-balneoanalytisch begründetes Einteilungs- und Bezeichnungssystem.

Man muß zwischen der Peloidlagerstätte und dem Peloid (Lagerstätteninhalt) unterscheiden. So ist z. B. das „Moor" die Lagerstätte des „Torfes". Die Klassifizierung von Peloidlagerstätten wird sehr unterschiedlich gehandhabt und kann je nach den verfolgten Zwecken z. B. geomorphologisch, geogenetisch, lagerstättenkundlich, hydrologisch oder auch botanisch erfolgen.

Bei der Klassifizierung der Inhalte der Peloidlagerstätten wendet man

a) bei organischen Peloiden vor allem botanische, physikalische und chemische
b) bei mineralischen Peloiden vor allem mineralogische und ebenfalls physikalische und auch chemische Untersuchungskriterien an.

In den „Begriffsbestimmungen für Kurorte, Erholungsorte und Heilbrunnen" des Deutschen Bäderverbandes bedient man sich eines geologisch-genetischen Einteilungssystems, welches – in etwas abgeänderter Form – als eine zumindest vorübergehende, balneologische Alternative der Peloidklassifikation empfohlen werden kann (Tabelle 2).

Das anwendungsfertige Peloidmedium muß sich laut Definition in einem feinkörnigen, also schlamm- bis breiförmigen Zustand befinden. Ein Bademedium mit z. B. 0,2 – 2 kg Peloid pro Wanne (200 – 250 l) entspricht somit keinem Peloidmedium mehr. Es kann lediglich als „Schwebstoff"-Bademedium bezeichnet werden.

Geologisch-genetisches Einteilungsschema für Peloide (4)

Tabelle 2

Peloid-Arten	Vertreter
a) *Aquatische Lockersedimente:*	
Torfe:	Niedermoor-, Übergangsmoor- und Hochmoortorf;
Moorerden:	torfige Moorerde, humöse Moorerde;
Bituminöse Schlamme:	Sapropel, Gyttja bzw. Mudde;
Schlicke:	Süßwasser-, Salzwasserschlick;
b) *Mineralschlamme:*	
Tonschlamme:	Schweb, Schluff;
Kalkschlamme:	Seekreide, Alm (Wiesenkalk);
Kieselschlamme:	Diatomeen-, Radiolarien-, Spongienguren;
Sonderschlamme:	Sulfid-, Phosphat-, Schwefelschlamm;
c) *Terrestre Lockersedimente:*	
Heilerden:	Ton, Lehm, Löß, vulkanischer Tuff.

3. Analysenumfang

Der Umfang der Heilwasser- und Peloidanalysen ist gesetzlich festgelegt. Es sei hier ganz allgemein darauf hingewiesen, daß Untersuchungsnormen für den Vergleich der verschiedenen Heilvorkommen von großem Wert sind. Man darf aber nicht übersehen, daß zum Zeitpunkt ihrer Festlegung selbst optimale Normen nach einiger Zeit den Anforderungen nicht mehr voll entsprechen. Der Analytiker sollte daher in außergewöhnlichen Fällen, wenn nötig, entweder zusätzlich notwendige Untersuchungen durchführen oder, um zu einem schnelleren Endergebnis zu kommen, für die Problemstellung unbrauchbare bzw. nicht zweckdienliche aufwendige Untersuchungen abkürzen.

3.1 Heilwasseranalysen

Das Heilvorkommen- und Kurortegesetz unterscheidet drei verschiedene Arten von Heilwasseranalysen: die „Kontrollanalyse“, die „Kleine Heilwasseranalyse“ und die „Große Heilwasseranalyse“.

Die in der Praxis häufig durchzuführenden Voruntersuchungen sind im Gesetz nicht beschrieben. Die Analyse wird vor allem als Grundlage für die balneomedizinische Beurteilung benötigt. Weil in diesem Zusammenhang auch die technischen und (hydro-)geologischen Verhältnisse sehr wichtig sein können, müssen über die derzeitigen gesetzlichen Anforderungen (physikalische, chemische und mikrobiologische Untersuchungen) hinaus bei den großen Analysengutachten auch derartige Angaben enthalten sein.

Die *„Große Heilwasseranalyse“* hat folgende Angaben zu umfassen:

(Empfehlungen des Autors werden nachstehend in Klammer gesetzt.)

(Untersuchungsauftrag:

- Name und Anschrift der Untersuchungsinstitution sowie Name des Untersuchungsgutachters;
- Untersuchungsauftrag mit Name und Anschrift des Auftraggebers;
- Datum der Ortsbesichtigung und Probenahme)

(Allgemeine Beschreibung:

- allgemeine Lage und Höhenlage;
- quelltechnische Angaben wie z. B.: Verlauf des Ausbaus bzw. der Erschließung, Bohrprofil-Plan, Beschreibung der Fassung, Beschreibung der technischen Anlagen zur Förderung, Speicherung, Nutzung, Abfüllung und Ableitung des Heilwassers etc.;
- Kurzbeschreibung der geologischen bzw. hydrogeologischen Verhältnisse;)

Sinnesprüfung bei der Entnahme und im Laboratorium, mit Datum

Physikalische und physikalisch-chemische Untersuchung:

- Wetter und vorausgegangene Witterung, Luftdruck, Lufttemperatur;
- Wasserschüttung bzw. Wasserförderstärke (mit Messung des Wasserspiegels);
- Gasschüttung, falls das Quellgas therapeutisch von Interesse ist;
- Quelltemperatur;
- (Farbgrad, quantitativ bestimmt;)
- elektrische Leitfähigkeit bei Quelltemperatur sowie bei 20,0 °C (und 25,0 °C);
- Trockenrückstand (Abdampfrückstand) bei 105 °C sowie bei 180 °C (und eventuell auch bei 220 °C);
- pH-Wert, elektrometrisch an der Quelle bestimmt;
- (Redoxpotential des Wassers an Ort und Stelle);
- Menge der gelösten Gase;
- spektralanalytische Untersuchung auf Spurenelemente (spektralspektroskopisch bestimmt);
- Radium, Radon, Uran;

– (Gesamt-α-Aktivität sowie Gesamt-β-Aktivität;)
– (Tritium und eventuell auch Kohlenstoffisotop $^{12}_{6}C$;)
– Dichte bei 20 °C;

Chemische Untersuchung:
– Ionen (der Haupt- und Nebeninhaltsstoffe);
– Gehalt an nichtdissoziierten Bestandteilen (Nichtelektrolyte);
– gelöste Gase (einzeln);
– Analyse der frei aufsteigenden Quellgase;
– Kaliumpermanganatverbrauch (Oxidierbarkeit mittels $KMnO_4$);
– (gesamter organisch gebundener Kohlenstoff;)
– (organische Spurenstoffe im Verdachtsfall oder aus wissenschaftlichem Interesse sowie bei Heilwässern, die auch als Tafelmineralwässer genutzt werden: Phenole, polycyclische aromatische Kohlenwasserstoffe, Mineralöl-Kohlenwasserstoffe, halogenierte aliphatische KWe, Phenol-Halogenverbindungen, Benzol und dessen Halogenverbindungen, Pestizide, polychlorierte Biphenyle, Tenside etc.;)
– (Spurenelemente, die spektralphotometrisch bestimmt werden;)

Bezüglich der Darstellung der chemischen Analysenergebnisse heißt es im Heilvorkommen- und Kurortegesetz:
– „Chemische Untersuchung: Ionen in mg/kg, mval/kg und mval %; nichtdissoziierte Bestandteile in mg/kg und mmol/kg; gelöste Gase in mg/kg, mmol/kg und ml/kg bezogen auf 0 °C und 760 Torr; Summenbildung in den genannten Stoffgruppen; frei aufsteigende Quellgase in % der Gesamtmenge;"
(Diese Darstellungsvorschriften wurden bis heute durch eine Abänderung des Heilvorkommen- und Kurortegesetzes noch nicht korrigiert.)
– Gehalt an wertbestimmenden, balneotherapeutisch maßgebenden Inhaltsstoffen am Ort des Gebrauches;
– balneochemische Charakteristik;
– (Anführung früherer Untersuchungsdaten;)
– biologische Untersuchung der am Heilwasserursprung in natürlicher Biozönose lebenden Mikroorganismen;
– hygienisch-bakteriologische Untersuchung;
– Begutachten des Analysenbefundes und Diskussion etwaiger seit der vorausgegangenen Analyse eingetretener Veränderungen des Quellwassers.

Wenn diese Vorschriftenliste nicht sämtliche Einzelbestimmungen anführt, so ist dies nicht ein Nachteil, sondern eher von Vorteil, weil derartige „Spielräume" es gestatten, sich besser an neuere Anforderungen anpassen zu können.
Der Umfang der Heilwasser-„Kontrollanalyse" ist wesentlich kleiner als jener der vorhin beschriebenen „Großen Heilwasseranalyse".

3.2 Umfang der „Peloid-Vollanalyse"

(Nachstehend werden auch hier, wie bei der Großen Heilwasseranalyse, Angaben, die nicht im Gesetz aufscheinen, aber empfehlenswert sind, in Klammern angeführt.)

Eine „Peloid-Vollanalyse" hat folgende Angaben zu umfassen:
– Untersuchungsauftrag;
– (Name und Anschrift der Untersuchungsinstitution sowie Name des verantwortlichen Untersuchungsgutachters;
– Untersuchungsauftrag mit Name und Anschrift des Auftraggebers;
– Datum der Ortsbesichtigung, der örtlichen Untersuchung und Probenahme;)
– (Witterung und Wetterdaten vom Entnahmetag sowie von den Tagen vorher)

(Allgemeine und spezielle Beschreibung der Lagerstätte:
– geographische und geologische Beschreibung der Lagerstätte;
– Beschreibung der Umgebung, vor allem in hygienischer und hydrologischer Hinsicht;
– genaue Beschreibung der Probenahmestellen und der Entnahmemethoden;
– Erstellung einer genauen Geländeskizze bzw. eines Vermessungsplanes;
– Ermittlung der flächenmäßigen Ausdehnung und Dicke der Moorschichten;
– Beschaffenheit des Untergrundes;
– Vegetationsbeschreibung)

(Beschreibung der vorhandenen technischen Anlagen, von der Gewinnung bis zur Nutzanwendung des Peloids)

(Lagerung bzw. Beseitigung des genutzten Peloids)

Kurze Anführung der bisher von dem betreffenden Lager durchgeführten Untersuchungen

(Teiluntersuchungen der Proben, die über das gesamte Moor und aus verschiedenen Schichten entnommen wurden)

Kontrolluntersuchung der Proben vom Ort der Nutzanwendung

Makroskopische Beschreibung: Farbe, Konsistenz, Homogenität, Geruch, Gehalt und Art gröberer Bestandteile, Zersetzungsgrad

(Herstellung der Hauptuntersuchungsprobe)

Mikroskopische Untersuchung der pflanzlichen und mineralischen Teilchen

Physikalische (und physikalisch-chemische) Untersuchung:

- (Korngrößenverteilung und Homogenisierbarkeit;)
- pH-Wert, elektrometrisch gemessen (bei Normalkonsistenz und angegebenen Verdünnungen);
- Wassergehalt des naturfeuchten Peloids;
- Wasserkapazität;
- Wassergehalt bei Normalkonsistenz;
- Sedimentvolumen;
- Quellungsgrad, bei Badetorfen;
- Dichte bei Normalkonsistenz (für den naturfeuchten, packungskonsistenten und trockenen Zustand berechnen);
- (Der Wassergehalt bei Packungskonsistenz verlangt, gelegentlich experimentell ermittelt zu werden;)
- spezifische Wärme;
- Wärmekapazität;
- Wärmeleitzahl;
- Wärmehaltung nach der Kugelmethode;
- (Sorption von z. B. Methylenblau oder anderen in wässriger Lösung vorgelegten Substanzen)

Chemische Untersuchung der Hauptprobe:

- Allgemeine Zusammensetzung (des naturfeuchten sowie normalkonsistenten Peloids):

  Wassergehalt bei 105 °C; Mineralstoffe, gleich dem Glührückstand; organische Stoffe, gleich dem Glühverlust;
- organische Gruppenanalyse (mit den Substanzgruppen „Bitumina", „Lösliche Kohlenhydrate und Pektine", „Cellulose und Hemicellulosen", „Alkalilösliche und säurefällbare Huminsäuren" sowie „Lignine und Humine");

  (Bei stark anorganischen Peloiden kann die organische Gruppenanalyse abgekürzt oder gar weggelassen werden.)
- Gehalt an anorganischen und organischen Stoffen im Wasserauszug 1 : 50 mit quantitativer Bestimmung der Einzelbestandteile;
- (Gehalt und Zusammensetzung der wassergelösten Stoffe bei Normalkonsistenz und bei relativ starker angegebener Verdünnung)
- Bei Badetorfen auch Untersuchung des natürlichen Moorwassers:

  Sinnesprüfung bei der Probenahme und im Laboratorium mit Datum;

  pH-Wert, womöglich im Lager bestimmt;

  elektrische Leitfähigkeit bei der Temperatur des Lagers und bei 20 °C;

  Trockenrückstand bei 105 °C und 180 °C;

  Glührückstand;

  Glühverlust;

  Oxidierbarkeit mittels Kaliumpermanganat;

  quantitative Bestimmung der gelösten anorganischen sowie organischen Hauptbestandteile;
- Analyse der Mineralstoffe:

  wasserlöslicher Anteil in der Asche;

  salzsäurelöslicher Anteil in der Asche;

  quantitative Bestimmung der einzelnen anorganischen Stoffe, wenn es sich um Peloide höheren Aschengehaltes handelt;)
- (Gesamt-Stickstoff, Gesamt-Schwefel, Gesamt-Phosphor, Gesamt-Eisen)

(Vergleich mit vorangegangenen Untersuchungen)

Hygienisch-bakteriologische Untersuchung

Charakterisierung des Peloids und dessen Beurteilung, mit Hinweisen für die Herstellung von normalkonsistenten Peloidbädern bzw. für die Aufbereitung von Packungen

(Anmerkungen zu den physikalischen und chemischen Wirkfaktoren)

(Abschließende gutachtliche Stellungnahme)

„Kontrollanalysen"

dienen der Kontrolle der wesentlichen Beschaffenheitsmerkmale des Heilvorkommens im naturfrischen und anwendungsbereiten Zustand und der Beurteilung eventuell vorgenommener technischer Veränderungen, die in direktem Zusammenhang mit dem Heilvorkommen stehen.

Gelegentlich sind auch *Sonderuntersuchungen* durchzuführen, die ihr eigenes Programm benötigen.

4. Analysendarstellung

4.1 Zur Angabe der Analysenergebnisse

Im Zusammenhang mit den neuen „SI"-Einheiten des Internationalen Einheitensystems (Systeme International d' Unités) haben sich auch Änderungen bei balneoanalytischen Angaben von Meßwerten bzw. Einheiten ergeben. Innerhalb der Republik Österreich sind im amtlichen und im rechtsgeschäftlichen Verkehr jene gesetzlichen Maßeinheiten zu verwenden, wie sie im Maß- und Eichgesetz 1973 (5) vorgeschrieben sind. Darin finden sich neben den SI-Einheiten auch noch andere Maßeinheiten.

Die drei Klassen der SI-Einheiten (Basiseinheiten, abgeleitete Einheiten und ergänzende Einheiten) bilden ein „kohärentes" Einheitensystem.

Der Anschaulichkeit halber mußte man auch dezimale Teile bzw. Vielfache der SI-Basiseinheiten gestatten.

Erst im Jahr 1969 wurde zu den sechs SI-Basiseinheiten (Meter, Kilogramm, Sekunde, Ampere, Kelvin und Candela) als Basiseinheit für die Stoffmenge das Mol (mol) hinzugenommen (6).

1 Mol (mol) eines Stoffes ist die Stoffmenge gleichartiger Stoffteilchen in einer Anzahl, die jener der Kohlenstoffatome von genau 12 Gramm des Kohlenstoffisotops $^{12}_{6}C$ gleichkommt.

Bei den „Stoffteilchen" kann es sich um Moleküle, Ionen, Atome, Formeleinheiten, Radikale, Protonen, Photonen, Elektronenvolt etc. handeln.

Bei Benutzung des Mol muß auf die Stoffteilchen namentlich Bezug genomen werden, um die Portion eines Stoffes exakt anzugeben.
Wenn wir unter einer Stoffportion eine bestimmte Menge eines Stoffes verstehen, der aus gleichen Stoffteilchen besteht, so können wir diese Stoffportion beschreiben durch:

a) die Masse der Stoffportion,
b) die Anzahl der Stoffmengeneinheiten (= Anzahl mol des Stoffes) oder
c) durch das Volumen (unter Berücksichtigung der Temperatur und des Druckes).

Liegen mehrere Stoffe in homogener Mischphase nebeneinander vor, so muß man bei Beschreibung der Stoffportion der einen Komponente auch auf die anderen Komponenten des Gesamtsystems eingehen.
So ergeben sich nachstehende Beziehungen der Stoffgehalte (Tabelle 3) (7):

Beziehungen der Stoffgehalte

Tabelle 3

	-Anteil	-Konzentration	-Verhältnis
Massen-	$\frac{m_i}{m_{ges}}$ (z. B.: $\frac{g}{kg}$)	$\frac{m_i}{V_{ges}}$ (z. B.: $\frac{g}{l}$)	$\frac{m_i}{m_j \text{ oder } m_k \text{ oder} \dots}$
Stoffmengen-	$\frac{n_i}{n_{ges}}$ Auch als „Molenbruch" bezeichnet	$\frac{n_i}{V_{ges}}$ Auch „Molarität" ($\frac{mol}{l}$) genannt	$\frac{n_i}{n_j \text{ oder } n_k \text{ oder} \dots}$
Volumen-	$\frac{V_i}{V_i + V_j + V_k + \dots}$ (vor dem Mischen)	$\frac{V_i}{V_{Mischphase}}$ (Gasgemisch) (nach dem Mischen)	$\frac{V_i}{V_j \text{ oder } V_k \text{ oder} \dots}$

Bei Gasen ist es besser, die Volumenkonzentration anzugeben, wenn beim Mischvorgang der Gase mit einer eventuellen Veränderung des Gesamtvolumens zu rechnen ist. Es ist also die Volumenkonzentration nur dann dem Volumenanteil gleich, wenn die Summe der einzelnen Volumina vor dem Mischen so groß ist wie das Volumen der Gasmischung.

Die Bedeutung der Formelzeichen:

m_i = Masse der Komponente i;
$m_j, m_k, \dots$ Massen der anderen Komponenten
m_{ges} = Gesamtmasse
n_i = Stoffmenge der Komponente i in mol (oder mmol)
$n_j, n_k, \dots$ = Stoffmengen der Komponenten j, k etc. in mol (oder mmol)
n_{ges} = Summe der Stoffmengen aller Komponenten in mol (oder mmol).
V_i = Volumen der Komponente i
$V_j, V_k, \dots$ = Volumina der anderen Komponenten
$V_i + V_j + V_k + \dots$ = Gesamtvolumen vor dem Mischen
$V_{Mischphase}$ = Gesamtvolumen nach dem Mischen

Sonstige Gehaltsangaben:

$$\text{„Molalität"} = \frac{\text{Stoffmenge einer gelösten Komponente (mol)}}{\text{Masse des Lösungsmittels (kg)}}$$

$$\text{Der Quotient} \dots \quad \frac{\text{Stoffmenge einer Komponente der Lösung}}{\text{Gesamtmasse der Mischphase}}$$

hat keinen üblichen Eigennamen. Hierher gehören die Beziehungen:
Stoffmenge an Ionen-Formeleinheiten/Gesamtmasse der Lösung (meist angegeben in mmol/kg),
Stoffmenge an Molekülen/Gesamtmasse der Lösung (meist angegeben in mmol/kg) und die
Stoffmenge der Ionenäquivalente/Gesamtmasse der Lösung (früher angegeben in mval/kg).

Diese beiden letzten Angaben schrieb das österreichische Heilvorkommen- und Kurortegesetz bei Wasseranalysen vor.
Die Stoffmenge von 1 Mol an Ionenäquivalenten hieß „1 Val".

Dividiert man die relative Formelmasse (früher: „Formelgewicht", z. B. Atomgewicht, Ionengewicht etc.) eines Stoffteilchens (Ion, Atom, Molekül) durch die Ionen-, Atom-, Metall- bzw. Gesamtwertigkeit der Atomgruppe bzw. des Atoms, so erhält man die *„relative Äquivalentmasse"* (früher: „Äquivalentgewicht"):

$$\text{relative Äquivalentmasse} = \frac{\text{relative Formelmasse}}{\text{Wertigkeit}}$$

Die *„molare Äquivalentmasse"* (g/mol) stimmt numerisch mit der relativen Äquivalentmasse überein. Es handelt sich um die Masse von 1 Mol Äquivalenten.

Sie beträgt z. B. für das Calciumion (Ca^{2+}) . . . $\frac{40{,}08}{2} = 20{,}04$ g/mol.

Unter einem *„Äquivalentteilchen"* (kurz: *„Äquivalent")* wird der (gedachte) Bruchteil $\frac{1}{z}$ eines Stoffteilchens verstanden, wobei z die betreffende Wertigkeit des Teilchens darstellt. Bei einem Ion handelt es sich um ein *„Ionenäquivalent"*.
Werden die in wässeriger Lösung vorliegenden Ionenmassen in mg/l angegeben und durch die relative Ionenäquivalentmasse dividiert, so gelangt man zu der Anzahl Ionenäquivalente in mmol/l (= mval/l).

Z. B. bei einem Gehalt an Calciumionen (Ca^{2+}) von 234,9 mg/l ergibt sich die Anzahl von 11,722 (= $\frac{234{,}9}{20{,}04}$) Ionenäquivalenten an Calciumionen in mmol/l.

Die Stoffmenge an Calciumionenäquivalenten ist doppelt so groß wie jene der Calciumatome (Ca), weil das Calciumion elektrisch zweiwertig ist.

Es sei nochmals darauf hingewiesen, daß sich das bisher in der Analysenangabe für Elektrolyte (= Ionen) verwendete Millival (= 0,001 Val) folgendermaßen ergibt:

$$\text{Anzahl mval einer Ionenart} = \frac{\text{Anzahl mg der Ionen}}{\frac{\text{relative Ionenmasse}}{\text{Ionenwertigkeit}}}$$

(Das frühere „Gewicht" ist jetzt ersetzt durch „Masse".)

Die Definition des *Val:*
„Die dem Äquivalentgewicht numerisch entsprechende Grammenge, jetzt „relative Äquivalentmasse", heißt 1 Grammäquivalent oder auch kurz 1 Val."

Die Summe der Ionenäquivalentkonzentrationen der Kationen muß gleich sein jener der Anionen. Abweichungen bis 0,5% können toleriert werden. Wird die Summe der Äquivalentkonzentrationen der Metallionen bzw. der Nichtmetallionen = 100% gesetzt, lassen sich die Äquivalentkonzentrationen der einzelnen Ionenarten in Prozenten ausdrücken.
Z. B. bei einer Summe an Kationenäquivalentkonzentrationen von 26,8925 mmol/l und bei einer Ca^{2+}-Äquivalentkonzentration von 11,722 mmol/l beträgt der Äquivalentanteil des Calciumions:
(11,722 x 100) : 26,8925 = 43,58%.

Aus Gründen der Praxis und wegen des internationalen Einheitensystems ist bei den Masse- und Moleinheiten nicht mehr auf 1 kg, sondern auf *1 Liter* Untersuchungswasser zu beziehen.

Auch die *Wasserhärte* und die *Säure- bzw. Basekapazität* werden nun in mmol/l angegeben. 1 mmol Erdalkalionen = 5,6 °dH.

Bei den Peloiden ist in den thermophysikalischen Einheiten die Kalorie (cal) durch das *Joule (J)* zu ersetzen. 1 cal = 4,1868 J.

Für Moorwässer und wässerige Medien des Peloids gelten die gleichen Einheitenangaben wie bei den Heilwässern.

Zur Zeit beschäftigt man sich noch mit der Normung der Angabe von Meßwerten (Analysenergebnissen), aber auch mit der Form und Art der Zusammenstellung (Darstellung) der Untersuchungsergebnisse (8).

4.2 Beispiele von Analysendarstellungen

4.2.1 Darstellung einer Großen Heilwasseranalyse

„Große Heilwasseranalyse der Thomas-Miriam-Quelle im Bereich des Thermalbades Weißenbach, 9412 St. Margarethen im Lavanttal (Kärnten)"

(Nachstehend eine Kurzfassung der 22 Seiten umfassenden Analysenschrift, Beilagen nicht miteinbezogen)

Analysengutachten vom 28.3.1985, Zl.: 540/85.

Erstellt an der Bundesstaatlichen Anstalt für experimentell-pharmakologische und balneologische Untersuchungen, 1090 Wien, Währingerstraße 13a.

Datum der Probenahme: 10. und 11.52.1984

Lage der Quelle: Die Bohrung befindet sich auf der Parzelle Nr. 1034/2 der Katastralgemeinde Weißenbach, Bezirk Wolfsberg, ca. 20 m südlich des Badehauses.

Die geologischen und hydrologischen Verhältnisse können mit bloß einigen Sätzen kaum hinreichend beschrieben werden.

Tabelle 4

a) Haupt- und Nebeninhaltsstoffe des quellfrischen Wassers

	Massen-konzentration (mg/l)[1]	Formel-teilchen-konzentration (mmol/l)[1]	Ionen-äquivalent-konzentration (mmol/l)[1]	Äquivalent-anteil (%)
		Ionen:		
Kationen:				
Ammonium (NH_4^+)	0,30	0,0166	0,0166	0,06
Lithium (Li^+)	0,67	0,0966	0,0966	0,36
Natrium (Na^+)	265,8	11,562	11,562	43,0
Kalium (K^+)	33,5	0,857	0,857	3,19
Magnesium (Mg^{2+})	31,12	1,280	2,560	9,52
Calcium (Ca^{2+})	234,9	5,861	11,722	43,58
Strontium (Sr^{2+})	2,27	0,0259	0,0518	0,19
Barium (Ba^{2+})	0,50	0,0036	0,0073	0,03
Eisen (II) (Fe^{2+})	0,15	0,0027	0,0054	0,02
Mangan (Mn^{2+})	0,38	0,0069	0,0138	0,05
Summe Kationen:	569,6	$19{,}712_3$	$26{,}892_5$	100,00
Anionen:				
Fluorid (F^-)	0,87	0,0458	0,0458	0,17
Chlorid (Cl^-)	129,1	3,641	3,641	13,53
Sulfat (SO_4^{2-})	152,6	1,5885	3,177	11,80
Hydrogensulfid (HS^-)	0,1	0,0030	0,0030	0,01
Hydrogencarbonat (HCO_3^-)	1223,4	20,050	20,050	74,49
Summe Anionen:	1506,1	$25{,}328_3$	$26{,}915_8$	100,00
Elektrolytsumme:	2075,7	$45{,}040_6$		
Nichtelektrolyte:		Moleküle:		
m-Kieselsäure (H_2SiO_3)	61,1	0,7823		
o-Borsäure (H_3BO_3)	17,6	0,2846		
m-Arsenige Säure ($HAsO_2$)[2]	0,144	0,00133		
Summe Nichtelektrolyte:	78,8	1,0682		
Summe der gelösten festen Stoffe:	2154,5			
Gelöste Gase:				
Kohlensäure (CO_2)	1001	22,745 = 506,4 ml/l	(0 °C, 1013 mbar)	
Schwefelwasserstoff (H_2S)	0,99	0,0290 = 0,643 ml/l	(0 °C, 1013 mbar)	
Titrierbarer zweiwertiger Schwefel (S^{II}):	1,03			

[1] früher verwendete man: mg/kg bzw. mmol/kg bzw. mval/kg bzw. mval-%
[2] angegeben als Arsen (As): . . . 0,10 mg/l

Fortsetzung: Tab. 5 (Spurenstoffe)

Technische Angaben bez. der Bohrquelle: Die Quelle wurde 1982 erbohrt und ist 90 m tief.

Höhenlage der Geländeoberkante: 604,44 m.

Der Fassungskopf ragt ca. 30 cm über die Bodenoberfläche hoch. Etwa 20 cm über Geländeniveau fließt das artesisch hochsteigende Wasser ab. Das Steigrohr ist unterhalb von 29 m Tiefe perforiert.

Entnahmestelle: Probenahmehahn beim Fassungskopf und am Ende des ca. 40 m langen Überlaufschlauches.

Wetterdaten: Luftdruck (an beiden Entnahmetagen): 948 mbar (absolut); Lufttemperatur (10. Mai, 14.00 Uhr): 10 °C.

Prüfung des quellfrischen Wassers durch die Sinne:
farblos, klar, kein Bodensatz;
Geruch nach Schwefelwasserstoff;
Geschmack: säuerlingartig, deutlich salzig und schwefelwasserartig schmeckend.

Physikalische und physikalisch-chemische Daten:

- Wasserschüttung: 2,2 l/s
- Gasschüttung: 0,36 l/s
- Wassertemperatur: 32,25 °C
- pH-Wert (an Ort und Stelle elektrometrisch gemessen): 6,1
- elektrische Leitfähigkeit (bei 20,0 °C): 2069 µS/cm = 0,2069 S/m
- Dichte (d_{20}) = 1,0001 g/ml bzw. cm^3
- Trockenrückstand bei 180 °C: 1508 mg/l

Chemische Untersuchungen:

a) Haupt- und Nebeninhaltsstoffe (siehe Tab. 4)
b) Spurenstoffe (siehe Tab. 5)
c) Gasanalyse (siehe Tab. 6)
d) Analysenkontrolle

b) Spurenstoffe

Tabelle 5, Teil 1

Anorganische Spurenstoffe

Radon (Rn) [1]		0,15	nCi/l = 5,6 k Bq/m³
Radium (Ra) [1]		3,1	pCi/l = 110 Bq/m³
Thorium (Th) [2]		3,5	µg/l
Uran (U) [2]		0,12	µg/l
Gesamt-Beta-Aktivität (abzüglich der Aktivität des Kaliums [1]		21	pCi/l = 800 Bq/m³
Tritium (^3H) [3]		0+0,5	TE = 0 + 0,06 Bq/l
Blei (Pb)		2	µg/l
Cadmium (Cd)		2	µg/l
Kupfer (Cu)	unter	30	µg/l
Zink (Zn)	unter	30	µg/l
Quecksilber ges. (Hg) [4]		0,3	µg/l
Selen (Se) [4]	unter	1	µg/l
Chrom ges. (Cr)	unter	20	µg/l
Jodid (J^-)		70	µg/l
Nitrit (NO_2^-)	unter	3	µg/l
Nitrat (NO_3^-)		42	µg/l
Phosphat (HPO_4^{2-})	unter	10	µg/l

Organische Spurenstoffe [4]

Phenole	unter	20	µg/l
Chlorierte Kohlenwasserstoffe und PCB:			
Lösungsmittel:			
Chloroform	unter	0,1	µg/l
1,1,1 Trichloräthan	unter	0,1	µg/l
Tetrachlorkohlenstoff	unter	0,1	µg/l
Trichloräthylen	unter	0,1	µg/l
Tetrachloräthylen	unter	0,1	µg/l
Organochlorpestizide:			
Hexachlorbenzol	unter	0,005	µg/l
α-Hexachlorcyclohexan und β-Hexachlorcyclohexan	unter	0,002	µg/l
γ-Hexachlorcyclohexan	unter	0,002	µg/l
Heptachlor und Heptachlorepoxid	unter	0,002	µg/l
Aldrin und Dieldrin	unter	0,01	µg/l
Endrin	unter	0,01	µg/l
DDT + DDD + DDE + Isomere	unter	0,08	µg/l
Polychlorierte Biphenyle (PCB):			
PCB mit 30% Chlor	unter	0,5	µg/l
PCB mit 60% Chor	unter	0,5	µg/l

Organische Spurenstoffe [4]

Tabelle 5, Teil 2

Polycyclische aromatische Kohlenwasserstoffe:

Fluoranthen		1,4	ng/l
Benzo (b) fluoranthen	unter	0,1	ng/l
Benzo (k) fluoranthen	unter	0,1	ng/l
Benzo (a) pyren	unter	0,1	ng/l
Benzo (g, h, i) perylen	unter	0,1	ng/l
Indeno (1,2,3,c,d) pyren	unter	0,1	ng/l
Pyren		5,3	ng/l
Chrysen	unter	0,1	ng/l
Perylen	unter	0,05	ng/l
Benzo (j) fluoranthen	unter	0,1	ng/l
Benzo (a) anthracen	unter	0,1	ng/l

Mineralölprodukte:

Höhere Kohlenwasserstoffe (berechnet als $C_{14}H_{30}$)	0,01	mg/l

Kaliumpermanganatverbrauch (Oxidierbarkeit): 4,5 mg $KMnO_4$/l = = 0,0356 mmol O_2/l

c) Gasanalyse (der frei aufsteigenden Quellgase)

Tabelle 6

Gasschüttung: 0,36 l/s = 21 l/min = 1296 l/Stunde = 31 m^3/24 Stunden

Zusammensetzung der Gase:

Kohlendioxid (CO_2):	82,841 Vol%
Stickstoff (N_2):	16,930 Vol%
Argon (Ar):	0,134 Vol%
Helium (He):	0,052 Vol%
Methan (CH_4):	0,022 Vol%
Schwefelwasserstoff (H_2S):	0,017 Vol%
Äthan und höhere Kohlenwasserstoffe:	0,004 Vol%
Summe:	100,000 Vol%

Radon (Rn) [1]: 0,34 nCi/l = 13 k Bq/m^3

d) Analysenkontrolle

Die Abweichung des sulfatierten (und bei 650 °C geglühten) Rückstandes des Untersuchungswassers, bezogen auf den aus der Analyse berechneten Wert, lag unter 0,5%.

[1] Gutachten des Instituts für Radiumforschung und Kernphysik, 1090 Wien, Boltzmanngasse 3.

[2] Bestimmt bei Herrn Univ.-Prof. Dr. J. Korkisch, Institut für analytische Chemie der Universität Wien, 1090 Wien, Währingerstraße 38

[3] Untersuchungsbericht erstellt an der Bundesversuchs- und -forschungsanstalt Arsenal, Geotechnisches Institut, 1030 Wien, Franz Grillstraße 3.

[4] Untersuchungsgutachten der Lebensmittel-Versuchsanstalt, 1190 Wien, Blaastraße 29 (Prof. Dr. H. Woidich).

Balneochemische Charakteristik

Laut Kärntner Heilvorkommen- und Kurortegesetz handelt es sich um einen „schwefelhaltigen Calcium-Natrium-Hydrogencarbonat-Thermalsäuerling" mit beachtenswerter Kohlensäure-Quellgasschüttung.

- (Quelltemperatur: 32 °C
- gelöste feste Stoffe: 2,2 g/l
- gelöstes freies Kohlendioxid: 1,0 g/l
- zweiwertiger Schwefel (S^{II}): 1,0 mg/l
- Wasserschüttung: 190 m^3/24 Stunden
- Quellgasschüttung: 1300 l/Stunde)

In der Praxis ist es kaum möglich, bei diesem Wasser den für ein Schwefelheilwasser geforderten Mindestwert von 1 mg S^{II}/l auch am Ort der Nutzanwendung, also auch noch am Ende des ca. 20 Minuten dauernden Bades zu garantieren, denn schon beim Zwischenspeichern, vor allem aber beim Einlassen des Wassers in die Wanne, kommt Luft hinzu, sodaß Schwefelwasserstoff und Hydrogensulfid zumindest teilweise oxidiert werden. Der CO_2-Gehalt darf am Ort der Nutzanwendung bis 700 mg/l abfallen.

Das praktisch nutzbare Wasser entspricht daher dem Wasser eines „Calcium-Natrium-Hydrogencarbonat-Thermalsäuerlings".

Bakteriologische Untersuchung

Die nachträglich durchgeführte bakteriologische Untersuchung ergab keinen Einwand gegen die Nutzung des Wassers als Heilwasser für Bäder und Trinkkuren.

Abschließende Beurteilung

Die Quelle wäre geeignet, für Heilzwecke genutzt zu werden.

4.2.2 Darstellung einer Peloid-Vollanalyse

„Peloid-Vollanalyse des Heiltorfes der Parzelle Nr. 1152/1 der KG Leopoldskron, Stadt Salzburg"
Besitzer: Gebrüder Haslauer, 5020 Salzburg, Moosstraße 136.

(Nachstehend eine Kurzfassung des 66 Seiten umfassenden Analysengutachtens)

Analysengutachten vom 27.3.1985, Zahl.: 516/85, erstellt an der Bundesstaatlichen Anstalt für experimentell-pharmakologische und balneologische Untersuchungen, 1090 Wien, Währingerstraße 13a (Dir.: HR Dr. I. Eichler).

Analysengutachter: Ing. A. J. Stehlik
Datum der Probenahme: 2. – 4. Oktober 1983

Lage der Untersuchungsparzelle: Die oben angeführte Parzelle gehört zum Moorgebiet Mittermoos. Dieses liegt an der Moosstraße, SSW-lich vom Zentrum der Stadt Salzburg.

Kurzbeschreibung der Lagerstätte: Das südlich bis nördlich der Stadt Salzburg vorkommende Moor hat sich bei Rückgang der nacheiszeitlichen großen Wasserflächen durch Anschwemmung, Sedimentation und Versumpfung zu bilden begonnen.

Die heutige Moorvegetation des weitläufig ebenen Mittermooser Moores besitzt zufolge menschlichen Eingriffes den Charakter einer mehr oder weniger guten Futterwiese.

Die ursprüngliche Hochmoorpflanzengesellschaft ist weitgehend verschwunden. Von oben nach unten lagern (ab 0,5 m Tiefe) Schichten aus Hochmoortorf, Übergangsmoortorf, groben Baumresten, Niedermoortorf (zu unterst schwach zersetzte Reste von Braunmoosen, Seggen und Schilf), Lehm, Sand und Kies.

Die Gesamttiefe des Moores (an der Untersuchungsstelle) beträgt 4 m.

Tabelle 7

Chemische Untersuchung	in % der Trockenmasse	in ‰ bei Normalkonsistenz (Badebrei)
Allgemeine chemische Zusammensetzung:		
Wasser (105 °C)	0,00	935,28
Mineralstoffe (Glührückstand bei 650 °C)	2,42	1,57
Organische Stoffe (Glühverlust)	97,58	63,15
	100,00%	1000,00‰
Wasserlösliche Stoffe (im Auszug 1 : 50)		
Mineralstoffe (Glührückstand)	0,042	0,027
Organische Stoffe (Glühverlust)	0,266	0,172
	0,308%	0,189‰
pH-Wert des Filtrates: 5,28		
Wasserunlösliche Stoffe (im Auszug 1 : 50)		
Mineralstoffe	2,378	1,543
Organische Stoffe	97,314	62,978
	99,692%	64,521‰
Zusammensetzung der organischen Stoffe (Organische Gruppenanalyse)		
Extraktbitumen	12,11	7,84
Pektine und andere wasserlösliche Stoffe	3,33	2,15
Hemicellulosen	19,62	12,70
Cellulose	13,10	8,48
Huminsäuren (gesamt)	19,3	12,49
Lignine und Humine (Diff.)	(31,5)	(20,39)
	97,58%	63,15‰
Gesamt-Stickstoff (N)	1,40	0,91
Gesamt-Phosphor (P)	0,034	0,022
Gesamt-Schwefel (S)	0,27	0,17
	1,704%	1,102‰

Chemische Untersuchung der Mineralstoffe	in % der Trockenmasse	in % der Asche
Löslichkeit der Asche in Salzsäure:		
säurelösliche Mineralstoffe	1,37	
säureunlösliche Mineralstoffe	1,05	
	2,42%	
Zusammensetzung der Asche (650 °C):		
Siliciumdioxid (SiO_2)	1,033	42,7
Kohlendioxid (CO_2) (aus Karbonaten)	< 0,02	< 1
Schwefel (VI)-oxid (SO_3)	0,194	8,0
Phosphor (V)-oxid (P_2O_5)	0,085	3,5
Magnesiumoxid (MgO)	0,090	3,7
Calciumoxid (CaO)	0,419	17,3
Eisen (III)-oxid (Fe_2O_3)	0,182	7,5
Aluminiumoxid (Al_2O_3)	0,331	13,7
Mangan (III)-oxid (Mn_2O_3) + + Titandioxid (TiO_2)	ca. 0,073	ca. 3,0
	ca. 2,420%	ca. 100,0‰

(Kohlendioxid-Gehalt vor dem Glühen 0,5)

Charakteristik des abgebauten Mischtorfes (0,5 m unter Oberfläche bis ca. 0,5 m über dem mineralischen Untergrund, nach Entfernung der großen Holzreste):
„stark zersetzter, überwiegend hochmooriger Torf“

Derzeitige Nutzung: Der als Heilvorkommen anerkannte Torf wird für die Herstellung von Versandprodukten (Packungen) und z. T. auch für Moorbäder verwendet.

Tabelle 7 und nachstehende Analysendaten beziehen sich auf die Hauptmischprobe aus 0,5 bis 3,6 m Tiefe.

Physikalische und physikalisch-chemische Untersuchung

Wassergehalt der naturfeuchten Probe: 90,00% (105 °C)

pH-Wert: 5,75 (naturfeuchte Probe 1 : 10 mit dest. Wasser verrührt)

Wasserkapazität: 14,45

Wassergehalt bei Normalkonsistenz: 93,528%

Sedimentvolumen (berechnet auf 1 g Trockenmasse): 25,6 ml

Dichte ($d_{20\,°C}$):

Trockenmasse	1,509 g/cm^3
naturfeuchte Probe .	1,033 g/cm^3
normalkonsistenter Badebrei	1,021 g/cm^3
packungskonsistente Masse	1,026 g/cm^3

Spezifische Wärme (bei NK):
$4036\ (J \cdot kg^{-1} \cdot K^{-1}) =$
$= 0{,}964\ (cal \cdot grad^{-1} \cdot g^{-1})$

Wärmehaltung (zwischen 4 und 6 °C) bei NK:
$822\ (s \cdot cm^{-2}) = 82{,}2 \cdot 10^3\ (s \cdot m^{-2})$

5. Zur Untersuchungsmethodik

Die Untersuchungsmethodik beginnt bereits bei der Vorbereitung von Untersuchungsgeräten und Entnahmegefäßen. Wenn bei der Probenahme Fehler begangen werden, können die besten Analysengeräte diese nicht mehr gutmachen. Die Untersuchungen an Ort und Stelle sowie Probenahmen für spezielle Bestimmungen im Laboratorium sollten daher vom Sachverständigen selbst ausgeführt werden.

Heute gibt es zahlreiche Bestimmungsmethoden, deren Anzahl ständig ansteigt. Es kann daher in diesem Artikel nicht näher auf sie eingegangen werden (9, 10, 11, 12, 13).

Die Standardisierung von Untersuchungsmethoden benötigt manchmal viel Zeit und hinkt dann hinter neuen Methoden her. Es sollte sich daher der verantwortliche Analytiker nicht streng an solche Normen halten oder die Standardisierung eines Analysenverfahrens abwarten, wenn inzwischen schon neuere und vorteilhaftere Methoden ausgearbeitet und publiziert worden sind.

Die vielen Untersuchungsmethoden, um deren schnelle Weiterentwicklung man sich intensiv bemüht, waren auch der Grund dafür, warum weder für das Heilvorkommen- und Kurortegesetz noch für das Lebensmittelcodexkapitel B 17 (Tafelmineralwässer und Tafelquellwässer betreffend) die angekündigten Analysenmethoden erlassen wurden.

Bei der Spurenanalyse spielen gleichermaßen die Entnahmevorbereitung, die Probenahme, der Aufschluß, die Abtrennung, die Anreicherung, die Art der Bestimmung selbst und die gerätetechnische Einrichtung eine wichtige Rolle (14, 15).

Darum arbeitet man intensiv an der Weiterentwicklung physikalischer Analysenverfahren, die noch schneller noch kleinere Stoffgehalte ohne problematische Aufschluß- und Anreicherungsoperationen zu ermitteln gestatten. Bei den leicht flüchtigen und chemisch labilen Inhaltsstoffen sind besondere analytische Vorsichtsmaßnahmen zu treffen. Im Gegensatz zu den Heilwässern und Heilgasen weiß man bezüglich solcher Stoffe bei den Peloiden noch viel zuwenig Bescheid.

6. Bemerkungen zur Beurteilung der Analysenwerte

Die Beurteilung der therapeutischen Bedeutsamkeit der verschiedenen Analysendaten obliegt dem analytisch geschulten Balneomediziner bzw. bedarf einer engen Zusammenarbeit des Mediziners mit dem Analytiker. Daher ist ja auch die balneochemische Charakteristik (bisher nur für Heilwässer genormt) keine rein chemische und physikalische, sondern eine medizinisch-chemische Kurzbeschreibung.

Bezüglich der naturwissenschaftlichen und medizinischen Interpretation der Untersuchungsdaten existiert eine umfangreiche Literatur, die aber in zahlreichen Fragen noch unbefriedigend ist (16).

Wenn im Laufe der Zeit den natürlichen Heilvorkommen sehr unterschiedliche Wirkungen zugeschrieben wurden, so lag dies weniger an der Veränderung der chemischen und physikalischen Beschaffenheit, son-

dern vielmehr an der unterschiedlichen Interpretation der Analysenergebnisse. So weiß man z. B. erst aus letzter Zeit, daß Selen und Chrom dem Menschen nicht völlig fehlen dürfen, da es sonst zu Mangelerscheinungen kommen kann. Noch vor wenigen Jahren wollte man die Lebensmittel (einschließlich Trinkwasser) am liebsten davon völlig frei haben.
Es ist für den Mediziner nun bei manchen Spurenstoffen nicht mehr befriedigend zu wissen, in welchen Gesamtkonzentrationen diese vorliegen, sondern wie groß deren Bioverfügbarkeit ist.

Die Erfassung möglichst vieler Inhaltsstoffe und physikalischer Eigenschaften von natürlichen Heilvorkommen kommt nicht immer im gleichen Maße in neuen Erkenntnissen der therapeutischen (und eventuell auch toxischen) Wirkungen zum Ausdruck. Dennoch sollte zusätzlicher balneoanalytischer Untersuchungsaufwand im Rahmen des Gesundheitsdienstes aus solchen oder ähnlichen Überlegungen nicht gestoppt werden.

Literatur

1. 272. Bundesgesetz vom 2. Dezember 1958 über natürliche Heilvorkommen und Kurorte; ferner die hierzu erlassenen Ausführungsgesetze der einzelnen Bundesländer (Heilvorkommen- und Kurortegesetz des Bundeslandes ...).
2. STEHLIK, A. u. G. KAINZ.: Zur Definition, Einteilung und Untersuchung von Wässern aus österreichischen Heilquellen; Balneolog.-bioklimatolog. Mitteilungen des österreichischen Heilbäder- und Kurorteverbandes (1010 Wien, Josefsplatz 6), Heft 6 (1976).
3. Codexkapitel B 17 (Tafelwasser, Sodawasser, künstliches Mineralwasser) des österreichischen Lebensmittelbuches, III. Auflage, 10. Lieferung v. Juni 1980; Verlag Brüder Hollinek, Wien.
4. Begriffsbestimmungen für Kurorte, Erholungsorte und Heilbrunnen vom 30. Juni 1979, herausgegeben vom Deutschen Bäderverband und vom Deutschen Fremdenverkehrsverband.
5. 174. Bundesgesetz für die Republik Österreich vom 20. März 1973, mit dem das Maß- und Eichgesetz, BGBl. Nr. 152/1950, in der Fassung vom 29. Jänner 1957, BGBl. Nr. 40, abgeändert wird.
6. Das Internationale Einheitensystem (SI), Herausgeberländer: Deutsche Demokratische Republik, Schweiz und Bundesrepublik Deutschland; Friedrich Vieweg & Sohn, Braunschweig, 1977.
7. KÜSTER-THIEL: Rechentafeln für die chemische Analytik; 102. Auflage (1982), Walter de Gruyter, Berlin.
8. HOCHMÜLLER, K.: Zur Angabe von Analysenergebnissen; Vom Wasser, 63. Bd.: 333 (1984).
9. Handbuch der Lebensmittelchemie; Ges. Redaktion: SCHORMÜLLER, J., Bd. VIII/Tl. 1 u. 2: Wasser und Luft (Schriftleitung: SOUCI, S. W. und K.-E. QUENTIN), Springer Verlag 1969.
10. Handbuch der Lebensmittelchemie; herausgegeben von BAMES, E., BLEYER, B. und J. GROSSFELD, VIII. Bd.: Wasser und Luft, 3. Tl.: Untersuchung u. Beurteilung des Wassers (Schriftenleitung: B. BLEYER u. W. SOUCI), Springer Verlag 1941.
11. SOUCI, S. W. und K.- E. QUENTIN: Beiträge zur Untersuchung des Torfes im Hinblick auf seine balneotherapeutische Verwendung; Z. anal. Chem., Bd. 141, Heft 1: 11–18 (1954).
12. Moor- und Torfkunde; herausgegeben von GÖTTLICH, K., E. SCHWEIZERBART, Stuttgart (1976).
13. Deutsche Einheitsverfahren zur Wasser-, Abwasser- und Schlammuntersuchung; letzte Ergänzung 1985 durch Lieferung 14, VCH-Verlagsges., Weinheim.
14. KOCH, O. G. und G. A. KOCH-DEDIC: Handbuch der Spurenanalyse; 2bändig, 2. Auflage (1974), Springer Verlag.
15. WELZ, B.: Atomabsorptionsspektrometrie; 3. Auflage (1983), Verlag Chemie/ Weinheim.
16. Handbuch der Bäder- und Klimaheilkunde; herausgegeben v. AMELUNG, W. und A. EVERS, Schattauer Verlag, Stuttgart (1962).

Gesetzliche Grundlagen des Versandes von Heilwässern in Österreich

Min.-Rat i. R. Med.-Rat Dr. P. Slezak

In Österreich sind zahlreiche in- und ausländische Heilwässer, in Flaschen abgefüllt, erhältlich. Während die ausländischen Heilwässer nur auf Grund einer vom Bundesministerium für Gesundheit und Umweltschutz auszustellenden Unbedenklichkeitsbescheinigung eingeführt und feilgehalten werden dürfen, ist für inländische Heilwässer eine von der zuständigen Landesregierung ausgestellte Vertriebs- oder Versandbewilligung erforderlich. Gemäß § 10 des Bundesgesetzes über natürliche Heilvorkommen und Kurorte vom 2. Dezember 1958, BGBl. Nr. 272, dürfen nämlich Mineralwässer, die von der zuständigen Landesregierung als Heilwässer anerkannt sind, erwerbsmäßig zu Heilzwecken nur auf Grund der genannten Bewilligung vertrieben oder versendet werden.

Die Vertriebs- oder Versandbewilligung darf seitens der Landesregierung nur erteilt werden, wenn

a) die Anerkennung als Heilvorkommen (Heilquelle) erteilt worden ist,
b) das Produkt (das Heilwasser) im natürlichen Zustand versand- und lagerfähig ist,
c) sich die chemischen oder physikalischen Eigenschaften des Heilwassers beim Lagern nicht in einer die Heilwirkung maßgeblich beeinflussenden Weise ändern,
d) die erforderlichen Abfüll-, Aufbereitungs- und Lagerungseinrichtungen in hygienisch und technisch einwandfreier Ausführung vorhanden sind.

Auf Grund eines Antrages um Ausstellung einer Versandbewilligung, der beim zuständigen Amt der Landesregierung einzubringen ist, wird ein Bewilligungsverfahren eingeleitet. Im Bewilligungsverfahren ist von Amts wegen ein Gutachten des Landeshauptmannes einzuholen, der zu dem Antrag vom Standpunkte der sanitären Aufsicht Stellung nimmt. Vor Abgabe seiner Stellungnahme hat der Landeshauptmann in sanitärer Hinsicht ein Gutachten des Landessanitätsrates, in balneologischer Hinsicht ein Gutachten der Bundesstaatlichen Anstalt für experimentell-pharmakologische und balneologische Untersuchungen in Wien oder, laut den Ausführungsgesetzen der einzelnen Bundesländer, ein Gutachten eines vom jeweiligen Bundesland anerkannten medizinischen Experten für Balneologie einzuholen.

Die zum Versand gelangenden Flaschen sind mit Etiketten zu versehen, die den Namen und die örtliche Lage des Heilvorkommens, eine kurze Darstellung der letzten Analyse, der anerkannten Indikationen und die Angabe über einen allenfalls erforderlichen Zusatz von Kohlensäure zu enthalten haben.

Heilwässer, die im naturbelassenen Zustand zum Versand gelangen und bei denen ein Zusatz von Kohlensäure nicht erfolgt ist, können als „natürlich abgefüllte Heilwässer" bezeichnet werden.

Eine Inverkehrsetzung von Produkten, die nicht von anerkannten Heilvorkommen stammen, mit einer Bezeichnung, die den Anschein erweckt, als ob es sich um Produkte anerkannter Heilvorkommen handelt, ist verboten.

Es ist ferner verboten, für ein Heilwasser im öffentlichen Verkehr eine von der Kennzeichnung im Anerkennungsbescheid abweichende Bezeichnung zu verwenden.

Die Inhaber von Heilquellen haben mindestens alle 20 Jahre eine Vollanalyse und mindestens alle 5 Jahre eine Kontrollanalyse durchführen zu lassen. Hierüber finden sich in den Ausführungsgesetzen der Bundesländer nähere Vorschriften.

Die Ausführungsgesetze der Bundesländer enthalten auch nähere Vorschriften über die Zulassung von Instituten und Laboratorien zur Durchführung der Analysen.

In größerem Umfang werden derzeit balneochemische Analysen von folgenden Institutionen durchgeführt:

- Balneochemische Abteilung der Bundesanstalt für chemische und pharmazeutische Untersuchungen in Wien,
- Institut für Physiologie und Balneologie der Universität Innsbruck und
- Institut für analytische Chemie der Universität Graz.

Darüber hinaus werden von den einzelnen Landesregierungen eine Reihe von Institutionen für die Durchführung von balneochemischen, bakteriologischen, geologischen etc. Untersuchungen anerkannt. Da sich der aktuelle Stand dieser Zulassungen in den einzelnen Bundesländern mitunter verändert, empfiehlt es sich, bezüglich des jeweils aktuellen Standes sich direkt an die einzelnen Landesregierungen zu wenden.

Die genannten Ausführungsgesetze der Bundesländer enthalten ferner als Anhang präzise Angaben über den Umfang großer und kleiner Heilwasseranalysen, Kontrollanalysen und Peloidanalysen, desgleichen über die Bezeichnung (Charakterisierung) von Mineralwässern auf Grund ihrer Inhaltsstoffe.

Die Analysenbefunde sind von den Inhabern der Heilquellen zur jederzeitigen Einsicht durch Organe der sanitären Aufsicht (Amtsarzt) bereitzuhalten.

Welche Indikationen als anerkannt gelten, ergibt sich aus § 9 des eingangs genannten Bundesgesetzes vom

2. Dezember 1958, BGBl. Nr. 272, welcher folgenden Wortlaut hat:

§ 9. (1) Die Inhaber von Heilvorkommen haben binnen sechs Monaten nach Erhalt des Bescheides über die Anerkennung als Heilvorkommen die Indikationen und therapeutischen Anwendungsformen der Landesregierung bekanntzugeben.

(2) Die Landesregierung hat zu den nach Abs. 1 einlangenden Meldungen ein Gutachten des Landeshauptmannes einzuholen, das zu den bekanntgegebenen Indikationen und therapeutischen Anwendungsformen vom Standpunkt der sanitären Aufsicht Stellung nimmt.

(3) Die Indikationen und therapeutischen Anwendungsformen des Heilvorkommens gelten als anerkannt, soweit die Landesregierung nicht binnen sechs Monaten nach Erhalt der Meldung deren Anführung oder Anwendung untersagt.

(4) Durch die Landesgesetzgebung ist anzuordnen, daß von den Besitzern oder Nutzungsberechtigten von Heilvorkommen nach Ablauf der Fristen nach Abs. 1 bis 3 nur Indikationen und therapeutische Anwendungsformen zu Werbezwecken verwendet werden dürfen, die der Landesregierung gemeldet wurden und deren Anführung oder Anwendung nicht untersagt worden ist. Auch in Werbeschriften der Kurorte dürfen nur solche Indikationen und therapeutische Anwendungsformen angeführt werden.

Badekuren mit Heilwässern

o. Univ.-Prof. Dr. R. Günther

Ordinariat für Physikalische Medizin an der Medizinischen Fakultät Innsbruck
Ludwig-Boltzmann-Institut für angewandte Bäder- und Klimaheilkunde Gastein

1. Einleitung

Zunehmende kurärztliche und klinisch-balneotherapeutische Erfahrung sowie verbesserte Methoden der klinischen und experimentellen balneologischen Grundlagenforschung haben neben dem dominierenden Einsatz der Pharmakotherapie in den letzten Jahrzehnten auch die Bäderbehandlung mit ortsgebundenen Heilvorkommen als wertvolle Behandlungsmaßnahmen einer umfassenden Betreuung chronisch Kranker ausgewiesen.

Wie alle Behandlungsverfahren der physikalischen Medizin beruht auch die Balneotherapie mit Heilwässern auf der Ausnützung natürlich vorkommender Energien, deren physikalische und chemische Eigenschaften genutzt werden.

Thermische, aktinische, mechanische und elektrische Reize lösen Reaktionen aus, die unter den Begriffen Abhärtung, Training oder Umstimmung bekannt wurden und die zu einer Verbesserung adaptativer Leistungen des Menschen an Um- und Innenwelteinflüsse führen sollen.

Nicht nur die körperliche und geistige Leistungsfähigkeit, sondern auch die Abwehrlage gegenüber krankmachenden Einflüssen soll beim chronisch Kranken gesteigert werden. Damit werden präventive und rehabilitative Ziele verfolgt. Kurheilverfahren erhalten dadurch neue, vor allem sozialmedizinische Aufgaben und Zielsetzungen. (1, 2, 5, 7, 8, 32, 34, 43, 45, 50, 69, 88, 89, 90, 95, 106, 133, 144)

Die erste Dekade nach dem Zweiten Weltkrieg war in den Kurorten durch Wiederaufbau und Erweiterung der vorhandenen Anlagen sowie durch eine Grundlagenforschung geprägt, die der Bestandsaufnahme der Heilvorkommen und der Überprüfung oder Neuerstellung der physikochemischen Quellenanalysen diente und zur gesetzlichen Sicherung der Kurortebehandlung führte (3, 125, 126, 139).

Die zweite Dekade war durch eine Intensivierung der balneotherapeutischen Forschung in Zusammenarbeit von Kurärzten und klinischen Forschungsstellen, die mit modernen wissenschaftlichen Methoden die Wirkungen des Einzelbades (Immediateffekt) und der wiederholten Therapieanwendung (Kureffekt, Prolongateffekt) nachwiesen, gekennzeichnet. Zusätzlich bemühten sich die Sozialversicherungsträger, die Auswirkung von Kuren auf die Zeit danach oder auf die Zeit zwischen Kuren (Intervalleffekt) hinsichtlich der Verringerung der Häufigkeit von krankheitsbedingten Ausfällen und des Einflusses auf die Frühinvalidisierungen zu überprüfen. Damit wurde der lokale, kurortbezogene Rahmen in der dritten Dekade überschritten, und erweiterte Aufgaben, besonders in der Betreuung chronisch Kranker, wurden aufgezeigt. Vordergründiges Ziel war die Wiedereingliederung des chronisch Erkrankten oder Behinderten in das Berufs- und Arbeitsleben. Die erweiterten sozialen Aspekte der Rehabilitation, die als Wiedereingliederung in ein lebenswertes Leben bezeichnet werden könnten, waren sekundär.

Nach den Statistiken der Sozialversicherungsträger rechtfertigen Kurheilverfahren die dafür aufgewendeten Kosten (1, 2, 5, 7, 8, 43, 45, 50, 53, 57, 63, 76, 82, 87, 88, 89, 90, 92, 101, 115, 120, 121, 129, 130, 141, 145, 146, 150).

Die vierte Dekade ist gekennzeichnet durch eine Erweiterung des kurörtlichen Heilangebotes mit ortsgebundenen Heilvorkommen durch erweiterte Maßnahmen der physikalischen Therapie, der Ergotherapie, der Diätetik, der Psychotherapie und der Gesundheitsbildung, aber auch der Fortsetzung notwendiger medikamentöser Behandlungen während der Kur, integriert unter dem Begriff „komplexe Balneotherapie". Es ist also das Bemühen zu erkennen, Maßnahmen zeitgemäßer Prävention und Rehabilitation in den Kurorten anzubieten.

Das ist außerordentlich personalaufwendig und bedarf spezialisierter Einrichtungen. Die Sozialversicherungsträger haben deshalb in den Kurorten Rehabilitationskliniken errichtet, die mit den modernsten diagnostischen und therapeutischen Möglichkeiten ausgestattet sind. Das hat dazu geführt, daß sogenannte „freie" Kuren eine stark rückläufige Tendenz aufweisen, was wiederum wirtschaftliche Auswirkungen auf kleinere Kurhäuser, Sanatorien und Privatkuranstalten hat.

Das Kostendämpfungsgesetz in der Bundesrepublik Deutschland brachte einen weiteren beträchtlichen Einbruch in das Kursystem, sodaß Rückgänge zwischen 20 und 30% beobachtet wurden.

Schon immer waren wirtschaftliche Rezessionen der Grund für bedeutsame Rückgänge im Bäderwesen. Handelt es sich doch um Therapiemethoden, die vor allem in den deutschsprachigen Ländern sowie in den Ostblockstaaten stark verbreitet sind, in den Nordstaaten oder in den englischsprachigen Ländern aber so gut wie unbekannt sind. Dort hat die Medizin aber einen besonders hohen wissenschaftlich begründeten Standard. Die europäische Balneotherapie bezieht ihre Erfolge vorwiegend auf einen reichen, teilweise jahrhundertealten Erfahrungsschatz und weniger auf mit modernsten Methoden durchgeführte Grundlagenforschung.

Die zahlreichen aus den Kurorten stammenden wissenschaftlichen Veröffentlichungen haben bislang keinen Eingang in international anerkannte Publikationsorgane gefunden, sondern finden sich vor allem in Zeitschriften, deren Leserkreis begrenzt ist. Auch in den Ländern, in denen Balneotherapie regelmäßig verordnet wird, ist die Ärzteschaft nicht ausreichend über deren Möglichkeiten orientiert.

Die Anliegen der Kurorte und auch ihre Werbung sind schwerpunktmäßig auf den Fremdenverkehr bezogen. Die medizinischen Aspekte geraten dadurch etwas ins Hintertreffen. Auch das sind Gründe dafür, daß entsprechende Veröffentlichungen die Ärzteschaft und die medizinischen Fachjournalisten kaum erreichen, was den Informationsnotstand vergrößert.

Verständlicherweise ist es schwer abzugrenzen, welchen Anteil am Kurerfolg die ortsgebundenen Heilwässer im Rahmen der komplexen Balneotherapie haben. Die Heilbäderforschung, soferne sie sich speziell mit den ortsgebundenen Heilwässern und deren Einwirkungen auf den Patienten befaßt, wird dadurch außerordentlich erschwert, wenn nicht gar verunmöglicht, da die Einflüsse der zusätzlich am Kurort angebotenen Therapien nicht mehr voneinander zu differenzieren sind.

Tabelle 1:

Faktoren, die auf den Kurpatienten bei Badekuren einwirken

I. Kurfaktoren	1) Bäder 2) Klima 3) Milieuwechsel
II. Bäderfaktoren:	1) thermisch 2) mechanisch (Druck, Auftrieb, Widerstand) 3) Inhaltsstoffe
III. Art der Wirkungen:	1) Sofortwirkung (Einzelbad), „Immediateffekt“: vorübergehende Änderung der Homöostase, kurzdauernde Funktionsänderungen 2) Langzeitwirkung (Kur), „Prolongateffekt“: Adaptationsvorgänge: a) Normalisierung b) Koordination c) Synchronisation d) Abwehrsteigerung e) Biotonus, Psyche

Fehladaptation: Badereaktion, Verschlechterung

2. Allgemeiner Teil

Aus Tabelle 1 geht hervor, daß neben den Bäderfaktoren auch noch andere Kurfaktoren auf den Patienten einwirken, die den Gesamteffekt der Kur prägen. Bei Heilbädern sind physikalische und chemische Einflüsse von Bedeutung.

a) Physikalische Faktoren

Neben dem Auftrieb, dem Wasserdruck und dem Wasserwiderstand, die sich vorteilhaft für Unterwassergymnastik und Unterwasser-Druckstrahlmassage nützen lassen, spielen thermische Einflüsse eine wesentliche Rolle bei der Auslösung von Reaktionen am Menschen.

Temperaturen oberhalb der Indifferenztemperatur führen in jedem Einzelbad zu einem Abfall des mittleren arteriellen Blutdrucks, einer Zunahme der Herzfrequenz, einer Erhöhung des Schlag- und Minutenvolumens, einer Abnahme der Pulswellengeschwindigkeit in der Aorta und einer Verkürzung der Systolendauer. Bedeutungsvoll ist die Herabsetzung des peripheren Gefäßwiderstandes, was die Herzarbeit erleichtert. Die Kreislaufumstellungen ändern sich kurzfristig beim Verlassen des Bades. In leichter Form können sie aber auch mehrere Stunden nach dem Einzelbad beobachtet werden. Eine kurzfristige Blutdruckerhöhung („Aufstehzakke“) wird beim Erheben aus dem Bad beobachtet.

Aber auch Bäder im Bereich der Indifferenztemperatur zwischen 34 und 36 °C bedingen in Abhängigkeit von der Eintauchtiefe Kreislaufumstellungen, die vor allem bei Herzkranken berücksichtigt werden müssen. So kann der Wasserdruck über ein erhöhtes Blutangebot auf dem venösen Kreislaufsektor an das rechte Herz bereits zu dessen Überlastung führen.

Bedeutsame Umstellungen finden über Druck- und Volumenrezeptoren bezüglich der Blutverteilung im Organismus statt und beeinflussen auch den renalen Wasserhaushalt. Bekannt ist die „Badediurese“ mit ihren Rückwirkungen auf den Wasser- und Elektrolythaushalt, was bei Patienten, die unter Diuretika- oder Elektrolyt-Behandlungen stehen, berücksichtigt werden muß. Je höher die Badetemperatur, desto intensiver wird die Kreislaufbelastung. Das läßt sich am ausgeprägtesten in Überwärmungsbädern beobachten.

Chemische Inhaltsstoffe variieren die Kreislaufwirkungen in verschiedener Art, CO_2-Bäder beeinflussen das Verhalten der Kälterezeptoren, sodaß im CO_2-Bad indifferente Wassertemperaturen noch als warm empfunden werden. Das verhindert wärmebedingte negative Kreislaufbelastungen. Die Herzfrequenz und der Sauerstoffverbrauch sinken ähnlich wie in kühlen Süßwasserbädern. Der arterielle Mitteldruck sinkt, die Aortenwandspannung nimmt ab. Das Herzminutenvolumen steigt um 30 bis 60% an. Schwefel- und Jodbäder wirken in mancher Hinsicht ähnlich. Auch Radoneinwirkungen sagt man kreislaufentlastende Wirkungen nach (6, 9, 11, 15, 24, 38, 43, 46, 49, 56, 57, 58, 70, 73, 83, 101, 113, 117, 118, 138, 150).

Wiederholte Bäderanwendungen führen zu einer „Ökonomisierung" der Kreislaufverhältnisse, vor allem des Blutdrucks. Anfänglich überhöhte Werte tendieren zu einem mittleren Normbereich, ebenso, wenn auch weniger ausgeprägt, ursprünglich erniedrigte Blutdruckwerte. Ähnliche Beobachtungen konnte man auch bei anderen wiederholten physikalischen Einflüssen nachweisen, so zum Beispiel bei Hochgebirgsaufenthalten und Terrainkuren. Sogar der Urlaub kann, soferne Überlastungen vermieden werden, ähnlich positiv wirken.

Die sogenannte „Badereaktion" oder „Kurkrise" ist durch eine vegetative Labilisierung und oft durch eine Verschlechterung der Grundkrankheit charakterisiert. Sie ist ein Zeichen mißglückter Adaptation an den Kurstreß und wird am Ende der ersten Kurwoche und in der zweiten Kurwoche vermehrt beobachtet.

Die an sich sehr seltenen Zwischenfälle während Kuren mit Heilwässern treten vorwiegend bei Patienten auf, bei denen die Kur eigentlich nicht indiziert war. Es handelt sich fast ausschließlich um Kreislaufkomplikationen (Infarkt, Apoplexie).

Der thermische Bäderstreß läßt sich nicht nur an Kreislaufumstellungen, sondern auch an Funktionsänderungen hormoneller Organe, wie zum Beispiel der Nebennierenrinde, feststellen. In Abhängigkeit von der Temperatur kann der Plasmakortisolspiegel vorübergehend absinken. Die Stimulationseffekte auf die Kortisolproduktion während Kurheilverfahren sind im übrigen gering bis fehlend, wie wir an laufenden Untersuchungen des Plasma-Kortisolspiegels bei Rheumakranken und Gesunden im Kurverlauf nachweisen konnten. Nicht nur die Nebennierenrindenhormone erfahren während Badekuren flüchtige Änderungen, sondern auch das somatotrope Hormon und das Insulin. Auch die Sexualhormone werden beeinflußt, was wir als vorübergehenden Anstieg der Testosteronausscheidung im Harn und des luteinisierenden Hormons nachweisen konnten, nicht aber der Östrogene. Die gelegentlich während Balneotherapie beobachteten Blutungen in der Menopause dürften auf eine vermehrte Durchblutung der Beckenorgane zurückzuführen sein.

b) Chemische Faktoren

Alphabetisch gereiht, kommen folgende Inhaltsstoffe zur Anwendung:

1. Akratothermen
2. Jodbäder
3. Kochsalzbäder
4. Kohlensäurebäder
5. Radonbäder
6. Schwefelbäder

Ihre chemischen Wirkungen sind im Wege der Haut des Badenden und teilweise auch über den Atemtrakt wie folgt möglich:

1. Resorption, auch Penetration durch die Haut oder die Schleimhäute in den Blutkreislauf.
2. Ablagerung bzw. Deposition und Adsorption in der Haut und in den Schleimhäuten. Damit verbundene Wirkungen auf den Gesamtorganismus.
3. Herauswaschen (Elution) haut- oder körpereigener Substanzen aus bzw. durch die Haut mit einer Beeinflussung des Gesamtstoffwechsels durch den wie unter 2. veränderten Hautstoffwechsel. (16, 18, 19, 20, 47, 60, 64, 72, 80, 81, 84, 97, 98, 99, 102, 105, 109, 116, 128, 135, 140, 148)

Zu 1.: Resorptions- bzw. Hautclearance-Untersuchungen am Menschen, worunter man jene Lösungsvolumina versteht, in denen die pro Zeit- und Flächeneinheit durch die Haut dringenden Substanzmengen ursprünglich enthalten waren, ergaben, daß, verglichen mit Wasser, die mittlere Hautgängigkeit für Natrium- und Chloridionen sowie für die meisten im Meerwasser und in Solen vorhandenen Ionen etwa 100- bis 1000mal schlechter ist. Die Resorptionsbedingungen für CO_2, Sulfid oder elementares Jod sind dagegen wesentlich günstiger. Dissoziierte organische und anorganische Salze sowie nur lipoidlösliche oder nur wasserlösliche Stoffe durchdringen die Haut wesentlich schlechter als zugleich hydrophile und lipophile Stoffe, wie CO_2 oder Radon.

Das entscheidende Permeationshindernis für Wasser und darin gelöste Substanzen stellt die Pars conjuncta der Hornhaut dar. Deren Verletzung erhöht die Resorptionsquoten auf das 10^4- bis 10^5fache. Ursachen solcher Verletzungen können mechanische oder aktinische, wie z. B. ultraviolette oder infrarote, Strahlen sein. Das Ionenmilieu (Wasserstoffionenkonzentration, pH-Wert) des Badewassers scheint dagegen nur eine geringe Rolle für die Durchlässigkeit zu spielen. (16, 18, 19, 20, 47, 60, 72, 103, 105, 116)

Zu 2.: Die Ablagerung von Wasser und Mineralstoffen findet in der Haut im Stratum corneum statt. Es verhält sich mit seinem Hohlraumsystem wie ein trockener Schwamm oder wie ein trockenes Fensterleder, das sich anfänglich nur zögernd mit Flüssigkeit vollsaugt. Dann erfolgt eine raschere Flüssigkeitsauffüllung. So läßt sich eine 50- bis 100%ige Zunahme von Inhaltsstoffen vermuten. Aus einem Salzdepot in der Haut kann die Nachresorption, wie Messungen am Natrium zeigten, in den ersten 24 Stunden nach dem Bad pro Stunde im Durchschnitt 2% bis 3% der Resorption im Bad betreffen. Der Haut-Pool für Natrium- und Chloridionen könnte eine weiterlaufende Resorption von bis zu 100 Stunden Dauer unterhalten. Ob diese Änderungen des Mineralgehaltes der Haut im Verhältnis zum Mineralbestand des gesamten Organismus ins Gewicht fallen, ist fraglich. (19, 52, 100, 116)

Freies Jod wird etwa 12mal besser als Jodid durch die Haut resorbiert. Die

Nachresorption für elementares Jod ist wesentlich größer als die für Jodid, was die Unterschiede in den Resorptionsgrößen bedingt. Sie ist aus Pakkungen größer als aus Bädern. Die Clearance durch die Hornhaut, was für die Augenbehandlungen wichtig ist, wird als etwa 3000mal höher bezeichnet als durch die Haut. Eine nicht unbeträchtliche Jodpermeation findet auch durch Schleimhäute im Bade statt. Eine pulmonale und vaginale Resorption steht zur Diskussion. Jodzufuhr durch Bäder dürfte jedoch pharmakodynamisch ebenfalls keine bedeutsame Rolle spielen. Die sekretolytische und mukolytische Wirkung des Jods, eine bakterizide und fungizide Wirkung scheinen erwiesen. Darüber hinaus kommt es zu einer Kreislaufentlastung nicht nur durch unmittelbare Einwirkungen auf das Gefäßsystem, sondern auch über die Schilddrüsenfunktion in Form eines Low-T3-Syndroms. Auch auf den Kollagenstoffwechsel scheint Jod eine positive Wirkung zu haben, was bei Bindegewebserkrankungen, zum Beispiel dem rheumatischen Formenkreis, günstig ist. (11, 13, 27, 47, 72, 85, 140, 148)

Für Kohlensäurebäder wird angegeben, daß vom CO_2 ca. 30 $cm^3/min/m^2$ Hautoberfläche durch die Haut resorbiert werden. CO_2 diffundiert physikalisch gelöst als Gas wegen der CO_2-Spannungsdifferenzen zwischen Badewasser und Gewebe in die Haut. Schwitzen und Hyperämie fördern diesen Vorgang. Durch eine Herabsetzung der Empfindlichkeit der Kälterezeptoren werden CO_2-Bäder bereits bei Indifferenztemperaturen zwischen 33 °C und 35 °C als warm empfunden (Kältehypästhesie). CO_2-Bäder wirken daher weniger durch ihre Temperatur als durch ihre chemischen Einflüsse auf die periphere Strombahn erweiternd. Kreislaufbelastende Einflüsse höherer Wassertemperaturen können so vermieden werden (9, 14, 5, 17, 20, 57–62, 64, 101, 128, 149, 151).

Radon wird in einer Menge bis zu 3% der im Badewasser vorhandenen Konzentration in die Haut aufgenommen, ein Großteil des im Wasser physikalisch gelösten und daher leicht austreibbaren Edelgases wird eingeatmet. Die Radonaufnahme durch die Lunge erfolgt wesentlich leichter und übersteigt die aus dem Bad um ein Vielfaches. Das Radon wirkt durch seine hochenergetische α-Korpuskularstrahlung, die alle Strukturen von Zellen physikalisch-chemisch durch Primär- und Sekundärereignisse beeinflussen kann. Besonders empfindlich sind die Kernstrukturen von Zellen, wo Treffer im Bereich der Desoxyribonucleinsäure die Informationen von Körper- und Geschlechtszellen so verändern können, daß es zu Funktionsumstellungen kommt, die zu Malignomen oder Mutationen mit vererbbaren Schäden führen können. Lebhaft diskutiert werden derzeit die Einflüsse der Folgeprodukte der Zerfallsreihe des Radons auf die Zellen des Bronchialbaumes, die zur vermehrten Lungenkrebshäufigkeit Anlaß geben könnten (4, 109, 110, 125, 126).

Die perkutane Schwefelresorption konnte mit radioaktiv markiertem Schwefel mehrfach nachgewiesen werden. Sie scheint jedoch gegenüber dem mit der Nahrung zugeführten Schwefel kaum eine Rolle zu spielen. Während Schwefel möglicherweise über eine Freisetzung von „Gewebshormonen" wie Acetylcholin, Serotonin, Bradykinin und Prostaglandinen in der Haut kreislaufwirksam wird, scheint Kohlensäure unmittelbar auf die Kreislaufperipherie erweiternd zu wirken.

Für alle chemischen Inhaltsstoffe stehen Einflüsse auf die Thermorezeptoren der Haut zur Diskussion. Ebenso sind die inhalatorischen Wirkungen und Nebenwirkungen zu berücksichtigen, die bei CO_2 und H_2S in höheren Konzentrationen zu lebensbedrohenden Zwischenfällen führen können (24, 25, 29, 80, 82, 87, 99, 105).

Wiederholte Bäder-Anwendungen führen zu Reaktionsänderungen, die den Vorgängen der physiologischen Adaptation zuzuordnen sind. Es handelt sich um periodische Funktionsänderungen, bei denen vegetativ-nervale, vegetativ-humorale und vegetativhormonale Veränderungen gemessen werden können. Sie sind unter den Begriffen des Trainingseffektes, der Abhärtung und der Umstimmung seit Jahrzehnten bekannt. Eine verbesserte Abstimmung verschiedener Funktionssysteme durch Kuren wurde als Normalisierung, Koordination und Synchronisation in den letzten Jahren näher erforscht. Sie ist beim chronisch Kranken insofern bedeutungsvoll, als er zu mangelhafter Abstimmung verschiedener Funktionskreise aufeinander und auch zu einer „zeitlichen Unordnung" in Form einer „Dyschronie" neigt (6, 36, 41, 43, 45, 46, 56, 63, 104, 117, 120).

Die balneotherapeutische Forschung wird sich in näherer Zukunft vor allem mit dem Dosierungsproblem, der Methodik der Kurerfolgsbeurteilung und der Differentialbalneotherapie bei den sozialmedizinisch wichtigsten Erkrankungen, wie den Herz-Kreislauf-Erkrankungen, den Erkrankungen der Atemwege und den chronischen rheumatischen Erkrankungen, befassen müssen (43, 45, 48, 93, 94, 101).

3. Spezieller Teil

1. Akratothermen

Warme Wässer, die ganzjährig eine Mindesttemperatur von 20 °C aufweisen und darüber hinaus weniger als ein Gramm gelöster fester Stoffe pro Kilogramm Wasser enthalten, werden als Akratothermen bezeichnet. Aus klinischer Sicht ist die ganzjährige Temperatur von 20 °C zu gering, um damit bedeutsame Wärmeeffekte am Patienten zu erzielen. Als Ausgangstemperatur wäre der Indifferenzbereich zwischen 33 °C und 35 °C zu fordern. Thermalbäder werden durchschnittlich mit Wassertemperaturen von 36 °C bis 37 °C verabreicht. Bislang liegen keine überzeugenden wissenschaftlichen Arbeiten darüber vor, daß Akratothermen bessere Wirkungen haben als warme Leitungswasserbäder. Sie eignen sich daher ebenso wie Süßwasserbäder (Leitungswasser) zur großen und kleinen Hydrotherapie, doch bestehen keine speziellen Indikationen oder Kontraindikationen aufgrund der schwachen Mineralisierung (3, 18, 38, 52, 81, 82, 93).

2. Jodbäder

Für Badekuren werden im Jodbad Hall in Oberösterreich durchschnittlich 15 – 20 mg Jod pro Liter durch Verdünnung mit warmem Wasser von 36 °C bis 38 °C verwendet. Für die klinisch bewährten Jod-Sole-Überwärmungspackungen werden 100 mg Jod vorgeschlagen. Dieses Konzentrat wird mit Temperaturen von 40 °C bis 50 °C mittels eines Heizkastens über den solegetränkten Tüchern angewendet. Die Jodidmengen sind etwa zehnfach größer als der Gehalt der Haller Sole an freiem Jod, wobei freies, elementares Jod durch oxidierende Substanzen sowie durch die Tätigkeit von Mikroorganismen während der Lagerung in den Reservoirs entsteht. Die „Wirkspezifität" von Jodbädern beruht wahrscheinlich auf der quellungsfördernden und damit elastizitätsvermehrenden Wirkung auf das Bindegewebe, wobei vor allem ein Einfluß auf die Quervernetzung von Kollagenmolekülen zur Diskussion steht. Damit dürfte auch eine resorptionsfördernde Wirkung verbunden sein. Neben den im allgemeinen Teil bereits geschilderten günstigen Kreislaufveränderungen konnte während Jodsolebadekuren eine signifikante Besserung der Ergometerleistung festgestellt werden. Auch die oszillographischen und rheographischen Werte als relativer Maßstab für eine Zunahme der peripheren Durchblutung konnten verbessert gefunden werden. Bei kompensierten arteriellen Durchblutungsstörungen wurden gute Erfolge in etwa 90% als Leistungszuwachs registriert. Die Hochdruckkrankheit, sklerotische Arteriopathien und Venopathien sowie deren Folgeerscheinungen dürften demnach berechtigte Indikationen für Jodbäder darstellen. Ebenso scheinen degenerative und chronische entzündliche Erkrankungen verschiedener Augenabschnitte wertvolle Indikationen zu sein. Dort wird das Jod-Heilwasser mit Hilfe des galvanischen Stroms iontophoretisch in das Auge eingebracht.

Während Jodsolebäder auch experimentell nachweisbar eine signifikant stärkere Blutdrucksenkung als Süßwasserbäder und sogar Kohlensäurebäder bedingen und über eine Verringerung des peripheren Widerstandes sowie einen Anstieg des Herzminutenvolumens durch Zunahme des Schlagvolumens bis zu zwei Stunden nach dem Bad anhaltende Kreislaufumstellungen hervorrufen, findet man in CO_2- und Süßwasserbädern nur eine kurzdauernde, geringere Einwirkung auf das Minutenvolumen.

Inwieweit Jodbäder in der Arteriosklerosebehandlung Bedeutung erlangen könnten, wie das auf Grund älterer Arbeiten behauptet wurde, konnte durch neuere Experimente noch nicht gesichert werden.

Die Inhalation von Jodsole bringt im Gegensatz zur Inhalation von Wasser eine Abnahme des Residualvolumens bei Zunahme der Vitalkapazität, was eine verbesserte Durchlüftung der Lunge bedingt. Dazu kommen der schleimlösende und der antibakterielle Effekt, was ja durch die orale Einnahme von Kaliumjodid als wirksames Expectorans seit Jahrzehnten bekannt ist. Interessante Studien mit Jodid-Trinkkuren, durch vierzehn Tage 25 mg täglich, ergaben bei euthyreoten Patienten eine relativ hypothyreote Reaktion, begleitet von einer verminderten Basalsekretion von Thyroxin und Trijodthyronin. Da die Jodzufuhr zeitlich begrenzt ist, kommt es nicht zur Jodisationshemmung mit der Folge einer Jodstruma. Die Experimente (13) in Bad Hall ergaben ferner, daß Jod in anorganischer Form die periphere Thyroxin-Dejodination zu beeinflussen vermag und zum sogenannten Low-T_3-Syndrom führen kann. Das könnte wiederum Anlaß für einen Schongang des Kreislaufs sein und sich bei Zuständen nach Herzinfarkt und bei chronischer Herzinsuffizienz positiv auswirken. Hyperthyreote Zustände wurden bei Kuren in Bad Hall unter 70.000 Patienten nicht beobachtet. Es muß aber erwähnt werden, daß diese Gefahr bei Patienten mit autonomen Adenomen der Schilddrüse zur Hyperthyreose führen könnte, welche Patienten nicht in einen Jodkurort geschickt werden dürfen. (11, 27, 47, 70, 71, 72, 77, 78, 79, 82, 85, 91, 112–115, 118, 122, 138, 140, 142, 148)

3. Kochsalzbäder

Darunter werden Sole- und Seebäder (Meeresbäder) verstanden. Als Sole werden jene Heilwasserlösungen bezeichnet, deren Natrium- und Chloridgehalt 240 mVal, also 5,5 g Natrium und 8,5 g Chloridionen pro Kilogramm Wasser, überschreiten. Die Gesamtmineralisation der Solen liegt wegen der Anwesenheit anderer Ionenarten meistens über 14 g pro kg Wasser. Unterschreitet der NaCl-Gehalt 240 mVal, beträgt die Mineralisierung aber noch mehr als 1 g pro kg Wasser, so spricht man von einer NaCl- oder Kochsalzquelle bzw. Kochsalzwasser. Im Meerwasser liegt der durchschnittliche Gehalt an gelösten und festen Mineralstoffen bei 35 g pro kg, entsprechend 3,5% Salzgehalt. Daran haben Magnesium- und Sulfationen einen relativ großen Anteil gegenüber den üblichen Kochsalzwässern. Solebäder werden mit einem Salzgehalt von 1,5% bis 6% abgegeben. Aber weder eine positive noch eine negative Wirkung ließ sich aus der Inkorporierung von Na- und Chloridionen aus Sole- oder Meerwasserbädern bisher für den Patienten ableiten. Wie sich aus Tabelle 2 nach Drexel u. M. (1970) ergibt, spielen die aus einem Einzelbad im Meerwasser resorbierten Salzmengen im quantitativen Vergleich zum Tagesbedarf bzw. zum Tagesumsatz keine Rolle. Der Erfolg der Thalassotherapie beruht daher mehr auf klimatischen und physikalischen (Brandung) Eigenschaften des Meeraufenthaltes. (18, 19, 82, 84, 86, 100, 104, 131, 132)

Tabelle 2

Resorbierte Mengen verschiedener Mineralien bei einem Einzelbad im Meerwasser und quantitativer Vergleich dieser Mengen mit dem Tagesbedarf bzw. dem Tagesumsatz (nach Drexel u. M. 1970).

Substanz	Konzentration im Meerwasser	resorbiert	Tagesbedarf bzw. Tagesumsatz etwa
Na^+	10 g/kg	0,9 mg	5000 mg
K^+	0,365 g/kg	0,3 mg	2000 mg
Ca^{++}	0,385 g/kg	0,6 mg	1000 mg
Cl^-	18 g/kg	2,0 mg	7000 mg
J^-	0,444 mg/kg	0,013 γ	100 γ
H_2O		12,8 ml	2500 ml

4. Kohlensäurebäder

Sie wirken in Abhängigkeit von der CO_2-Konzentration pro Kilogramm Badewasser kreislauferweiternd, was sich am typischen Erythem in Kohlensäurebädern nachweisen läßt. Es ist unterhalb von Temperaturen von 17 °C und oberhalb 38 °C nicht mehr deutlich von der Hautrötung, wie man sie temperaturabhängig auch bei Süßwasserbädern findet, abzugrenzen. Individuell verschieden kann die Rötung bereits bei Konzentrationen von 200 mg CO_2 pro kg Badewasser auftreten. Normalerweise liegt der Grenzwert bei 400 mg. Demnach erscheint die Forderung, daß Kohlensäurewässer 1000 mg pro kg enthalten müssen, nicht ganz gerechtfertigt. In Abhängigkeit von der Wassertemperatur und bei Kohlensäuregasbädern vom Feuchtigkeitsgehalt läßt sich die Wirkung verstärken. Daher werden CO_2-Gasbäder unter Zugabe von Dampf verabreicht. Das dürfte zur Bildung von H_2CO_3 aus CO_2 führen, was eine zusätzliche kreislaufaktive Komponente im Kohlensäurebad darstellt. Die durch ein CO_2-Wasserbad von 32 °C ausgelöste Hyperämie entspricht ihrer Intensität nach etwa der eines Süßwasserbades von 43 °C – 43,5 °C. Es werden kapillarmikroskopisch nachweislich um 10% bis 20% mehr Kapillaren sichtbar, was auf eine verbesserte Anflutung von Erythrozyten in vorher nur plasmagefüllte Kapillaren zurückgeführt wird. Die Strömung ist bis zu etwa 30 Minuten nach dem Bade beschleunigt. Die verbesserte Blutfüllung wird durch eine Erweiterung der den Kapillaren vorgeschalteten Arteriolen bedingt. Von diesen scheinen reflektorische Impulse auch auf höherliegende arterielle Kreislaufabschnitte einzuwirken, so daß auch dort eine Gefäßerweiterung stattfindet. Unabhängig von der Dauer, der Konzentration, der Temperatur oder der Feuchtigkeit des CO_2-Bades verschwindet die dadurch ausgelöste Hautrötung 2 – 2 1/2 Minuten nach Badeende. Das spricht dafür, daß das diffusible CO_2 selbst die Ursache der Rötung ist und nicht über andere Vermittlersubstanzen in der Haut wirkt. Das stärkere Absinken des mittleren arteriellen Blutdrucks in Kohlensäurebädern gegenüber gleich temperierten Süßwasserbädern wird auf die oben erwähnte Beeinflussung der Widerstandsgefäße zurückgeführt. Dieser Effekt scheint bei höherkonzentrierten CO_2-Bädern zwischen 1000 und 1400 mg deutlicher zu sein. Das ergibt eine Herzentlastung und erklärt die günstigen Erfolge von Kohlensäurebädern bei Hochdruck, peripheren Durchblutungsstörungen und kompensierten Herzerkrankungen. In Kohlensäurebädern ist jedoch eine Erhöhung des Venendruckes durch den Wasserdruck bei Mitralstenosepatienten oder Patienten mit chronischem Cor pulmonale als gefährdendes Moment ebenso wie in anderen Bädern zu berücksichtigen. Als zusätzliche Wirkung von Kohlensäurebädern wird die verbesserte Resorption anderer Inhaltsstoffe von Bädern durch CO_2 angeführt. Darüber liegen jedoch bisher keine genügend überzeugenden experimentellen Untersuchungen vor. Gleiche Überlegungen gelten auch für CO_2-Trinkkuren (20, 57–62, 64, 82 101, 128, 134, 135, 143, 149, 150, 151).

5. Radonbäder

Das durch die Haut oder durch die Lunge aufgenommene Edelgas Radon wird aufgrund seiner Lipophilie bevorzugt in endokrine Organe und Strukturen des Zentralnervensystems eingelagert. Darauf sollen die endokrin stimulierenden Wirkungen und die schmerzlindernde Wirkung beruhen. Ursächlich dafür scheint der kurzdauernde ionisierende Effekt der energiereichen Alphastrahlen zu sein. Wegen der kurzen biologischen Halbwertszeit, die mit etwa 20 bis 30 Minuten zu veranschlagen ist, und der auch kurzen physikalischen Halbwertszeit von 3,825 Tagen sind Schädigungen durch das Edelgas selbst bei den zum Beispiel in Gastein angewandten Konzentrationen nicht zu erwarten. Über die Einwirkungen der Folgeprodukte liegen am Menschen noch keine ausreichenden Untersuchungen vor. Vergleichsuntersuchungen zwischen radonhältigen Thermalbädern und gleich temperierten Süßwasserbädern ergaben keine signifikanten Unterschiede im Hinblick auf die täglich gemessene und mit Computern ausgewertete Gelenkfunktion bei Patienten mit primär chronischer Polyarthritis rheumatica. Auch einschlägige Laborbefunde konnten nicht unterschiedlich gefunden werden. Inwieweit die Radioaktivität der Luft, die über Inhalation biologisch wirksam werden könnte, eine bedeutsame Rolle spielt, bedarf noch der Abklärung. Auch die für Bäder in Österreich geforderten Mindestkonzentrationen von 370 Bq/l (10 nCi/l) Wasser oder die in Deutschland geforderten 1,073 kBq/l (29 nCi/l) ließen sich bisher weder experimentell noch klinisch rechtfertigen. Es ist nicht abgeklärt, ob niedrigere oder höhere Dosen bessere oder schlechtere Effekte zeigen. Die Einwirkung auf endokrine Drüsen wurde als Anregung der Sexualfunktion mit Hypertrophie der Samenblasen und einer Zunahme des Uterusgewichtes festgestellt. Ferner konnte eine beschleunigte Inaktivierung von Adrenalin und Noradrenalin nachgewiesen werden. Eine Hemmung der Hyaluronidase, die den Abbau der für den Bindegewebsstoffwechsel wichtigen Hyaluronsäure besorgt, konnte experimentell wahrscheinlichgemacht werden. Doch ist bis jetzt nicht genügend einwandfrei erwiesen, daß es sich dabei um Radonwirkungen handelt und ob diese Wirkungen bereits als biopositiv zu bezeichnen sind. Im Hinblick auf die zunehmende Belastung der Bevölkerung durch ionisierende Strahlen kommen Untersuchungen an Orten mit natürlichen Strahlenvorkommen große Bedeutung zu. Zytologische Kontrollen des vermehrt mit den Gasteiner Kurmitteln in Kontakt stehenden Personals ergaben eine Abhängigkeit der Chromosomenveränderungen in Lymphozyten vom Alter und Geschlecht, nicht jedoch vom Radon. Für eine kontinuierliche Inhalation von Radon^{222} in einer Konzentration von bis zu 1,48 Bq (40 pCi) pro Liter Luft scheinen keine Chromosomenveränderungen zu erwarten zu sein. Für Arbeiter in radonhaltiger Atmosphäre wurden bisher 3,7 Bq/l (100 pCi/l) als tragbar angesehen. Erste Untersuchungen über die Langlebigkeit und die Krebshäufigkeit sowie die Häufigkeit von Mißbildungen der Bevölkerung, die im Gasteiner Raum lebt, ergaben bisher wegen der geringen Fallzahl noch keine sicheren Aussagen. In früheren Untersuchungen wurde behauptet, daß Populationen, die sich in erhöht radioaktiver Umgebung aufhalten, langlebiger und weniger krebsanfällig seien als solche außerhalb. Unsere eigenen diesbezüglichen Untersuchungen an Lymphozyten des peripheren menschlichen Blutes ergaben in Abhängigkeit von der Dosis und der Zeit der Einwirkung eine verbesserte Reparatur(Repair-)Kapazität dieser Abwehrzellen nach Schädigung durch UV-Licht. Auch scheint ein positiver Einfluß auf Killerzellen zu bestehen, eine besondere Population von lymphozytären Abwehrzellen, die der Erkennung und Bekämpfung von virusbefallenen oder krebsentarteten Zellen dient.

Es hat den Anschein, als ob Populationen, die ständig in radonhaltiger Umgebung leben, mehr Killerzellen haben und daß die Funktion der Killerzellen nach Stimulation durch Interleukin oder Interferon im Verlaufe eines Radon-Kurheilverfahrens zunimmt. Es muß jedoch berücksichtigt werden, daß hierbei thermische Einflüsse bedeutungsvoll sein könnten, wie ebenso die Einflüsse der Höhe, in denen sich radonhaltige Kurorte befinden. (4, 10, 12, 21–23, 26, 28, 31–46, 48, 51, 54, 55, 67, 73, 74, 107, 109–111, 123–127, 137, 147)

6. Schwefelbäder

Der Schwefel wird balneotherapeutisch vor allem als Sulfid angewendet, das gut resorbiert wird. Die Wirkungen scheinen, wie auch bei den anderen chemischen Inhaltsstoffen, vorwiegend durch die Haut zu gehen. Zusätzlich kommen inhalatorische Wirkungen in Betracht. Die Freisetzung von vasoaktiven Substanzen in der Haut wird für die Kreislaufwirkungen verantwortlich gemacht. Diese unterscheiden sich jedoch nicht signifikant von denen gleich warmer Süßwasserbäder. Im Verlauf einer Schwefelbadekur wurde festgestellt, daß die Reaktion des Kreislaufs auf thermische Reize, zum Beispiel auf einen Kaltreiz, weniger stark ausfällt als durch gleichartige Serien von Süßwasserbädern. Kritische Untersuchungen zur Wirkung der Schwefelbäder bei Hautkrankheiten ergaben keine nachweislich positiven Wirkungen, vor allem auch nicht bei Psoriasis. Die Vermutung, daß der aus dem Badewasser resorbierte Schwefel wegen des Schwefelmangels in der Knorpelgrundsubstanz bei arthrosekranken Gelenken wirksam sein könne, ließ sich trotz des Nachweises des Einbaus von radioaktivem Schwefel aus dem Bad in den Knorpel nicht halten. Die Zufuhr mit der Nahrung ist um ein Tausendfaches oder mehr größer als die aus dem Bad. Sulfide werden zwar sehr gut kutan resorbiert, doch werden aus einem Vollbad von 38 °C und 30 Minuten Dauer bei einem Sulfidgehalt von 50 mg pro Liter nur rund 1,5 mg aufgenommen. Zusammen mit der vermutlich etwa gleich großen Nachresorption entspricht die kutan resorbierte Menge rund 1‰ des täglich aufgenommenen zweiwertigen Nahrungsschwefels. Sie dürfte daher pharmakodynamisch unbedeutend sein. Die Einatmung der Luft über dem Bad führt zu einer ca. 15mal höheren Resorptionsquote als die perkutane Resorption. Damit könnten bereits Prozentanteile des täglichen Nahrungsschwefels erreicht werden. Das könnte unter Umständen die Redox- und Atmungsprozesse der Zelle, für die Sulphydrilgruppen eine große Rolle spielen, beeinflussen. Doch stehen diesbezügliche Nachweise der biologischen Schwefelwirkungen noch aus. Neben dem Einbau des Schwefels in die Grundsubstanz, der, wie erwähnt, aber bei Arthrosegelenken kaum eine Rolle spielen dürfte, wurde für die Hauptindikation von Schwefelbädern, die rheumatischen Erkrankungen, noch die Herabsetzung der Hyaluronidase-Aktivität im Serum auf etwa ein Drittel des Ausgangswertes diskutiert und ferner die Herabsetzung des erhöhten Kupferspiegels bei Polyarthritispatienten. Da aber Rheumaerkrankungen in allen Bädern eine wichtige Indikation darstellen, dürften andere Einflüsse, zum Beispiel der milde Streß, auch hier vordergründig sein (24, 25, 29, 30, 65, 80, 82, 87, 99, 105, 136).

Zusammenfassend ist zu Badekuren mit Heilwässern zu sagen, daß ihre Erfolge vor allem auf der Wiederholung der therapeutischen Anwendung und deren physikalischen Eigenschaften, besonders deren Wärmewirkungen, beruhen. Chemische Inhaltsstoffe vermögen diese Einflüsse in verschiedener Weise zu variieren, das Kurmilieu mit Klima- und Kostumstellung, körperlicher Bewegung, positiver psychischer Beeinflussung ist entscheidend mitbeteiligt.

Gute Kurerfolge werden in einer Häufigkeit von durchschnittlich 70% – 80% angegeben. Nur ca. 5% der Kranken werden durch Kurheilverfahren verschlechtert. Das gilt für alle Arten von Heilbädern, unabhängig von ihren chemischen Eigenschaften. Dadurch werden auch die weitgehend gleichartigen Indikationen für Bäder mit den verschiedensten Inhaltsstoffen erklärbar. Die Reaktionsfähigkeit des chronisch Kranken soll verbessert werden und dadurch seine Anpassungsfähigkeit an Innen- und Umwelteinflüsse. Es wäre einseitig, wenn man die Balneotherapie nur nach der Objektivierbarkeit ihrer ortsgebundenen Anwendungen beurteilen wollte. Vordergründig ist der kranke Mensch mit seinen psychosomatischen Verflechtungen. Die zusätzlichen Einflüsse am Kurort sind mitzuberücksichtigen, und kurmäßige Therapie muß soziokulturellen Entwicklungen ebenfalls Rechnung tragen. Kuren können neben der Praxis des behandelnden Arztes und dem Krankenhaus als „drittes System" einer medizinischen Versorgung angesehen werden, das der Prävention und Rehabilitation dient. Ferner sollten die Möglichkeiten der Gesundheitserziehung am Kurort nicht unterschätzt werden. (1, 2, 5, 7, 8, 28, 32, 37, 43, 45, 50, 53, 69, 76, 87–90, 94, 101, 121, 130, 133, 141, 144, 145, 146, 150)

Literatur

1. AMELUNG, W.: Bäder- und Klimaheilkunde im Wandel der Zeit. Z. angew. Bäder- u. Klimaheilk. 19: 209 (1972).
2. AMELUNG, W.: Die moderne Behandlung im Kurort. Z. Allgem. Med. 49: 401 (1973).
3. AMELUNG, W., EVERS, A.: Handbuch der Bäder- und Klimaheilkunde. Schattauer, Stuttgart, 1962.
4. AURAND, K., JACOBI, W., MUTH, H., SCHRAUB, A.: Zur biologischen Wirkung des Radons und seiner Folgeprodukte. Strahlentherapie 112: 262 (1960).
5. BAIER, W.: Der therapeutische Effekt der Bäder aus dem Gesichtswinkel der Sozialversicherungsträger. Z. angew. Bäder- u. Klimaheilk. 18: 226 (1971).
6. BAIER, H., FRIEDRICH, D., HILDEBRANDT, G.: Zur Frage der reaktiven Periodik im Kurverlauf. Z. angew. Bäder- u. Klimaheilk. 21: 97 (1974).
7. BASSENGE, E., HARTMANN, B. (Herausg.): Kohlensäurebäder: Wirkungsmechanismen und Therapiemöglichkeiten. Z. Phys. Med. Balneol. Med. Klimatol. 13 (1984). Sonderheft 2.
8. BÖNI, A.: Problematik der zukünftigen balneologischen und bioklimatologischen Forschung. Z. angew. Bäder- u. Klimaheilk. 18: 2 (1971).
9. BOUDYS, V.: Die Balneotherapie der peripheren arteriellen Durchblutungsstörungen arteriosklerotischer Art. Z. angew. Bäder- u. Klimaheilk. 18: 503 (1971).
10. BRODA, E.: Gibt es biopositive Wirkungen ionisierender Strahlen? Biologie in unserer Zeit 3: 108 (1973).
11. BRÜGGE, F., HELLAUER, H.: Jod in balneologischer Hinsicht. Z. angew. Bäder- u. Klimaheilk. 4: 405 (1956).
12. CHRISTA, Cl., HALHUBER, M. J., HAUS, E., INAMA, K., RIEMER, K.: Die Heilstollenbehandlung bei rheumatischen Erkrankungen. Z. Rheumaforschg. 15: 270 (1956).
13. DEUTSCH, E., KLIEBER, M.: Besonderheiten des Jods als Balneotherapeutikum. Z. Phys. Med. Balneol.Med. Klimatol. 11: 6 (1982).
14. DIJI, A., GREENFIELD, A. D. M.: The Local Effect of Carbon-Dioxide on Human Blood Vessels. Amer. Heart. J. 60: 907 (1960).
15. DIRNAGL, K., KAMM, S.: Experimentelle Ergebnisse über Kreislaufwirkungen von Kohlensäuregasbädern. Arch. Phys. Ther 7: 122 (1955).
16. DIRNAGL, K., DREXEL, H.: Die quantitative Erfassung der Aufnahme von Quellinhaltsstoffen in die Haut und durch die Haut Arch. Phys. Ther. 15: 283 (1963).
17. DOEPNER, P., GRAEFF, W., HEDDERICH, J., SIEBNER, H., WIEGAND, H.: Klinische Untersuchungen über die Wirkungen des CO_2-Trockengas-Hüllenbades. Z. angew. Bäder- u. Klimaheilk. 18: 345 (1971).
18. DREXEL, H., DIRNAGL, K.: Der Stoffaustausch durch die Haut unter hydrotherapeutischen und bädertherapeutischen Maßnahmen (Stoffaufnahme und Stoffabgabe und ihre Bedeutung für Haut und Gesamtorganismus). Arch. Phys. Ther. 20: 361 (1967).
19. DREXEL, H., DIRNAGL, K., PRATZEL, H.: Experimentelle Befunde zum chemischen Wirkungsmechanismus der Sole- und Seebäder. Z. Phys. Med. 1: 201 (1970).
20. ECKERVOGT, F. J.: Über den Gaswechsel im CO_2-Gasbad. Z. Kreisl.-forsch. 43: 369 (1954).
21. EGG, D., GASTL. G., ALTMANN, H., GÜNTHER, R., HUBER, C.: Immunologische Untersuchungen während Radon-Balneotherapie. Z. Phys. Med. Balneol. Med. Klimatol. 13: 56 (1984).
22. EIGELSREITER, H., SCHMIDT, W.: Die Wirkung einer Kur im Thermalstollen von Badgastein-Böckstein auf die neuromuskuläre Erregbarkeit. Z. angew. Bäder- u. Klimaheilk. 14: 296 (1967).
23. EIGELSREITER, H., SCHMIDT, W.: Die Schmerzempfindlichkeit der Haut während einer Gasteiner Thermalbadekur bzw. einer Kur im Thermalstollen. Z. angew. Bäder- u. Klimaheilk. 14: 430 (1967).
24. EVERS, A.: Schwefelbäder und periphere Hautdurchblutung. Arch. Phys. Ther. 7: 115 (1955).
25. EVERS, A.: Schwefelwässer. In: AMELUNG, W., EVERS, A.: Handbuch der Bäder- und Klimaheilkunde. Schattauer, Stuttgart 1962.
26. FISCHER, W., POHL-RÜLING, J., POHL, E.: Chromosome Studies on Persons Exposed to Increased Levels of Radon in the Environment. 4. Int. Congress of human genetics, Paris, 1971, Nr. 233.
27. FULMEK, R.: Permeation des Jodes in das Auge unter normalen und pathologischen Bedingungen. Z. angew. Bäder- u. Klimaheilk. 11: 403 (1964)
28. GEERTZ, U. W., GÜNTHER, R., SCHWARZ, I.: Untersuchungen mit psychophysischen Tests zur Beurteilung der Adaption chronisch Rheumakranker. Arch. Phys. Ther. 19: 393 (1967).
29. GRUBER, F.: Das Schwefelerythem. Z. angew. Bäder- u. Klimaheilk. 11: 343 (1964).
30. GRUBER, F., GRUBER F. jun.: Blutzucker und Badener Schwefelwasser. Z. angew. Bäder- u. Klimaheilk. 16: 409 (1969).
31. GÜNTHER, R.: Allgemeine Kontraindikationen der Balneotherapie. Medizinische 40: 1864 (1959).

32. GÜNTHER, R.: Die Rehabilitation Rheumakranker durch kurmäßige Heilverfahren. Forschung und Praxis, Bd. VIII: 88 (1959/60), Hollinek, Wien.
33. GÜNTHER, R.: Klinische Erfahrungen mit Radonthermen. Hippokrates 32: 128 (1961).
34. GÜNTHER, R.: Zukunftsaufgaben der Kurorte. Österr. Heilbäder- u. Kurorteverb. II: 2 (1962).
35. GÜNTHER, R.: Balneotherapie im Alter. Skriptum geriatrikum, S. 341 (1962), Hollinek, Wien.
36. GÜNTHER, R.: Unterschiede in der Anpassung verschiedener Lebensalter während Balneotherapie. Proc. 7th, Int. Congr. of Gerontol. Tom. 5: 235 (1966).
37. GÜNTHER, R., MAYR, U., OBERHUMMER, H. L.: Befinden und Befund während Kurheilverfahren. Allgem. Therap.6: 179 (1966).
38. GÜNTHER, R., KAISER, Th., KNAPP, E., SCHELLHAS, H., SILLER, K.: Vergleichsuntersuchungen zwischen Thermalbädern, Thermaldunstbädern und Süßwasserbädern. Z. angew. Bäder- u. Klimaheilk. 13: 390 (1966).
39. GÜNTHER, R., HAGLEITNER, E., KNAPP, E., SILLER, K.: Balneotherapie und Lebensalter. Der Einfluß von Radon-Thermalbädern auf Blutdruck, Atmung und Körpertemperatur. Z. angew. Bäder- u. Klimaheilk. 13: 516 (1966).
40. GÜNTHER, R.: Herz-Kreislaufkomplikationen während Kurheilverfahren und ihre Behandlung. Z. angew. Bäder- u. Klimaheilk. 14: 96 (1967).
41. GÜNTHER, R.: Unterschiede in der Anpassung von Arthritis- und Arthrosekranken während Kurheilverfahren. Arch. Phys. Ther. 19: 117 (1967).
42. GÜNTHER, R., HALBERG, F., KNAPP, E.: Zirkadiane Rhythmometrie mittels elektronischer Rechner zur Beurteilung von Kurwirkungen. In E. Teichmann, Kurverlaufs- und Kurerfolgsbeurteilung, Symposion II, Sanitas, Bad Wörishofen, S. 106 (1968).
43. GÜNTHER, R.: Balneoprophylaxe und Balneotherapie. Ärztl. Prax. XXI: 3783 u. 3803 (1969).
44. GÜNTHER, R., HENN, O.: Radon-Stollen-Therapie bei ankylosierender Spondylitis. Verh. Dtsch. Ges. Rheumatol. Bd. 1, S. 141 (1969).
45. GÜNTHER, R.: Die Bedeutung der Balneologie in der modernen Medizin. Wien. Med. Wschr. 121: 467 (1971).
46. GÜNTHER, R., HALBERG, F., KNAPP, E.: Veränderungen des Tagesrhythmus (Circadianrhythmus) bei chronisch Rheumakranken und ihre Beeinflussung durch Balneotherapie. Z. Phys. Med. 2: 180 (1971).
47. HAGMÜLLER, K., HELLAUER, H., SPITZY, H.: Über die Funktion der Haut als Resorptions- und Speicherorgan bei Aufnahme von elementarem Jod und Jodid aus Badelösungen. Arch. klin. exp. Derm. 202: 171 (1956).
48. HALHUBER, M. J., HAUS, E., INAMA, K.: Über- und Unterdosierung in der Bäderheilkunde. Med. Klin. 52: 1105 (1957).
49. HALHUBER, M. J., INAMA, K., JUNGMANN, H.: Der Einfluß mittlerer Höhen (2000 m) auf den Kreislauf des Hypertonikers. Z. angew. Bäder- u. Klimaheilk. 15: 266 (1968).
50. HALSNER, O.: Die Heilverfahren der Rentenversicherungsträger im Blickwinkel der Massenmedien und Folgerungen aus der erhobenen Kritik. Z. angew. Bäder- u. Klimaheilk. 14: 278 (1967).
51. HAUS, E.: Wirkungen einer kombinierten Heißluft-Radiumemanations-Behandlung auf das endokrine System. Z. angew. Bäder- u. Klimaheilk. 4: 486 (1957).
52. HEERD, E., OPPERMANN, Ch.: Über Veränderungen der Perspiratio insensibilis cutanea des Menschen nach wiederholten Wasserbädern. Z. Phys.Med. 1: 281 (1970).
53. HEINRICH, P., HEINRICH-EVERS, P.: Klinisch-psychologische und sozialpsychologische Aufgaben im Heilbad bzw. Kurort. Z. angew. Bäder- u. Klimaheilk. 19: 252 (1972).
54. HENN, O.: Über die langdauernde Einwirkung kleinster Dosen Radium-Emanation auf das hämopoetische System von Versuchstieren. Sitz. Ber. Österr. Akad. Wiss. Math. natw. Kl. Abt. II, 168: 51 (1959).
55. HENN, O., KARRER, K.: Über den Einfluß von kleinen Dosen Radium-Emanation auf das Yoshida-Sarkom der Ratte. Strahlentherapie 138: 481 (1969).
56. HENSEL, H.: Physikalische Umwelt und menschlicher Organismus. Therapiewoche 3: 133 (1965).
57. HENTSCHEL, H. D.: Vergleichende balneotherapeutische Untersuchungen bei Hypertonikern. Praxis (Schweiz) 51: 198 (1962).
58. HENTSCHEL, H. D., LICH, H.: Blutdruckwirkungen des Kohlensäurebades bei essentieller Hypotonie. Z. Klin. Med. 157: 510 (1963).
59. HENTSCHEL, H. D.: Badekuren bei essentieller Hypertonie. Allgem. Ther. 5: 303 (1965).
60. HENTSCHEL, H. D.: Experimentelle und klinische Untersuchungen zur Wirkung von Kohlensäurebädern auf die periphere Strombahn. Allgem. Ther. 7: 58 (1967).
61. HENTSCHEL, H. D.: Über die Hautrötung im Kohlensäurebad. Allgem. Ther. 7: 180, 216, 251, 279, 331, 437 (1967).
62. HENTSCHEL, H. D.: CO_2-Bädertherapie bei Coronarerkrankungen. Z. angew. Bäder- u. Klimaheilk. 17: 511 (1970).
63. HILDEBRANDT, G.: Therapeutische Zeitordnung und Kurerfolg. Z. angew. Bäder- u. Klimaheilk. 19: 219 (1972).
64. HILLE, H.: Zur Physiologie der Kohlensäurewirkung auf den Menschen. Arch. Phys. Ther. 18: 181 (1966).
65. HILLE, H., STAMPEHL, B., GERSTEIN, B.: Über den Einfluß von Schwefelkuren auf das Blutbild des Menschen. Z. angew. Bäder- u. Klimaheilk. 15: 162 (1968).
66. HILLE, H.: Zur Frage der Verwendung des Friedrichganges im Münstertal/Schwarzwald als Asthma-Therapiestation. Z. angew. Bäder- u. Klimaheilk. 21: 146 (1974).
67. HILLEBRAND, O.: Kurörtliche Reaktionstherapie bei Rheumatikern nach operierten oder strahlenbehandelten Malignomen? Österr. Ärztezeitung 27: 85 (1972).
68. HITTMAIR, A., GÜNTHER, R.: Die Krankenbehandlung im Thermalstollen von Badgastein-Böckstein. Akad.Almanach, Wien, S. 62 (1962/63).
69. HITTMAIR, A.: Gedanken zum Problem der Heilkuren. Z. angew. Bäder- u. Klimaheilk. 18: 53 (1971).
70. HITZENBERGER, G. H., THOMA, F.: Der Einfluß von Ruhe auf den Blutdruck während eines Kuraufenthaltes. Wien. med. Wschr. 68: 1021 (1956).
71. HOFMANN-CREDNER, D.: Zur Methodik der quantitativen Bestimmung respiratorisch aufgenommenen elementaren Jods. Z. Inn. Med. 34: 463 (1953).
72. HOFMANN-CREDNER, D.: Experimentelle Untersuchungen zur Jodaufnahme durch die Haut und Lunge beim Menschen. Arch. Int. Pharmakodyn. 47: 363 (1954).
73. INAMA, K.: Zur Klinik der Badereaktion mit besonderer Berücksichtigung radioaktiver Kurmittel. Z. angew. Bäder- u. Klimaheilk. 3: 527 (1956).
74. INAMA, K.: Die radioaktiven Bäder in der Behandlung der rheumatischen Erkrankungen. Z. angew. Bäder- u. Klimaheilk. 5: 373 (1958).
75. INAMA, K.: Die Behandlung im Heilstollen von Oberzeiring. Pers. Mitt. 1974.
76. JANKOWIAK, J.: Über die Problematik der Forschungsarbeiten auf dem Gebiete der Balneologie. Z. angew. Bäder- u. Klimaheilk. 18: 5 (1971).
77. JESSERER, H.: Indikationen und Kontraindikationen einer Jodsolebehandlung. Wien. med. Wschr. 68: 625 (1956).
78. JESSERER, H., CLODY, P. H., HITZENBERGER, G. H., HONETZ, N., KOTZAUREK, R.: Klinische Erfahrungen mit der Jodsolebehandlung in Bad Hall. Wien. klin. Wschr. 69: 874 (1957).
79. JESSERER, H., KRIEHUBER, E., PROHASKA, E.: Über die Wirkung der Bad Haller Jodkur bei Claudicatio intermittens. Z. angew. Bäder- u- Klimaheilk. 11: 5 (1964).
80. JOB, C.: Der Schwefel in der Balneotherapie. Z. angew. Bäder- u. Klimaheilk. 12: 210 (1965).

81. JOB, C., PLATTNER, H.: Elektronenmikroskopische Untersuchungen über den Einfluß verschiedener Bademedien auf die Ultrastruktur der Epidermis. Z. angew. Bäder- u. Klimaheilk. 16: 22 (1969).
82. JORDAN, H.: Grundriß der Balneologie und Balneobioklimatologie. VEB G. Thieme, Leipzig, 1964.
83. JORDAN, H.: Balneotherapie und Blutdruck – biometrisch betrachtet. Z. angew. Bäder- u. Klimaheilk. 13: 380 (1966).
84. JUNGMANN, H.: Untersuchungen zur Wirkung von Süßwasser-, Meerwasser- und vegetabilischen Wannenbädern auf die Hautdurchblutung. Z. angew. Bäder- u. Klimaheilk. 16: 64 (1969).
85. KIRCHMAYR, W., SKRUBE, H., HAGMÜLLER, K., HELLAUER, H., SPITZY, H.: Über das Reduktionsvermögen menschlicher und tierischer Haut gegenüber elementarem Jod in Badelösungen. Wien. klin. Wschr. 67: 605 (1955).
86. KLEINSCHMIDT, H.: Über die Wirkung von Sole- und Klimakuren im Kindesalter. Z. angew. Bäder- u. Klimaheilk. 12: 318 (1965).
87. KLEINSCHMIDT, Th.: Zur Systematik unter der Kur und in der Kur-Vorperiode – methodologische Aspekte des Kurmißerfolges. Arbeitsmed. Sozialmed. Arbeitshyg. 2: 431 (1967).
88. KLEINSCHMIDT, Th.: Soll und Haben der Rehabilitation am Kurort. Heilb. u. Kurort 3 (1969).
89. KLEINSCHMIDT, Th.: Der sozialmedizinische Aspekt der Kur und die soziale Balneologie. Die Rehabilitation 10: 11 (1971).
90. KLEINSCHMIDT, Th.: Probleme in der sozialen Balneologie. Die Rehabilitation 11: 129 (1972).
91. KLIEBER, M., MAYRHOFER, E., THOMA, F.: Zur Objektivierung des Therapieerfolges der physikalischen und balneotherapeutischen Behandlung venöser Beinleiden unter besonderer Berücksichtigung der Anwendung von Jodsole. Z. angew. Bäder- u. Klimaheilk. 19: 294 (1972).
92. KOLB, R.: Datenverarbeitung zur Auswertung und Kontrolle von Heilmaßnahmen. In E. Teichmann, Kurverlaufs- und Kurerfolgsbeurteilung, Symposion II, Sanitas, Bad Wörishofen, S. 213 (1968).
93. LAMPERT, H.: Wahl des Bades. Z. angew. Bäder- u. Klimaheilk. 18: 198 (1971).
94. LAURISCH, G.: Wie wünschen sich die Patienten ihre Kur? Eine tiefenpsychologische Meinungsumfrage und Motivanalyse. Z. angew. Bäder- u. Klimaheilk. 18: 34 (1971).
95. LEHMANN, J. F.: The Role of Physical Medicine in Rehabilitation. Z. Phys. Med. 2: 313 (1971).
96. LEWIS, W. V.: Arthritis und Radioactivity. Christopher, Boston 1964
97. LOTMAR, R.: Die Wanderung von Sulfat-Ionen aus dem Körperinneren durch die intakte Haut. Dtsch. Med. Wschr. 81: 539 (1956).
98. LOTMAR, R.: Über die Anwendung der Isotopenmethode in der Balneologie. Dtsch. Med. Wschr. 83: 218 (1958).
99. LOTMAR, R.: Über die Hautresorption und die Verwertung und Wiederausscheidung von kolloidalem Schwefel und Thiosulfat. Z. ges. experim. Med. 134: 233 (1961).
100. LOTMAR, R.: Mineralsalzbäder und Hautatmung. Arch. Phys. Ther. 20: 377 (1968).
101. LÜHR, K.: Allgemeine Balneotherapie der Herz- und Kreislaufkrankheiten. Z. angew. Bäder- u. Klimaheilk. 18: 464 (1971).
102. MARBERGER, H., MARBERGER, E., MARBERGER, M.: Einwirkung von Hitze und Radioaktivität im Böcksteinstollen auf das Reproduktionssystem der männlichen Ratte. Andrologie 5: 139 (1973).
103. MARUYAMA, R.: Balneologische Studien mit radioaktiven Isotopen. J. Jap. Balneo-Climatol. Assoc. 24: 1 (1960).
104. MENGER, W., KÜHL, O., BEHRENDT, L.: Adaptationsphasen bei Kindern an der Nordsee. Z. Phys. Med. 2: 162 (1971).
105. NOHARA, H.: Permeability of the Skin to Sulfate in Acid Spring Water. J. Jap. Balneo-Climatol. Assoc. 23: 47 (1959).
106. OTT, V. R., SCHMIDT, K.: Probleme der kurörtlichen Rehabilitation bei ankylosierender Spondylitis und rheumatoider Arthritis. Z. angew. Bäder- u. Klimaheilk 18 318 (1971).
107. PHILADELPHY, V.: Wirkungsänderungen gonadotroper Hormone nach Bestrahlung mit Radon. Med. exp. 3: 1977 (1960).
108. PIRLET, K.: Konstitutionelle Besonderheiten des Wärmehaushaltes und ihre Bedeutung für die Klima-Thalasso-Therapie. Z. Phys. Med. 1: 164 (1970).
109. POHL, E.: Biophysikalische Untersuchungen über die Inkorporation der natürlich radioaktiven Emanation und deren Zerfallsprodukte. Sitz. Ber. Österr. Akad. Wiss. Wien, II a, 174: 309 (1965).
110. POHL, E., POHL-RÜLING, J.: Die Strahlenbelastung bei der Inhalation von Radon, Thoron und deren Zerfallsprodukten. Strahlentherapie 136: 738 (1968).
111. POHL, E., POHL-RÜLING, J.: Die Strahlenbelastung der Bevölkerung von Badgastein. Österr. Ber. nat.-med. Ver. Innsbruck, 57: 95 (1969).
112. POZENEL, H.: Ergebnisse und Erfahrungen der Jodbalneotherapie. Z. angew. Bäder- u. Klimaheilk. 11: 16 (1964).
113. POZENEL, H.: Zur Beeinflussung von Kreislaufgrößen in der Balneotherapie der essentiellen Hypertonie. Z. angew. Bäder- u. Klimaheilk. 16: 43 (1969).
114. POZENEL, H., DEUTSCH, E.: Das Verhalten der Plasmalipoide unter den Bedingungen einer Kurbehandlung mit Jodsole. Z. angew. Bäder- u. Klimaheilk. 16: 315 (1969).
115. POZENEL, H., RITSCHEL, W.: Biotelemetrische Untersuchungen bei Anwendungen der Jodsolebalneologie. Z. angew. Bäder- u. Klimaheilk. 1974, im Druck.
116. PRATZEL, H.: Biochemische Vorgänge an der menschlichen Hautoberfläche. Inaug. Diss. Technische Hochschule München, 1969.
117. RAAS, E., HALHUBER, M. J.: Medizinische Untersuchungen an Urlaubern. Z. angew. Bäder- u. Klimaheilk. 12: 107 (1965).
118. REITERER, E., CZITOBER, H.: Verhalten des systolischen und diastolischen Blutdrucks und der Herzfrequenz im Stufenbelastungstest bei 50- bis 80jährigen unter einer Jodsoletherapie. Z. angew. Bäder- u. Klimaheilk. 19: 27 (1972).
119. RULFFS, W.: Einfluß des hydrostatischen Druckes auf die Vitalkapazität. Z. Phys. Med. 1: 289 (1970).
120. SCHAEFER, H.: Die Kur aus der Sicht des Physiologen. Z. angew. Bäder- u. Klimaheilk. 17: 308 (1970).
121. SCHAUWECKER, W.: Ergebnisse von Vorsorgekuren. In E. Teichmann, Kurverlaufs- und Kurerfolgsbeurteilung. Symposion II, Sanitas, Bad Wörishofen, S. 255.
122. SCHEID, H., SIEDEK, H.: Über den Einfluß von Jod auf den Wasserhaushalt des Serums und die Plasma-Erythrozytenrelation des menschlichen Blutes. Wien. klin. Wschr. 65: 140 (1963).
123. SCHEMINZKY, F., SCHRÖCKSNADEL, H.: Einfluß der Radiumemanation auf Herzfrequenz und Blutdruck. Wien. klin. Wschr. 73: 123 (1961).
124. SCHEMINZKY, F., SCHRÖCKSNADEL, H.: Blutdruck und Herzfrequenz bei Hypophysenbestrahlung mit radioaktiven Stoffen. Münch. Med. Wschr. 104: 493 (1962).
125. SCHEMINZKY, F.: Die wissenschaftlichen Grundlagen der Gasteiner Kur. Wien. klin. Wschr. 77: 533 (1965).
126. SCHEMINZKY, F.: Der Thermalstollen von Badgastein-Böckstein. In: Forschungen und Forscher der Tiroler Ärzteschule. Bd. V, Tyrolia, Innsbruck, 1965.
127. SCHEMINZKY, F.: Arbeitsmedizinische Untersuchungen betreffend die Strahlengefährdung des Badepersonals der Gasteiner Badeorte. Mitt. Österr. Sanitätsverw. 67: 226 (1966).
128. SCHINDEWOLF, G., WEIGMANN, R.: Über die Wirkung des Kohlendioxyds auf die Thermorezeptoren der Haut. Klin. Wschr. 30: 547 (1952).
129. SCHMIDT, H.: Langzeituntersuchungen über die Wirkung des Kluterthöhlen-Besuches bei der chronisch-spastischen Emphy-

sembronchitis. Z. angew. Bäder- u. Klimaheilk. 16: 415 (1969).
130. SCHMIDT, O. P., GÜNTHER, W.: Die Objektivierung von Kureffekten beim chronischen bronchitischen Syndrom. Dtsch. Rentenvers. 19 (1968).
131. SCHMIDT-KESSEN, W., SCHEFFEL, L.: Untersuchungen über die Nebennierenrindenaktivität während Klima- und Solbadkuren im Mittelgebirge. Z. angew. Bäder- u. Klimaheilk. 10: 532 (1963).
132. SCHMIDT-KESSEN, W.: Wirkungen von Kuren mit Solbädern von indifferenter Temperatur. Z. Phys. Med. 1: 222 (1970).
133. SCHMIDT-KESSEN, W.: Welche Zukunft hat die Balneologie? Z. angew. Bäder- u. Klimaheilk. 18: 14 (1971).
134. SCHMIDT-KESSEN, W., STANAT, W.: Die Thermoregulation im kühlen CO_2-Bad. Z. angew. Bäder- u. Klimaheilk. 18: 479 (1971).
135. SCHNELLE, K. W.: Experimentelle und klinische Untersuchungen über Kohlensäuregasbäder. Arch. Phys. Ther. 6: 258 (1954).
136. SCHRÖDER, G., LÜHR, K., EVERS, A.: Zur Balneotherapie der Psoriasis vulgaris und Psoriasis arthropathica. Z. angew. Bäder- u. Klimaheilk. 17: 160 (1970).
137. SEMENITZ, E.: Über den Einfluß der Radium-Emanation des Thermalstollens von Badgastein-Böckstein auf die anaphylaktische Reaktion nach Schultz-Dale. Strahlentherapie 113: 128 (1960).
138. SIEDEK, H.: Über die Wirkung des Jods auf den Kreislauf und die Gefäße. Wien. klin. Wschr. 66: 402 (1954).
139. SLEZAK, P.: Die Kurorte Österreichs. Mitt. Österr. Sanitätsverw. 73: 1 (1972).
140. SPITZY, H., HELLAUER, H.: Radiochemische Untersuchungen über die Zustandsformen des Jods im Hinblick auf Resorptionsfragen. Arch. Phys. Ther. 6: 617 (1954).
141. STÜWE, G.: Erfolgsbeurteilung von 2000 Heilkuren des Jahres 1964. In E. Teichmann, Kurverlaufs- und Kurerfolgsbeurteilung, S. 233 (1968).
142. TRICHTEL, F.: Indikationen der Jodbehandlung bei verschiedenen Augenkrankheiten. Ther. Gegenw. 98: 311 (1959).
143. WACHTER, R.: Zur Dosierung des Kohlensäurebades. Arch. Phys. Ther. 7: 156 (1955).
144. WADEPUHL, H.: Die Heilbäder und Kurorte in der modernen Industriegesellschaft. Heilbad und Kurort 22: 1 (1970).
145. WANNENWETSCH, E.: Erhebungen über Kurerfolge bei der Landesversicherungsanstalt Schwaben. In E. Teichmann, Kurverlaufs- und Kurerfolgsbeurteilung, Symposion II, Sanitas, Bad Wörishofen, S. 237 (1968).
146. WANNENWETSCH, E.: Der meßbare Kurerfolg. Dtsch. Ärzteblatt 70: 1938 (1973).
147. WENSE, Th.: Experimentelle Untersuchungen über die Hormonwirkung des Gasteiner Thermalwassers. Wien. Med. Wschr. 104: 241 (1954).
148. WINKLER, R.: Jodverteilung in der bilateral nephrektomierten Ratte unter drei verschiedenen experimentellen Bedingungen. Österr. Ärztezeitg. 27: 74 (1972).
149. WITZLEB, E.: Kohlensäurewässer. In: Amelung, W., Evers, A.: Handbuch der Bäder- u. Klimaheilkunde, Schattauer, Stuttgart 1962.
150. WITZLEB, E.: Kritische Stellungnahme zur Balneotherapie funktioneller und organischer Kreislauferkrankungen. Z. angew. Bäder- u. Klimaheilk. 10: 420 (1963).
151. ZÖRKENDÖRFER, W.: Wärmeverhalten und Temperaturdosierung bei Kohlensäurebädern. Arch. Phys. Ther. 7: 129 (1955).

Trinkkuren
Physiologische Grundlagen des Elektrolytstoffwechsels

ao. Univ.-Prof. Dr. F. Lang

Institut für Physiologie und Balneologie der Universität Innsbruck   Vorstand: o. Univ.-Prof. Dr. P. Deetjen

Im Rahmen von Trinkkuren wird versucht, durch Zufuhr von Mineralwässern und der darin gelösten Elektrolyte für den Körper günstige Wirkungen zu erzielen. Tabelle 2 gibt die Zusammensetzung der österreichischen Mineralwässer wieder.
Die folgende Darstellung soll erläutern, welche Bedeutung den genannten Elektrolyten im Körper zukommt und auf welche Weise ihre Bilanz aufrechterhalten wird.

1. Natrium, Chlorid und Wasser

1.1 Physiologische Bedeutung

Der Mensch besteht zu etwa zwei Dritteln aus Wasser. Dieses Wasser verteilt sich zwischen Intra- und Extrazellulärraum in einer Weise, daß die Osmolarität zu beiden Seiten der Membran gleich ist. Die Osmolarität hängt wiederum von der Summe der gelösten Teilchen ab. Aus Tabelle 1 geht hervor, daß Natriumchlorid etwa 90% der extrazellulären Osmolarität beisteuert, während die intrazellulären Natrium-Chlorid-Konzentrationen gering sind. Damit diktiert der Kochsalzgehalt des Körpers, welcher Anteil des Körperwassers sich im Extrazellulärraum aufhält. Teil des Extrazellulärvolumens ist das Plasmavolumen, das wiederum einen wesentlichen Einfluß auf den Blutdruck nimmt. Somit besteht eine enge Beziehung zwischen Blutdruck und Kochsalzbilanz des Körpers, und die Regulation von Blutdruck und Blutvolumen ist eng mit der Regulation der Kochsalzbilanz verknüpft. Das chemische Gefälle für Natrium über die Zellmembran wird von mehreren Pumpen ausgenützt, um den Transport anderer Substanzen zu bewerkstelligen, wie aus Abb. 1 hervorgeht.

Abb. 1:

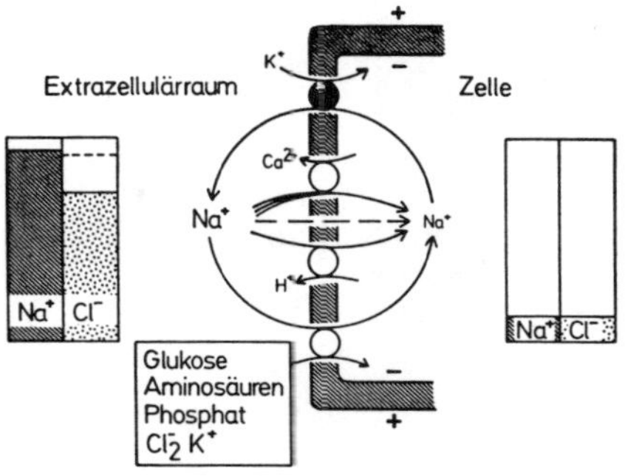

Zusammenstellung einiger Pumpen an der Zellmembran, an denen Natrium beteiligt ist. Beim Kotransport von Natrium mit Glukose, mit Aminosäuren, mit Phosphat sowie mit einem Kalium- und zwei Chloridionen handelt es sich um jeweils verschiedene Pumpen.

Tabelle 1:

Elektrolytkonzentrationen in den Flüssigkeitsräumen des Körpers

	Plasma[a]		*Interstitielle Flüssigkeit*		*Intrazelluläre Flüssigkeit*	
	mval/l	mmol/l	mval/l	mmol/l	mval/l	mmol/l
Na^+	141	141	143	143	10	10
K^+	4	4	4	4	155	155
Ca^{2+}	5	2,5	2,6	1,3	0,001[b]	0,001[b]
Mg^{2+}	2	1	1,4	0,7	30	15
	152		151		195	
Cl^-	103	103	115	115	8	8
HCO_3^{2-}	25	25	28	28	10	10
HPO_4^{2-}	2	1	2	1	95[c]	65[c]
SO_4^{2-}	1	0,5	1	0,5	20	10
Org. Säuren	4	4	5	5	2	2
Proteine	17	2	1	1	60	6
	152		151		195	
pH	7,4		7,4		7,2	
Volumen (1)	3[a]		10		20	

a davon nur 94% Wasser, 6% Proteinvolumen
b freies Kalzium im Zytosol
c davon der größte Teil organisch (Hexose-, Kreatin-Adenosinphosphat etc.

Tabelle 2

Die wichtigsten Inhaltsstoffe in österreichischen Heilquellen

(nach Deetjen, aus Österr. Heilbäder- und Kurortebuch, Bohmann Verlag, Wien 1975)

Bundesland, Ort, Quelle	*Inhaltsstoffe (mmol/l)*							
	Na^+	Ca^{++}	Mg^{++}	Cl^-	HCO_3^-	SO_4-	CO_2	Sonstige
Burgenland								
Bad Sauerbrunn, Paul-Quelle		4,7	3,8		16,8	2,3	50,2	
Gemeinde-Quelle	14,5	9,6	14,9		44,1	9,4	46,5	
Bad Tatzmannsdorf,								
Marienquelle	39,4	10,7	5,3		51,8	5,3	49,8	
Franz-Quelle		8,3	2,3		24,1		30,4	Fe^{II}0,6
Edelsthal, Römerquelle		3,5	2,9		6,8	3,2		
Kärnten								
Eisenkappel, Ebriacher Quelle	46,4	8,4	8,8		79,1		50,2	
Helenenquelle	89,2	4,7	3,7	21,9	74,8	5,4	42,9	
Gräbern-Prebl,								
Paracelsusquelle	39,8	3,6			46,4	1,1	50,2	
Auenquelle	22,3	6,7	5,1		43,7		46,8	
St. Lorenzen i. Lesachtal								
Tuffquelle		5,8	1,6		12,2			
Steiermark								
Bad Aussee,								
Scheibenstollenquelle	248,0	14,6	9,1	185,5		54,3		
Bad Gleichenberg,								
Johannisbrunnen	45,9	5,1	5,2		58,8		47,5	
Emmaquelle	47,0	2,6	3,3		40,8		56,6	
Konstantinquelle	78,5	3,6	5,1	30,8	65,0		52,3	
Deutsch-Goritz, Peterquelle	29,6	5,7	2,1		38,1		54,8	
Gams ob Frauenthal,								
Michelsquelle								Fe^{II}0,39
St.-Hubertus-Quelle								Fe^{II}0,30
Hengsberg, Sauerbrunn	75,1		2,1	24,0	59,7		28,2	
Radkersburg, Stadtquelle		6,2	8,0		33,1		30,9	
Sicheldorf, Josephsquelle	50,3	4,2	3,4	13,5	55,9			
Stainz, Johannesquelle	7,1	7,1			20,1			
Thalheim, Schloßbrunn	9,8	10,0	3,6	7,4	20,5	5,1	33,4	
Niederösterreich								
Baden, Peregrini-Quelle								
Bad Schönau, Neue Quelle		15,3	5,1		25,0	9,5	37,7	Fe^{II}0,3
Oberösterreich								
Bad Hall, Tassiloquelle	247,0	3,7	4,4	261,0				J^- 0,3
Bad Ischl, Glaubersalzquelle	95,5		2,6	61,9		18,3		
Bad Schallerbach,								
Gamsjägerbrunnen	16,6			3,3	11,0			
Salzburg								Rn >4 k Bq/l
Badgastein, Fledermausquelle								(> 10^{-7} Ci/l)
Tirol								
Obladis, Sauerbrunn		13,4	3,2		22,8	5,3	40,9	Fe^{II}3,2
Münster b. Brixlegg, Alpquell		5,8	1,6			6,1		Fe^{II}1,6

* Alle Angaben (außer für Radon) in mmol/l. Die zweiwertigen Ionen (Ca^{++}, Mg^{++}, Fe^{II}, SO_4^{--}) weisen das Zweifache an mval/l auf als an mmol/l.

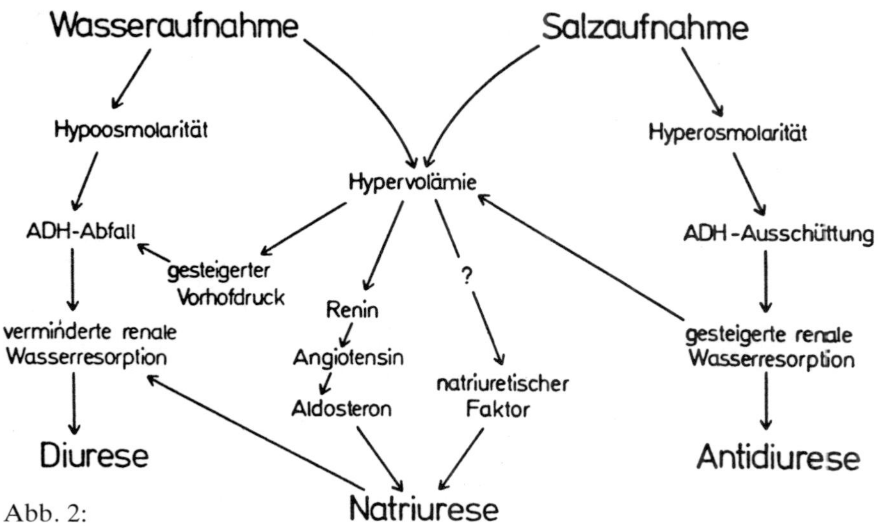

Abb. 2:

Die Regulation der Wasserausscheidung (Diurese) und Kochsalzausscheidung (Natriurese) bei Zufuhr von Wasser und/oder Kochsalz

1.2 Regulation

Abb. 2 zeigt, auf welche Weise die Wasser- und Kochsalzbilanz des Körpers aufrechterhalten wird. Ein ausschließlicher Überschuß an Wasser kann bei intakter Regulation sehr schnell ausgeglichen werden: Der Wasserüberschuß senkt die Blut-Osmolarität, welche über Osmorezeptoren ständig registriert wird. Über den Einfluß dieser Rezeptoren kommt es zur herabgesetzten Ausschüttung von Antidiuretischem Hormon (ADH), das in der Niere die Wasserresorption fördert. Die Ausschüttung von ADH wird auch durch Vorhofdehnung unterdrückt, also bei überschüssigem Blutvolumen. Folge ist eine Diurese, also die gesteigerte Ausscheidung von Wasser. ADH hat im Blut eine Halbwertzeit von weniger als zehn Minuten, und die Wirkungen von ADH in der Niere werden über das schnelllebige cAMP vermittelt. Der Regelkreis funktioniert somit sehr schnell, und ein Überschuß an Wasser kann mit nur geringer Verzögerung ausgeglichen werden.

Im Gegensatz dazu führt die Zufuhr kochsalzreicher Flüssigkeit zu einer relativ nachhaltigen Zunahme des Extrazellulärvolumens. Die ADH-Ausschüttung wird durch hypertone Kochsalzlösungen einerseits über die Osmorezeptoren stimuliert und andererseits über die Volumenrezeptoren gehemmt. Eine Diurese bleibt daher zunächst aus. Die Eliminierung von Kochsalz kann nur durch andere Faktoren vermittelt werden.

Ein wesentliches, die Kochsalzbilanz regulierendes System ist das Renin-Angiotensin-Aldostron-System: Bei herabgesetztem Perfusionsdruck (in Folge von Volumenmangel) bildet die macula densa der Niere Renin vor allem dann, wenn viel Kochsalz im Lumen des frühen distalen Tubulus erscheint, wenn die Niere also im Begriff ist, Kochsalz zu verlieren. Renin spaltet von dem aus der Leber kommenden Plasmaprotein Angiotensinogen Angiotensin I ab, das durch converting enzyme in Angiotensin II (AII) überführt wird. AII ist stark vasokonstriktorisch wirksam, löst Durst aus und stimuliert u. a. die Ausschüttung von Aldosteron. Letzteres fördert die distal tubuläre Natriumresorption. Das System ist vor allem bei Natriummangel wirksam, unter den bei uns üblichen Kochsalzzufuhren ist es freilich weitgehend unterdrückt und kann keinen wesentlichen Beitrag zur gesteigerten Natriurese bei zusätzlicher Natriumzufuhr leisten.

In jüngerer Zeit wurde eine Gruppe natriuretischer Peptide (von 23 bis 33 Aminosäuren) identifiziert und in ihrer Struktur aufgeklärt. Diese atrialen natriuretischen Faktoren werden bei Kochsalzüberschuß ausgeschüttet, begünstigen eher eine Vasodilatation und erzeugen eine Natriurese im wesentlichen durch Steigerung der glomerulären Filtrationsrate.

Darüber hinaus wird die Existenz eines weiteren natriuretischen Faktors gefordert, welcher über Hemmung der Natrium/Kalium-ATPase die renale Natriumresorption mindern und durch Hemmung der gleichen Pumpe in Gefäßmuskeln das intrazelluläre Natrium erhöhen soll, was über den Natrium/Kalzium-Austauscher auch eine Erhöhung der intrazellulären Kalziumkonzentration und damit Vasokonstriktion nach sich ziehen würde. Überprüfung dieser Hypothese führte freilich zu äußerst widersprüchlichen Ergebnissen.

Eine Vielzahl weiterer Faktoren beeinflußt die renal tubuläre Natriumresorption und damit die Natriumausscheidung (vgl. Tab. 3). Ein Teil dieser Faktoren nimmt in der Tat an der Regulation der Kochsalzbilanz teil.

Über welche Mechanismen auch immer kann ein Überschuß an Kochsalz zu einer Steigerung des Blutdrucks führen und dieser zur Natriurese. Skrabal et al. haben gefunden, daß Steigerung der Kochsalzzufuhr von 50 auf 200 mmol/die bei fast der Hälfte untersuchter Personen zu einem deutlichen Blutdruckanstieg führt (salzsensitive Probanden) während der Blutdruck bei den übrigen Personen (salzinsensitive Probanden) durch die geänderte Kochsalzzufuhr nicht beeinflußt wird (vgl. Ab. 3). Die beobachteten Änderungen des Blutdrukkes erscheinen auf den ersten Blick

Tabelle 3

Faktoren, die den renalen Natriumtransport beeinflussen

Natriuretisch wirksam	*antinatriuretisch wirksam*
gesteigerte Nierendurchblutung	α-Sympathikomimetika
atrialer natriuretischer Faktor	Angiotensin
natriuretisches Hormon (?)	Aldosteron
Parathyrin	Kortisol
Prostaglandin E_2	Insulin
Gestagene	Östrogene
Steigerung des arteriellen Blutdruckes	Thyroxin
	Somatotropin
	(ADH)

gering. Eine Blutdrucksteigerung kann jedoch über Hypertrophie der Gefäßmuskulatur die Zunahme des peripheren Widerstandes und damit die weitere Steigerung des Blutdrukkes begünstigen. Eine zunächst geringe Blutdrucksteigerung kann sich daher über Jahrzehnte durchaus zu einer Hypertonie entwickeln. So gesehen muß eine Blutdrucksteigerung um ca. 5 mmHg binnen weniger Tage beunruhigen.

Abb. 3:

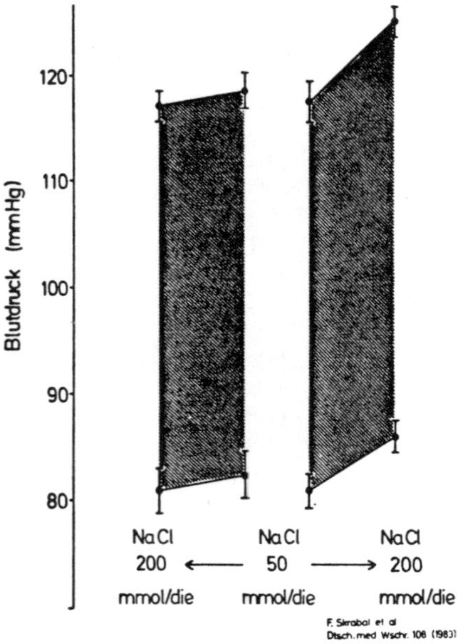

Diastolischer und systolischer Blutdruck salzinsensitiver (links) und salzsensitiver (rechts) Personen unter kochsalzarmer (50 mmol/die) und kochsalzreicher (200 mmol/die) Ernährung. Nach Skrabal et. al., Dtsch. med. Wschr. 108: 1123–1126 (1983)

1.3 Möglicher Einfluß von Trinkkuren

Nachdem man also damit rechnen muß, daß fast die Hälfte der Bevölkerung auf Zufuhr von Kochsalz mit einer Steigerung des Blutdruckes reagiert, nachdem wir wissen, daß mit steigendem Blutdruck die Wahrscheinlichkeit, Kreislauferkrankungen zu erleiden und daran zu sterben, sprunghaft ansteigt, verbietet sich einfach die zusätzliche Zufuhr von Kochsalz auch in Form kochsalzreicher Mineralwässer zumindest bei normotensiven und hypertensiven Personen. Nachdem die mittlere Kochsalzzufuhr in Österreich ohnehin deutlich zu hoch ist, sollte ein Arzt seine Patienten eher bedrängen, den Kochsalzkonsum zu senken. Völlig unverständlich erscheint in diesem Zusammenhang der Versuch, durch Werbung den Verbrauch von Kochsalz zu steigern.

2. Bikarbonat und CO_2

2.1 Physiologische Bedeutung

Bikarbonat und Kohlendioxid beeinflussen gemeinsam die Wasserstoffionenkonzentration und auf diese Weise den Dissoziationsgrad von Proteinen, also auch von Enzymen und Transportsystemen im Körper. Damit sind praktisch alle Funktionen des Körpers letztlich abhängig von der Homöostase von Bikarbonat. In Tab. 4 sind einige der wichtigsten Funktionen zusammengestellt, welche bereits durch relativ geringe pH-Änderungen in Mitleidenschaft gezogen werden.

2.2 Regulation

In Abb. 4 sind die wichtigsten Faktoren zusammengestellt, welche die Bikarbonatkonzentration im Blut bestimmen. Im Mittelpunkt steht die Reaktion von Kohlendioxid (+ Wasser) zu Wasserstoffionen und Bikarbonat. Kohlendioxid entsteht beim oxidativen Abbau von Nahrungsbestandteilen. Am Tag werden etwa 15 mol Kohlendioxid gebildet und über die Lunge abgeatmet. Beim Abbau von Nahrungbestandteilen entstehen freilich auch Wasserstoffionen. So führt der Abbau von schwefelhaltigen Aminosäuren (Zystein, Zystin und Methionin) zur Bildung von Sulfat, übrig bleiben dann Wasserstoffionen, welche durch die Niere ausgeschieden werden. Am Tag fallen unter der bei uns üblichen Kost etwa 60 mmol Wasserstoffionen an, wobei diese Zahl naturgemäß enormen Schwankungen unterworfen ist. Auch ohne die Niere kann der Körper diese Wasserstoffionen eliminieren: Durch gesteigerte Ventilation kann die Kohlendioxidkonzentration im Blut gesenkt und daher die Bildung von Kohlendioxid aus Wasserstoffionen und Bikarbonat erzwungen werden. Limitierender Faktor bei dieser respiratorischen Kompensation metabolischer Azido-

Tabelle 4:

Einige wichtige Funktionen, welche durch die Wasserstoffionenkonzentration beeinflußt werden. Durch Azidose wird vermindert und/oder durch Alkalose wird gesteigert:

Herzkraft

Kontraktion der Gefäßmuskulatur

Durchlässigkeit interzellulärer Verbindungen (gap junctions)

Kaliumleitfähigkeit von Zellmembranen

Bindung von Kalzium an Proteine

Erregbarkeit des ZNS

Glykolyse

Zellteilung

Sauerstoffaffinität Hämoglobin

Abb. 4:

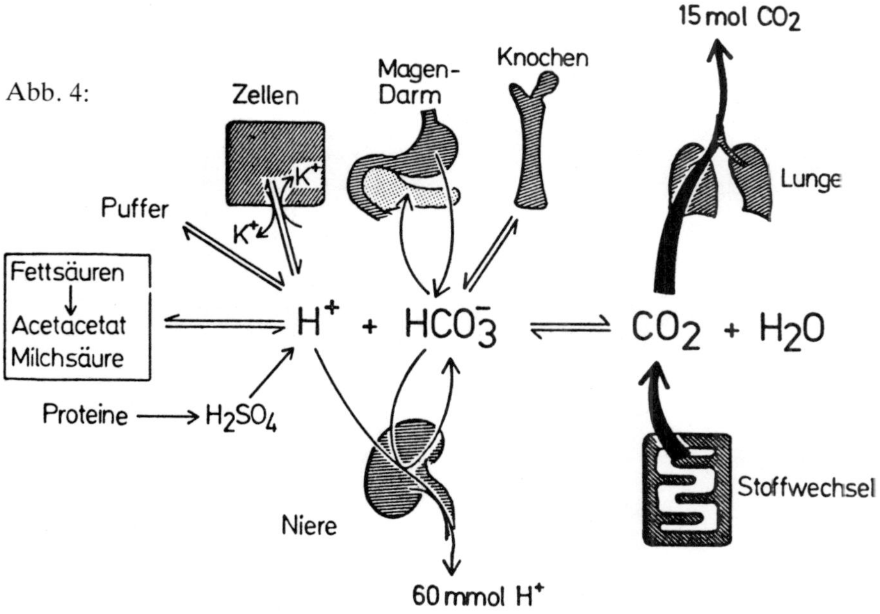

Die Beeinflussung der Wasserstoffionen- und Bikarbonatkonzentration des Blutes durch verschiedene Faktoren. Die Zahlen beziehen sich auf die pro Tag abgeatmete Menge CO_2 und NH_4^+. Sie sind naturgemäß großen Schwankungen unterworfen.

se ist die beschränkte Verfügbarkeit von Bikarbonat in den Körperflüssigkeiten (weniger als 1 mol). Ein Absinken der Bikarbonatkonzentration muß jedoch zur Azidose führen, wenn nicht gleichzeitig die Kohlendioxidkonzentration gesenkt wird, wie aus der Henderson-Hasselbalch-Gleichung hervorgeht:

$$pH = 6.1 + \lg [HCO_3^-]/[CO_2]$$

In dieser Gleichung sind (HCO_3^-) und (CO_2) die Konzentrationen von Bikarbonat und Kohlendioxid.

Der anaerobe Abbau von Glukose führt zur Milchsäure, der Abbau von Fett zur Freisetzung von Fettsäuren, die in der Leber zu Azetessigsäure und β-Hydroxy-Buttersäure umgebaut werden können. Die Anhäufung der genannten organischen Säuren (z. B. bei schwerer Arbeit, bei Fasten oder bei Insulinmangel) führt zwangsläufig zur Freisetzung von Wasserstoffionen.

Bei Kaliummangel verlieren die Zellen Kalium und nehmen statt dessen Wasserstoffionen auf (d. h. die Dissoziation intrazellulärer Proteine wird zurückgedrängt). Dieser Zusammenhang läßt sich durch die parallele Tätigkeit der Natrium/Kalium-ATPase (pumpt Natrium im Austausch gegen Kalium aus der Zelle) und der Natrium/Wasserstoffionen-Pumpe (transportiert Wasserstoffionen im Austausch gegen Natrium aus der Zelle) erklären. Umgekehrt steigert eine Aufnahme von Kalium in die Zellen die Wasserstoffionenabgabe.

Die Belegzellen des Magens sezernieren Wasserstoffionen in das Magenlumen. Die Wasserstoffionen werden in der Zelle aus Kohlendioxid nachgebildet, wobei Bikarbonat übrigbleibt und an das Blut abgegeben wird. Gelangt saurer Mageninhalt in das Duodenum, so wird vor allem im Pankreas die Sekretion bikarbonatreicher Flüssigkeit stimuliert. Normalerweise wird in etwa soviel Bikarbonat in das Darmvolumen sezerniert, wie vorher durch den Magen gebildet wurde. Das Gleichgewicht kann freilich durch Erbrechen, Durchfall und Verluste über Fisteln gestört werden.

Die Ablagerung hoch alkalischer Salze in den Knochen im Zuge der Mineralisierung hinterläßt Wasserstoffionen. Mobilisierung alkalischer Knochenmineralien führt umgekehrt zu einem Überschuß an Bikarbonat.

Die Niere ist in der Lage, je nach Bedarf Wasserstoffionen zu sezernieren (bzw. gleiche Mengen an Bikarbonat in das Blut abzugeben) oder Bikarbonat auszuscheiden.

2.3 Möglicher Einfluß von Trinkkuren

Die Zufuhr von Bikarbonat im Rahmen von Trinkkuren kann theoretisch alle obengenannten Faktoren beeinflussen. Letztlich wird das zusätzlich zugeführte Bikarbonat jedoch über die Nieren ausgeschieden und führt zu einer Alkalinisierung des Harnes. Eine solche Alkalinisierung ist bei Vorliegen von Harnsäuresteinen wünschenswert, da nicht dissoziierte Harnsäure schlechter löslich ist als das dissoziierte Anion. Der pK für die Dissoziation von Harnsäure liegt bei 5.8, d. h. bei einem pH von 5.8 ist Harnsäure zur Hälfte dissoziiert (vgl. Abb. 5). In der Tat kann durch Bikarbonatzufuhr über einen längeren Zeitraum (im Verein mit Maßnahmen, welche die renale Harnsäureausscheidung senken und das Urinvolumen steigern) die Auflösung von Harnsäuresteinen erreicht und die erneute Bildung von Harnsäuresteinen verhindert werden. Die Alkalinisierung des Urins ist freilich nur dann gerechtfertigt, wenn man sich über die Zusammensetzung des Steines im klaren ist. Durch Alkalinisierung des Harns kann nämlich die Ausfällung von Phosphaten begünstigt werden, wie gleichfalls aus Abb. 5 hervorgeht. An dieser Stelle sollte dringend davor gewarnt werden, aus dem Vorliegen von Urolithiasis und Hyperurikämie zu schließen, daß es sich dabei um einen Harnsäurestein handeln müsse.

Das über Trinkkuren allenfalls systemisch zugeführte Kohlendioxid ist – angesichts der täglichen produzierten und abgeatmeten Menge an Kohlendioxid – für den Körper irrelevant. Immerhin kann die lokal gesteigerte Verfügbarkeit von Kohlendioxid die Salzsäuresekretion durch die Belegzellen des Magens anregen.

3. Kalzium

3.1 Physiologische Bedeutung

Kalzium kontrolliert eine Vielzahl von Zellfunktionen (vgl. Tabelle 5). Dabei ist häufig schon eine Zunahme der intrazellulären Kalziumkonzentration auf Bruchteile von einem micromol/l ausreichend, um entsprechende Stoffwechselwirkungen auszulösen. Eine Zunahme intrazellulären Kalziums wird in der Regel durch Steigerung der Kalziumdurchlässigkeit der Zellmembran erreicht (z. B. bei Erregung des Herzmuskels oder unter der Wirkung eines Hormones oder Transmitters). Der Kalziumeinstrom in die Zelle bei einer solchen Steigerung der Membrandurchlässigkeit ist u. a. abhängig von der extrazellulären Kalziumkonzentration (bzw. Aktivität = wirksame Konzentration).

Daher steht und fällt die Präzision der kalziumvermittelten Hormon- und

Abb. 5:

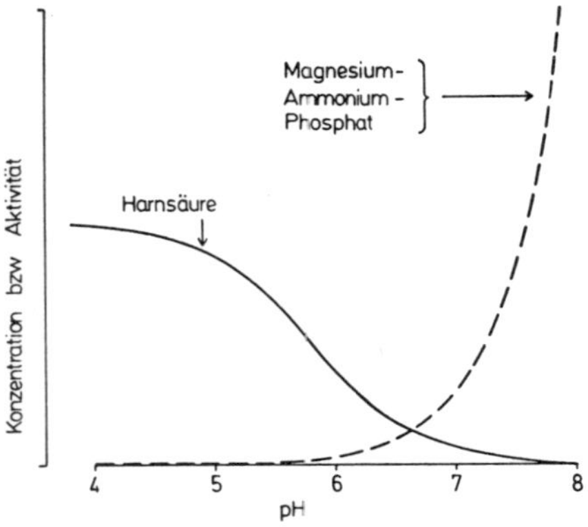

Die pH-Abhängigkeit der Konzentration von nichtdissoziierter Harnsäure und von Magnesium-Ammonium-Phosphat. Die wirksame Konzentration (bzw. Aktivität) bei konstanter Konzentration an gesamter Harnsäure (dissoziiert und undissoziiert) und gesamtem Phosphat, Magnesium und Ammonium ist gegen den pH der Lösung aufgetragen. Je höher die wirksame Konzentration bzw. Aktivität, desto wahrscheinlicher wird die Bildung von Konkrementen.

Tabelle 5:

Einige wichtige kalziumabhängige Körperfunktionen:

Zellteilung
Mineralisierung des Knochens
Muskelkontraktion, Herzkraft
Hormonausschüttung (z. B. Insulin)
Transmitterfreisetzung (z. B. Adrenalin)
Drüsensekretion (z. B. Bauchspeicheldrüse)
Vermittlung von Hormonwirkungen (als sogen. second messenger)
Beeinflussung intrazellulärer cAMP-Konzentrationen
Stoffwechselregulation (z. B. Glykogenolyse)
Regulation von Ionenleitfähigkeiten an Zellmembranen (z. B. für Kalium, Natrium)
Durchlässigkeit interzellulärer Verbindungen (gap junction)
Blutgerinnung
Gefäßabdichtung

Transmitterwirkungen mit der Konstanz extrazellulärer Kalziumkonzentration.

Somit kommt der Regulation der extrazellulären Konzentration an freiem (ungebundenem) Kalzium eine wesentliche Bedeutung zu.

3.2 Regulation

Die Regulation der Plasmakonzentration von Kalzium ist in erster Linie Aufgabe von Parathyrin (ältere Bezeichnung: Parathormon). Das Hormon wird bei Hypokalzämie ausgeschüttet und mobilisiert Kalzium-Phosphat aus dem Knochen. Ein gleichzeitiger Anstieg der Kalzium- und Phosphatkonzentration im Blut würde freilich das Ausfallen von Kalziumphosphat begünstigen, wodurch die kalziumsteigernde Wirkung einer Mobilisierung von Kalziumphosphat aus dem Knochen zunichte gemacht würde. Daher hemmt Parathyrin die renale Phosphatresorption und erzwingt auf diese Weise eine Senkung der Phosphatkonzentration im Plasma (vgl. Abb. 6). Schließlich bewirkt Parathyrin eine Bikarbonaturie zur Kompensation der bei Mobilisierung des Knochens frei werdenden alkalischen Valenzen. Die genannten Wirkungen von Parathyrin zielen auf eine schnelle Normalisierung erniedrigter Plasmakalziumkonzentrationen ab, erreicht wird dieses Ziel auf Kosten der Mineralisierung des Knochens. Um diesen Nachteil auszugleichen, stimuliert Parathyrin die Bildung von D-Hormon (1,25-$(OH)_2$-Cholekalziferol, die aus Vitamin D im Körper gebildete Wirksubstanz) in der Niere (vgl. Abb. 7). Die Bildung von D-Hormon wird noch durch eine Reihe anderer Faktoren gefördert (vgl. Tabelle 6). D-Hormon stimuliert die enterale und unter bestimmten Bedingungen die renale Kalzium-Phosphat-Resorption und erzwingt über eine Steigerung der Plasmakonzentration die Mineralisierung des Knochens. Renaler und enteraler Transport von Kalzium sowie Mineralisierung des Knochens werden von einer Reihe weiterer Faktoren direkt oder unter Vermittlung durch D-Hormon beeinflußt (vgl. Tabelle 7).

Abb. 6:

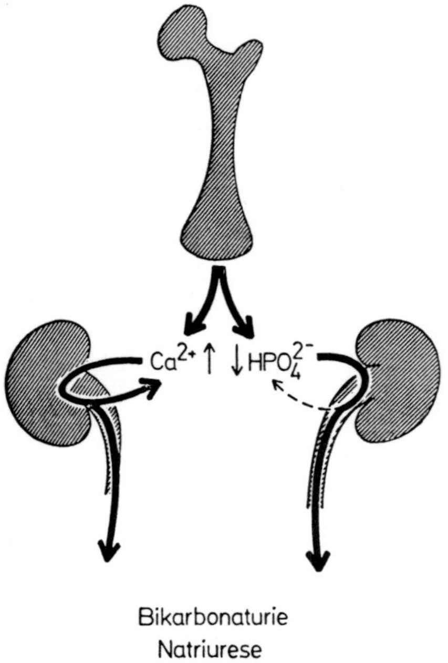

Direkte Wirkungen von Parathyrin

Abb. 7:

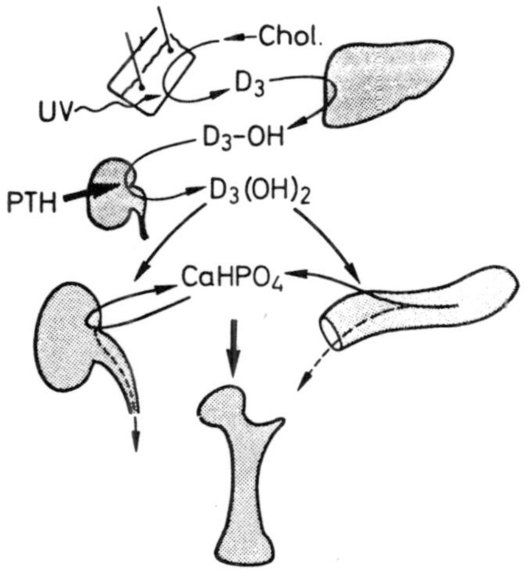

Bildung und Wirkungen von D-Hormon

3.3 Mögliche Wirkungen von Trinkkuren

Die Zufuhr von Kalzium über Trinkkuren kann wohl dazu beitragen, einen Kalziummangel zu beheben. Man sollte sich freilich vorher über die Ursache eines allfälligen Kalziummangels im klaren sein, bevor man ihn über gesteigerte orale Zufuhr auszugleichen versucht. Bei einer herabgesetzten Fähigkeit der Niere, Kalzium zu resorbieren (renale Hyperkalziurie), wird das zusätzlich zugeführte Kalzium wieder renal ausgeschieden, und die gesteigerte renale Kalziumausscheidung kann die Entwicklung kalziumhaltiger Nierensteine begünstigen.

Tabelle 6:

Faktoren, welche die Bildung von D-Hormon beeinflussen:

fördernd	*hemmend*
Insulin	Glukokortikoide
Parathyrin	Azidose
Phosphatmangel	D-Hormon
Kalziummangel	
Östrogene	

Tabelle 7:

Faktoren, welche die renale Resorption bzw. enterale Absorption von Kalzium sowie die Mineralisation des Knochens beeinflussen:

enterale Absorption		
fördernd:		*hemmend:*
D-Hormon		Thyroxin
Parathyrin	(über D)	Kalzitonin
Somatotropin	(über D)	Kortisol
Prolaktin	(über D)	Somatostatin
Schwangerschaft	(über D)	Magnesium
Insulin	(über D)	Alter
Natrium		Oxalat
Magnesiummangel		Fettsäuren
Laktose, Mannitol		Antikonvulsiva
Galle		Diphosphorate
Proteinreiche Ernährung		
renale Resorption		
Parathyrin		Kalzitonin
D-Hormon		Somatotropin
Thiaziddiuretika		Schilddrüsenhormone
Alkalose		Mineralo- od.
		Glukokortikoide
		Insulin
		Glukose
		Magnesium
		Azidose
		NaCl
		Furosemid
Mineralisierung des Knochens		
Kalzium		Parathyrin
Phosphat		Schilddrüsenhormone
Kolchizin		Prostaglandine
Alkalose		Osteoklasten akt. Faktor
		Azidose

4. Magnesium

4.1 Physiologische Bedeutung

Eine Reihe von Enzymen erfordert die Anwesenheit von Magnesium (vgl. Tabelle 8), über DNA- und RNA-Polymerasen beeinflußt es die Bildung von Nukleinsäuren, über ATPasen eine Reihe von Reaktionen, welche durch Verbrauch chemischer Energie in Form von Adenosintriphosphat ablaufen (Syntheseleistungen, Muskelkontraktion, Pumpentätigkeit), über Adenylzyklase und Phosphodiesterase die Wirksamkeit einer Vielzahl von Hormonen (z. B. Adrenalin, Parathyrin, Glukagon, Gastrin, Histamin, ADH). Magnesium hemmt ferner die Transmitterausschüttung an der motorischen Endplatte (Innervation des Skelett-

Tabelle 8:

Einige magnesiumabhängige Enzyme:

- Alkalische Phosphate
- Saure Phosphatase
- Phosphodiesterase
- ATPase
- Adenylatzyklase
- Kreatinkinase
- Phosphoglukomutase
- Pyruvatkinase
- Enolase
- Proteinkinasen
- Phosphatasen
- DNA-Polymerase
- RNA-Polymerase

muskels) sowie an Synapsen des zentralen Nevensystems. Es mindert die Erregbarkeit von Muskel- und Nervenzellen und reguliert die Muskelkontraktion. Magnesiummangel und Magnesiumüberschuß können die Herzkraft mindern.

4.2 Regulation

Die enterale Absorption von Magnesium wird durch Substanzen gehemmt, welche Magnesium komplex binden (z. B. Phosphat, Fettsäuren, Oxalat). Auch Kalzium kann unter bestimmten Bedingungen die Magnesiumabsorption hemmen. Parathyrin, Somatotropin und unter geeigneten Bedingungen Vitamin D fördern, Aldosteron und Kalzitonin hemmen die enterale Magnesiumabsorption. In der Niere werden normalerweise über 90% filtrierten Magnesiums wieder resorbiert, die Resorption wird durch Parathyrin gefördet und eine Vielzahl von Faktoren gehemmt (z. B. Kochsalzüberschuß, Diuretika, Hyperkalzämie, Phosphatmangel, Alkohol, Kalzitonin, Aldosteron). Die renale Magnesiumausscheidung nimmt bei Zunahme des Plasmakonzentration steil zu.

4.3 Mögliche Wirkungen von Trinkkuren

Bei einem Magnesiummangel (z. B. Alkoholismus oder unter chronischer Diuretikatherapie) könnte die Zufuhr magnesiumhaltiger Wässer durchaus von Vorteil sein. Nachdem Magnesium mit Oxalat (im Gegensatz zu Kalzium) gut lösliche Komplexe bildet, ist der Einsatz von Magnesium bei Patienten mit Kalziumoxalat-Uroltihiasis zu überlegen. Freilich muß man im Auge behalten, daß Magnesium Kalzium von anderen Komplexbildnern (wie z. B. Zitrat) verdrängt und damit die Aktivität von Kalzium steigert. Schließlich ist Magnesium selbst Bestandteil von Magnesium-Ammonium-Phosphat, das bei alkalischem Urin ausfallen kann (vgl. Abb. 5).

5. Sulfat

5.1 Physiologische Bedeutung

Sulfat ist an Glykosaminoglykane, also wesentliche Bestandteile des Bindegewebes, gekoppelt. Der Sulfatierungsgrad von Glykosaminoglykanen entscheidet u. a. über das Wasserbindungsvermögen der Moleküle und damit über den Gewebsturgor. Ein sulfatiertes Glykosaminoglykan ist auch das die Blutgerinnung hemmende Heparin. Schließlich koppelt die Leber im Zuge der Entgiftungsreaktionen eine Reihe von Substanzen an Sulfat, bevor sie über die Galle ausgeschieden werden.

5.2 Stoffwechsel

Sulfat entsteht im Körper aus schwefelhaltigen Amonisäuren (Methionin, Zystin und Zystein). Oral zugeführtes Sulfat kann zwar absorbiert werden, die Transportkapazität ist freilich gering und wird bei Zufuhr größerer Mengen überfordert. Das negativ geladene Sulfat hält dann auch das positiv geladene Natrium, und beide halten Wasser im Lumen zurück. Die verzögerte Absorption von Natriumsulfat und Wasser führt zur Dehnung des Darmlumens, und diese steigert die Kontraktilität der Darmmuskulatur. Folge ist eine beschleunigte Darmpassage. Auch in der Niere verfügt die Sulfatresorption nur über eine sehr begrenzte Transportkapazität. Überschüssig filtriertes Sulfat wird ausgeschieden, es behindert die renale Natrium- und Wasserresorption und führt zu Diurese und Natriurese.

5.3 Mögliche Wirkungen von Trinkkuren

Sulfathaltige Wässer können mit Erfolg zur Bekämpfung von Obstipation eingesetzt werden. Ferner regen sulfathaltige Wässer die Cholerese an. Mögliche negative Auswirkungen werden meist von den anderen im Mineralwasser gelösten Elektrolyten hervorgerufen (NaCl!). Daher sollte bei der Wahl des Mineralwassers auch der Gehalt an anderen Ionen berücksichtigt werden.

6. Spurenelemente

Natürlich kann die Wirksamkeit eines Mineralwassers auch von seinem Gehalt an Spurenelementen ausgehen. Die Spurenelemente beeinflussen eine Vielzahl von Körperfunktionen, deren Darstellung den hier gesteckten Rahmen bei weitem sprengen würde. In Tabelle 1 ist der Gehalt einiger Quellen an Eisen und Jod aufgenommen, die Zufuhr eisenhaltiger Wässer bei Eisenmangel oder die Zufuhr jodhaltiger Wässer bei Jodmangel ist natürlich durchaus sinnvoll. Auch Spurenelemente können freilich negative Auswirkungen zeigen, wenn ihre Zufuhr den Bedarf weit übersteigt. Der Einsatz von Trinkkuren mit Mineralwässern zur Deckung des Bedarfes an Spurenelementen setzt daher voraus, daß der Gehalt des jeweiligen Wassers an den fraglichen Spurenelementen und der Bedarf des Patienten an diesen Spurenelementen bekannt ist.

7. Schlußfolgerungen

Trinkkuren können – aus der Sicht des Physiologen – durchaus mit Erfolg eingesetzt werden, um definierte Wirkungen bei einem Patienten zu erzielen. Allerdings zeigt sich, daß durch die kritiklose Anwendung von Trinkkuren mehr Schaden als Nutzen angerichtet werden kann. Es bleibt dem Arzt somit auch bei sogenannten „natürlichen“ Heilverfahren nicht erspart, Indikation und Kontraindikation sorgfältig abzuwägen.

Literatur beim Verfasser:

Univ.-Prof. Dr. med. Florian Lang
Institut für Physiologie
und Balneologie
Universität Innsbruck
Fritz Preglstraße 3
A – 6010 Innsbruck

Balneotherapie mit Peloiden

Univ.-Doz. Dr. G. Trnavsky

Leiter der Arbeitsgruppe für physikalische Funktionsdiagnostik und experimentelle Physiatrie
Institut für Physikalische Medizin der Universität Wien Vorstand: o. Univ.-Prof. Dr. H. Jantsch

Einleitung und Begriffsbestimmung

Peloide sind spezielle, durch Jahrtausende bewährte Wärmeträger. Darunter versteht man Substanzen, welche in der Natur durch geobiologische Vorgänge entstanden sind und die in fein verteiltem Zustand mit Wasser gemischt in Form von Bädern und Packungen in der Heilkunde eingesetzt werden.

Man unterscheidet zwei große Gruppen, die der Unterwasserablagerungen und die der Verwitterungsprodukte. Die Unterwasserablagerungen teilen sich in Biolithe und Abiolithe.

Während die Biolithe vorwiegend organogen sind, sind die letzteren hauptsächlich mineralogenen Ursprungs (siehe Tabelle 1).

Tabelle 1:

Heilsedimente (Unterwasserablagerungen)

Biolithe

1. Vorwiegend organischer Charakter
   a) Hochmoor
   b) Zwischenmoor
   c) Flachmoor
   d) Faulschlamm

2. Vorwiegend mineralischer Charakter
   a) Schlick
   b) Quellenschlamm
   c) Kreide, Kalk
   d) Erz
   e) Gur

Abiolithe

1. Sedimentton
2. Sand

Die organogenen Peloide sind durch biochemische Prozesse, Mumifikation und Saprofikation, entstanden. Beim ersteren Vorgang ist Sauerstoff vonnöten, bei der Saprofikation überhaupt nicht.

Die Heilerden sind Verwitterungsprodukte von Mineralien und bestehen im wesentlichen aus Lehm, Mergel, Löß und Lößlehm.

Physikalische Eigenschaften

Die wichtigsten physikalischen Parameter sind durch die mechanische und thermische Wirkung gekennzeichnet.

a) Mechanische Eigenschaften

Durch Wasserbeimengung reduziert sich das spezifische Gewicht der Peloide von ursprünglich 1,5 – 3 auf 1 – 1,7. Der Auftrieb wird daher bei den Peloiden um ca. 50% größer sein als bei der Verwendung von reinem Wasser.

Die Druckwirkung des Moorbades spielt sowohl bei den hautnahen Gefäßen als auch intraabdominell eine verstärkte Rolle.

Eine weitere Ursache für die erhöhte Druckwirkung stellt die höhere Viskosität des Moores dar. Dadurch wird jeder Bewegung der Bademasse ein größerer Widerstand entgegengesetzt (die Zahlen schwanken je nach Wasserbeimengung zwischen einem 5- bis 200fach verstärkten Widerstand).

Die Auswirkung auf die Atmung ist dadurch gekennzeichnet, daß die Exspiration von der Viskosität etwas gehemmt, vom hydrostatischen Druck hingegen gefördert wird. Beide Kräfte wirken jedoch der Inspiration entgegen. Daraus ergibt sich eine Verschiebung der Atemmittellage in Richtung Exspirationsstellung. Zusätzlich kommt es zu einer Steigerung des intrathorakalen Druckes.

Ein wichtiges Merkmal stellt weiters die Konsistenz dar. Die Peloide bestehen aus einer flüssigen und einer festen Phase. Das Verhältnis von Wassergehalt zur Trockensubstanz schwankt zwischen 2,4 und bei dicken Bädern 0,9.

Die Stabilität eines Moorbades muß immer angestrebt werden, damit sich keine peloidfreie Wasserschicht bildet.

Von diesen mechanischen Voraussetzungen hängen auch direkt die thermischen Eigenschaften eines Peloids ab.

Die Feinheit des Bademediums wird durch die Korngröße bestimmt. Mit der Vergrößerung der Phasengrenzfläche, das heißt mit kleinerer Korngröße, steigen die Sorptionswirkung und das Wasserbindungsvermögen. Je feiner die Verteilung, desto größer ist die Berührungsfläche des Bademediums mit der Hautoberfläche. Daraus resultiert auch eine geringere Wärmekonvektion.
Wichtig ist auch, daß durch lange Lagerung vor allem organische Peloide geschädigt werden können.

b) Thermische Eigenschaften

(Definitionen siehe den Beitrag „Physiologische Grundlagen der Wirkung natürlicher Heilmittel")

Die spezifische Wärme der Peloide liegt etwa in der Größenordnung derer des menschlichen Körpers. Je mehr Wasser ein Peloid enthält, desto größer wird die spezifische Wärme sein.

Die Wärmekapazität (Produkt aus spezifischer Wärme und spezifischem Gewicht) der Peloide ist in badefertigem Zustand, also mit Wasserbeimengung, nur gering niederer als die des reinen Wassers und beträgt knapp unter 1.

Die Wärmeleitfähigkeit der Peloide unterscheidet sich jedoch in beträchtlicher Weise. Dabei kann man zwischen organischen Peloiden, die eine geringere Wärmeleitzahl als Wasser aufweisen, und mineralischen Peloiden, deren Wärmeleitzahl über der des Wassers liegt, differenzieren.

Daraus ergibt sich eine Kompensationsmöglichkeit durch unterschiedliche Wasserbeimengung.

Das gesamte Wärmeverhalten der Peloide resultiert aus der Summe von Wärmeleitung, Wärmestrahlung und Wärmekonvektion. Die Wärmeübertragung durch Konvektion ist praktisch zu vernachlässigen und die durch Strahlung eher gering. Durch diese Eigenschaften unterscheiden sich Peloide grundsätzlich von Flüssigkeitsbädern.

Durch die Höhe der inneren Reibung des Moorbreis ist diese Substanz ganz besonders geeignet, eine konstante Temperatur zu bewahren.

Weiters nimmt der menschliche Körper im Moorbad nur aus einer sehr dünnen Schicht die Wärme durch Konduktion auf, und die Nachleitung erfolgt sehr gemäßigt.

Jedenfalls läßt sich das Wärmeverhalten eines Peloids sehr gut durch die sogenannte Wärmehaltung erfassen. Diese ist durch das Verhältnis Wärmekapazität zur Wärmeleitzahl charakterisiert. Peloide in Packungskonsistenz haben eine größere Wärmehaltung als in Badekonsistenz.

Je größer der Gehalt an organischer Substanz, desto größer ist die Wärmehaltung. Das bedeutet somit, daß das Peloid die Wärme besser hält, wenn die Aufteilung feiner ist und die organische Substanz in höherer Konzentration vorliegt.

c) Chemische Eigenschaften

1. Der pH-Wert von Peloiden schwankt zum Teil beträchtlich und liegt im Schnitt zwischen 3 und 4,5. Die Torfe sind fast ausnahmslos alkalischer als die Haut, deren isoelektrischer Punkt bei einem pH-Wert von 3,7 liegt. Diejenigen Peloide, welche kohlensauren Kalk enthalten, sind eindeutig alkalisch und bewirken zusammen mit Wärme eine Quellung der Haut (z. B. Kreide).

Mit dem pH-Wert in engem Zusammenhang steht die Sorption, worunter konzentrationsändernde Vorgänge an der Grenzfläche zwischen festen Peloidteilchen und wässrigem Lösungsmittel verstanden werden.

2. In verschiedenen Mooren konnte Follikelhormon nachgewiesen werden. Die Konzentrationen schwanken beträchtlich. Jedenfalls ist es aber nicht sehr wahrscheinlich, daß dieses überhaupt resorbiert wird und eine entsprechende Wirkung entfalten kann.

3. Die adstringierende Wirkung zielt auf Kapillaröffnungen, Drüsen und Lymphspalten, wobei diese geschlossen werden können. Die Sekretion kann dadurch gehemmt werden.

4. Die antibakterielle Wirkung der Torfe beruht einerseits auf der Mineralsäure und andererseits auf der Sorption. Daraus resultiert eine praktische Bedeutung, weil auf die Haut aufgebrachte Keime durch das Peloid entfernt und teilweise auch abgetötet werden. Trotzdem muß beim Badebetrieb an die Möglichkeit einer Infektionsübertragung gedacht werden

Therapeutische Bedeutung

Zur Anwendung kommen vor allem Moor und Schlamm, weniger häufig Ton, Mergel und Lehm. Aber auch Paraffin wird sehr oft eingesetzt, da in diesem Fall keine spezielle ortsgebundene Anwendung existiert.

Vielfach wird auch Laist, ein Tonschlamm und Nebenprodukt in Salzbergwerken, hauptsächlich in Kurorten mit Kochsalzquellen therapeutisch angewendet.

Moor

Man unterscheidet im wesentlichen Hochmoor und Niedermoor. Hochmoor entsteht durch Versumpfung von Pflanzenwuchs, es wächst sozusagen über den Grundwasserspiegel hinaus. Dabei kommt es zur Anreicherung von Kohlenstoff und zur ersten Umwandlungsstufe, dem Torf. Aus dem Torf entwickelt sich das Moor, daraus die Braunkohle und später die Steinkohle.

Niedermoore entstehen durch Verlandung von Gewässern. Das Moor wächst dabei nicht über den Grundwasserspiegel hinaus.

Der Moortorf wird gestochen und gegen Austrocknung geschützt gelagert, um eine entsprechende Wasseraufnahme auch bei späterer Anwendung noch zu gewährleisten.

Das zerkleinerte, auf eine Korngröße von unter 2 mm gemahlene Moor wird mit Wasser versetzt und unter ständigem Umrühren bis auf 40 °C erwärmt. Nach ca. 2–3 Stunden ist der Moorbrei badefertig.

Der Moorbrei kann sowohl zu Voll- oder Teilbädern als auch als Packung Verwendung finden.

Weiters gibt es die Möglichkeit, Moorwasserbäder, auch Schwarzwasserbäder genannt, zu verabreichen. Sie enthalten alle wasserlöslichen Stoffe des Moores.

Schließlich ist noch das Moorschwebstoffbad zu erwähnen, das z. B. in Neydharting angewendet wird. Dabei bleiben die Moorteilchen im Wasser schweben und sedimentieren nicht. Auch hier sind alle wasserlöslichen Stoffe des Moores enthalten.

Indikationen

1. Chronisch rheumatische Erkrankungen des Bewegungsapparates. Dazu gehören nicht nur degenerative, sondern auch entzündliche Reizerscheinungen.
2. Gynäkologische Erkrankungen, vor allem chronisch entzündlicher Art.

Kontraindikationen

1. Akute Entzündungen und fieberhafte Erkrankungen.
2. Dekompensierte Herz-Kreislauf-Erkrankungen.
3. Chronisch konsumierende Erkrankungen (Malignome).
4. Psychosen und Anfallskrankheiten.
5. Tuberkulose.

Schlamm

Schlamm ist mit Ausnahme des Faulschlamms (Sapropel) vorwiegend anorganischen Ursprungs.

Man unterscheidet Quellenschlamm, Fluß-, See- und Meerschlamm sowie künstliche Heilsedimente.

Quellenschlamm oder Fango kommt meistens bei Thermalquellen vor, die Schlamm vulkanischen Ursprungs mit sich führen. Flußschlamm befindet sich an flachen Mündungen großer Flüsse. Auch an Binnenseen und Meeresbuchten kann es zur Ablagerung von Schlamm kommen.

Wenn feste Gesteinsarten vulkanischen Ursprungs pulverisiert und mit Wasser versetzt werden, spricht man von künstlichen Heilsedimenten.

Schlamm wird meistens in Form von Packungen, selten als Bad verabreicht.

Die Packungen können als Ganz- oder Teilpackungen ausgeführt werden. Schlammpulver und Wasser werden miteinander vermengt, bis eine homogene Masse entsteht. Die Anwendungstemperatur beträgt zwischen 40 °C und 45 °C.

Der Körper bzw. der entsprechende Körperabschnitt wird mit der Schlammasse bestrichen, worüber dann ein Leintuch, ein Kautschuktuch oder eine Wolldecke gelegt wird, um die Anwendungstemperatur besser konstant zu halten.

Die Anwendungsdauer ist sehr unterschiedlich und beträgt zwischen 15 und 60 Minuten. Anschließend folgen Reinigungsdusche und Nachruhe.

Indikationen

Chronisch rheumatische Erkrankungen des Bewegungsapparates.

Kontraindikationen

Im Prinzip dieselben wie bei der Moortherapie.

Kreide, Sand, Paraffin

Der Vollständigkeit halber seien noch die Kreidebäder, Sandbäder und Paraffinpackungen erwähnt.

Bei Kreidebädern nimmt man 2 – 4 kg pulverisierte Kreide für ein Vollbad.

Sandbäder werden vor allem mit Quarzsand in eigens dafür konstruierten Vorrichtungen durchgeführt. Die Anwendungstemperatur beträgt wegen des schlechten Wärmeleitvermögens 45 °C – 50 °C und die Dauer 15 – 60 Minuten.

Man kann auch Sandteilbäder, z. B. für Hände und Füße, verabreichen, wobei die Temperatur des Sandes auf 55 °C erhöht werden kann.

Paraffin wird meistens als Packung angewendet. Die Anwendungstemperatur beträgt bis zu 65 °C und wird, da es bei dieser Temperatur in flüssigem Zustand vorliegt, auf die Haut aufgepinselt. Darüber kommen ein Gummituch und eine Wolldecke.

Bei direktem Aufgießen muß die Temperatur auf 50 °C herabgesetzt werden. Die Anwendungsdauer kann bis auf eine Stunde ausgedehnt werden, und die Wärme wird sehr lange konstant gehalten, da Paraffin eine gute Wärmehaltung und eine schlechte Wärmeleitung besitzt.

Indikationen und Kontraindikationen sind identisch mit jenen der allgemeinen und lokalen Thermotherapie.

Literatur

1. BENADE, W.: Moore, Schlamm, Erden (Peloide). Steinkopff, Darmstadt, 1938.
2. CORDES, C. J., ZEIBIG, B.: Physiotherapie, Hydro- und Elektrotherapie. Verlag Volk und Gesundheit, Berlin, 1984.
3. DIRNAGL, K.: Experimentelle Beiträge zur thermischen Wirkung von Wasser- und Breibädern. In: Internationaler Kongreß für Balneologie und Medizinische Klimatologie. Banaschewski, Baden Baden, 1962, S. 114 – 118.
4. GRÜNDER, W.: Aufbereitung der Peloide. In: Handbuch der Bäder- und Klimaheilkunde. Schattauer, Stuttgart, 1962, S. 146 – 156.
5. GÜNTHER, R.: Badekuren und Heilstollen. In: Bundesministerium für Gesundheit und Umweltschutz (Hrsg.), Österreichisches Heilbäder- und Kurortebuch, Bohmann Verlag, Wien, 1975.
6. GÜNTHER, R., JANTSCH, H.: Physikalische Medizin. Springer Verlag, Berlin, Heidelberg, New York, 1982.
7. JORDAN, H.: Grundriß der Balneologie und Balneobioklimatologie. Thieme, Leipzig, 1964.
8. KLARE, V.: Moor- und Schlammanwendungen. In: Bundesministerium für Gesundheit und Umweltschutz (Hrsg.), Österreichisches Heilbäder- und Kurortebuch. Bohmann Verlag, Wien, 1975, S. 120 – 124.
9. KOWARSCHIK, J.: Physikalische Therapie, Springer, Wien, 1957.
10. SOUCI, S. W.: Die Chemie des Moores. Enke, Stuttgart, 1938.
11. ZÖRKENDORFER, K.: Die typischen Eigenschaften der Peloide. Springer, Berlin, 1938.
12. ZÖRKENDORFER, W.: Peloide. In: Handbuch der Bäder- u. Klimaheilkunde. Schattauer, Stuttgart, 1962, S. 481 – 496.

Thermalstollenbehandlungen

o. Univ.-Prof. Dr. R. Günther

Ordinariat für Physikalische Medizin an der Medizinischen Fakultät Innsbruck
Ludwig Boltzmann-Institut für angewandte Bäder- und Klimaheilkunde, Gastein

Seit dem Ende des Zweiten Weltkrieges werden im Thermalstollen („Heilstollen") von Böckstein bei Badgastein, einem aufgelassenen Goldbergwerk, Patienten mit verschiedenen Formen von rheumatischen Erkrankungen, bevorzugt Arthrosen und Spondylitis ankylosans (Morbus Bechterew), behandelt. (6, 16, 23, 37, 38, 41)

Therapieversuche wurden auch bei Patienten mit organischen und funktionellen arteriellen Gefäßerkrankungen in Frühstadien gemacht, ebenso mit Hypertonikern, ferner bei Patienten mit neurologischen Erkrankungen, wie Zuständen nach Lähmungen, sowie Erkrankungen der Atemwege, wovon derzeit noch die Asthmatherapie Bedeutung hat. Auch Heuschnupfen, Urticaria, Psoriasis und Sklerodermie sowie hormonale und vegetative Funktionsstörungen gehören zu dem relativ ausgedehnten Indikationsspektrum, das alle Kurortsheilanzeigen-Angebote auszeichnet. Bereits in den Jahren 1949 bis 1960 wurden 12.539 ambulante Stollenkuren durchgeführt, wobei die in Tabelle 1 ersichtlichen Behandlungserfolge, getrennt beurteilt bei rheumatischen und anderen Erkrankungen, erzielt wurden. Die Beeinflussung von Befinden und Befunden zu Kurende wird als Kureffekt, die bei späteren Nachuntersuchungen als Kurerfolg bezeichnet. (16, 23, 37, 38, 41)

Aufgrund klinischer Erfahrungen kommt es zu einem Rückgang der Schmerzen und zu einer Zunahme der Funktionen am Bewegungsapparat, aber auch der Lungenfunktion. Beweise dafür, daß auch krankhafte morphologische Veränderungen durch Stollenkuren gebessert werden, liegen nicht vor. So ändert sich zum Beispiel der Gelenk- und Wirbelsäulen-Röntgenbefund bei Bechterew- und Polyarthritiskranken nicht. Ebensowenig konnte gesichert werden, daß Laborparameter durch den Einfluß des Radon im Stollen in positivem Sinne beeinflußt werden. Die zahlreichen tierexperimentellen und klinisch-experimentellen Versuche zur Abklärung der Stollenwirkung erbrachten bislang noch keine überzeugenden Ergebnisse, inwieferne das Radon über die thermischen Stollenwirkungen hinaus zusätzliche biopositive Einflüsse auf den Menschen haben könnte, handelt es sich doch um Kombinationseffekte, die durch die drei Wirkkomponenten des Stollens hervorgerufen werden, wozu noch die Einflüsse des Kurmilieus, weiterlaufender medikamentöser Behandlungen und zusätzlicher physikalischer Therapieangebote kommen. (6, 10, 11, 12, 13, 17, 18, 19, 20, 24, 28, 29, 30, 31, 32, 33, 35, 36, 37, 38, 39, 43, 44, 45, 46)

Es muß zu denken geben, daß zum Beispiel gute Therapieerfolge bei Asthmakranken nicht nur in feuchtwarmer Umgebung, wie im Thermalstollen von Böckstein-Badgastein, sondern ebenso in feuchtkühlen Stollen, wie in Oberzeiring, berichtet werden. Andererseits lassen sich auch Erfolge bei rheumatischen Erkrankungen in kühleren Radon-Stollen, wie in Bad Kreuznach, und im trockeneren, radonfreien Stollen von Friedrichsgang in der Bundesrepublik Deutschland beobachten. Ebenso in aufgelassenen Uranbergwerken, wie zum Beispiel in Boulder in den USA. Das heißt, das radonhaltige und radonfreie ebenso wie heiße und kühle sowie feuchte und trockene Stollen über Behandlungserfolge bei den genannten Indikationen berichten, die sich prozentuell praktisch nicht voneinander unterscheiden. (6, 22, 26)

Neben den unspezifischen, trainierenden Effekten der funktionellen Anpassung (Adaptation) an wiederholten milden Streß dürfte der Plazeboeffekt, der nicht nur in der medikamentösen, sondern auch in der physikalischen Therapie gut bekannt ist, eine bedeutsame Rolle spielen.
Das Gemeinsame zwischen den verschiedenen Stolleneinflüssen dürfte in folgenden Wirkfaktoren liegen:

1. Luftreinheit
2. Staubfreiheit
3. saures Aerosol
4. Umgebungstemperatur
5. Feuchtigkeitsgehalt
6. Allergenarmut
7. psychische Einwirkungen

Der Gasteiner Stollen zeichnet sich durch:

1. hohe Luftfeuchtigkeit von fast 100%,
2. Temperaturen zwischen 37 ° und 41,6 °C,
3. einen Radongehalt von durchschnittlich 111 Bq/l (3 Nanocurie pro Liter) Stollenluft aus.

Demgegenüber hat der Stollen in Oberzeiring in der Steiermark, einem aufgelassenen Silberbergwerk, ebenfalls eine relative Luftfeuchtigkeit von annähernd 100%, aber nur eine Stollentemperatur von 8 °C.
Die hohen Lufttemperaturen im Thermalstollen von Badgastein-Böckstein von 41 °C zusammen mit der hohen Luftfeuchtigkeit scheinen dagegen beim Asthmatiker weniger günstig zu wirken. Doch wurden, wie erwähnt, auch hier Erfolge beobachtet, die auf die Streßwirkung mit vermehrter Ausscheidung von Nebennierenrindenhormonen zurückgeführt wurden. Wir konnten allerdings an Normalpersonen und Patienten mit primär chronischer Polyarthritis nachweisen, daß während des Stollenaufenthaltes der Kortisolspiegel im Plasma signifikant absinkt, um anschließend langsam wiederum anzusteigen. Gleiche Beobachtungen, nur intensiver, konnten wir in der Sauna und in

Tabelle 1:

Statistik über von 1949–1960 ambulant durchgeführte 12.539 Stollenkuren (Teil 1)

a) bei Kurende
b) 3–9 Monate nach Kurende

Erfolg		Prim. chr. Polyarthr. rheum. Zahl d. Pat.	%	Sek. chr. Polyarthr. rheum. Zahl d. Pat.	%	M. Bechterew Zahl d. Pat.	%	Degen. rheum. Erkrank. Zahl d. Pat.	%
wesentlich gebessert	a)	920	33,3	103	34,4	307	40,8	2766	38,5
	b)	564	29,4	76	34,9	206	34,6	1709	38,6
mäßig gebessert	a)	1141	41,3	121	40,5	321	42,6	2671	37,2
	b)	722	37,5	65	29,8	233	39,3	1499	33,8
nicht gebessert	a)	700	25,4	75	25,1	125	16,6	1742	24,3
	b)	636	33,1	77	35,3	154	25,9	1221	27,6
Summe	a)	2761		299		753		7179	
	b)	1922		218		593		4429	

Statistik über von 1949–1960 ambulant durchgeführte 12.539 Stollenkuren (Teil 2)

a) bei Kurende
b) 3–9 Monate nach Kurende

Erfolg		Periph. Gefäß-Störung. x Zahl d. Pat.	%	Neuritiden Neuralgien Zahl d. Pat.	%	Verschied. Diagnosen xx Zahl d. Pat.	%	Summe Zahl d. Pat.	%
wesentlich gebessert	a)	62	48,8	98	59,0	537	42,8	4793	38,2
	b)	42	43,7	76	67,3	263	44,9	2936	36,9
mäßig gebessert	a)	32	25,3	30	18,1	365	29,2	4681	37,3
	b)	30	31,3	17	15,0	158	26,9	2724	34,2
nicht gebessert	a)	33	25,9	38	22,9	352	28,0	3065	24,5
	b)	24	25,0	20	17,7	165	28,2	2297	28,9
Summe	a)	127		166		1254		12.539	
	b)	96		113		586		7957	

x Angiitiden, Angiosen, Angiopathien

xx Hypertonie
Folgezustände nach Lähmungen infektiöser und traumatischer Genese
Generalisierte Rückenmarkserkrankungen
Chronische Bronchitis, chronische Erkrankungen der Adnexe, Nebenhöhlen etc.
Allergisch bedingte Erkrankungen (Ekzeme, Heuschnupfen, Asthma bronchiale, Urticaria etc.)
Hormonale und vegetative Störungen
Psoriasis
Sklerodermie

Überwärmungsbädern machen. Obwohl auch für rheumatische Erkrankungen vorwiegend die Streßsituation mit Anregung der Hypophysen-Nebennierenrinden-Achse als wesentlicher Wirkmechanismus beschrieben wurde, fehlen dafür überzeugende wissenschaftliche Belege. (17)
Die Allergenarmut der Stollenluft und eine Hemmung der anaphylaktischen Reaktion nach Schultz-Dale, was im Stollenklima in Gastein im Tierversuch experimentell nachgewiesen werden konnte, könnten sich bei allergischen Erkrankungen positiv auswirken. In früheren Untersuchungen am Menschen wurden bereits eine Zellstimulierung mit Stimulation endokriner Organe sowie eine desensibilisierende und schmerzstillende Wirkung des Radon beschrieben, ferner ein kreislaufschonender Effekt bei Hitzebelastung. Morphologisch konnte eine vermehrte Tätigkeit der Nebennierenrinde im Tierversuch gefunden werden, ebenso auch der Schilddrüse; das besonders an adrenalektomierten Ratten, wo eine Verdoppelung des Schilddrüsengewichts nach längerer Unterbringung im Stollen, aber auch schon ohne Hyperthermie, beobachtet wurde. Es gelang jedoch nie überzeugend, die Befunde ausschließlich als Radonwirkungen abzugrenzen (11, 16, 18, 19, 20, 31, 33, 35, 37, 38, 41).

Bedeutsame Veränderungen wurden an der Spermiogenese der Ratte festgestellt, die vor allem durch Hitzeeinwirkung geschädigt wird (28).

Infektiöse Prozesse, wie die Impftuberkulose des Meerschweinchens, wurden verschlechtert. Die Überlebenszeit der Versuchstiere betrug rund die Hälfte der Überlebenszeit der Kontrolltiere außerhalb des Stollens (16).

Anhaltspunkte für eine Schädigung des Erbgutes oder ein beschleunigtes Wachstum bösartiger Tumoren konnten dagegen im Tierversuch und am Menschen bislang nicht gewonnen werden (1, 2, 3, 4, 7, 8, 14, 20, 24, 25, 27, 30, 33, 34, 36, 42, 44, 45, 46).

Es ist aber auch noch nicht gelungen,

sicher biopositive Wirkungen des Radon im Rahmen der Stollentherapie am Menschen nachzuweisen (5). In diesem Zusammenhang sind unsere eigenen Untersuchungen gemeinsam mit dem Biologischen Institut am Forschungszentrum Seibersdorf sowie mit der Immunologischen Abteilung der Universitätsklinik für Innere Medizin in Innsbruck von Interesse. An Patienten mit Morbus Bechterew, die eine Kur von 24 Tagen mit insgesamt 12 Stolleneinfahrten durchführten, wobei der durchschnittliche Aufenthalt im Stollen pro Einfahrt zirka 60 Minuten betrug, davon 40 Minuten Liegezeit auf den heißen Stationen (37 ° – 41,5°), konnte, verglichen mit Normalpersonen, eine Änderung des Desoxyribonucleinsäurestoffwechsels in den Zellkernen von Lymphozyten des peripheren menschlichen Blutes nachgewiesen werden. Gegen Kurmitte stieg die semikonservative Desoxyribonucleinsäuresynthese in den untersuchten Zellen an, um sich gegen Kurende wieder den Werten der Kontrollgruppe anzunähern. In früheren Untersuchungen hatten wir eine erhöhte DNA-Syntheserate bei Bechterewpatienten gefunden. Eine Erniedrigung der Syntheserate kann positiv beurteilt werden, da über eine Verlängerung des Zellzyklus die nächste S-Phase später eintritt, wodurch Schäden in der DNA effizienter ausgebessert werden können. Wir beobachteten auch eine erhöhte Reparatur-Syntheserate nach Vorschädigung der kultivierten Zellen durch ultraviolettes Licht. Ferner konnte eine Aktivierung der Poly-(ADP-Ribose)-Polymerase nachgewiesen werden, wobei die anfänglich erniedrigten Werte dieses Enzyms bei den Bechterew-Patienten auf die Werte der Kontrollgruppe angehoben wurden. PAR bindet an Histone und an Nicht-Histoneproteine, was über eine Lockerung der Nukleosomenstruktur Exzisionsreparaturvorgänge erleichtert bzw. erst ermöglicht. Diese Beobachtungen könnten sich günstig hinsichtlich der Abwehr von viralen Schädigungen, aber auch vorzeitigen Alterns und maligner Transformationen auswirken. Voraussetzung dafür ist allerdings, daß die Zellkernstrukturen (Chromatin) durch Radon und Hitze „vorgeschädigt“ werden, sodaß die erwähnten Synthese- und Reparaturvorgänge überhaupt erst ausgelöst werden können. Bei mangelhafter Reparaturkapazität führen Strahlenbeeinflussungen in Abhängigkeit von der Dosis und der Zeit zu Fehlinformationen in Zellen, was sich in Zellen der Körpergewebe als maligne Entartung, in den Geschlechtszellen als genetische Fehlinformation mit der Folge von vererbbaren Mutationen auswirken könnte. Aber nicht nur die hoch energetische radioaktive Alphastrahlung, sondern auch Wärme ist bereits in der Lage, DNA-Schäden zu setzen, was wir in der Sauna, im Dampfbad und vergleichend bei Stollenpatienten, dort allerdings kombiniert mit dem Radoneffekt, nachweisen konnten. Auch kam es zu einer Änderung der Repair-Kinetik. Möglicherweise spielt bei Radon- und Wärmeeinflüssen die Stimulation der endogenen Prostaglandinbiosynthese eine wesentliche Rolle, die ihrerseits wieder auf den DNA-Stoffwechsel rückwirkt. (10, 17, 45, 46)

In immunologischen Untersuchungen konnten wir feststellen, daß sich auch die sogenannten Killerzellen, ein besonderer mononukleärer Zelltyp, der in der Lage ist, virusinfizierte Zellen und Tumorzellen ohne Vorsensibilisierung und ohne den Einfluß von Histokompatibilitätsantigenen zu erkennen und zu vernichten (Natural Killing), durch Wärme und möglicherweise auch durch Radon in ihrem Verhalten gegenüber krankhaft veränderten Zielzellen ändern. (10)

Während in vitro Temperaturen über 37 °C und ionisierende Strahlung ebenso wie UV-Strahlung eine suppressive Wirkung auf die zytotoxische Aktivität der Killerzellen haben, scheinen sie sich in vivo anders zu verhalten. Das betrifft nicht nur ihre Zahl, sondern auch ihre natürliche Killeraktivität gegenüber Tumorzellen, zum Beispiel K-562-Zellen, einer Leukämiezellinie, sowie auch ihre veränderte Stimulierbarkeit durch Interleukin-2 und Interferon, beides wichtige Stimulantien der Killerzellaktivität, die sich besonders im Fieber erhöht finden.

Bei neun Gesunden, regelmäßig die Sauna Besuchenden, fanden wir eine erhöhte Zahl von mononukleären Zellen und unter diesen auch einen signifikant erhöhten Anteil von Killerzellen. Deren natürliche Aktivität unterschied sich nicht von der bei 84 gesunden Kontrollpersonen in verschiedenen Lebensaltern. Auf Stimulationsversuche mit Interleukin-2 und Alpha-Interferon zeigten jedoch die 84 Kontrollpersonen eine gute Stimulierbarkeit ihrer Killerzellen, während die Saunabesucher eine auffallende Funktionsstarre aufwiesen. Sie schienen mit ihrer hohen basalen Killerzellaktivität bereits den Plafond erreicht zu haben, was keine weitere Stimulation mehr zuließ. 6 Patienten mit Spondylitis ankylosans Bechterew zeigten dagegen eine niedrige basale Killerzellaktivität und ein insuffizientes bis völlig fehlendes Ansprechen auf die genannten Stimulatoren. Eine Stollenkur in Gastein war jedoch in der Lage, einen signifikanten Anstieg der basalen Aktivität der Killerzellen auszulösen, sodaß der Wert der Kontrollgruppe erreicht wurde. Auch durch Interleukin und Interferon erfolgte eine Stimulation, die die natürliche Aktivität aber nicht übertraf. Bei 16 Arthrosepatienten änderte sich dagegen die zu Kurbeginn ebenfalls reduzierte Killerzellaktivität nicht mehr. Um abzuklären, inwiefern die Hyperthermie oder das Radon an diesen Effekten entscheidend beteiligt sein könnten, untersuchten wir zwölf gesunde Einwohner von Innsbruck und zwölf gesunde Einwohner von Badgastein in vergleichbarem Lebensalter. Die mittlere Radioaktivität der Luft in Badgastein beträgt 88,8 mBq (2,4 pCi) pro Liter, die in Innsbruck jedoch nur etwa 3,7 mBq (0,1 pCi). Es wurden nur Personen in die Studie aufgenommen, die mindestens zehn Jahre ohne Unterbrechung in Innsbruck oder Badgastein gelebt hatten.

Die Gasteiner hatten eine höhere absolute wie auch relative Zahl an Killerzellen. Die basale, natürliche Killerzellaktivität unterschied sich jedoch nicht zwischen den beiden Gruppen. Die Dauerexposition im Gasteiner Klima (erhöhte Radioaktivität, Gebirgslage) beeinflußt wohl die Zahl, nicht aber die Aktivität der Killerzellen. Diese wird anscheinend auch nicht durch eine erhöhte Umweltradioaktivität supprimiert. Man kann also feststellen, daß im Gegensatz zu den Wirkungen von Hyperthermie und ionisierender Strahlung in vitro eine artifizielle Erwärmung der Versuchspersonen zu einer gesteigerten Stimulierbarkeit von Killerzellen führt. Regelmäßige Saunabesuche erhöhen auch deren Zahl im peripheren Blut. Eine Radon-Thermalstollenkur steigert die ursprünglich reduzierte basale Aktivität der Killerzellen bei Bechterewpatienten auf normale Kontrollwerte. Schließlich scheinen auch Daueraufenthalte in radonhaltigem Milieu die Killerzellzahl zu steigern, aber keine negativen Auswirkungen auf deren Aktivität zu haben.

Eine höhere Zahl und eine bessere Stimulierbarkeit von Killerzellen bieten günstige Voraussetzungen für eine rasche und erfolgreiche Abwehr von viralem Befall. Damit ließe sich die verringerte Infektanfälligkeit bei regelmäßigem Saunabesuch erklären. Ob aber die Stimulierung, wie wir sie durch Umwelteinflüsse beobachteten, auch beim defizienten „Natural Killing", wie man es zum Beispiel bei bösartigen Tumoren oder Autoimmunkrankheiten finden kann, positive Auswirkungen zeigt, bleibt zu klären.

Inwieweit gegenüber den Badekuren in den Gasteiner Thermen mit einem Radongehalt von 370 – 629 Bq/l (10 – 17 nCi/l) der höhere Gehalt der Stollenluft an radioaktiven Substanzen strengere Auflagen des Strahlenschutzes bedingen wird, ist noch nicht geklärt. Jedenfalls liegt er weit unter den erlaubten Strahlenbelastungen. Probleme entstehen allerdings durch die Ablagerung der Folgeprodukte des Radon im Bronchialsystem beim Bade- und Stollenpersonal, die sich über größere Zeiträume in radonhaltiger Atmosphäre aufhalten. Unter Berücksichtigung der Bronchialbelastung durch die Folgeprodukte ist es international üblich geworden, für $Radon^{222}$ als höchstzulässige Konzentration bei Dauerinhalation (HZK 168-Wert) 370 mBq/l (10 pCi/l) und für die 40-Stunden-Woche (HZK 40-Wert) 1,11 Bq/l (30 pCi/l) festzulegen. Da das Radon wegen der raschen Ausscheidung (15–30 min) und der kurzen Halbwertszeit (3,825 Tage) weniger gefährdend ist als seine langlebigeren Folgeprodukte, hat man speziell für diese den Begriff des Working Level (WL) eingeführt. Ein Working Level ist gleich der potentiellen Energie von $0{,}13 \cdot 10^6$ MeV/l. Die Exposition ist durch das Produkt aus Konzentration und Aufenthaltsdauer gegeben, als WLM (Working Level Month), errechnet aus 1 WL mal 168 h, entsprechend der mittleren Arbeitszeit pro Monat von 168 Stunden. Als Obergrenze für beruflich strahlenexponierte Personen werden 4 WLM pro Jahr angenommen. Wer nicht der Strahlenüberwachung unterliegt, darf nicht mehr als ein Dreißigstel dieser Dosis erhalten. Die Angabe dieser Obergrenzen beruht auf epidemiologischen Studien in Uranbergwerken und ist, gemessen an der Belastung durch eine Radon-Thermalwasser-Badekur, hoch. Diese belastet die Patienten zusätzlich pro Jahr mit zirka 0,003 WLM/a, eine Kur im Radon-Thermalstollen mit zusätzlich 0,07 WLM/a. Diese Belastungen sind dann als vernachlässigbar gering anzusehen, wenn der gesundheitliche Gewinn weitgehend überwiegt. Die Radonexposition während einer Stollenkur in Gastein entspricht ungefähr der natürlichen Radonexposition des Patienten in einem Zeitraum von fünf Jahren. Das bedingt ein zusätzliches Bronchialkrebsrisiko von 0,01 – 0,03%. (2, 5, 7, 8, 9, 14, 20, 24, 25, 27, 32, 33, 34, 35, 42, 44, 46)

Zu den Kontraindikationen der Thermalstollentherapie gehören bösartige Erkrankungen aller Art, besonders Leukämien, ferner alle akuten Erkrankungen, einschließlich akuter Schübe chronischer Erkrankungen, so auch akuter Schübe einer chronischen Polyarthritis. Ferner konsumierende Erkrankungen, wie zum Beispiel Leberzirrhose und chronische Niereninsuffizienz, Anfallsleiden wie die Epilepsie, vordergründig aber Kreislauferkrankungen, wie zum Beispiel stark erhöhter Blutdruck mit Rückwirkungen auf das Herz, die Nieren und den Augenhintergrund, dekompensierte Herzerkrankungen (Herzinsuffizienz), schwere Angina pectoris (Ruhe- und Belastungsangina) sowie Zustand nach Herzinfarkt, soferne nicht mindestens drei Monate nach dem Infarktereignis vergangen sind und keine Komplikationen während der frühen Infarktrehabilitationszeit aufgetreten waren. (15)

Neben dem Radon, wobei die Inhalation des Edelgases durch spezielle Inhalationsvorrichtungen weitaus weniger gefährlich ist als die Gesamtinhalation des Edelgases einschließlich seiner Folgeprodukte, wirken im Thermalstollen von Badgastein-Böckstein die hohe Luftfeuchtigkeit von 100% und die hohen Stollentemperaturen von 37 °C auf Station I ansteigend auf 41,6 °C auf Station IV. (1, 3, 4, 9)

Da ein Dampfdruckgefälle zwischen dem Schweiß auf der Körperoberfläche und der hoch feuchtigkeitshaltigen Umgebungsluft nicht mehr existiert, kann der Schweiß nicht mehr verdunsten und zur Kühlung verwendet werden. Es kommt also zu einem Anstieg der Körpertemperatur zwischen 37,5 ° und 38,6 °C mit entsprechenden hyperthermiebedingten Stoffwechselumstellungen. Mehrdurchblutung, Herabsetzung des Muskeltonus, erhöhte Kreislaufbelastung infolge der angestrengten Thermoregulation sowie eine angestrengte Atmung sind die Folgen. Damit erklärt man sich die guten Effekte bei Rheumakranken. Aber auch unerwünschte Nebenwirkungen sind darin begründet, die besonders bei kreislauflabilen oder manifest kreislaufkranken Patienten auftreten können. Hier sind besonders der Hochdruckpatient mit der Gefährdung durch den Schlaganfall und der koronare Herzkranke mit der Gefahr des Herzinfarktes zu erwähnen. (15)

Thermische Anwendungen sind ferner bei akuten Schüben rheumatischer Erkrankungen, die ohnehin schon mit dem Zeichen der Entzündung einhergehen, ungünstig; hier ist Kälte besser.

Obwohl Gastein nur 1000 m hoch liegt, treten bereits Umstellungen im Stoffwechsel der roten Blutkörperchen auf, die ihre Energie durch den Abbau von Glukose zu Kohlendioxid und Wasser gewinnen. Selbst das geringe Absinken des Sauerstoffdrucks im Gebirge bewirkt, daß ein Teil des Glukoseabbaus über ein Zwischenprodukt, das 2,3-Diphosphoglycerat, umgeleitet wird. Dieses Produkt verringert die Bindungskapazität des roten Blutfarbstoffs für Sauerstoff, welcher dadurch leichter abgekoppelt und für die Gewebeatmung besser genützt werden kann. Es handelt sich um eine ökonomische Methode zur besseren Sauerstoffversorgung der Gewebe in geringen Höhen. Der Mechanismus könnte aber auch in der Sauna oder bei anderen Heißluftanwendungen, wo die Wärme ebenfalls eine Herabsetzung des Sauerstoffdrucks bedingt, günstig sein. (7)

Zu den bevorzugten Indikationen der Stollentherapie gehören derzeit die Spondylitis ankylosans, der Morbus Bechterew, der bei jüngeren Männern deutlich häufiger als bei Frauen beobachtet wird. Diese Patienten vertragen jede Art von physikalischer Therapie besser als Arthritiskranke, sie fühlen sich nach Stollenkuren oft durch Wochen bis Monate hindurch schmerzärmer und funktionsverbessert. Weitere Schwerpunktindikationen bilden degenerative Wirbelsäulenerkrankungen und Wirbelsäulensyndrome mit radikulären und pseudoradikulären Schmerzen. Ferner die Arthrosen, vor allem die Hüft- und Kniegelenkarthrose, aber auch polynoduläre Arthrosen, die die Fingergelenke mitbefallen. Außerdem die große Gruppe des Weichteilrheumatismus (Fibrositis-Syndrom), der sich häufig symptomatisch infolge von Fehlhaltungen in Beruf und Haushalt, psychogen bedingten Spannungszuständen oder als Folge unerkannter Infektgeschehen („Herdkrankheiten") findet. Zurückhaltung wird dagegen bei Patienten mit primär chronischer Polyarthritis empfohlen, die oft unerwünschte Fehlreaktionen bei Stollentherapie zeigen. (6, 12, 13, 16, 21, 23, 26, 37, 38, 41)

Bei funktionellen und organischen Erkrankungen der Atemwege oder des Kreislaufs erscheinen die Erfolge von Thermalstollenbehandlungen noch nicht ausreichend gesichert.

Zusatzbehandlungen, wie regelmäßige Krankengymnastik, Gruppengymnastik, Massage, Atemgymnastik und Gelenkschutzmaßnahmen, ferner die Unterwassergymnastik sowie die Kombination mit Thermalbädern, spielen eine bedeutsame Rolle.

Aufgrund unserer und anderer Erfahrungen mit der Thermalstollentherapie erscheint sie vor allem bei Bechterewpatienten indiziert. Sie geben in der Mehrzahl der Fälle an, daß sie auf dem Gebiet der physikalischen Therapie kaum bessere Maßnahmen kennengelernt hätten. Das allerdings meist in Kombination mit Medikamenten und regelmäßiger Bechterewgymnastik. Es fällt also auch hier nicht leicht, anhand objektiver Kriterien die Wirkungen der Einzelkomponenten von Thermalstollen- bzw. Radon-Thermalstollen-Behandlungen abzugrenzen. Untersuchungen an vergleichbaren Patientenkollektiven, die einerseits im Thermalstollen, andererseits mit anderen Methoden, ohne Stollentherapie, behandelt wurden, liegen nur aus der Sonderheilanstalt für Erkrankungen des rheumatischen Formenkreises der Pensionsversicherung der Angestellten in Bad Hofgastein vor. Tabelle 2 gibt darüber Auskunft. (37)

Die bei 50% der Kranken beibehaltene Dauermedikation veränderte die Relationen nicht. 180 Patienten machten Wiederholungskuren mit (144) und ohne (36) Thermalstollen. Auch hier zeigte sich bei Nachkontrollen bis zu einem Jahr nach dem Kuraufenthalt kein signifikanter Unterschied in den Erfolgen. Nach einem Jahr fühlten sich noch 20% gebessert. Keine Besserung zeigten zu Kurende 13,9% bzw. 5,6%, wobei die geringen Fallzahlen bei Kuren ohne Stollentherapie berücksichtigt werden müssen. Dazu kommt die meist doch nicht völlige Vergleichbarkeit verschiedener Bechterewkollektive. Radiologisch kam es trotz subjektiver und objektiver funktioneller Besserungen fast stets zum Fortschreiten, nie zur Rückbildung morphologischer Veränderungen. (37)

Tabelle 2:

Morbus Bechterew	mit Thermalstollen n = 502	ohne Thermalstollen n = 79
subjektiv gebessert	441 (87,8%)	69 (88,5%)
objektiv gebessert	355 (70,7%)	59 (74,7%)

Literatur

1. ANDREJEV, S. V.: Balneotechnische, strahlenhygienische und dosimetrische Aspekte der Radontherapie in der UdSSR. Z. Phys. Med. Bal. Med. Klim. 13: 32 (1984).
2. AURAND, K., JACOBI, W., MUTH, H., SCHRAUB, A.: Zur biologischen Wirkung des Radons und seiner Folgeprodukte. Strahlentherapie 112: 262 (1960).
3. BOGOLJUBOV, W. M., RACHMANOVA, T. B., GUSAROV, I. I., CHUDOTJOPLY, A. S.: Biologische und klinische

Wirkungsmechanismen von verschiedenen Arten der Radonbehandlung. Z. Phys. Med. Baln. Med. Klim. 13: 25 (1984).
4. BOGOLJUBOV, W. M., ANDREJEV, S. V., RJASANZEV, K. M.: Struktur und organisatorische Grundlagen des radontherapeutischen Netzes in der UdSSR. Z. Phys. Med. Baln. Med. Klim. 13: 40 (1984).
5. BRODA, E.: Gibt es biopositive Wirkungen ionisierender Strahlen? Biologie in unserer Zeit 3: 108 (1973).
6. CHRISTA, Cl., HALHUBER, M. J., HAUS, E., INAMA, K., RIEMER, K.: Die Heilstollenbehandlung bei rheumatischen Erkrankungen. Z. Rheumaforschg. 15: 270 (1956).
7. DEETJEN, P.: Grundlagen der Radontherapie. Z. angew. Bäder- u. Klimaheilk. 26: 332 (1979).
8. DEETJEN, P.: Einführung: Biologische und medizinische Wirkungen niedrigdosierter ionisierender Strahlen. Z. Phys. Med. Baln. Med. Klim. 13: 6 (1984).
9. DIRNAGL, K.: Applikationsformen der Radontherapie. Z. angew. Bäder- u. Klimaheilk. 26: 356 (1979).
10. EGG, D., GASTL, G., ALTMANN, H., GÜNTHER, R., HUBER, C.: Immunologische Untersuchungen während Radon-Balneotherapie. Z. Phys. Med. Baln. Med. Klim. 13: 56 (1984).
11. EIGELSREITER, H.: Die Uropepsinausscheidung während einer Kur im Thermalstollen von Badgastein-Böckstein. Wien. Z. Inn. Med. 43: 499 (1962).
12. EIGELSREITER, H., SCHMIDT, W.: Die Wirkung einer Kur im Thermalstollen von Badgastein-Böckstein auf die neuromuskuläre Erregbarkeit. Z. angew. Bäder- u. Klimaheilk. 14: 296 (1967).
13. EIGELSREITER, H., SCHMIDT, W.: Die Schmerzempfindlichkeit der Haut während einer Gasteiner Thermalbadekur bzw. einer Kur im Thermalstollen. Z. angew. Bäder- u. Klimaheilk. 14: 430 (1967).
14. FISCHER, W., POHL-RÜLING, J., POHL, E.: Chromosome Studies on Persons Exposed to Increased Levels of Radon in the Environment. 4. Int. Congress of human genetics, Paris (1971), Nr. 233.
15. GÜNTHER, R.: Herz-Kreislaufkomplikationen während Kurheilverfahren und ihre Behandlung. Z. angew. Bäder- u. Klimaheilk. 14: 96 (1967).
16. GÜNTHER, R., HENN, O.: Radon-Stollen-Therapie bei ankylosierender Spondylitis. Verh. Dtsch. Ges. Rheumatol. Bd. 1, S. 141 (1969).
17. GÜNTHER, R., EGG, D., HEROLD, M.: DNA-Repair und Kortisolproduktion unter Radontherapie bei Gesunden und Rheumakranken. Z. angew. Bäder- u. Klimaheilk. 26: 336 (1979).
18. HAUS, E.: Wirkungen einer kombinierten Heißluft-Radiumemanations-Behandlung auf das endokrine System. Z. angew. Bäder- u. Klimaheilk. 4: 486, 593 (1957).
19. HENN, O.: Über die langdauernde Einwirkung kleinster Dosen Radium-Emanation auf das hämopoetische System von Versuchstieren. Sitz. Ber. Österr. Akad. Wiss. Math. natw. Kl. Abt. II. 168: 51 (1959).
20. HENN, O., KARRER, K.: Über den Einfluß von kleinsten Dosen Radiumemanation auf das Yoshida-Sarkom der Ratte. Strahlentherapie 138: 481 (1969).
21. HEROLD, M., GÜNTHER, R.: Chronobiologische Untersuchungen während Radon-Balneotherapie. Z. Phys. Med. Baln. Med. Klim. 13: 68 (1984).
22. HILLE, H.: Zur Frage der Verwendung des Friedrichganges im Münstertal/Schwarzwald als Asthma-Therapiestation. Z. angew. Bäder- u. Klimaheilk. 21: 146 (1974).
23. HITTMAIR, A., GÜNTHER, R.: Die Krankenbehandlung im Thermalstollen von Badgastein-Böckstein. Akad. Almanach, Wien, S. 62 (1962/63).
24. HOFMANN, W., STEINHÄUSLER, F.: Die Mikrodosimetrie der Alphastrahlung des Radon und seiner Zerfallsprodukte zur Erklärung biologischer Strahlenreaktionen auf zellulärer Ebene. Z. angew. Bäder- u. Klimaheilk. 26: 399 (1979).
25. JACOBI, W.: Das Lungenkrebsrisiko nach Inhalation von ^{222}Radon-Zerfallsprodukten. Z. angew. Bäder- u. Klimaheilk. 26: 430 (1979).
26. LEWIS, W. V.: Arthritis and Radioactivity. Christopher, Boston (1964).
27. LUCKEY, T. D.: Hormesis bei Krebsinduktion durch radioaktive Strahlung hoher Ionisierungsdichte. Z. Phys. Med. Baln. Med. Klim. 13: 11 (1984).
28. MARBERGER, H., MARBERGER, E., MARBERGER, M.: Einwirkung von Hitze und Radioaktivität im Böcksteinstollen auf das Reproduktionssystem der männlichen Ratte. Andrologie 5: 139 (1973).
29. PFALLER, W.: Subzelluläre Veränderungen der Nebennierenrinde nach Inhalation von ^{222}Radon. Z. angew. Bäder- u. Klimaheilk. 26: 384 (1979).
30. PFALLER, W., LOIDL, P., GSTRAUNTHALER, G., GRÖBNER, P.: Auswirkung von Alphastrahlen auf das Proliferationsverhalten von kultivierten Zellsystemen. Z. Phys. Med. Baln. Med. Klim. 13: 17 (1984).
31. PHILADELPHY, V.: Wirkungsänderungen gonadotroper Hormone nach Bestrahlung mit Radon. Med. exp. 3: 1977 (1960).
32. POHL, E.: Biophysikalische Untersuchungen über die Inkorporation der natürlich radioaktiven Emanation ud deren Zerfallsprodukte. Sitz. Ber. Österr. Akad. Wiss. Wien, IIa, 174: 309 (1965).
33. POHL, E., POHL-RÜLING, J.: Die Strahlenbelastung bei der Inhalation von Radon, Thoron und deren Zerfallsprodukten. Strahlentherapie 136: 738 (1968).
34. POHL, E., POHL-RÜLING, J.: Die Strahlenbelastung der Bevölkerung von Badgastein. Österr. Ber. nat.-med. Ver. Innsbruck, 57: 95 (1969).
35. POHL, E.: Physikalische Grundlagen der Radontherapie: Organ- und Gewebedosen und ihre Bedeutung für Patient und Personal. Z. angew. Bäder- u. Klimaheilk. 26: 370 (1979).
36. POHL-RÜLING, J., FISCHER, P., POHL, E.: Chromosomenaberrationen nach Inhalation von ^{222}Radon und seinen Zerfallsprodukten. Z. angew. Bäder- u. Klimaheilk. 26: 437 (1979).
37. PROHASKA, E.: Behandlungsergebnisse bei Morbus Bechterew an der Sonderheilanstalt für Erkrankungen des rheumatischen Formenkreises in Bad Hofgastein. In: Prohaska, E. (Hrsg.): Morbus Bechterew. W. Maudrich, Wien-München-Bern (1975), S. 85.
38. SANDRI, B.: Die kombinierte Radon- und Hyperthermiebehandlung der Spondylarthritis ankylopoetica im Thermalstollen Böckstein/Badgastein. In: Prohaska, E. (Hrsg.): Morbus Bechterew. W. Maudrich, Wien-München-Bern (1975), S. 75.
39. SCHEMINZKY, F., SCHRÖCKSNADEL, H.: Einfluß der Radiumemanation auf Herzfrequenz und Blutdruck. Wien. klin. Wschr. 73: 123 (1961).
40. SCHEMINZKY, F., SCHRÖCKSNADEL, H.: Blutdruck und Herzfrequenz bei Hypophysenbestrahlung mit radioaktiven Stoffen. Münch. Med. Wschr. 104: 493 (1962).
41. SCHEMINZKY, F.: Der Thermalstollen von Badgastein-Böckstein. In: Forschungen und Forscher der Tiroler Ärzteschule, Bd. V. Tyrolia, Innsbruck (1965).
42. SCHEMINZKY, F.: Arbeitsmedizinische Untersuchungen betreffend die Strahlengefährdung des Badepersonals der Gasteiner Badeorte. Mitt. Österr. Sanitätsverw. 67: 226 (1966).
43. SEMENITZ, E.: Über den Einfluß der Radium-Emanation des Thermalstollens von Badgastein-Böckstein auf die anaphylaktische Reaktion nach Schultz-Dale. Strahlentherapie 113: 128 (1960).
44. STEINHÄUSLER, F.: Intrazelluläre bioenergetische Änderungen nach Alphabestrahlung mit kleinen Dosen. Z. angew. Bäder- u. Klimaheilk. 26: 409 (1979).
45. TUSCHL, H., ALTMANN, H.: Untersuchungen über den Einfluß von Radon auf Immunsysteme und DNA-Stoffwechsel. Z. angew. Bäder- u. Klimaheilk. 26: 391 (1979).
46. TUSCHL, H., KLEIN, W.: Reparaturprozesse in Lymphozyten beruflich strahlenexponierter Personen. Z. Phys. Med. Baln. Med. Klim. 13 44 (1984).

Kaltluftstollenbehandlung

o. Univ.-Prof. Dr. P. Deetjen

Vorstand des Instituts für Physiologie und Balneologie der Universität Innsbruck

Über die Verwendung feuchtkalter Höhlen oder Stollen zu Therapiezwecken ist in der balneologischen Literatur immer wieder vereinzelt berichtet worden (1 – 4). Als Indikationen wurden Asthma bronchiale, chronische Bronchitis, chronische Rhinitis und chronische Sinusitis herausgestellt, wobei sich Therapieerfolge insbesondere dann belegen ließen, wenn die genannten chronischen Erkrankungen der Atmungsorgane durch Allergene in der Einatmungsluft verursacht waren. In Österreich ist derzeit mit der Piergrube in Oberzeiring/Steiermark nur eine solche Therapiestätte amtlich als Asthma-Heilstollen anerkannt. Doch läuft für weitere Stollen das Begutachtungsverfahren, so daß mit einer Ausweitung dieses Therapieverfahrens gerechnet werden kann.

In Oberzeiring war ursprünglich in einem aufgelassenen Silberbergwerk für touristische Zwecke ein Schaubergwerk eingerichtet worden. Besucher, die an chronischen, allergischen Erkrankungen der Atmungsorgane litten, stellten spontan eine Besserung ihrer Beschwerden fest. Nachdem einige dieser Besucher aus eigenem Antrieb mehrere Tage bis Wochen täglich kurmäßig das Schaubergwerk besuchten und dann auch nach Rückkehr in ihre Heimatorte über eine Wochen und Monate anhaltende Besserung ihres Zustandes berichten konnten, wurde im Jahre 1969 eine gezielte und gut kontrollierte klinische Untersuchung an 79 Patienten mit chronischen Erkrankungen der Atmungsorgane durchgeführt. Nach jeweils 28tägigen Kuren mit täglich einem einstündigen Aufenthalt in der Grube gaben 80% der Patienten eine subjektive Besserung ihres Zustandes an. Bei 2/3 der Patienten wurden aber auch objektive Befunde erhoben, die auf eine Besserung der Krankheitserscheinungen schließen ließen. So fanden sich Normalisierungen zuvor pathologisch erhöhter Leukozytenwerte, ein Abfall der eosinophilen Zellen im Blut und ein Rückgang der erhöhten Blutsenkungsgeschwindigkeit.

Mikroklima

Für die Therapie geeignete Höhlen oder Stollen müssen gegen die Außenwelt so weit abgeschlossen sein, daß die Einbringung von Staub und insbesondere von Blütenpollen weitgehend verhindert ist. Andererseits muß die Belüftung ausreichend sein, damit es bei der Belegung mit Patienten nicht zu einer merkbaren Verminderung des Sauerstoffgehaltes kommt. Voraussetzung für eine Therapiewirksamkeit ist weiterhin eine hohe relative Luftfeuchtigkeit bei gleichzeitig niedriger Lufttemperatur von etwa 10 °C und darunter. Die hohe relative Luftfeuchtigkeit unterstützt sehr wesentlich die Reinhaltung der Luft, da allenfalls eindringende Staub- und Allergenpartikeln zur schnellen Sedimentation gebracht werden und dann an den feuchten Wänden und am Boden abgebunden bleiben. Der Staubgehalt sollte unter 0,05 mg/m^3, dem Wert für reinste Luft, liegen. Auch die Konzentration der Höhlenluft an allergisierenden Pollen muß deutlich unterhalb der Reizschwelle gelegen sein (z. B. < 30 Gräserpollen/m^3).

Physiologische Grundlagen

Bei einer Lufttemperatur von 10 °C und darunter ist selbst bei 100%iger Wasserdampfsättigung der absolute Feuchtigkeitsgehalt der Luft sehr niedrig. Die absolute Luftfeuchtigkeit hängt vom jeweiligen Wasserdampfpartialdruck (P_{H_2O}) ab, da dieser der Anzahl von Wassermolekülen pro Volumeneinheit direkt proportional ist. Bei voller Wasserdampfsättigung (= 100% relative Luftfeuchtigkeit) wird der P_{H_2O} von der jeweiligen Temperatur bestimmt (Abb. 1). Unter Anwendung der Zustandsgleichung für ideale Gase

$$p \cdot v = R \cdot T \frac{m}{M}$$

p = Gasdruck
v = Volumen
R = allg. Gaskonstante
T = Temperatur (abs.)
m = Masse
M = Molgewicht

läßt sich die Masse des Wasserdampfes in Abhängigkeit von der jeweiligen Temperatur berechnen (Abb. 2).

Abb. 1:

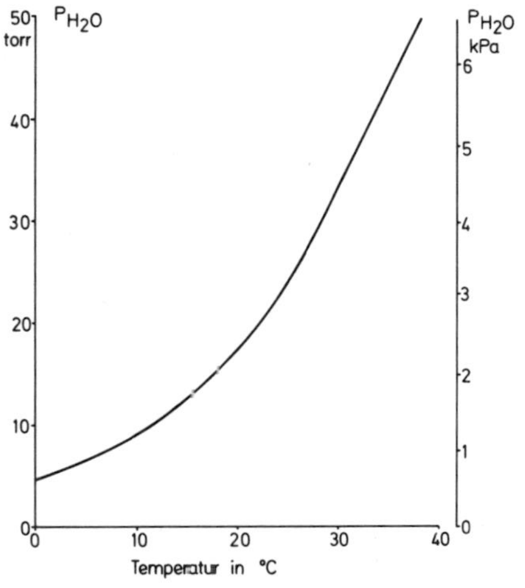

Abhängigkeit des Wasserdampfpartialdruckes (P_{H_2O}) bei voller Wasserdampfsättigung von der Temperatur. Auf der Ordinate ist links der P_{H_2O} in torr (= mm Hg), rechts in der gültigen SI-Einheit in Kilo-Pascal (kPa) angegeben.

Abb. 2:

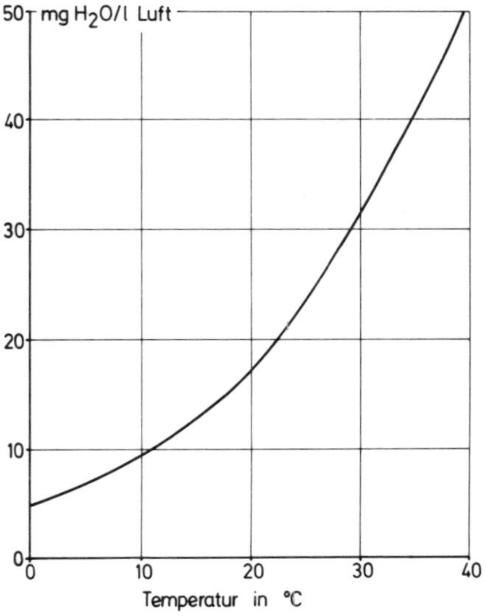

Wassergehalt der Luft bei voller Wasserdampfsättigung (= 100% relative Luftfeuchtigkeit) in Abhängigkeit von der Temperatur.

Wird nun kalte Luft eingeatmet, dann muß sie im sogen. Totraum der Atemwege (Nasen-Rachen-Raum, Trachea, Bronchien) auf Körperbedingungen gebracht werden: Sie wird auf 37 °C erwärmt und voll mit Wasserdampf gesättigt, d. h. sie muß laut Abb. 1 auf einen P_{H_2O} von 47,1 torr (= 6,3 kPa) gebracht werden. Betrug die Lufttemperatur vorher aber nur 10 °C, dann lag trotz 100%iger *relativer* Luftfeuchtigkeit der P_{H_2O} nur bei 9,2 torr, und daher war der *absolute* Feuchtigkeitsgehalt so gering, daß damit bei 37 °C nur eine relative Luftfeuchtigkeit von etwa 20% zu erreichen wäre. Oder anders ausgedrückt: Die im kalten Stollen voll wasserdampfgesättigte Luft wird bei Erwärmung auf 37 °C trocken wie Wüstenluft. Um sie wieder auf volle Wasserdampfsättigung zu bringen, muß dazu Wasser aus dem Gewebe des Totraumes gesaugt werden.

Folgende Überschlagsrechnung läßt sich aufstellen: Bei voller Wasserdampfsättigung beträgt bei einem P_{H_2O} von 9,2 mm Hg (10 °C) die absolute Luftfeuchtigkeit 9,4 g/m^3, bei einem P_{H_2O}O von 47,1 mm Hg (37 °C) 44,4 g/m^3. Pro Liter eingeatmeter Luft werden also 35 mg Wasser aufgenommen. Bei einem mittleren Atemzeitvolumen von 10 l/min werden dann bei einem einstündigen Aufenthalt im Stollen rund 21 ml Wasser der eingeatmeten Luft zugemischt und mit der Exspirationsluft abgeatmet.

Quantitativ gesehen erscheint dieses Volumen klein. Da es aber umschrieben aus den Schleimhäuten der Atemwege gesogen wird, reicht dieser Effekt offenbar aus, um die durch chronisch-entzündliche und/oder allergische Prozesse geschwollenen Schleimhäute so weit zu dehydratisieren, daß sie für den Luftstrom wieder besser durchgängig werden, zumal gleichzeitig infolge des niedrigen Staub- und Allergengehaltes der Einatmungsluft keine neuen Reizzustände und allergischen Reaktionen ausgelöst werden.

Mit diesen Überlegungen läßt sich die von Patienten immer wieder festgestellte akute Besserung der Beschwerden während eines Höhlenaufenthaltes recht gut erklären. Hinsichtlich der nach einer Stollenkur über Wochen und Monate anhaltenden Besserung des Befindens kann bislang nur auf die positiven Angaben der Patienten selbst verwiesen werden. Kontrollierte Studien liegen darüber noch nicht vor.

Literatur

1. AGOSTON, B., BIRÓ, Z., HAJÓS, K., KIRCHKNOPF, M., VADÁSZ, G.: Über den gegenwärtigen Stand der Höhlentherapie bei Erkrankungen der Atmungsorgane. Orvosi Hetilap Szamabol Nr. 12 (1968).
2. KIRCHKNOPF, M., BIRÓ, S., VARJAS, J., FAZOLD, A.: Therapeutische Versuche in der „Friedenshöhle“ in den Jahren 1959 bis 1962. Arch. für physikal. Therapie 17: 423 (1965).
3. SKULIMOWSKI, M.: Behandlung der Bronchialasthmakranken in den Kammern der Steinsalzgrube in Wielicka. Arch. für physikal. Therapie 17: 417 (1965).
4. SPANNAGEL, K. H.: Die Behandlung des Asthma bronchiale und der chronischen Bronchitis in der Kluterthöhle. Zeitschr. angew. Bäder-Klimaheilkunde 7: 684 (1960).

Kuren im Heilklima

Univ.-Lektor Dr. A. Machalek

Zentralanstalt für Meteorologie und Geodynamik Direktor: o. Univ.-Prof. Dr. H. Reuter

Univ.-Doz. Dr. W. Marktl

Institut für medizinische Physiologie der Universität Wien Vorstand: o. Univ.-Prof. Dr. P. G. Spieckermann

1. Einleitung

Österreich ist weltweit als Ferien- und Erholungsland bekannt, und einer der wohl wichtigsten Wirtschaftszweige Österreichs ist der Fremdenverkehr. Das bedingt, daß unser Land Millionen von Menschen jährlich aufnimmt, die hier für mehrere Tage bis Wochen ihre Freizeit verbringen. Die Mannigfaltigkeit der Gebietsformen Österreichs ist außerordentlich groß, sie reichen vom pannonischen Flachland bis in Hochgebirgsregionen, vom waldreichen Hügelland bis zu mediterran beinflußten Seengebieten. Aus dieser Tatsache resultiert auch eine entsprechende Mannigfaltigkeit von Klimazonen in Österreich.

2. Klimawerte als Grundlage für die medizinische Bewertung von Regionen

Gewöhnlich wird das Klima eines Ortes dadurch beschrieben, daß die einzelnen klimatischen Elemente in ihren Durchschnittswerten, in ihrer Veränderlichkeit und in ihren regelmäßigen Änderungen angeführt und vergleichsweise nach den Besonderheiten dieser Größen diskutiert werden. (1)

Eine besondere Aufgabe entsteht aber der Klimatologie dort, wo es sich darum handelt, das Zusammenwirken verschiedener Klimaelemente für spezifische Zwecke zur Darstellung zu bringen. Dieses Zusammenwirken verschiedener Klimaelemente ist aber gerade bei Beurteilung der Wirkung des Klimas auf den Menschen und der Empfänglichkeit des Menschen für die Klimaeinflüsse das Wesentliche. Deshalb muß diesem Problem vor allem auch vom Gesichtspunkt der Kurortklimatologie Aufmerksamkeit geschenkt werden, und es muß wohl als eine Hauptaufgabe der Kurortklimatologie im besonderen und im weiteren Sinn auch der medizinischen Klimatologie überhaupt bezeichnet werden, Maßzahlen für die Gesamtwirkung des Klimas im ganzen oder zumindest für die Gesamtwirkung von Komplexen klimatischer Elemente zu suchen.

Man muß dabei unterscheiden zwischen einer regionalen und einer örtlichen Bewertung, weil das Klima eines Ortes aus einer Überlagerung spezifischer lokaler Komponenten über die einem größeren Gebiet das Witterungsgepräge vermittelnde Advektion von Luftmassen aus anderen Klimagebieten resultiert.

F. Lauscher (2) hat Österreich als Übergangsgebiet zwischen atlantischem und kontinentalem Klima bezeichnet, wobei die Gebirgsstruktur des Landes eine bedeutende Rolle für die einzelnen meteorologischen Elemente darstellt. Sie bedingt neben der markanten Unterscheidung zwischen Alpennord- und Alpensüdseite auch eine starke Abhängigkeit der klimatischen Parameter von der Seehöhe.

Um die Probleme und Fragen des Erholungswertes der österreichischen Landschaft diskutieren zu können, ist aber solch eine Grobanalyse unseres Landes zuwenig, wenn es auch diesbezüglich viele Arbeiten gibt. Denn eine Klimaanalyse, so detailliert sie auch durchgeführt wird, beschreibt ja lediglich die Klimabedingungen eines Raumes, gibt aber keine Angaben über medizinische Effekte (im Sinne von Prophylaxe und Therapie) oder zeigt keineswegs die Auswirkungen auf physische, pathologische oder psychopathologische Prozesse.

Die Auswirkungen des Klimawechsels auf den menschlichen Organismus sind bereits seit der Antike bekannt, bei Hippokrates finden wir bekanntlich bereits die ersten Hinweise auf Klimatherapien. In den letzten Dezennien unserer Epoche wurden diese medizin-meteorologischen, bioklimatischen Probleme mit wissenschaftlichen Methoden untersucht.

2.1 Medizin-meteorologische Wirkungskomplexe

Die Auswirkungen des Wetters bzw. Klimas auf den Menschen sind außerordentlich vielfältig und ermöglichen keine allgemeingültige Aussage. Vielmehr stehen wir vor einem individuellen Problem, das durch die Komplexheit beider Bereiche, Medizin und Meteorologie, sehr erschwert wird. In der Medizin-Meteorologie trägt man diesem Umstand Rechnung, indem die meteorologischen Elemente und deren Wechselwirkung in Wirkungskomplexe gegliedert werden, die hier nur kurz erörtert werden sollen (3):

Photoaktiner Wirkungskomplex:

Der photoaktine oder Strahlungskomplex umfaßt einen Teil der gesamten Strahlungsströme der Biosphäre, die auf den Organismus Einfluß nehmen und sich über die drei Spektralbereiche UV, sichtbares Licht und Ultrarot erstrecken.
Durch den Gebirgseinfluß wird vor allem die biologische Wirkung des kurzwelligen Spektralbereiches modifiziert, da ja die Bestrahlungsstärke bzw. die Intensität der Strahlung stark von der Seehöhe abhängt. Die Wir-

kung destruktiver Art durch Zellzerstörung und durch die spezifische Wirkung photochemischer Art durch ultraviolette Strahlung ist eindeutig mit der Höhenlage korreliert, zurückzuführen auf die Abnahme der Luftmasse mit der Höhe und die damit verbundene kleinere UV-Absorption der Luft.

Thermischer Wirkungskomplex:

Der thermische Wirkungskomplex beinhaltet alle meteorologischen Einzelfaktoren, die die Thermoregulation des Organismus infolge Wärmezu- oder -abfuhr bestimmen. Das thermische Empfinden des Menschen hängt dabei von der Lufttemperatur, Luftfeuchtigkeit, vom Wind und vom photoaktinen Wirkungskomplex ab. Da nun diese meteorologischen Parameter von der Höhenlage direkt abhängig sind, weist deren Summenwirkung, also der thermische Wirkungskomplex, ebenfalls eine Höhenabhängigkeit auf.

Luftchemischer Wirkungskomplex

Dieser Komplex umfaßt alle Beimengungen der Luft fester, flüssiger oder gasförmiger Art. Da der Großteil der Schadstoffe der Atmosphäre anthropogenen Ursprungs ist, tritt das Maximimum der toxikologischen Stoffe in und um Ballungsräume auf.

Wichtig für die physiologische Wirkungsweise des luftchemischen Komplexes sind aber nicht nur die Bestandteile der Luftverschmutzung, sondern in erster Linie die Luftdruckverminderung durch steigende Seehöhe, was eine Abnahme des Sauerstoffpartialdruckes bedeutet.

Luftelektrischer Wirkungskomplex:

Die Bedeutung des luftelektrischen Komplexes in der Bioklimatologie ist derzeit noch nicht eindeutig geklärt. Für und Wider halten einander das Gleichgewicht. Die luftelektrischen Größen hängen extrem stark von lokalen Bedingungen und Störungseinflüssen ab, wobei die biologische Wirkung dieser Größen nicht auf direktem Wege spürbar oder nachweisbar ist.

Neurotroper Wirkungskomplex:

Der neurotrope Wirkungskomplex und seine Abhängigkeit von der Höhe sowie von orographisch bedingten Modifikationseffekten weist besondere Schwierigkeiten bei der Anwendung auf den Organismus auf. Denn die Wirkungsweise des Wetters als Gesamterscheinung bewirkt eine Vielzahl multipler Verkettungen der Reaktions- und Kompensationsfähigkeit des menschlichen Organismus, der über das vegetative Nervensystem mittels Sympathicus und Parasympathicus die Reizantworten auf den neurotropen Wirkungsakkord steuert.

Aber gerade durch orographische Effekte werden die meteorolgischen Abläufe derart modifiziert, daß ein einheitliches Arbeitsschema nur schwer möglich ist. Auslösende Wetterreize sowie die Symptomatik verschiedener Wetterwirkungseffekte erhalten durch ein Gebirgsmassiv eine erhöhte Variabilität, die bereits auf kleinem Raum voll zur Wirkung kommt.

Aus der Analyse der medizin-meteorologischen Wirkungskomplexe geht hervor, daß die Wirkungsweise auf den Menschen recht unterschiedlich ist. Versucht man aber, eine Region nach bestimmten bioklimatischen Kriterien zu gliedern, um daraus therapeutische Schlüsse zu ziehen, so können diese Wirkungskomplexe nur als Summe betrachtet werden, die den Gesamtbereich des Bioklimas repräsentieren sollen. Erst die Ausarbeitung der Wechselwirkung Mensch – Bioklima gestattet eine Landschaftsverifikation nach gesundheits- und fremdenverkehrspolitischen Aspekten.

2.2 Bioklimatische Reizfaktoren

Die Vielzahl der physikalischen und chemischen Komponenten, die in den medizin-meteorologischen Wirkungskomplexen integriert sind, üben in unterschiedlicher Art und Weise Reizwirkungen auf den Organismus aus. Durch Dosierung dieser Klimareize wird versucht, diese bzw. die dadurch hervorgerufenen Reaktionen therapeutisch nutzbar zu machen. Basierend auf den Reaktionen des menschlichen Organismus auf bestimmte Klimareize werden oft grundsätzlich drei bioklimatische Reizstufen unterschieden:

Schonklima

Reizklima

Belastungsklima

Als Schonfaktoren sind festgestellt:
(nach 4)

1. erniedrigte Werte der Abkühlungsgröße, die bei Temperaturen zwischen 15 und 25 °C und schwacher bis mäßiger Windstärke (1 – 4 m/s) gegeben sind. Schonung ist auch dann anzuerkennen, wenn die Intensitätsschwankungen im Tages-, Jahreszeiten- und Jahresgang eine geringe Amplitude aufweisen;
2. vermehrte, aber nicht zu intensive Sonnen- und Himmelsstrahlung, die vor allem durch die Schattenmöglichkeit in waldreichen Gebieten in schonender Form gewährleistet ist;
3. ausreichende Luftreinheit, die frei von Staub und Industrie- oder Verkehrsabgasen ist und möglichst nur natürliches Aerosol als Luftbeimengung enthält.

Als Reizfaktoren sind festgestellt:
(nach 4)

1. erhöhte Werte der Abkühlungsgröße, die bei niedriger Temperatur, mäßiger bis starker Windgeschwindigkeit und geringer Wärmestrahlungszufuhr entstehen; als Reizfaktoren sind auch größere Intensitätsschwankungen der Abkühlungsgröße im Tages-, Jahreszeiten- und Jahresablauf anerkannt;

2. erhöhte Intensität der Globalstrahlung einschließlich der UV-Strahlung;
3. verringerter O_2-Partialdruck (in Höhen oberhalb etwa 1000 m NN);
4. verstärkte Tagesschwankung des Temperatur-Feuchtemilieus.

Diese gesamte Reizkomposition tritt in Mitteleuropa hauptsächlich bei West-, Nordwest- und Nordwetterlagen (etwa in 40 – 50% aller Tage im Jahr) auf, wenn kühle oder kalte Meeresluft mit labiler Schichtung und kräftigen Winden herangeführt wird. An den Luvseiten, also den West-, Nordwest- und Nordhanglagen der Mittelgebirge und am Alpenrand, wird die Reizintensität orographisch verstärkt und an den Leeseiten deutlich gemildert.

Als Belastungsfaktoren sind festgestellt (nach 4):

1. Schwülebedingungen durch hohe Temperatur und Feuchtigkeit, ein klimatisches Umweltmilieu, das charakterisiert ist durch eine Äquivalenttemperatur (t + 2e, wobei e den Dampfdruckwert in mm Hg bedeutet) von mehr als 50 °C oder eine sog. Feuchttemperatur von 18 °C, die mittels eines Thermometers mit feuchtgehaltener Hg-Kugel gemessen wird;
2. anhaltend starker Strahlungsmangel, insbesondere im UV-Bereich;
3. länger andauernde Luftverschmutzung;
4. Naßkälte und Nebel.

Während Schwülebedingungen naturgemäß nur im Sommerhalbjahr mit Süd- und Südwestwetterlagen, die ca. 20% des Sommerwetters ausmachen, auftreten, sind die drei anderen Belastungsfaktoren typisch für die klimatischen Verhältnisse im Winterhalbjahr. Sie sind besonders bei Inversionslagen ausgeprägt, die ca. 30% – 40% des Winterwetters betreffen. Die Belastungsintensität kann durch orographische Einflüsse erheblich verstärkt werden. Hierzu neigen vor allem Flußtalniederungen, Gebirgstäler, Mulden- und Beckenlandschaften.

Zur Frage, welche Faktoren von bioklimatologischem Interesse sind, siehe auch (11).

Die Auswirkungen der verschiedenen Reizstufen werden wesentlich von der Aufenthaltsdauer mitbestimmt. Für therapeutische Effekte ist eine Mindestaufenthaltsdauer von drei Wochen erforderlich, da diese zum Teil auf der Entwicklung von Vorgängen der physiologischen Adaptation beruhen.

3. Fragen der Klimatherapie

Prinzipiell kann Klimatherapie entweder in Ruhe, z. B. in Form einer Liegekur, oder in Verbindung mit Muskelarbeit – traditionell als Terrainkur bezeichnet – durchgeführt werden. (9) Klimatherapie in Ruhe erfordert direkt therapeutisch wirksame Klimafaktoren und kommt damit in erster Linie für heilklimatische Kurorte in Frage. Terrainkuren hingegen stellen eine, gerade in der heutigen Zeit aktuelle, Möglichkeit der Therapie im Klima dar, wie sie in Luftkurorten betrieben werden kann. Der Begriff Terrainkur wurde von Oertel (8) geschaffen und bezeichnete ursprünglich das Gehen auf Wegen mit unterschiedlicher Anstiegsteilheit. Heute könnte dieser Begriff weiter gefaßt werden und jene Bewegungsarten im Freien umfassen, die in erster Linie auf die extramuskulären Faktoren der Arbeit (Kreislauf, Stoffwechsel etc.) einwirken. (10) Der angestrebte Therapiezweck wird durch längerdauernde Belastung niedriger Intensität oder durch Belastung nach dem Intervallprinzip erreicht. Diese Formen von Terrainkuren eignen sich z. B. besonders gut zum Einsatz im Rahmen von Kurbehandlungen von Patienten mit bestimmten, vor allem aber funktionellen Herz-Kreislauf-Erkrankungen. Von der herkömmlichen Gymnastik im Freien oder in der Halle unterscheidet sich die Terrainkur durch bewußte Ausnützung von Klimareizen, von einem sportlichen Training durch die wesentlich geringere Intensität.

Wie für jede medizinische Behandlung existieren auch für Kuren in Luftkurorten und heilklimatischen Kurorten Heilanzeigen und Gegenanzeigen. Für Luftkurorte werden in Österreich in erster Linie Erholungsbedürftigkeit und Rekonvaleszenz als Heilanzeigen anerkannt. Darüber hinausgehende Heilanzeigen, wie etwa funktionelle Herz-Kreislauf-Störungen, Atemwegserkrankungen, vegetative Dysregulationen, Entwicklungsschwäche u. dgl. basieren entweder auch auf der Ausnützung von allgemeinen Erholungseffekten oder treffen für Luftkurorte zu, in denen z. B. die Nutzung unterschiedlicher Höhenlagen für Therapiezwecke möglich ist. Auf jeden Fall treffen diese Heilanzeigen nur für leichte Erkrankungsfälle zu.

Die Heilanzeigen für heilklimatische Kurorte hängen von der Art des jeweils vorhandenen Klimas bzw. von der Stärke der klimatischen Reizfaktoren ab. Dabei ergeben sich zwischen den einzelnen Reizstärken allerdings keine scharfen Abgrenzungen, sondern fließende Übergänge respektive Überschneidungen. Für ein Schonklima, das sich in erster Linie in Kurorten in Tallagen bis hin zum Flachland findet, ergeben sich als Heilanzeigen die Rekonvaleszenz, Erholungsbedürftigkeit, leichte Herzkrankheiten, frühe Stadien des Bluthochdrucks, das Lungenemphysem, die chronische Bronchitis und verschiedene nervöse

Störungen, wie z. B. die Schlaflosigkeit. Für heilklimatische Kurorte mit reizmildem Klima, wie dies für die Orte in waldreichen Tallagen bis zur Mittelgebirgslage zutrifft, gelten folgende Heilanzeigen: Erholungsbedürftigkeit, funktionelle Herz- und Kreislaufbeschwerden, labiler Bluthochdruck, unspezifische Erkrankungen der Atemwege wie Asthma, chronische Bronchitis, Emphysem etc.

Im Klima mit mäßig starken Reizfaktoren können Kuren zur Rehabilitation bei widerstandsfähigen Rekonvaleszenten, zur Prävention bei Bewegungsmangel (Terrainkur), bei Folgezuständen nach längerdauerndem Streß, bei Hypo- und Hypertonie – soweit die Reaktionsfähigkeit der Kreislaufregulation noch erhalten ist – sowie bei Asthma und Bronchitis ohne wesentliche Einschränkung der Lungenfunktion durchgeführt werden. Ein mäßig reizstarkes Klima findet sich in Mittelgebirgslagen im Herbst und in noch höher gelegenen Orten auch im Sommer.

Schließlich können auch noch Heilanzeigen für Kuren in einem ausgesprochen reizstarken Klima angeführt werden, wie es sich praktisch ausschließlich im Hochgebirge, besonders ausgeprägt in den Herbstmonaten, findet. Diese Heilanzeigen lauten: präventivmedizinische Kuren für widerstandsfähige Patienten, Prävention und Therapie bei Bewegungsmangel, Aufbau und Förderung der funktionellen Leistungsfähigkeit der Atmungs- und Kreislauffunktion, allgemeine Rehabilitation bei Patienten ohne wesentliche Einschränkung der funktionellen Reserven, Herz-Kreislauf-Erkrankungen funktioneller Natur ohne Zeichen der Dekompensation und mit ausreichenden Funktionsreserven, chronische Atemwegserkrankungen wie chronische Bronchitis und Asthma, Unterstützung der Therapie bei bestimmten Formen von Anämie.

Auch die Gegenanzeigen sind von der Art der klimatischen Verhältnisse abhängig. Im Schonklima sind alle jene Zustände und Erkrankungen als Kontraindikation zu beachten, bei denen eine besondere Schwüleempfindlichkeit besteht. Für die Klimate mit unterschiedlichen Reizstärken hängen die Gegenanzeigen in erster Linie vom Allgemeinzustand des Patienten und dem Zustand seiner funktionellen Reserven ab. Diesbezüglich sind besonders jene Systeme von Bedeutung, welche die Versorgung des Organismus mit Sauerstoff zur Aufgabe haben, also die Atemfunktion, die Herzfunktion und die Kreislauffunktion sowie die Empfindlichkeit der Zellen und Organe gegenüber einem Sauerstoffmangel, sofern es sich um Klimakurorte in größeren Höhen handelt. Für Kuren in diesen Orten können sich Gegenanzeigen auch durch die Verstärkung von Reaktionen auf den höhenbedingten Sauerstoffmangel ergeben, wodurch auch schon in tieferen Lagen bestehende „Überfunktionen" wie Tachycardien, Sympathicotonie, Neigung zur Hyperventilation und dadurch bedingte Alkalosen noch verstärkt werden können. Daraus ergeben sich im einzelnen folgende Gegenanzeigen: Erkrankungen, bei denen schon in tieferen Lagen die Gefahr der Sauerstoffmangelversorgung besteht (Koronarsklerose, Sklerose der Hirnarterien, periphere Durchblutungsstörungen auf arteriosklerotischer Grundlage). Erkrankungen mit erhöhtem Risiko einer mangelhaften Sauerstoffversorgung mit organischer oder funktioneller Ursache (Erkrankungen der Lunge mit Reduktion der Atemvolumina, Ventilationsstörungen, Verteilungs- und Diffusionsstörungen, Herzfehler mit Rechts-Links-Shunt, Herzerkrankungen mit Reduktion der Auswurfsleistung wie z. B. Klappenfehler, Herzinsuffizienz, Gefahr hypertensiver Krisen, Anämien mit eingeschränkter oder fehlender Regenerationsfähigkeit). Alle jene Zustände und Krankheiten, bei denen die Atemfunktion, Herzarbeit oder Zahl der roten Blutkörperchen infolge erheblicher Einschränkung der funktionellen Kompensationsmöglichkeiten bei Gefahr eines Sauerstoffmangels nicht mehr gesteigert werden können (fortgeschrittene pulmonale Hypertonie, Ruhe und Anstrengungsdyspnoe mit deutlicher Steigerung der Atemfrequenz, psychogene Hyperventilation, besonders bei Neigung zur Hyperventilationsalkalose, organisch bedingte Ruhetachycardie wie bei Hyperthyreose oder paroxysmaler Tachycardie).

4. Zum Klima Österreichs

Um für Österreich eine Klimazonierung durchführen zu können, werden für einige ausgewählte Stationen vor allem bioklimatisch relevante Parameter (nach 7) tabellarisch angegeben:

tx	Temperaturmaximum
t	Mitteltemperatur
tn	Temperaturminimum
clothing . .	Bekleidungsempfehlung (p: polar, w: winterlich, s: sommerlich, n: normal, Übergang)
stress	Wärmebelastung (o: gelegentlich)
p	Niederschlag (in mm)
dp	Zahl der Tage mit $p < 1$ mm
sunshine . .	Sonnenscheindauer (in Std.)
%	Prozentverhältnis zwischen effektiver und tatsächlicher Sonnenscheindauer

Wien	Jan	Feb	Mar	Apr	May	Jun	Jul	Aug	Sep	Oct	Nov	Dec	Year
tx	9	12	18	23	27	29	31	30	27	21	14	11	32 °C
t	-1	0	5	10	15	18	20	19	16	10	5	1	10 °C
tn	-12	-10	-6	0	4	9	11	10	6	0	-3	-8	-14 °C
clothing	w	w	n	n	n	s	s	s	n	n	n	w	–
stress						o	o	o					–
p	40	43	45	45	70	67	83	72	41	56	53	45	660 mm
dp	8	7	8	8	8	9	9	9	7	8	8	8	96 days
sunshine	57	84	138	184	235	249	266	250	199	129	55	45	1891 hours
%	21	29	38	45	50	52	55	56	52	38	20	17	42%

Salzburg	Jan	Feb	Mar	Apr	May	Jun	Jul	Aug	Sep	Okt	Nov	Dec	Year
tx	10	12	19	24	27	30	32	31	28	22	16	11	33 °C
t	-2	-1	4	8	13	16	18	17	14	8	3	-1	8 °C
tn	-16	-16	-9	-3	1	5	8	7	3	-2	-6	-13	-20 °C
clothing	w	w	w	n	n	n	s	s	n	n	w	w	–
stress							o	o					–
p	73	70	70	89	127	167	191	163	111	82	70	65	1278 mm
dp	13	12	12	14	15	16	16	15	12	11	12	12	159 days
sunshine	74	97	141	158	190	208	219	218	180	135	70	64	1754 hours
%	27	33	38	39	40	43	45	49	47	40	25	24	39%

Innsbruck	Jan	Feb	Mar	Apr	May	Jun	Jul	Aug	Sep	Oct	Nov	Dec	Year
tx	1013	20	24	28	31	33	31	28	22	16	11		33 °C
t	-3	0	5	9	14	17	18	17	15	9	3	-1	9 °C
tn	-16	-13	-7	-2	2	6	8	7	3	-2	-6	-13	-18 °C
clothing	w	w	n	n	n	s	s	s	n	n	w	w	–
stress						o	o	o					–
p	57	52	43	55	77	114	140	113	84	71	57	48	911 mm
dp	8	8	7	9	11	14	14	13	10	8	8	8	118 days
sunshine	73	105	158	166	189	190	210	199	177	145	86	68	1766 hours
%	26	36	43	41	40	40	43	45	47	43	31	26	39%

Sonnblick	Jan	Feb	Mar	Apr	May	Jun	Jul	Aug	Sep	Oct	Nov	Dec	Year
tx	-3	-3	-2	0	4	7	10	10	7	4	0	-2	11 °C
t	-13	-13	-11	-8	-4	-1	2	1	0	-4	-8	-11	-6 °C
tn	-26	-25	-22	-19	-14	-9	-7	-7	-10	-15	-19	-23	-28 °C
clothing	p	p	p	w	w	w	w	w	w	w	w	p	–
stress													–
p	115	108	112	153	136	142	154	134	104	118	108	111	1495 mm
dp	13	12	13	16	15	17	18	16	12	12	12	13	170 days
sunshine	109	118	147	139	148	150	167	165	161	147	112	108	1671 hours
%	39	41	40	34	32	31	35	37	43	43	40	41	37%

Graz	Jan	Feb	Mar	Apr	May	Jun	Jul	Aug	Sep	Oct	Nov	Dec	Year
tx	9	12	19	23	27	29	31	31	28	21	14	10	32 °C
t	-4	-2	3	9	14	17	19	18	15	9	3	-1	8 °C
tn	-13	-12	-7	-1	3	7	9	8	4	-1	-5	-10	-16 °C
clothing	w	w	w	n	n	s	s	s	n	n	w	w	–
stress						o	o	o					–
p	31	35	34	52	93	126	114	91	80	79	57	48	840 mm
dp	6	6	6	8	11	11	11	10	8	8	8	7	102 days
sunshine	75	107	151	178	210	234	259	240	188	133	70	61	1906 hours
%	27	37	41	44	45	49	54	54	50	39	25	23	43%

Klagenfurt	Jan	Feb	Mar	Apr	May	Jun	Jul	Aug	Sep	Oct	Nov	Dec	Year
tx	6	11	18	22	27	29	31	30	28	21	13	8	32 °C
t	-5	-3	3	9	13	17	19	18	14	8	2	-2	8 °C
tn	-17	-16	-8	-3	1	6	8	7	3	-2	-6	-13	-20 °C
clothing	w	w	w	n	n	s	s	s	n	n	w	w	–
stress						o	o	o					–
p	39	42	39	69	88	124	122	102	87	87	73	54	926 mm
dp	6	6	6	9	11	12	11	10	8	8	7	7	100 days
sunshine	74	116	165	188	210	231	256	241	183	118	54	42	1878 hours
%	27	40	45	46	45	49	53	55	48	35	19	16	42%

Bisher sind aufgrund verschiedener Untersuchungen folgende Bioklimahauptzonen in Österreich zu nennen (5, 6):

Unterkühlungsklima: kalte und windreiche Lagen

starkes Reizklima: meist Hochlagen mit kräftiger Sonneneinstrahlung

mildes Reizklima: mittlere bis höhere Lagen

Schonungsklima: niedrige bis mittlere Lagen

Überhitzungsklima: heiße, schwüle, windruhige Lagen

Literatur:

1. STEINHAUSER, F.: Komplexe Klimawerte als Grundlagen für die medizinische Bewertung örtlicher Klimate. Z. angew. Bäder- u. Klimaheilkunde 10: 31–45 (1963)
2. LAUSCHER, F.: Das Klima Österreichs. Referat 1965 (Sonderdruck).
3. MACHALEK, A.: Das Biowetter: Medizin-meteorologische Forschung in Österreich. Jahrbücher 1979 der Zentralanstalt f. Meteorologie und Geodynamik, D 31–37, 1982.
4. BECKER, F.: Zur Landschaftsbewertung für die Erholung. F. Ber. Akad. f. Raumforschung und Landschaftsplanung 76: 45 – 61 (1973).
5. FRIEDRICH, W.: Klimatische Gegebenheiten; Strukturanalyse des Österreichischen Bundesgebietes. Springer Verlag, 1970.
6. MACHALEK, A.: Zur Landschaftsbewertung Österreichs nach bioklimatischen Reizstufen. Balneo.-bioklim. Mitt. 17: 1 – 22 (1982).
7. RUDLOFF, W.: World-Climates. Stuttgart 1981.
8. OERTEL, M. J.: Über Terrainkuren zur Behandlung von Krankheiten mit Kreislaufstörungen. Verlag Vogel, Leipzig, 1886.
9. SCHMIDT-KESSEN, W.: Klimatherapie des bekleideten Patienten. Z. f. angew. Bäder- u. Klimaheilk. 12: 225 – 263 (1965).
10. SCHUH, A. et al.: Terrainkuren und ihre Grenzen. Heilbad u. Kurort 37: 126 – 127 (1985).
11. GÜNTHER, R,. JANTSCH H.: Physikalische Medizin, Springer Verlag, 1982.

Rehabilitation von Erkrankungen des Bewegungsapparates durch Balneotherapie

o. Univ.-Prof. Dr. R. Günther

Ordinariat für Physikalische Medizin an der medizinischen Fakultät Innsbruck
Ludwig-Boltzmann-Institut für angewandte Bäder- und Klimaheilkunde, Gastein

1. Einleitung

Das Wort „Rehabilitation" kommt aus dem Lateinischen (rehabilitare) und bedeutet Wiederertüchtigung. Im modernen Sprachgebrauch versteht man darunter die Wiedereingliederung körperlich und geistig Behinderter in den Arbeitsprozeß.

Darüber hinaus werden aber auch soziale und gesellschaftliche Aspekte berücksichtigt, wodurch sich die Rehabilitation auch auf Begriffe wie die Wiederherstellung der Leistungsehre erstreckt.

Das Ziel rehabilitativer Maßnahmen läßt sich kurz mit der Wiedereingliederung Behinderter in ein lebenswertes Leben umreißen.

Das bedeutet also nicht nur die bestmögliche medizinische Wiederherstellung, sondern, wenn möglich, auch die berufliche Wiedereingliederung sowie die Wiedereinsetzung in den vor der Behinderung bestandenen sozialen Status und die Anerkennung des Behinderten in der Gesellschaft.

Da viele Bereiche des menschlichen Lebens von rehabilitativen Maßnahmen erfaßt werden müssen, bedarf es dazu fachkundiger Mitarbeiter, die in einem Rehabilitationsteam zusammengefaßt sind. Der Mittelpunkt des Teams ist der Patient, der aktiv an seiner Wiederherstellung mitarbeiten muß. Arzt, Krankenschwester, Physiotherapeut, Ergotherapeut, Psychotherapeut, Logotherapeut, Psychologe, Sozialarbeiter, Berufsberater und in gewissen Lebenssituationen auch der Psychiater und der Theologe können wechselweise im Team mitarbeiten. Das hängt ganz vom jeweiligen zeitlichen Stadium des Rehabilitationsverlaufes ab.

Daraus wird bereits ersichtlich, daß moderne Rehabilitation außerordentliche Fachkenntnisse der einzelnen Teammitglieder erfordert. Auch müssen sie stets verfügbar sein. Das bedeutet nicht, daß man erstarrte und fixierte Teamstrukturen aufrechterhält, sondern daß es sich um flexible Gemeinschaften Gleichgesinnter handelt, denen die möglichst rasche Wiedereingliederung des Behinderten beziehungsweise chronisch Kranken ein besonderes Anliegen ist. Die Teamarbeit erfordert die Fähigkeit, zuhören zu können, und Toleranz und soll nicht der Etablierung von Machtstrukturen dienen, innerhalb derer die eine Berufsgruppe die anderen zu dominieren versucht. Vordergründig ist das Miteinander. (1, 8, 19, 21, 22, 31, 35, 38, 39, 40, 44, 45)

Daraus ergibt sich, daß die Zusammenstellung flexibler Rehabilitationsteams auf größte Schwierigkeiten stößt. Am ehesten lassen sie sich noch in Rehabilitationskliniken der Sozialversicherungsträger realisieren, die allenthalben in den Kurorten errichtet wurden und werden.

Damit ist auch schon die Bedeutung der Kurorte und Heilbäder im Rahmen rehabilitativer Maßnahmen zur Diskussion gestellt (3, 4, 7, 8, 9, 10, 11, 12, 17, 21, 24, 25, 30, 31, 32, 33, 34, 35, 36, 37, 38, 42, 43, 45, 46, 48, 50), sind zahlreiche Sozialversicherungsträger doch der Meinung, daß Rehabilitationskliniken keineswegs an Kurorte gebunden sein müssen, sondern daß sie mit mehr Aussicht auf Erfolg nicht allzu ferne vom Wohngebiet des Behinderten errichtet werden sollten. Aufgrund der meist nicht überzeugenden balneologischen Literatur sieht man auch keinen Grund, Balneotherapie im klassischen Sinne in moderne Rehabilitationsverfahren zu integrieren. Auch fehlt es den etablierten Kurortinstitutionen bislang noch an Personal und Einrichtungen, die dem breiten Spektrum rehabilitationswürdiger, sozialmedizinisch bedeutsamer, chronischer Krankheiten und Behinderungen gerecht werden könnten.

In den letzen Jahren hat die Kostenexplosion im Gesundheitswesen zu restriktiven Maßnahmen geführt, die auch die Rehabilitation betreffen. Der Slogan „Rehabilitation geht vor Rente" hat dadurch an Glaubwürdigkeit verloren. Die zunehmenden Arbeitslosenzahlen besonders unter den jüngeren Arbeitssuchenden erzwingen politische Maßnahmen, die die frühzeitige Invalidisierung und Berentung chronisch Kranker und Behinderter nahelegen. Es scheint daher nicht zielführend, diese Patienten mehrfachen Rehabilitationsmaßnahmen zum Beispiel in Kurorten zu unterziehen, um sie dann in die Frührente zu schicken. Das Wissen um die Ausgliederung aus dem Arbeitsprozeß läßt keine optimale Ausgangssituation für die Mitarbeit an Rehabilitationsmaßnahmen, von denen man sich die Wiedereingliederung in den Arbeitsprozeß erhoffte, erwarten. Alleine schon finanzielle Einbußen könnten diesbezüglich Mißmut und Unlust zur Mitarbeit erzeugen.

Es ist leicht, Prävention und Rehabilitation als die Hauptanliegen der modernen Medizin zu propagieren, man wird sich aber bewußt sein müssen, daß die Finanzierung derartiger Vorhaben derzeit nicht möglich ist. Auch mangelt es besonders bei Präventivmaßnahmen an glaubhaften Methoden, die deren Ziele erreichen lassen könnten. Nicht umsonst wird in den letzten Jahren als ein Schwerpunkt kurörtlicher Angebote die Gesundheitserziehung beziehungsweise die Gesundheitsbildung hervorgehoben. Derartige Aufgaben dürften jedoch durch Aufklärung in Familie und

Schule sowie durch Laienorganisationen, wie zum Beispiel Kneippvereine, leichter zu lösen sein als durch kurzfristige Kuraufenthalte, die derzeit außerdem nur alle zwei bis drei Jahre gewährt werden und im Rahmen der medizinischen Versorgung der Gesamtbevölkerung prozentuell kaum eine Rolle spielen. In den Nordstaaten und in den englischsprachigen Ländern sind Badekuren praktisch unbekannt und werden in Diskussionen mit ausländischen Wissenschaftern als nicht ernstzunehmende Behandlungsmethoden angesehen.

2. Diskussion der Rehabilitationsverfahren im Kurort

Im folgenden wird abzuklären sein, inwiefern die Bädertherapie im Rahmen von Rehabilitationsmaßnahmen doch einen gewissen Stellenwert behalten und erhalten könnte.

Vorerst darf nicht vergessen werden, daß die Kurortmedizin bis zum Beginn des zwanzigsten Jahrhunderts ein wichtiger Eckpfeiler des Gesundheitssystems war. Die Patienten, die Kurorte aufsuchten, standen meist unter einem hohen Leidensdruck und kamen persönlich für die Kurkosten auf. Gut ausgebildete Ärzte ließen sich gerne in Kurorten nieder. So konnten für die damalige Zeit einige wissenschaftlich wertvolle Erkenntnisse, zum Beispiel im Rahmen der Herz-Kreislauf-Pathophysiologie, -Diagnostik und -Therapie, gewonnen werden.

Die unerwartete Entwicklung der hygienischen Fortschritte und der Pharmakotherapie sowie der Anästhesiologie und moderner operativer Verfahren bedingten einen starken Rückgang an kurörtlichen Behandlungen.

Gleichzeitig trat aber auch eine unerwartete Verschiebung im Krankheitsspektrum auf, charakterisiert durch eine Abnahme oder ein gänzliches Verschwinden akuter Infektionskrankheiten und eine Zunahme von zur Chronizität neigenden Krankheiten und Verletzungs- sowie Unfallfolgen.

Das Durchschnittsalter der Bevölkerung stieg zunehmend an, sodaß es in den entwickelten Ländern bereits zu einer Überalterung der Bevölkerung gekommen ist, während die Geburtenzahlen rückläufig sind.

Trotz intensivster Bemühungen ist es der modernen Medizin nicht gelungen, das gesamte Krankheitsvolumen zu reduzieren. Das gilt vor allem für die sozialmedizinisch bedeutungsvollen Erkrankungen des Herz-Kreislauf-Systems, des Bewegungsapparates und der Atemorgane. Zu viele Unbekannte spielen in deren Ätiologie und Pathogenese als krankheitsbedingende und krankheitsauslösende Faktoren eine Rolle, wobei Erbkomponenten und das Verhalten des Kranken in seinem Umfeld eine bedeutungsvolle Rolle spielen.

Die utopischen Forderungen der Weltgesundheitsorganisation nach einem größtmöglichen seelischen, körperlichen und sozialen Wohlbefinden hat das Anspruchsdenken an die sozialen Leistungen des Staates gefördert, sodaß er derzeit überfordert ist.

Einsparungsmaßnahmen betreffen primär das schwächste Glied in der klinischen Versorgungskette, die Balneotherapie. So hat das Kostendämpfungsgesetz in der Bundesrepublik Deutschland in den letzten Jahren zu einem Rückgang von Kuranträgen um zwanzig bis dreißig Prozent geführt. Davon sind die Institutionen der Sozialversicherungsträger im Kurort nicht betroffen, die aus „wirtschaftlichen" Gründen bestrebt sind, ihre Häuser voll zu belegen. Umso mehr sind kleinere Kuranstalten, Sanatorien, private Pensionen und das ganze Gastgewerbe in den Kurorten betroffen, die beträchtliche Einbußen erleiden mußten, was sich wiederum auf den Beschäftigungssektor auswirkt. Man schätzt, daß bis zu achtzig Prozent der in Kurorten ansässigen Bevölkerung in irgendeiner Art von den Kurpatienten lebt. Die rückläufige Tendenz trifft vor allem die sogenannten „freien Kuren", da man sie gegenüber stationären Kuren für nicht erfolgversprechend genug ansieht. Es wird befürchtet, daß es sich dabei um eine Art von zweitem Jahresurlaub handelt, der auf Kosten der Solidargemeinschaft von Patienten genützt wird, die am Heimatort erfolgreicher und billiger behandelt werden könnten. Da auch die freien Kuren zum Großteil mit Zuschüssen der Sozialversicherungsträger finanziert werden, sind diese bemüht, ihre Versicherten in ihre eigenen Einrichtungen einzuweisen. Als neues Schlagwort bietet sich die „komplexe Balneotherapie" an, worunter eine umfassende Behandlung des Patienten im Kurort verstanden wird, in deren Rahmen die Bäderverordnung einen verschieden hoch eingeschätzten Stellenwert einnimmt. Es werden alle Methoden der modernen physikalischen Therapie, der Diätetik, medikamentöser Zusatzbehandlungen, Raucher- und Alkoholentwöhnungsmöglichkeiten sowie Gesundheitsbildung angeboten. Daraus noch den Wert der Bädertherapie zu differenzieren, ist mit wissenschaftlichen Methoden kaum möglich. (4, 5, 6, 7, 8, 9, 24, 25, 26, 31, 32, 33, 34, 39, 48, 49)

Bedeutungsvoll sind in den letzten Jahren die sogenannten Anschlußheilverfahren geworden, worunter man die Verlegung aus dem Akutkrankenhaus in eine Rehabilitationsklinik versteht, was die raschere Wiedereingliederung in das Berufs- und Arbeitsleben ermöglichen soll. Das gehört nach Herzinfarkten, nach Operationen am Bewegungsapparat und nach Unfällen bereits zum Routineprogramm und scheint sich bewährt zu haben. Die Tageskosten in Rehabilitationskliniken liegen zwar deutlich unter denen der Akutkrankenhäuser, doch darf nicht übersehen werden, daß dort ebenfalls eine Medizin mit den modernsten Methoden betrieben wird, für die für einen Aufenthalt von drei bis vier Wochen in der Bundesrepublik doch mindestens DM 5.000,–, in Österreich öS 30.000,– bis 40.000,– gerechnet werden müssen.

Für dieses Geld ließe sich in Rehabilitationseinrichtungen am Wohnort des Kranken, wie es sich zum Beispiel an dem in Amsterdam eingerichteten Rheumarehabilitationszentrum erkennen läßt, wahrscheinlich mehr erreichen. Das vor allem auch deshalb, weil dort eine laufende Betreuung über viele Wochen und Monate leicht möglich ist. Darüber hinaus kann der Patient auch während seiner beruflichen Tätigkeit dort beraten und behandelt werden (7, 8, 10, 19, 21, 26, 30, 32, 33, 34, 35, 36, 44, 45, 48).

3. Kureffekt und Kurerfolg – klinische und experimentelle Forschung

Nach unseren Untersuchungen ist der Plazeboeffekt in der Balneotherapie und physikalischen Therapie mindestens so hoch wie in der Medikamentenbehandlung – eher noch höher, da der Kontakt mit dem Behandler wesentlich intensiver ist, sodaß viele, meist positive Einflüsse psychologischer Art auf den Patienten einwirken. Nicht umsonst spricht man von der „unbekannten Droge Arzt", was man ohne weiteres auch auf die „unbekannte Droge Therapeut" übertragen kann. Das vermag mit eine Erklärung für die in allen Kurorten ähnlichen Heilanzeigen auf den Indikationslisten zu sein, wenn auch durch „spezifische" Inhaltsstoffe der ortsgebundenen Heilwässer gewisse differential-balneotherapeutische Überlegungen gerechtfertigt erscheinen.

Das Gemeinsame an den in über achtzig Prozent positiv beurteilten Kureffekten, worunter man Befinden und Befunde zu Kurende versteht, und den Kurerfolgen, die sich durch Monate nach Kuren nachweisen lassen, ist nach dem derzeitigen Stand der Forschung aber die periodische Umstellung von Funktionen, die im Rahmen der physiologischen Adaptation an Streßeinflüsse, also auch an wiederholte Bäderanwendungen, ablaufen. (3, 9, 10, 11, 14, 15, 16, 18, 20, 23, 27, 28, 29, 41, 46, 47, 49, 50)

Damit hat sich in den letzten Jahrzehnten die Chronobiologie besonders befaßt. So konnten wir gemeinsam mit der Universität von Minneapolis, Minnesota, USA, F. Halberg und Mitarbeitern, nachweisen, daß chronisch Rheumakranke in ihrer Zeitstruktur, die allen Lebewesen angeboren ist, Störungen aufweisen. Sie sind nicht in der Lage, sich optimal an Zeitgeber (Synchronisatoren) aus der Umwelt anzupassen, so zum Beispiel an den Hell-Dunkel-Wechsel oder sich regelmäßig wiederholende Einflüsse, zu denen schon die täglichen Mahlzeiten oder die soziale Routine im Wochenverlauf zu rechnen ist. Bei Patienten mit chronischer Polyarthritis, aber auch bei älteren Arthrosepatienten war auffallend, daß sie zu Zeitverschiebungen in ihrem Adrenalzyklus neigen, der im Rahmen von Anpassungsvorgängen wichtig ist. Das kann bedingen, daß ihre Kortisolproduktion den Tagesrhythmus (Zirkadianrhythmus) verliert und das Hormon nicht wie beim Gesunden zu Beginn der Tagesaktivität gegen acht Uhr morgens, sondern zu irgendwelchen anderen Tageszeiten seine Gipfelphasen (Acrophase) erreicht. Das bedingt wiederum, daß es für den Stoffwechsel der Zielgewebe zeitlich nicht optimal zur Verfügung steht. Greifen doch alle Funktionen wie an einem gut funktionierenden Fließband ineinander, und zeitliche Verschiebungen der einen oder anderen Größe können zu groben Fehlleistungen im System führen. Das betrifft nicht nur die Nebennierenrindenfunktion, sondern auch zahlreiche andere körperliche und Labormeßgrößen. Regelmäßig verabreichte milde physikalische Therapie scheint hier Zeitgebereinfluß zu haben und die „falschgehende innere Uhr" des Patienten wiederum richtigzustellen. So gelang es zum Beispiel durch wiederholte Radon-Thermalbäder bei Arthritispatienten ohne besondere Progression des Leidens den Adrenalzyklus wiederum zu rhythmisieren, die Dyschronie in Euchronie rückzuführen. Da zeitliche Unordnung im Organismus Krankheitswert hat, kommt der Wiederherstellung der zeitlichen Struktur, vergleichbar der Wiederherstellung einer morphologisch veränderten Struktur, zum Beispiel durch eine positive Beeinflussung von Entzündungsprozessen, eine heilsame Wirkung zu. (14, 15, 17, 18, 20, 27)

Aber nicht nur im Tagesrhythmus, sondern auch im Wochen-, Monats- und Jahresrhythmus und sogar über mehrjährige Zeiträume lassen sich periodische Phänomene bei Lebewesen erkennen, die durch Zeitgeber zur richtigen Zeit positiv, zur falschen Zeit aber auch negativ beeinflußt werden können. So kann sich eine Kur unter Umständen über Monate hinaus positiv regulierend auf Kreislaufgrößen, wie den Blutdruck oder die Belastungsreaktion nach körperlicher Belastung (Ergometrie), auswirken, wobei verschiedene Reaktionstypen zu berücksichtigen sind. Auch wir fanden an Rheumakranken eine durch mehrere Monate hindurch anhaltende Verbesserung der Schmerzsituation und der Funktion des Bewegungsapparates. (27, 28, 29)

Chronobiologische Aspekte sind nicht nur in der Physiotherapie, sondern vor allem auch in der Pharmakotherapie zu berücksichtigen, da es nicht gleichgültig ist, zu welcher Tages- oder Nachtzeit Medikamente in den Organismus eingeschleust werden. Das kann aufgrund zeitlich strukturierter Metabolisierungsmöglichkeiten zugeführter chemischer Substanzen zu unerwünschten Nebenwirkungen oder aber zu erwünschten Wirkungspotenzierungen führen. Das richtige Medikament zur richtigen Zeit kann zu drastischen Dosisreduktionen Anlaß geben. Gleiche Überlegungen gelten auch für den tageszeitlichen Einsatz von physikalischen Behandlungsmaßnahmen. (20, 29)

Letzteres wird besonders dann wichtig, wenn, wie in manchen Rehabilitationsanstalten öfter praktiziert, physikalische Therapie der verschiedensten Art quasi „rund um die Uhr" verordnet wird, sodaß der Patient keine Zeit hat, optimal auf die Einzelbehandlung zu reagieren. Da es sich hier um mehrstündige oder noch länger anhaltende periodische Phänomene handelt, überlagern sich diese und können zu unerwünschten Reaktionen, wie sie als Badereaktion oder Kurkrise bekannt geworden sind, führen. Aber auch eine unerwartete Therapiemüdigkeit kann den Kureffekt in Frage stellen. Ein Zuviel an Streßeinflüssen während der Kurortebehandlung kann sich darüber hinaus noch über Wochen und Monate nach der Kur negativ auswirken. Welche außerordentlichen Schwierigkeiten hier dem Dosierungsproblem zukommen, liegt auf der Hand. Sind doch neben Geschlecht, Lebensalter, Art der Grunderkrankung und deren morphologischem Stadium sowie der jeweiligen Krankheitsphase auch noch die individuelle Tagesdisposition vor der Kur zu berücksichtigen, was alles alleine schon durch die Milieuänderung im Kurort beeinflußt werden kann und wo dann noch die Therapie mit allen ihren Variationen dazukommt.

4. Spezielle Rehabilitationsmöglichkeiten im Kurort, Kritik und Ausblick

Aufgrund klinischer Erfahrung haben sich bei den häufigen Erkrankungen des Bewegungsapparates, vor allem aus dem rheumatischen Formenkreis, gewisse standardisierte Rehabilitationsabläufe entwickelt.

Neben der medikamentösen Therapie, die bei degenerativen Rheumaformen vorwiegend zur Schmerzbekämpfung und zur Beruhigung sekundär aufgepfropfter Entzündungsvorgänge, bei entzündlichen Rheumaformen nicht selten als Langzeittherapie aus denselben Gründen, vor allem aber auch zur Verhütung morphologischer Veränderungen infolge chronischer Entzündung eingesetzt wird, spielen Physiotherapieprogramme, die vor allem unter Anregung der Eigenaktivität des Patienten durchgeführt werden sollten, eine große Rolle. (1, 3, 22)

Hier können mit Nutzen die örtlichen Heilvorkommen eingesetzt werden, zu denen der Patient erfahrungsgemäß viel Vertrauen hat. Daß hierbei oft mystisch-mythische Vorstellungen, hergeleitet aus jahrhundertealten Badetraditionen, eine bedeutsame Rolle spielen, sei nebenbei vermerkt. Sie leisten Beiträge zum Plazeboeffekt, den man nicht geringachten sollte. Wenn der Glaube auch nicht immer Berge versetzt, so vermag er doch beträchtliche subjektive und funktionelle Besserungen herbeizuführen – ganz abgesehen davon, daß aufgrund immunologischer Studien in den letzten Jahren der Einfluß der Psyche auf Immunvorgänge nachgewiesen werden konnte. Man sollte ihn nicht überschätzen, aber berücksichtigen. Wesentliche Besserungen oder Verschlechterungen können über psychovegetative Einflüsse entstehen, wobei unter Vegetativum sämtliche unbewußte Leistungen des Organismus verstanden werden sollen, also nicht nur vegetativ-nervale, sondern auch -humorale und -hormonale Funktionen. Ihren Einfluß konnten wir in psychologischen Studien an unserem Gasteiner Rheumakrankengut nachweisen. Jedermann ist die belebende Wirkung motorischer Aktivitäten auf die Psyche bekannt. Die Neigung zu depressiven Verstimmungen, die vor allem zu Kuranfang bei Frauen gehäuft beobachtet wird, läßt sich durch zusätzliche psychotherapeutische Interventionen positiv beeinflussen. Davon wird noch zuwenig Gebrauch gemacht. Auch psychologische Schmerzbewältigungsprogramme sollten weitere Verbreitung finden. Auf dem Pharmasektor hat sich die Schmerzbekämpfung mit Psychopharmaka und Tranquilizern einen festen Platz erobert. (2)

Trotz der großen Aktivitäten in Rehabilitationskliniken fehlen derzeit noch überzeugende Arbeiten, die nachweisen können, daß klassische Kuren, die sich also auf die Balneotherapie am Kurort ohne Zusatzbehandlungen beschränken, bei entsprechenden Indikationen nicht nur gleich gute, bei älteren Menschen gelegentlich sogar bessere Erfolge zeitigen als die „komplexe Balneotherapie", die alle Methoden der medikamentösen, diätetischen und physikalischen Therapie einschließlich der Gesundheitserziehung zu integrieren versucht und besonders auf dem Sektor physikalische Therapie oft zuviel anbietet. Das Programm wird dann meistens noch durch Terrainkuren und sportliche Aktivitäten ergänzt.

Es liegen aber seriöse Arbeiten darüber vor, daß „mehr" nicht immer auch „besser" bedeutet. Das vor allem in der Rehabilitation der koronaren Herzerkrankung durch Aufenthalte in CO_2-Kurorten, aber auch in der Rehabilitation von Polyarthritispatienten. (13, 17, 28, 29)

Verständlicherweise sind die in einem jüngeren Durchschnittsalter stehenden Männer mit Morbus Bechterew in ihrer Therapieverträglichkeit wesentlich sthenischer als Arthritispatienten mit entzündlich-rheumatischen Allgemeinerkrankungen oder ältere Arthrosepatienten. Das konnten wir an der beträchtlichen Neigung der letztgenannten Patientengruppen zu adaptativen Entgleisungen während Langzeitphysiotherapie nachweisen. Auch sollten unsere Langzeitstudien mit „kleiner Physiotherapie" im ambulanten Behandlungsbereich zu denken geben, wo wir an 250 Patienten nachweisen konnten, daß die verschiedensten rheumatischen Störungen sich bereits im Verlauf von zehn wiederholten Behandlungen nicht nur subjektiv, sondern auch funktionell bessern lassen, wobei es relativ wenig darauf ankommt, welche Art von Physiotherapie im Einzelfall bevorzugt wird. Auf die Balneotherapie übertragen, läßt sich ebenfalls argumentieren, daß alle Kurorte, unabhängig von ihren Bäderinhaltsstoffen, über Erfolgsquoten um 80% berichten. Auch ihre Indikationslisten gleichen sich auffallend. Demnach scheinen übergeordnete Einflüsse, die aufgrund unserer Erfahrungen in periodischen Abläufen der physiologischen Adaptation und in Plazeboeffekten zu suchen sind, den gemeinsamen Nenner zu bilden. Experimentell lassen sich allerdings für die verschiedenen Inhaltsstoffe „spezifische“ Wirkunterschiede erkennen. Eine Differentialbalneotherapie konnte daraus bis heute jedoch noch nicht spezifisch entwickelt werden. Das heißt, daß sich der Radon-Kurort genauso berechtigt um den Rheumatiker bewirbt wie der Jod-, Schwefel-, CO_2- und Sole-Kurort.

Es wäre verdienstvoll, wenn in den Kurorten mehr als bisher durch geschulte Physio- und Ergotherapeuten unter kurärztlicher Anleitung Programme gelehrt werden würden, die auch am Heimatort des Patienten, entsprechende Nachkontrollmöglichkeiten vorausgesetzt, fortgeführt werden könnten (22). Das wird vorerst nur in Rehabilitationskliniken und einzelnen Zentren praktiziert. Neben einfachen Übungsprogrammen für Arthritis-, Arthrose- und Spondylitiskranke sind der Gelenkschutz und die Gelenkentlastungsmöglickeiten im Alltag wichtig. Ferner Haltungskorrekturen bei Patienten mit Gelenkerkrankungen und Wirbelsäulenstörungen, die durch segmentale Rückwirkung auf Muskulatur und Nerven oft erst in langwierigen Lernprozessen gebessert werden können.

Die Korrekturen beginnen beim Bett des Kranken und dessen Sitzmöbeln, erstrecken sich auf die Kontrolle des Arbeitsplatzes bis hin zu Haltungskorrekturen vor dem Spiegel, auf die Verbesserung des Stand- und Gangbildes und die Instruktion über das Benützen von Hilfen, wie zum Beispiel den oft so notwendigen Stock bei einseitiger Hüftarthrose. Schuhwerk und Kleidung bedürfen oft der Korrektur. Weniger wichtig erscheinen dagegen diätetische Vorschläge, die bei den Patienten aber auf große Bereitschaft stoßen. Sie sind beim Gichtpatienten und beim Übergewichtigen bedeutungsvoll. Eine „Rheumadiät“, die eine Arthrose oder eine Arthritis wesentlich positiv beeinflussen könnte, ist bislang aber leider noch nicht bekanntgeworden. Auch ist der Einfluß des Genußmittelabusus, wie zum Beispiel des Rauchens oder des Alkoholkonsums, in seinen Rückwirkungen auf rheumatische Erkrankungen schwer zu orten. Entwöhnung ist hier aber in Hinsicht auf andere Spätkomplikationen zu fordern. Wichtig erscheint auch die Information des Kranken hinsichtlich Kombination von Medikamenten mit physikalischen Therapiemaßnahmen. Man muß wissen, daß einerseits eine Kortisonoid-Dauertherapie die physikalisch-therapeutischen Aktivitäten einengt und daß andererseits die oft begeistert betriebenen homöopathischen Behandlungsmethoden nicht in der Lage sind, eine Polyarthritis auch funktionell auf Dauer günstig zu beeinflussen. Das vor allem dann nicht, wenn unter Umständen potente entzündungshemmende Medikamente von Ärzten oder Patienten zugunsten dieser Behandlungsmethoden abgesetzt werden. Hier sei auch angemerkt, daß der Wildwuchs paramedizinischer Praktiken in den Kuorten besondere Blüten treibt, bei denen das „primum non nocere“ zugunsten ökonomischer Überlegungen oft nicht mehr ausreichend berücksichtigt wird. Wissenschaftlich haltbare Vergleichsstudien mit den angepriesenen Methoden liegen bislang kaum vor, wobei als ausreichende Entschuldigung meist vorgebracht wird, daß man keine Vergleichsgruppen bilden könne, da eine so wertvolle Behandlung niemandem vorenthalten werden dürfe. Die vier Standbeine der mangels Kassenpatienten häufig unterbeschäftigten jungen Praktiker sind derzeit die manuelle Therapie, die Neuraltherapie, die Akupunktur und die Homöopathie. Entsprechende Ausbildung in diesen Spezialsparten vorausgesetzt, lassen sich besonders mit der erstgenannten Methode erstaunliche Behandlungserfolge erzielen. Es wird nur zuwenig akzeptiert, daß es bis dorthin mühsame Ausbildungswege gibt, die erst nach jahrelanger praktischer Erfahrung Optimales erreichen lassen.
Da die Mehrzahl der Patienten, die derzeit den praktischen Arzt aufsuchen, sich aus dem sogenannten psychosomatischen Formenkreis rekrutieren, bedingt durch Umweltbelastungen aller Art, denen der heutige Mensch nicht mehr gewachsen ist, finden paramedizinische Praktiken auch immer mehr Anerkennung, erfordern sie doch oft eine intensive Zuwendung zum Patienten, die er im Rahmen der gewohnten Medizin vermißt. In dieser Zuwendung liegen auch die Stärken der kurärztlichen Tätigkeit, die über die „Fünf-Minuten-Medizin“ der überlasteten Alltagspraxis hinausgehende Möglichkeiten des ärztlichen Gespräches und der kleinen Psychotherapie, die aber ebenfalls erlernt sein muß, ausnützen könnte (2, 5, 6, 8, 12, 19, 21, 24, 26, 31, 32, 33, 36).

Neben der Ausbildung zum praktischen Arzt oder Facharzt sollte sich der im Kuort tätige Arzt zusätzlichen Ausbildungsgängen unterziehen, die ihm seine schwierigen Aufgaben in der Beratung chronisch Kranker und Behinderter im Kurort erleichtern helfen. Man erwartet sich von ihm Informationen nicht nur bezogen auf die Erkrankung des Bewegungsapparates, die von der Frage nach der Notwendigkeit einer Operation bis zur Langzeitprognose einer Polyarthritis reichen, sondern auch Beratung für die zukünftige Lebensgestaltung, die ein Leben mit der Krankheit ermöglichen soll. Da die physikalische Medizin unter Einschluß der Balneologie in der ärztlichen Ausbildung nur wenig berücksichtigt wird und kein Pflichtprüfungsfach ist, muß sich der Kurarzt in diesen Spezialfächern besondere Kenntnisse erwerben. Sie liegen nicht nur in der Theorie, sondern vor allem auch in der Praxis. Welcher Arzt kann schon selbst gut massieren? Welcher Arzt kann ein Krankengymnastikprogramm für einen Bechterewpatienten zusammenstellen? Welcher Arzt kann einem Hüftarthrosepatienten erklären, wie und warum ein Stock eine sehr günstige Entlastung bringt? Dieser Katalog ließe sich beliebig vermehren und auf die Diätetik und die Gesundheitserziehung ausdehnen. Alles Zeichen dafür, daß von praktischer Rehabilitation zwar viel geredet, aber relativ wenig verstanden wird. Zu sehr unterliegen wir alle der Faszination der modernen apparativen und chemischen Medizin. Ihre großartigen Leistungen sollten keineswegs geschmälert werden, aber es ist gefährlich, den weitaus größten Sektor der Medizin, die Rehabilitationsnotwendigkeit bei chronischen Erkrankungen und Behinderungen, zu verdrängen.

Zusammenfassend ist festzustellen, daß primär Informations- und Ausbildungsmängel die optimale Rehabilitation im Kurort erschweren. Das erfordert laufende Fort- und Weiterbildung nicht nur für den Kurarzt, sondern auch für den Physio- und Ergotherapeuten, die Diätassistentin und die Heilmasseure und Heilbademeister, die als geschulte Kräfte im Kurort im Rahmen von Rehabilitationsteams zur Verfügung stehen sollten.

Für den Erfahrenen ist die Gefahr nicht zu übersehen, daß die Kurorte sich immer mehr von ihren medizinischen Aufgaben abwenden und zu Fremdenverkehrszentren werden und daß der medizinische Sektor in paramedizinische Praktiken abzugleiten droht. Daher fehlt auch die Attraktivität des Kurortes für wissenschaftlich interessierte, gut ausgebildete jüngere Ärzte. Das bedingt eine Überalterung des Kurarztstandes und ein unvermeidliches Verharren auf diagnostischen und therapeutischen Methoden, die nicht immer dem neuesten Stand entsprechen. Dazu kommt das Odium vordergründig merkantiler Praktiken, sodaß es nicht verwundert, wenn die Zukunft der Kurortmedizin nicht sehr positiv beurteilt wird. Wenn hier kein radikales Umdenken und Umstrukturieren einsetzt, wird infolge der Ineffizienz von Kurheilmaßnahmen im Rahmen der medizinischen Rehabilitation die Kostenschere vor allem auch seitens der Sozialversicherungsträger noch intensiver ansetzen als bisher.

Literatur

1. ALBRECHT, U.: Physiotherapie – Medizinische Rehabilitation. Z. Physiother. 35: 173 (1983).
2. BINDER, H.: Möglichkeiten und Grenzen einer psychischen Betreuung und psychotherapeutischen Arbeit am Kurort. Z. angew. Bäder- u. Klimaheilk. 21: 315 (1974).
3. CALLIES, R., LINDAU, P., ZIELKE, A., TIRSCH, Ch., PETER, A., WALTHER, H., VULPE, B.: Programm und Dauer einer kurörtlichen Physiotherapie unterschiedlicher Zielstellung bei Patienten mit entzündlich rheumatischen Krankheiten. Z. Physiother. 26: 387 (1984).
4. DANIELS, H. H.: Über Erfolg und Mißerfolg von Kuren und Heilverfahren Eine Auswertung achtjähriger Erfahrungen. Z. angew. Bäder- u. Klimaheilk. 10: 246 (1968).
5. Deutscher Bäderverband e. V. (Hrsg.): Grundsätze für eine zeitgemäße Behandlung in Heilbädern und Kurorten. Deutscher Bäderkalender, S. 43.
6. Deutscher Bäderverband e. V.: Gesundheitserziehung in den Heilbädern und Kurorten. Kassel (1976).
7. EBERSBACH, W.: Kostensteigerung und Nutzeffekt von stationären Heilmaßnahmen der Rentenversicherungsträger. In: Deutsche Rentenversicherung 5 301 (1975).
8. FERBER, Ch. v.: Kur und Rehabilitation. In: Blohmke, M., Ferber, Ch. v., Kisker, K. P., Schaefer, H.: Handbuch der Sozialmedizin in drei Bänden. Stuttgart (1975 – 77). Bd. 3, Stuttgart (1976), S. 676.
9. FRANKE, K.: Erfolge und Mißerfolge von Kuren. Z. angew. Bäder- u. Klimaheilk. 11: 116 (1964).
10. GERCKE, W.: Methodische Gesichtspunkte für eine Erfolgsbeurteilung der Heilmaßnahmen der Rentenversicherungsträger. In: Deutsche Rentenversicherung 4: 226 (1965).
11. GÖLLNER, R.: Überprüfung von Kurerfolgen. In: Enke, H., Pohlmeier, H. (Hrsg.): Psychosoziale Rehabilitation, S. 99.
12. GORALEWSKI, G.: Sind Heilverfahren und Badekuren reformbedürftig? In: Soziale Sicherheit 2: 258 (1970).
13. GÜNTHER, R.: Allgemeine Kontraindikationen der Balneotherapie. Medizinische 40: 1864 (1959).
14. GÜNTHER, R.: Unterschiede in der Anpassung verschiedener Lebensalter während Balneotherapie. Proc. 7th Int. Congr. of Gerontol., tom.5,p. Vienna (1966), S. 225.
15. GÜNTHER, R., HALBERG, F., KNAPP, E.: Veränderungen des Tagesrhythmus (Circadianrhythmus) bei chronisch Rheumakranken und ihre Beeinflussung durch Balneotherapie. Z. Phys. Med. 2: 180 (1971).
16. GÜNTHER, R., THUMB, N., GRABNER, H., KOLARZ, G.: Zur Methodik der Kurerfolgsbeurteilung mit Hilfe elektronischer Rechner bei Arthritiskranken. Z. angew. Bäder- u. Klimaheilk. 22: 448 (1975).
17. GÜNTHER, R : Balneotherapie im Alter. Act Gerontol. 9: 7 (1979).
18. GÜNTHER, R., EGG, D., HEROLD, M.: DNA-Repair und Kortisolproduktion unter Radontherapie bei Gesunden und Rheumakranken. Z. angew. Bäder- u. Klimaheilk. 26: 336 (1979).
19. GÜNTHER, R : Die Balneotherapie in der Wiederherstellung. Öst. Ärzteztg. 35 (1980).
20. GÜNTHER, R : Der Zeitfaktor in der physikalischen Therapie. Therapiewoche 31: 6957 (1981).
21. GÜNTHER, R.: Die Stellung der Balneotherapie im Rahmen moderner Rehabilitationsverfahren. Wiss. Ges. der Ärzte in der Steiermark (Hrsg.): 27. Ausseer Symposion, Kongreßband, Akademische Druck- und Verlagsanstalt, Graz (1981).
22. GÜNTHER, R , JANTSCH, H.: Physikalische Medizin. Springer-Verlag, Berlin-Heidelberg-New York (1982).
23. GÜNTHER, R., HEROLD, M.: Zur Planung und Bewertung von Balneo- und Physikotherapie-Maßnahmen. Z. Phys. Med. Baln. Med. Klim. 14: 11 (1985).
24. HALHUBER, M J.: Was soll das sein, eine Kur? Z. Allgemeinmed. 30: 1378 (1975).
25. HALHUBER, M. J.: Wer soll zur Kur? Heilbad und Kurort 8: 217 (1976).
26. HALSNER, O.: Die Heilverfahren der Rentenversicherungsträger im Blickwinkel der Massenmedien und Folgerungen aus der erhobenen Kritik. Z. angew. Bäder- u. Klimaheilk. 14: 278 (1967).
27. HEROLD, M., GÜNTHER, R.: Therapieerfolg nach Radon-Balneotherapie im Jahresverlauf. Z. Phys. Med. Baln. Med. Klim. 15: in Druck (1985).
28. HILDEBRANDT, G.: Wissenschaftliche Grundlage der modernen Balneologie. Therapiewoche 25: 4122 (1975).
29. HILDEBRANDT, G.: Chronobiologische Grundlagen der Ordnungstherapie. In: Brüggemann, W. (Hrsg.): Kneipp-Therapie. Springer-Verlag, Berlin-Heidelberg-New York (1980).
30. Infratest-Gesundheitsforschung: Analyse und Beurteilung des Kurerfolges. München (1981).
31. JORDAN, H.: Stellung und Aufgaben des Kur- und Bäderwesens in der medizinischen

Betreuung. Z. Ärzt. Fortbildg. 68: 393 (1974).
32. KAUFMANN, F. W.: Aktuelle Problematik bei Heilverfahren in Kurorten. Z. angew. Bäder- u. Klimaheilk. 22: 177 (1975).
33. KIRSCHNER, Ch.: Gegenwart des Bäderwesens – Die Heilbäder im Kreuzfeuer der Kritik. Heilbad und Kurort 8: 208 (1976).
34. Kleinert, E.: Effektivität und Effizienz von Kuren und Heilverfahren, eine Utopie? Heilbad und Kurort 30: 364 (1978).
35. KLEINSCHMIDT, T.: Gesundheitssicherung im Heilverfahren. Z. für das gesamte Bäderwesen, Heft 2 (1967).
36. KLEINSCHMIDT, T.: Die integrierte Kur – ihre Stellung zwischen Klinik und Praxis. Öff. Gesundheitswesen 39: 214 (1977).
37. KULPE, W.: Kur und Kurerfolg. Deutsches Ärzteblatt 72: 1438 (1975).
38. OTT, V. R.: Möglichkeiten und Probleme der kurörtlichen Rehabilitation von Rheumakranken. Heilbad und Kurort 21: 2 (1969).
39. ROTH, E., GACHOWETZ, H.: Die Kurbehandlung aus der Sicht der Bevölkerung. Eine sozialempirische Untersuchung, durchgeführt im Auftrag der Gesellschaft der Gutachterärzte Österreichs. Wien (1974).
40. SCHAEFER, H.: Soziale Balneologie in theoretischer Sicht. ASA 3: 67 (1969).
41. SCHAEFER, H.: Die Kur aus der Sicht des Physiologen. Z. angew. Bäder- u. Klimaheilk. 17: 108 (1970).
42. SCHAEFER, H.: Sozialmedizinische Aufgaben des Badearztes. Z. angew. Bäder- u. Klimaheilk. 20: 3 (1973).
43. SCHRETZENMAYER, A.: Kurarzt und Kurklinik aus der Sicht des überweisenden Kassenarztes. Münch. Med. Wschr. 548 (1965).
44. SCHWARZE, F.: Medizinische Rehabilitation in einer Angestelltenversicherung und bei Rentenantragsstellern und Rentnern. Ihre Effektivität und Effizienz. Dtsch. Rentenvers. 5: 313 (1977).
45. SPECHT, K. G., FASSMANN, H., MASOPUST, G.: Effektivität und Effizienz von stationären Heilverfahren in der Beurteilung von ärztlichen und nicht ärztlichen Experten der Rehabilitation. Schriftenreihe des Instituts für empirische Soziologie, NF, Bd. 3, Nürnberg (1979).
46. TEICHMANN, W. (Hrsg.): Kurverlaufs- und Kurerfolgsbeurteilung. Symposion II, Bad Wörishofen (1968).
47. WANNENWETSCH, E.: Die Methodik der Kurerfolgsbeurteilung. Ärztliche Praxis 23: 2765 (1971).
48. WANNENWETSCH, E.: Sozialkuren aus der Sicht der Rentenversicherung. Münch. Med. Wschr. 113: 364 (1971).
49. WANNENWETSCH, E.: Die Meßbarkeit des Kurerfolgs aus sozialmedizinischer Sicht. Fitec-Tagung Radenec, Jugoslawien, 17.4.1980.
50. WANNENWETSCH, E.: Zur Effizienz der Kur. Deutscher Kongreß für ärztliche Fortbildung, Berlin, 29.5.1980.

Balneotherapie von Herz- und Kreislauferkrankungen

Prim. Dr. M. Klieber

Paracelsus-Institut Bad Hall

Die Bedeutung der Balneotherapie von Herz- und Kreislauferkrankungen ergibt sich aus den folgenden bekannten Tatsachen:

- der hohen Prävalenz cardiovasculärer Erkrankungen in den Industrieländern mit dem zunehmenden Befall auch jüngerer Jahrgänge,
- der hohen Komplikations- und Letalitätsrate dieser Erkrankungen,
- der medizinischen und sozialmedizinischen Effektivität der Balneotherapie cardiovasculärer Erkrankungen; sie konnte durch sozialmedizinische Methoden (Arbeitsausfallszeit) (18) und epidemiologische Langzeituntersuchungen gesichert werden (7, 15).

Ziele und Wirkfaktoren der Balneotherapie

Man muß zwischen der reinen *Präventivkur*, die der Erstprävention dient, und der *Rehabilitationskur* differenzieren.

Die Aufgabe der präventiven Kur ist die Verhinderung bzw. Minderung der Progredienz der Arteriosklerose durch die Beeinflussung der Risikofaktoren. Wesentliches Ziel der Rehabilitationskur ist die Wiederherstellung der cardialen und körperlichen Leistungsbreite durch Beseitigung von Leistungseinbußen. Die Rehabilitationskur dient aber auch der Zweitprävention. Darüber hinaus wird heute die Rehabilitation nicht nur auf den rein medizinischen Sektor beschränkt, sondern der Begriff umfaßt die Summe aller therapeutischen, sozialen, psychologischen und beruflichen Maßnahmen, die dazu beitragen, die negativen sozialen und psychosomatischen Folgen der Erkrankung auf das unvermeidbare Minimum zu reduzieren.

Die wesentlichsten therapeutischen Faktoren sowohl bei der Präventivtherapie als auch bei der Rehabilitationsbehandlung cardiovasculärer Erkrankungen im Kurort sind heute die „kreislaufaktiven Bäder", ergänzt durch aktive Bewegungstherapie.
Bei den Wirkungen von Bädern muß man zwischen den Akutwirkungen eines Einzelbades und den Langzeitwirkungen einer Serie von Bädern unterscheiden. Recht gut untersucht sind die hämodynamischen Wirkungen eines „kreislaufaktiven Einzelbades". So beeinflussen thermoindifferente Bäder Schlagvolumen, Herzfrequenz und peripheren Gefäßwiderstand (12).

Trotz geringen Abfalls der Herzfrequenz kommt es im Bade über die Zunahme des Schlagvolumens (um 30 – 40%) insgesamt zu einer Zunahme des Herzminutenvolumens (11). Die Kompression der Venenwände durch den hydrostatischen Druck des Wassers führt über eine Zunahme des venösen Zuflusses zum Herzen zu einer Steigerung des Schlagvolumens (1). Bei Kohlensäure- und Jodsolebädern konnte eine Abnahme des peripheren Gefäßwiderstandes nachgewiesen werden (8). Bei den CO_2-Bädern ist die Herabsetzung des peripheren Gefäßwiderstandes in erster Linie auf die Gefäßdilatation der Hautgefäße (Hauterythem) zurückzuführen (3). Darüber hinaus scheint es auch zu einem Elastizitätsverlust der Arterien und einer Abnahme des Tonus der glatten Gefäßmuskulatur der Muskeln zu kommen. Bei Jodsolebädern stellt man sich einen ähnlichen Mechanismus vor. Dieser Effekt wurde auch als Ursache für die Blutdrucksenkung betrachtet, die signifikant stärker ist als bei reinen Wasserbädern (9).

Bei langsam ansteigenden Teilbädern kommt es durch konsensuelle Reaktionen zu Durchblutungssteigerungen an der gesamten Körperschale und auch an den inneren Organen, welche den entsprechenden Hautsegmenten zugeordnet sind.

Bäder mit höheren Temperaturen bedeuten eine beträchtliche Mehrbelastung für das Herz. Hier nimmt das Herzminutenvolumen vor allem über den Anstieg der Herzfrequenz zu, während es erst bei hoher thermischer Belastung auch zu einem Anstieg des Schlagvolumens kommt. Auf die peripheren Gefäße wirken Wärmereize gefäßerweiternd, Kältereize gefäßverengend (19). Bei CO_2-Bädern ist zu beachten, daß sie den Indifferenzpunkt von 36 °C auf 32 °C – 34 °C durch Stimulation der Kälterezeptoren verschieben (2).

Schwieriger ist eine exakte Objektivierung der Langzeitwirkung von „kreislaufwirksamen Bädern", vor allem die spezifische Wirkung der Bäder aus dem Komplex der Wirkungen im Kurort herauszufiltern. Sicher ist, daß Bäder zu einer vegetativen Umstellung in Richtung Trophotropie beitragen. Hier treffen sich die Wirkungen von Milieuwechsel, Klima, Psychotherapie und physikalischer Therapie während des Kuraufenthaltes. Es gibt Hinweise dafür, daß eine über die Kurdauer hinaus anhaltende Senkung des arteriellen Blutdruckes durch Bäderbehandlung erzielt werden kann (14).

Kuren wirken auf das Herz-Kreislauf-System ganz allgemein im Sinne einer Normalisierung, Koordinierung und Synchronisation. Badekuren sind daher in der Lage, Dyschronien im 24-Stunden-Rhythmus, das sind Störungen „der inneren Uhr", zu beheben und in Euchronie zu verwandeln (13). Man nutzt dies vor allem bei der Behandlung funktioneller Herz-Kreislauf-Störungen wie Blutdrucklabilität, Herzrhythmusstörungen, Herzneurosen u. dgl.

Die Zweckmäßigkeit der Kombination von trainierender Bewegungstherapie und kreislaufaktiven Bädern wird heute allgemein anerkannt. Die Bedeutung von Sport und körperlicher Aktivität für die primäre Prävention der coronaren Herzkrankheit konnte durch epidemiologische Studien eindeutig nachgewiesen werden (7). Durch die körperliche Aktivität werden vor allem die bekannten Risikofaktoren wie Hypercholesterinämie, Hypertonie und Zigarettenkonsum positiv beeinflußt. Die sekundärpräventiven Effekte des körperlichen Trainings, wie es als Dauertherapie über Jahre hinweg geführt werden kann, werden unterschiedlich, insgesamt jedoch eher positiv beurteilt. MAY und FURBERG haben sechs Studien einer neuen statistischen Prüfung unterzogen und dabei eine Verbesserung der Rate von akutem Herztod und Reinfarkten gefunden, die um 20% liegt, eine Größenordnung ähnlich wie bei den Betablockerstudien (16).

Bei der coronaren Herzkrankheit bewirkt das rehabilitative Ausdauertraining eine Verbesserung der cardiopulmonalen Leistungsbreite und eine Erhöhung der Angina-pectoris-Schwelle. Die Bewegungstherapie in der Rehabilitation besteht in der dosierten submaximalen Belastung evtl. nur einzelner Muskelgruppen, die über eine Abnahme von Pulsfrequenz, systolischem Blutdruck und Muskeldurchblutung zu einer Reduzierung der Herzbelastung für eine gegebene Körperarbeit führen. Es kommt auch zu einer Reduktion der von der arbeitenden Muskulatur ausgehenden Sympathicusaktivität.

Bei der arteriellen Verschlußkrankheit speziell im Stadium II hat sich die Trainingsbehandlung als eine sehr effektive Behandlungsform erwiesen. So führt mehrwöchiges Training zu einer Vergrößerung der schmerzfreien Gehdistanz (10). Als Ursache der verbesserten Leistungsfähigkeit kann eine Zunahme der nutritiven Durchblutung durch ein verbessertes intramuskuläres Blutverteilungsmuster und nachfolgenden höheren Wirkungsgrad der Muskeldurchblutung angenommen werden. Es kommt auch zu einer Umstellung des Muskelstoffwechsels mit Verbesserung der Adaptation an die Ischämie auf zellulärer Ebene sowie auch zu einer Verbesserung der koordinativen Muskelleistung.

Zur Behandlung von Herz- und Kreislauferkrankungen notwendige Kurmittel:

Das Klima:

Es ist ein wesentlicher Faktor bei der Auswahl des Kurortes. Zu berücksichtigen sind vor allem jahreszeitliche Gipfelbildungen betreffend Besonnungsintensität, Schwülezonen, Nebelbildungen, Föhneinwirkungen u. dgl.

Die Quellen

Für die Inhaltsstoffe Jod und Kohlensäure konnten spezifische Kreislaufwirkungen experimentell nachgewiesen werden. Die Art der Substanz, die Konzentration des Stoffes, die Temperatur des Wassers, der Stand der Wasserhöhe und die Badedauer bestimmen die Wirkungsintensität. Jene Kurorte, die über derartige ortsgebundene Kurmittel verfügen, werden auch in Zukunft bei der Kurbehandlung von Herz-Kreislauf-Erkrankungen den Vorzug haben.

Terrainkur

In einem geländemäßig und klimatisch geeigneten Wegenetz mit Dosierung durch Einplanung der Höhenunterschiede, Wegstreckenlänge, aber auch Sonneneinstrahlung.

Diätetische Behandlung

Die diätetische Versorgung im Kurort bedarf vor allem der Berücksichtigung der Kalorien-, Kohlehydrat-, Fett- und Natriumbeschränkung und dient dem Abbau der Risikofaktoren. Vor allem für die Risikofaktoren Hypercholesterinämie, Hypertonie, Diabetes und Rauchen konnte ein unabhängiger und deutlicher Einfluß auf die cardiale Mortalität, aber auch für die Entwicklung einer arteriellen Verschlußkrankheit und eines cerebralen Insultes nachgewiesen werden. Die rechtzeitige Erkennung und die Behandlung dieser Risikofaktoren gibt uns ein entscheidendes Prophylaktikum in die Hand und gehört zu den vordergründigsten Aufgaben eines Kuraufenthaltes. Gesundheitsbewußtes Verhalten zu erkennen und vor allem für sich persönlich akzeptieren zu lernen ist für die Erwachsenen außerordentlich schwierig. Am einfachsten geht es noch in der Phase des Leidensdruckes unmittelbar nach einem Infarkt, einem Insult oder dem Auftreten einer Claudicatio intermittens. Untersuchungen einer WHO-Studie zur Prävention haben gezeigt, daß die alleinige Information über die Risikofaktoren nicht ausreichend ist (6). Hier sind intensive Gesundheitserziehung und Gruppentherapie notwendig, um den Betroffenen die Bedeutung der Risikofaktoren für den weiteren Verlauf seiner Krankheit in vollem Umfange klarzumachen. Wir haben in den letzten Jahren gute Erfahrungen mit der Einführung von Gesundheitsseminaren gemacht, wo in kleinen Gruppen in einem Zeitraum von 1 – 2 Wochen intensive Schulung betrieben wird.

Unter den Risikofaktoren, die während eines Kuraufenthaltes angegangen werden müssen, nimmt das Rauchen die erste Stelle ein. Nach kürzlich veröffentlichten Studien geht der Raucher nach dem Infarkt ein doppelt so hohes Risiko ein, einen erneuten Infarkt zu erleiden (17).

Der zweite Risikofaktor, der eine entscheidende Änderung seines persönlichen Lebensstils und somit eine große edukatorische Aufgabe beinhaltet, ist die Korrektur der erhöhten Blutfette. Die kürzlich veröffentlichte LRC-CPPT-Studie konnte eindeutig nachweisen, daß durch Senkung des Gesamtcholesterins das Coronarrisiko deutlich reduziert wird (5).

Die Hypertonie führt nicht nur zu einer beschleunigten Entwicklung der Arteriosklerose der Gefäße, sie führt auch zur Herzhypertrophie und somit zu erhöhtem Sauerstoffbedarf des Myocards. Befunde von kontrollierten Langzeitstudien der letzten Jahre konnten nachweisen, daß auch durch die Behandlung der „Grenzwerthypertonie" das Herzinfarktrisiko und die Häufigkeit an cerebralem Insult eindeutig gesenkt werden (4).
Es ist selbstverständlich, daß im Rahmen eines Kuraufenthaltes ein Diabetes erkannt und behandelt und ein bekannter Diabetes zufriedenstellend eingestellt werden muß.

Die Erfassung und Behandlung der Risikofaktoren während des Kuraufenthaltes hat natürlich nur dann Sinn, wenn es gelingt, den Patienten zu motivieren, auch nach der Kur seine Lebensweise zu ändern und den oft schwierigen Start zu einer neuen, gesunden Lebensweise einzuleiten.

Die kurmäßig zu behandelnden Herz- und Kreislauferkrankungen

Die Behandlung der coronaren Herzkrankheit im Kurort

Sie ist vor allem bei Patienten mit stabiler Angina pectoris sowie nach Myocardinfarkt angezeigt. Es hängt (vor allem) von der cardialen Situation des Patienten ab, ob eine Rehabilitationsanstalt, ein Kurheim oder eine ambulante Kur gewählt wird. Kontraindikationen für eine Kurbehandlung bei cardialen Erkrankungen sind die instabile Angina pectoris, der frische Myocardinfarkt, schwere cardiale Dekompensation, Herzwandaneurysma und therapieresistente Herzrhythmusstörungen. Bei Patienten mit coronarer Herzkrankheit ohne Angina-pectoris-Beschwerden oder stabiler Angina pectoris, aber guter cardialer Leistungsbreite sind vor Beginn der Rehabilitationsbehandlung keine aufwendigen Voruntersuchungen erforderlich. Anamnese, klinische Untersuchung, Sozial- und Berufsanamnese, EKG, Röntgenbild und Risikofaktorenprofil erlauben in der Regel die richtige Zuordnung zur aktiven Bewegungstherapie und deren risikolose Durchführung. Außer Anamnese und klinischer Untersuchung können die Befunde kurz vor Kurantritt zu Hause oder im Kurort erhoben werden. Bei Patienten mit stabiler Angina pectoris, aber deutlich reduzierter cardialer Leistungsbreite ist die Durchführung einer Ergometrie unerläßlich. Die Intensität der Bewegungstherapie wird den Befunden angepaßt. Als sehr vorteilhaft hat sich die Dosierung nach Pulsfrequenz erwiesen.

Der maximale Belastungspuls wird aus der Ergometrie gewonnen, oder, wenn kein vorzeitiger Abbruch nötig ist, nach der Formel 180 − Lebensalter errechnet.

Bei der Rehabilitationsbehandlung nach Myocardinfarkt ist zur sicheren Indikation und exakten Dosierung eine cardiologische Stufendiagnostik notwendig, die Ergometrie und röntgenologische Herzgrößenbestimmung einschließt. Bei unklaren und diskrepanten Befunden ist oftmals eine weitere Klärung durch die Einschwemmkatheteruntersuchung erforderlich. Eine Rehabilitationsanstalt sollte heute über diagnostische Möglichkeiten eines cardiologischen Zentrums verfügen. Dazu gehören Elektrokardiogramm mit Mehrkanalregistrierung, Phonokardiogramm, Ergometrie, Röntgenuntersuchung mit Bildverstärker, Einschwemmkatheter, Bandspeicher-EKG, Telemetrie-EKG, Echokardiographie und Dopplersonographie der Gefäße. Zur Frage, ob ein Herzkathetermeßplatz mit Coronarangiographie in ein Rehabilitationszentrum gehört, sind die Meinungen kontroversiell. Wegen der begrenzten Aussagekraft des Belastungs-EKG in Hinsicht auf Quantität des ischämiegefährdeten Myocardareals werden heute vielfach die Thalliumszintigraphie und die Radionucleidventriculographie durchgeführt.

Funktionelle cardiovasculäre Syndrome

Neben der coronaren Herzkrankheit gibt es noch eine Reihe von cardialen Störungen, bei denen eine Kurbehandlung mit Erfolg angewendet werden kann. Es sind dies die funktionellen Dyscardien, die funktionellen Herzrhythmusstörungen und die hypotonen Dysregulationen. Für all diese Syndrome ist eine Behandlung im Kurort mit seinem Komplex von Wirkfaktoren, wie körperliches Training, Bäder, physikalische Therapie, Klimatherapie, Milieuwechsel und Psychotherapie, besonders günstig. Die Betreuung in einem Kurheim und auch im Rahmen einer ambulanten Kur ist bei dieser Krankheitsgruppe, wenn ein entsprechend eingerichtetes Kurzentrum zur Verfügung steht, sicher ausreichend. Die Änderung von gesundheitswidrigem Verhalten (mangelnde Bewegung, Überernährung, Genußmittelmißbrauch, Schlafmittel, widersinnige Urlaubs- und Freizeitgestaltung) steht im Vordergrund. Aufgabe der Psychotherapie wird es hier sein, neurotisch motivierte Überforderung, falsche Zielsetzung und Konflikte zu beseitigen.

Wichtig ist es auch, die natürliche Periodik des Organismus wiederherzustellen, wozu sicher richtig dosierte und zum richtigen Zeitpunkt eingesetzte Badereize beitragen können.

Behandlung arterieller Durchblutungsstörungen

Chronisch periphere arterielle Durchblutungsstörungen im Stadium II nach Fontaine wurden schon immer mit großem Erfolg im Kurort behandelt. Bei der Behandlung der organischen arteriellen Durchblutungsstörungen wird heute die Kurbehandlung durch ein aktives Gefäßtrainingsprogramm ergänzt, welches forcierte Gehübungen, Zehenstände, Kniebeugen und Ratschowsche Rollübungen beinhaltet.

Aber auch funktionelle arterielle Durchblutungsstörungen wie Raynaud-Syndrom, Digiti mortui können durch eine Kurbehandlung günstig beeinflußt werden.

Rehabilitationsbehandlung nach Schlaganfällen im Kurort

Der Kurort leistet heute einen effektiven Beitrag zur Rehabilitationsbehandlung von Lähmungen als Folge eines cerebralen Insultes, weil die herkömmlichen balneologischen Maßnahmen durch intensive heilgymnastische Therapie ergänzt werden. So kommt heute ein umfassendes Spektrum von Behandlungen, wie Trinkkur, Bäder, Packungen, klassische Massagen, Unterwassermassagen, Heilgymnastik, Vierzellenbäder und Unterwassergymnastik, zur Anwendung. Das Kurmilieu mit seinen Einrichtungen wirkt sich bei diesen Patienten ausgesprochen günstig aus, es wirkt antidepressiv und unterstützt so die Rehabilitationsbehandlung.

Die Bedeutung der Balneotherapie cardiovasculärer Erkrankungen ergibt sich aus deren führender Stellung in den Morbiditäts- und Mortalitätsstatistiken und aus ihrer nachgewiesenen medizinischen und sozialmedizinischen Effektivität. Ziel der Rehabilitationsbehandlung ist die Wiederherstellung der cardialen und körperlichen Leistungsfähigkeit durch Beseitigung von Leistungseinbußen. Der wesentlichste therapeutische Faktor bei der Balneotherapie cardiovasculärer Erkrankungen sind „kreislaufaktive Bäder", ergänzt durch trainierende Bewegungstherapie. Die Behandlung der Risikofaktoren gehört zu den Präventivaufgaben eines Kuraufenthaltes. Der Kurort bietet drei Varianten der Rehabilitationsbehandlung an: die Behandlung in der Rehabilitationsanstalt, die Behandlung im Kurheim und die ambulante Kur. Sie unterscheiden sich durch ihren personellen und apparativen Aufwand und folglich auch in ihren Indikationen.

Die Rehabilitationsbehandlung nach Herzinfarkt der Phase II und die Nachbehandlung cardiovasculärer Operation sind der Rehabilitationsanstalt vorbehalten. Alle übrigen für eine Balneotherapie in Frage kommenden cardiovasculären Erkrankungen können auch im Kurheim oder ambulant behandelt werden.

Literatur

1. GAUER, O.: Die hydrostatische Wirkung von Bädern auf den Kreislauf. Ein Beitrag zur Frage der reinen Volumenregulation. Dtsch. med. J. 13/14: 462 (1959).
2. GÜNTHER, R., JANTSCH, H.: Physikalische Medizin. Springer Verlag Berlin, Heidelberg, New York 1982.
3. HENTSCHEL, H. D.: Experimentelle und klinische Untersuchungen zur Wirkung von Kohlensäurebädern auf die periphere Strombahn. Arch. phys. Ther. 18: 189 (1966).
4. HEYDEN, S.: Senkung der tödlichen und nicht tödlichen Koronargefäßerkrankungen durch medikamentöse Blutdrucksenkung. Öst. Ärztezeitung 39/18: 1179 (1984).
5. HEYDEN, S.: Infarkt-Prävention heute. Intervention 1970 – 1984. Boehringer Mannheim GmbH, Wien
6. LIV, K. et al: Relationship of Education to Mayor Risk Factors and Death from Coronary Heart Disease, Cardiovascular Disease and All Cases. Circulation 64: 1308 (1982).
7. PISTERER, M.: Sport, körperliche Aktivität und koronares Risiko. Z. Kardiol. 70: 104 – 110 (1981).
8. POZENEL, H.: Zur Beeinflussung von Kreislaufgrößen in der Balneotherapie der essentiellen Hypertonie. Z. angew. Bäder- u. Klimaheilkunde 16: 43 – 53 (1969).
9. KLIEBER, M., LOEBENSTEIN, B., MAURER, N., RESCH, F., SCHAUMBERGER, E., SERTL, K.: Beeinflussung des Blutdrucks durch Jodsole, Kohlensäure und Wasserbäder – Direkte blutige Messungen des Blutdrucks in der Arteria radialis des Menschen. Z. angew. Bäder- u. Klimaheilk. 27: 112 (1980).
10. KLIEBER, M., BAILER, H., GREMMEL, F., GATTERMEIER, A.: Untersuchungen zur Wirksamkeit und zum Wirkungsmechanismus eines aktiven Gefäßtrainings bei chronischer arterieller Verschlußkrankheit. Z. Phys. Med. Baln. Med. Klim. 11: 577 – 584 (1982).
11. KRAUSS, H.: Hydrotherapie. Verlag Volk und Gesundheit Berlin 1975.
12. MARKTL, W.: Die Beeinflussung funktioneller Parameter des Herz-Kreislaufsystems durch balneotherapeutische Maßnahmen. Baln. Bioklim. Mitt. 8: 1 – 14 (1977)
13. MARKTL, W.: Die allgemeine Bedeutung chronophysiologischer Phänomene und deren Beeinflussung durch Kuren. Z. Phys. Med. Baln. Klim. 13: 280 – 286 (1984).
14. MARKTL, W.: Blutdruckstudie – in Ausarbeitung
15. MATHES, P.: Der Stellenwert von stationären Rehabilitationsmaßnahmen nach Herzinfarkt. Z. f. Kardiol. 73: 740 – 747 (1984).
16. MAY, S. G., EBERLEIN, K. A., FURBERG, C. D., PASSAMANI, E. R., DE METS, D. L.: Secondary Prevention after Myocardial Infarction: A Review of Long-term Trials. Prog. Card. Dis. 24: 331 (1982).
17. SCHACHTEL, B.L., SILVERS, A., HERD, J. A.: Post-Myocardial Infarction Death and Rehospitalisation in Cigarette Smokers. L. Cardiac. Rehab. 3: 290 (1983).
18. WANNENWETSCH, E.: Die Kur aus wirtschaftlicher, medizinischer und sozialmedizinischer Sicht. Heilbad und Kurort 32/11: 326 – 332 (1980).
19. WIEDEMANN, E.: Thermotherapie. Handbuch d. physikal. Therapie, Band II/1, G. Fischer Verlag Stuttgart 1971.

Kurmittelanwendung bei Erkrankung der oberen Atemwege

em. o. Univ.-Prof. Dr. med. O. Novotny

em. Vorstand der I. Hals-Nasen-Ohrenklinik der Universität Wien

Die Erkrankungen der oberen (und mittleren) Luftwege – der Nase, des Rachens, des Kehlkopfes und der Luftröhre – bieten sich der Behandlung durch Kurmittel zwanglos an. Der Kurerfolg ist stets ein Summationserfolg von

1. Milieuwechsel (vorwiegend Ausschalten beruflicher Belastung).
2. Einwirken der geographischen Lage des Kurortes (Höhe, Luftfeuchtigkeit und -reinheit) und
3. Anwendung der Kurmittel.

ad 1. Einige Worte zum Milieuwechsel: Hals und Nase sind zahlreichen Schäden ausgesetzt (Staub, Rauch), welche die Schleimhaut über Gebühr belasten. Psychische Einwirkungen in diesem Bereich sind eher selten, sicher aber in Rechnung zu stellen (Ohrensausen, Schwindel, Nasenlaufen und ähnliches). Der Aufenthalt im Kurort allein, ohne Kontakt zum Beruf, ist oft geeignet zu helfen.

ad 2. Die geographische Lage des Kurortes wirkt in doppelter Art auf die Schleimhaut der oberen Luftwege ein. Zum einen ist es die Höhe, deren Einfluß auf die Dicke der Schleimhaut durchaus bekannt ist. Ein Aufenthalt in etwa 1000 m Höhe ist stets von einem Gefühl des Freiwerdens der Nase begleitet, objektiv läßt sich ein Abschwellen der Schleimhaut feststellen. Weniger rasch läßt sich eine solche Empfindung im Ohr bei Katarrhen registrieren, hier ist vorerst ein Zunehmen des verstopften Gefühles mit Hörverschlechterung zu spüren. Erst nach einer halben bis einer Stunde zeigt sich auch in diesem Bereich eine Erleichterung.

Zum anderen ist der Feuchtigkeitsgehalt der Luft im Kurgebiet geeignet, die Schleimhaut günstig zu beeinflussen. Kurorte im See- oder Flußbereich lassen wesentliche Besserungen von trockenem Katarrh erwarten, besonders im Bereich von Nebelzonen, die sich dem Gesunden „auf die Lunge legen“. Waldreiche Umgebung hat den gleichen, weniger intensiven Einfluß. Kranke mit Herz-Lungenschäden fühlen sich hier wohler als im Nebel.

ad 3. Die angebotenen Kurmittel sind verschieden, die Kenntnis darüber ist auf seiten der einweisenden Ärzte naturgemäß ungleich geringer als auf seiten der Kurärzte. Nur diese können mit den zur Verfügung stehenden Mitteln und Einrichtungen wirklich sachgerecht umgehen; dazu gehört vorwiegend Erfahrung, und man tut gut daran, sich nicht einzumischen. Die Zuweisung des Patienten zur Kur soll die Diagnose mit allen Befunden enthalten und die Bitte um Durchführung der entsprechenden Maßnahmen. Die einweisenden Ärzte sollen ihre Kranken lediglich beraten, *welcher* Kurort in Frage kommt, die *Kurmittel* bestimmt der Kurarzt, dem es verantwortlich obliegt, Schäden zu vermeiden.

Das souveräne Kurmittel für Erkrankungen der Luftwege ist die *Inhalation*, naturgemäß nicht ausschließlich, da z. B. beim Cervicalsyndrom, das mit Ohrensausen und Schwindel einhergeht, Bäder und Massagen verordnet werden. Auch die Hypertonie kann im zu besprechenden Gebiet *üble Wirkungen* entfalten, die die Anwendung anderer Kurmittel erheischt.

Die Inhalation (von haláre: hauchen, duften) besteht im Einbringen feinstverteilter, in Luft suspendierter Substanzen, auf dem Wege der Atmung. Die Inhalate bestehen aus verdunst- oder verdampfbaren Substanzen oder aus mechanisch (durch Düsen gepreßten, mittels des hydro-aerodynamischen Paradoxons oder durch Ultraschall verteilten) zerstäubten Substanzen, die einen gelösten oder sonst feinverteilten Wirkstoff enthalten. Die für die oberen Luftwege benutzten Dämpfe oder „Stäube“ müssen echt benetzen, d. h. sich auf einem vorgehaltenen Papier niederschlagen, was ab einer Tröpfchengröße von etwa 0,01 bis 0,015 mm der Fall ist. Kleinere Tropfen (vorwiegend Aerosole) passieren Nase und Hals und entfalten erst in Bronchien und Alveolen eine Wirkung, sind somit für Erkrankungen von Nase und Hals nutzlos.

Was können Inhalate? Ihr Effekt ist entweder ein physikalischer oder ein chemischer. Die einfachste Wirkung ist die Wärme, die eine vermehrte Blutfülle erzeugt und damit ebenso heilen oder lindern hilft wie Dunstumschlag oder Thermophor. Versprayte Kochsalzlösungen erzeugen je nach Konzentration ein Abschwellen oder eine Dickenzunahme der Schleimhaut. Der Grenzwert ist etwa 1%, höhere Konzentrationen verbessern die Luftdurchgängigkeit der Nase, geringere schränken sie ein. Trokkenheit und Krustenbildung lassen sich damit hervorragend bekämpfen, weil der natürlichen Salzlösung (Sole) immer auch eine chemische Wirkung zukommt.

Ausgesprochen chemische Effekte sind zu erzielen durch Beimischung von Medikamenten, von denen unendlich viele in Betracht kommen. Zahlreiche Kurärzte verfügen über sorgfältig gehütete Familienrezepte, die zugegebenermaßen manchesmal richtige Wunder beobachten lassen. Im Routinegebrauch sind desinfizierende Substanzen – vorwiegend Antibiotika (z. B. Penicillin) bei Infektionen, abschwellende und gerbende (z. B. Acid. tannicum) bei ödematósen Schwellungen, schleimlösende bei Hypersekretion (z. B. Eucalyptus und Menthol) und krustenlösende bei trockenen Katarrhen (z. B. Infus. Althaeae oder Jod). Schließlich: welche Kranke soll man zur Kur schikken? Solche, denen in der Ordination nicht befriedigend geholfen werden kann. Die Krankheiten oder Zustände seien kurz aufgezählt:

Ohren

Chron. Mittelohrkartarrh

Subjektive Geräusche (Tinnitus)

Nase:

Langandauernder akuter Schnupfen

Zustand nach Nebenhöhlenerkrankungen

Zustand nach Nebenhöhlenoperation

Allergischer Schnupfen

Zustand nach Polypenoperation

Atrophische Rhinitis (Krustenbildung)

Rachen

Halsschmerzen nach Mandeloperation

Chronischer Rachenkatarrh

a) granulierende Form (Knötchen in der Schleimhaut)

b) atrophische Form (dünne Schleimhaut mit Krusten)

Kehlkopf

Chronische Stimmbandentzündung

Vermehrte Schleimbildung

Trockenheit mit Krustenbildung

Wiederholte Polypenbildung

Zustand nach großen Kehlkopfoperationen

Die Aussichten der Kuren sind gut. Selbst wenn das lokale Ergebnis nicht den Erwartungen entspricht, haben die Kranken einen erholsamen Urlaub verbracht. Der Glaube versetzt Berge, allein die Hoffnung auf einen günstigen Kurerfolg bewirkt schon Wunder. Und letztlich: Was wären Ärzte und Kranke ohne gläubigen Optimismus?

Kurmittelanwendung bei Erkrankung der unteren Atemwege

ao. Univ.-Prof. Dr. F. Mlczoch
Vorstand der 2. medizinischen Abteilung im Wilhelminenspital der Stadt Wien i. R.

Die Einschätzung des Kurortes und die Vorstellung über die medizinische Bedeutung von Kurmittelanwendungen hat sich in den letzten Jahrzehnten mehr geändert als in Jahrhunderten zuvor. Die gedanklichen Hintergründe für diese geänderte Beurteilung sind sowohl für die Indikation zur Durchführung einer Kur wie auch für die Gestaltung und den Ablauf der Kur von Bedeutung. Diese Differenz gegenüber früher gilt wohl für jeden Kurort (und für jede der dort behandelten Krankheiten), im besonderen Maße aber für die Kurorte zur Behandlung von Erkrankungen der Atemwege.

1. Allgemeine Überlegungen

Die Ursachen für diese Änderung der Beurteilungsgrundlagen sind:

1. Die geänderte Struktur der Besucher: Früher zum Großteil wohlhabende Privilegierte, jetzt ein Querschnitt durch die gesamte Bevölkerung. – Früher hauptsächlich zur Prävention von Alters- und Abnützungserscheinungen, jetzt viel mehr zur Behandlung von echten Alters- und Verbrauchskrankheiten. – Früher „Kurgäste", jetzt zu einem beträchtlichen Teil echte Patienten.

2. Die geänderte Beurteilung des Kurerfolges: Früher genügte der subjektive Eindruck der erzielten Besserung, d. h. die Zufriedenheit der Gäste mit der Kur, jetzt verlangt man objektive Kriterien des Erfolges. Und dies nicht zu unrecht, da ja für einen Großteil der Kuren öffentliche Mittel in Anspruch genommen werden. Es ist demnach verständlich, daß objektive Daten als Rechtfertigung für die Kurbewilligung gesucht werden.

Hier ergeben sich nun bei den Erkrankungen der unteren Atemwege besondere und charakteristische Schwierigkeiten: Während man bei anderen Krankheiten – z. B. bei Herz- und Kreislaufstörungen, bei Erkrankungen des Bewegungsapparates – objektive Kriterien vor und nach der Kur relativ leicht gewinnen kann, ist dies bei den Erkrankungen der Atemwege typischerweise nicht der Fall. So gelingt es nur in Ausnahmefällen, die Wirkung einer bestimmten Kurmittelanwendung, aber auch einer ganzen Kur, in objektiven, krankheitsspezifischen Parametern nachzuweisen. – Diese (gerne demonstrierten) Ausnahmen betreffen Patienten, bei denen am Beginn noch akute Krankheitssymptome vorhanden waren, die sich während der Kur zurückbildeten. Diese „Rekonvaleszenten" sind nun erwünschte, aber durchaus nicht typische Kurkandidaten, denn die Kurorte sollten ja chronisch Kranken durch die spezifische Möglichkeiten des Kurortes Besserung im Befinden und in ihrer Leistungsfähigkeit bringen.

Bei diesen typischen Indikationen, also bei Patienten mit chronischen Erkrankungen der Atemwege, besteht aber die erwähnte Schwierigkeit: eine Besserung ist – sieht man von den zu schweren Krankheitsbildern ab – bei fast allen chronischen Atemwegserkrankungen tatsächlich zu erzielen, sie ist aber mit den sonst üblichen Parametern nicht zu belegen. Zwei Beispiele:

1. Bei der Bronchitis wird im Kurort durch natürliche oder künstliche Aerosole eine Sekretolyse angestrebt. Die Voraussetzung dafür ist eine Vermehrung der Sekretion im Bronchialraum, die zur Schleimverdünnung führt. Die dadurch bedingte Volumszunahme des Bronchialschleims ist aber nicht immer in einer Vermehrung des Sputums nachzuweisen, weil das dünnere Sekret leichter resorbiert (oder verschluckt) wird, weil es – wie man früher sagte – impektoriert wird. Wenn daher mit immer genaueren Methoden gezeigt wird, daß keine der Inhalationen oder keines vieler geprüfter Medikamente zu einer nachweisbaren Zunahme der Expektoration führt, so bringt diese Untersuchung zwar eine Teilwahrheit, sagt aber letzten Endes nichts über den klinischen Erfolg der gesetzten Maßnahme aus: Man ist in bezug auf die Erleichterung des Hustens wieder auf die Angaben des Patienten angewiesen.

2. Bei den chronisch restriktiven und obstruktiven Atemwegserkrankungen wiederum ändern sich die Werte auch einer genauen Lungenfunktionsprüfung im Verlauf einer Kur praktisch nicht, obwohl sich die körperliche Gesamtleistung subjektiv und objektiv gebessert hat. – Dies gilt in ähnlicher Weise auch für intensive Rehabilitationsmaßnahmen von chronischen Lungenkrankheiten, wie dies DENOLIN im Rahmen einer Studie der Europäischen Gemeinschaft in verschiedenen Ländern festgestellt hat. – Die Erklärung für diese auf den ersten (und zweiten) Blick enttäuschende Tatsache liegt im wesentlichen darin, daß bei der Prüfung der Lungenfunktion entweder Volumina oder der Effekt irgendeiner Leistung gemessen werden, nicht aber die zur Erbringung dieser Leistung notwendige Energie. Das subjektive Empfinden einer Störung kann demnach wesentlich gebessert sein, ohne daß sich der objektive Befund geändert hat: Ökonomisierung und Harmonisierung der Atmung, Verbesserung der peripheren Durchblutung, Verbesserung des circadianen Rhythmus, Behebung von Verspannungen und Verkrampfungen der auxiliären Atemmuskulatur – das sind einige Hinweise, auf welchen physiologischen Mechanismen die subjektive und objektive Verbesserung der Leistungsfähigkeit beruht, ohne daß sich der meßbare Defekt geändert hat.

Aus diesen Überlegungen ergeben sich folgende Schlußfolgerungen:
1. Es ist nicht unverständlich, daß es bisher nicht gelungen ist, die Wirksamkeit einzelner Teilfaktoren einer Kur bei Patienten mit Erkrankungen der Atemwege statistisch einwandfrei zu erfassen. Und dies, obwohl nicht nur der „klinische Eindruck", sondern auch eine Reihe von objektiven, aber nicht einfach zu messenden Kriterien für die medizinische Effizienz der Kur sprechen. Mit diesen Gründen kann auch erklärt werden, warum in den USA der medizinische Wert spezifischer Kuranwendungen – nicht allerdings die Allgemeinwirkung einer Kur – geleugnet wird.
2. Das Versagen sonst bewährter physikalischer Untersuchungsmethoden bei der Verlaufsbeobachtung dieser Formen von chronischen Krankheiten zwingt zu einer vermehrten wissenschaftlichen Bearbeitung der Faktoren, die für das unbestrittene Gefühl der Besserung der Atemleistung durch eine Kur verantwortlich sind.
3. Von einem Kurort ist heute demnach beides zu fordern: die Modernität, d. h. das Vorhandensein aller fachlichen, apparativen und methodologischen Möglichkeiten zur exakten diagnostischen Erfassung der Gegebenheiten des einzelnen Patienten; aber auch das Milieu, in dem sich der Patient wohlfühlt und entspannen kann, damit auch jene physikalisch nicht meßbaren Erfolge der Kur eintreten können, die offensichtlich das Wesentliche ihres Erfolges ausmachen.
– Da sich nun die menschliche Struktur nicht in gleichem Tempo ändert wie die technischen Mittel, muß ein wesentlicher Teil dieses Milieus „altmodisch" bleiben. – Zwei Forderungen, die sich nur scheinbar widersprechen und ausschließen, die noch dazu den Vorteil alles Vernünftigen haben, weil sie Fortschritt und Tradition nebeneinander bestehen lassen. Der moderne Kurort wird auf keines von beiden verzichten können, ohne Wesentliches an seiner Heilwirkung in seiner Zeit einzubüßen.

2. Praktische Schlußfolgerungen

1. Die ortsüblichen Kurmittel sind gut, weil sie auf Grund einer langjährigen Erfahrung in einer erprobten Art angewendet werden. Eine Diskussion über ihren krankheitsspezifischen Wert wäre nicht sehr sinnreich, da sich dieser nicht isoliert erfassen läßt; auch zeigt die praktische Erfahrung, daß die vielfach gepriesene spezifische Wirkung nicht im Vordergrund des therapeutischen Effektes steht, da z. B. im deutschsprachigen Raum und in Osteuropa für die Therapie von Atemwegserkrankungen Kochsalzwässer und Solen Verwendung finden, während in französischen und italienischen Kurorten in dieser Indikation Schwefelwässer verwendet werden.

2. Für die therapeutische Effizienz der Kur sind demnach die allgemeinen Kuranwendungen mit ihren vom erfahrenen Kurarzt dirigierten, individuell angepaßten Maßnahmen entscheidend: Inhalationen, Güsse, Wickel, Bäder und Massagen in regelmäßigem Rhythmus. Der Mensch lebt während dieser Zeit nicht seinem Beruf und seinem Streß (mit den damit verbundenen Störungen), sondern der Entspannung und der Gesundheit. Darin liegt der medizinisch bedeutsame Beitrag des Kurortes bei den immer mehr verspannten und verkrampften Patienten der heutigen Zeit.

3. Für Patienten mit Erkrankungen der Atemwege gilt über diese Maßnahmen zur Allgemeinerholung hinaus folgende Überlegung: Der typische Patient mit einer chronischen Erkrankung der Atemwege kommt in einem inveterierten Zustand, mit einem irreversiblen Defekt nach einer „ausgeheilten" Erkrankung oder mit einem definitiven Leistungsverlust durch Alters- und Abnützungskrankheiten. Für diese zahlenmäßig bedeutende und von der aktiven Sozialmedizin etwas vernachlässigte Gruppe gilt vorerst der Satz: Der Defekt als solcher kann nicht beseitigt werden, man muß ihn daher umgehen und ausgleichen.
Dazu muß nun der Patient

a) sich an den Defekt adaptieren,
b) Reservemechanismen aktivieren,
c) zusätzliche Schädigungen vermeiden und ausgleichen.

Ad a) – Adaptation an den Defekt

Der menschliche Organismus kann sich an viele pathologische Zustände anpassen. Die vom Körper dafür verwendeten Mechanismen sind im Einzelfall verschieden: In dem einen Fall paßt sich das Bewußtsein an das bestehende Leiden an (Beispiel: der Asthmatiker lernt, „mit seinem Asthma zu leben"), im anderen Fall paßt sich der Leistungsanspruch an die bestehende Leistungsfähigkeit an (Beispiel: der Emphysematiker), in anderen Fällen wieder entwickeln sich objektiv nachweisbare Adaptationsmechanismen (Beispiel: Herabsetzung der Automatik des *Euler-Liljestrand*-Reflexes. – Der Patient erträgt eine durch die Grundkrankheit entstandene Hypoxaemie, ohne mit einer Gefäßreaktion und damit mit einer Belastung des Herzens zu antworten).
Zur „Erlernung" dieser Adaptationsmechanismen benötigt der Organismus Zeit und Geruhsamkeit, die er im gewohnten Milieu nicht gefunden hat.

Ad b) – Aktivierung von Reservemechanismen

aa) Atemtraining: Das ist die volle Ausnützung der noch zur Verfügung stehenden Atemoberfläche durch die Beseitigung von Verteilungsstörungen. – Die wirksamsten Maßnahmen dazu sind Atemübungen, vor allem in Form körperlicher Bewegung, d. i. eine langsam zunehmende Anforderung an die Ventilation;

bb) Atemgymnastik: Diese besteht in der Entspannung und Funktionsverbesserung der auxiliären Atemmuskulatur, der Behandlung des „steifen" Thorax, der begleitenden Spondylarthrose der Brustwirbelsäule. Lockerungsübungen, Massage und einfache Gymnastik sind der Weg dazu.

Ad c) – Vermeidung und Ausgleich zusätzlicher Schädigungen

Im Mittelpunkt steht die zusätzliche Schädigung einer Bronchien- oder Lungenerkrankung durch das Rauchen. – Bei aller Toleranz, die man den Gewohnheiten älterer Leute entgegenbringen soll: Für Patienten mit manifester, pulmonal bedingter Ateminsuffizienz muß das Rauchen verboten werden, und es muß im Rahmen einer Kur aus dieser Indikation Bedingung sein, daß während des Kuraufenthaltes eine Entwöhnung durchgeführt wird; ansonsten hat eine Kur nur vorübergehenden Wert, und man müßte vom medizinischen Standpunkt aus die Gewährung einer Wiederholung der Kur aus öffentlichen Mitteln ablehnen. Alle angeführten Maßnahmen (nicht nur der letzte Punkt) setzen eine intensive Kooperation des Patienten voraus. Ohne eine solche ist die Kur bei Erkrankungen der Atmungsorgane nicht erfolgversprechend. In dieser Hinsicht, d. h. im Bemühen um eine aktive Mitarbeit und das Verständnis der Patienten, geschieht heute sicher noch zuwenig. Die Folgerungen aus der eingangs erwähnten Änderung der Struktur der Heilungsuchenden sind noch nicht überall realisiert.

3. Indikationen

Im folgenden wird keine Vollständigkeit angestrebt, nur einige ordnende Gedanken:

1. *Zustände nach akuten Erkrankungen des Respirationstraktes:*

   Zustand nach akuter Bronchitis

   Zustand nach Pneumonien verschiedener Genese

   Zustand nach akuten (nicht infektiösen) Granulomatosen

   Zustand nach Lungeninfarkt

Die Indikation zum Kuraufenthalt ergibt sich bei dieser Gruppe nicht aus der Diagnose allein, da diese Krankheiten ja in der Regel auch unter normaler Behandlung zur Ausheilung kommen, sondern aus individuell anzuführenden Kriterien, wie z. B. Rezidivhäufigkeit, Verhinderung von Defektheilungen o. ä.

2. *Chronische (entzündliche) Krankheiten:*

   Chronische Bronchitis mit oder ohne obstruktive Symptomatik

   chronische Granulomatosen

   aktive Lungenfibrosen jedweder nicht infektiöser Genese

Bei dieser zahlenmäßig bedeutenden Gruppe besteht im Regelfall die Notwendigkeit, außer den spezifischen und allgemeinen Kuranwendungen eine gezielte und allgemeine medikamentöse Therapie zu betreiben. – Diese Patienten stellen an das medizinische Wissen der Kurärzte und an die apparative Ausstattung der Institute bedeutende Anforderungen: Der Kurarzt der Zukunft wird in vermehrtem Maße ein spezialistisch ausgebildeter Facharzt sein müssen.

3. *Chronisch spastische Bronchitis, chronisches Asthma bronchiale:*

Diese Gruppe ist besonders hervorzuheben, da sie besondere Probleme bietet. – Die medizinische Behandlung hat Erfolg, die Kuranwendungen haben Erfolg, aber beide befriedigen nicht, der Erfolg hält (in der Regel) nicht an. Der Versuch einer Kombination ist sinnvoll, aber erfahrungsgemäß ebenfalls oft nicht erfolgreich. – Bei diesen Erkankungen müssen neue Wege begangen werden, deren Tendenz klar ist: Nicht nur die somatischen Manifestationen („Das Eisberg-Phänomen") müssen behandelt werden, sondern auch die Ursache der Hyperreaktivität, die zum Spasmus führt. Nun ist deren Zusammenhang mit psychischen Faktoren unbestritten; die bisherigen Versuche in dieser Richtung sind aber nur teilweise befriedigend. – Hier sind neue Wege zu suchen, für die sich das Milieu des Kurortes besonders anbietet.

4. *Defektzustände:*

   Primäres Emphysem

   „Ausgebrannte" Fibrose

   Zustand nach Lungenresektion

Bei dieser Gruppe tritt die medikamentöse Behandlung weit hinter die Kurmaßnahmen zurück. Dabei sind zwar keine spektakulären Erfolge, aber doch eine so wesentliche Besserung im Befinden des Patienten zu erzielen, daß diese Gruppe dem Kurort und der Kurort dieser Gruppe erhalten bleiben sollte, wenn die Sozialmedizin auf diesem Gebiet ihren eigentlichen Sinn nicht verlieren soll.

5. *(Relative) Kontraindikationen:*

   Gravierende Begleitkrankheiten

   Lungentuberkulose

   Globalinsuffizienz

Der Fortschritt der Medizin hat es mit sich gebracht, daß kein in diese Gruppe eingeordneter Zustand als absolute Kontraindikation bezeichnet werden kann: Begleitkrankheiten sollten auch im Kurort adäquat behandelt werden können; bei der Lungentuberkulose gilt nur mehr die Aktivität und Infektiosität als Kontraindikation, nicht aber die Defektheilung; die Globalinsuffizienz kann von den Kurmaßnahmen beträchtlichen Vorteil haben, sofern der Kurort sich nicht in einem besonderen Reizklima (Höhenlage!) befindet.
Als echte Kontraindikation bleiben demnach nur zwei Gruppen:

1. Patienten, die infolge körperlicher Gebrechen nicht in der Lage sind, die typischen Kuranwendungen durchzuführen, sowie

2. (in der Praxis viel bedeutsamer) Patienten, die nicht „kurwillig" im Sinne des Wortes sind, sondern nur einen zweiten Urlaub suchen.

An Hand dieser neuen Einstellung gegenüber Indikation und Kontraindikation läßt sich wohl am besten die eingangs aufgestellte Behauptung der geänderten Einschätzung der medizinischen Bedeutung des Kurortes beweisen.

Balneotherapie der Erkrankungen des Verdauungsapparates und von Stoffwechselerkrankungen

Univ.-Doz. Dr. W. Marktl

Institut für med. Physiologie der Universität Wien   Vorstand: o. Univ.-Prof. Dr. P. G. Spieckermann

Erkrankungen des Verdauungsapparates und Stoffwechselerkrankungen stellen neben den Erkrankungen des Bewegungsapparates und den Herz-Kreislauf-Erkrankungen eine dritte große Gruppe von Krankheiten dar, die zum Indikationsbereich der Balneotherapie zählen. Dementsprechend scheint eine Reihe von Erkrankungen des Stoffwechsels und des Verdauungsapparates in den Indikationslisten der Heilbäder und Kurorte auf. Brügel und Staupendahl (1) führen im Deutschen Bäderkalender 1984 folgende einzelne Erkrankungen aus dem erwähnten Indikationsbereich an:

Adipositas, Colitis ulcerosa, Colon irritabile, Diabetes mellitus, Dyspepsie, bestimmte Erkrankungen der Gallenblase und der Gallenwege, chronische Gastritis, gastrokardialer Symptomenkomplex, bestimmte chronische Lebererkrankungen, Nachbehandlung nach Magenresektionen, das rezidivierende Ulcus duodeni, Obstipation, chronisch-rezidivierende Pankreatitis und Pankreasinsuffizienz.

Der Stellenwert, welcher den Kurheilverfahren bei diesen verschiedenen Krankheiten zukommt, ist natürlich sehr unterschiedlich. Bei einigen dieser Krankheiten kann durch die komplexe Balneotherapie in einem variablen Ausmaß in die pathophysiologischen Mechanismen eingegriffen werden, bei anderen ist eine Beeinflussung von Symptomen möglich, und bei einer weiteren Gruppe schließlich werden durch die Kur in eher unspezifischer Weise der Allgemeinzustand und die Krankheitsdisposition beeinflußt. Zur ersterwähnten Gruppe gehören jene Erkrankungen, bei denen durch die lokale Einwirkung von Inhaltsstoffen des natürlichen Heilmittels direkte Effekte zu erwarten sind oder wo dies z. B. über Beeinflussung gastrointestinaler Hormone geschieht. Dies trifft etwa für die Obstipation, für die Erkrankungen der Gallenwege und in eingeschränktem Ausmaß auch für die chronischen Gastritiden und das rezidivierende Ulcus duodeni zu. Positive Auswirkungen auf die Symptomatik werden z. B. bei den Leber- und Pankreaserkrankungen und bei der Colitis ulcerosa zu erwarten sein. Die Allgemeinwirkung wird schließlich beim Diabetes mellitus, bei der Nachbehandlung nach Magenresektion, sicherlich auch als Teilkomponente der Wirkung bei den anderen erwähnten Krankheiten eine Rolle spielen.

Die komplexe Balneotherapie bei den Verdauungsstörungen und Stoffwechselkrankheiten besteht im wesentlichen aus drei Teilkomplexen. Dies sind erstens die Trinkkuren, zweitens alle zusätzlich durchgeführten physikotherapeutischen Verfahren und drittens, als sehr wesentliche Komponente, die Diät. Welche Bedeutung jeweils dem einzelnen der drei angeführten Therapiekomplexe zukommt, hängt in erster Linie von der Art der Erkrankung und in zweiter Linie vom Krankheitsstadium ab.

Den Trinkkuren mit Heilwässern ist ein eigener Beitrag in diesem Buch gewidmet, deshalb wird in diesem Beitrag nur kurz auf einige Fragen, die sich speziell mit ihrer Wirkung bei Verdauungs- und Stoffwechselerkrankungen ergeben, eingegangen.

Bei Mineralwässern, die in Form von Trinkkuren bei Erkrankungen des Verdauungsapparates und bei Stoffwechselerkrankungen eingesetzt werden, kommt vor allem dem Gehalt des Wassers an Calcium, Magnesium, Sulfat und Bicarbonat Bedeutung zu. Wie dies jedoch oft auch sonst in der Balneotherapie zutrifft, kann aus den Wirkungen der Wasserinhaltsstoffe allein nicht auf den gesamten Kureffekt geschlossen werden. So betont auch Kirschner (2), daß eine rein pharmakodynamische Auffassung der Wirkung von Trinkkuren nicht mehr aufrechterhalten werden kann. Andererseits können aber aufgrund vorliegender Untersuchungsergebnisse Wirkungen von Wasserinhaltsstoffen auch nicht gänzlich negiert werden. Eine prinzipielle Schwierigkeit, die sich bei der Beurteilung der Wirkung einzelner Wasserinhaltsstoffe, die im Mineralwasser zugeführt werden, ergibt, resultiert daraus, daß die Wasserinhaltsstoffe nicht isoliert im Mineralwasser vorliegen, sondern zusammen mit anderen, woraus sich infolge der Bildung chemischer Verbindungen gänzlich andere Effekte ergeben können, als sie für die einzelnen Komponenten dieser Verbindungen charakteristisch sind. Trotz dieser Einwände werden nachfolgend in kurzer Form einige Wirkungen von Wasserinhaltsstoffen angeführt, nicht zuletzt auch deshalb, weil diese Effekte zumindest zum Teil die Grundlage für die Erstellung der Indikationen für die Mineralwassertrinkkuren darstellen (vgl. auch Beitrag über Trinkkuren).

Calcium hat eine Reihe von wichtigen Funktionen im Organismus zu erfüllen. Eine ausreichende Konzentration freier Calciumionen ist Voraussetzung für eine normale Membranfunktion, wie sie z. B. für den physiologischen Ablauf der Muskelkontraktion notwendig ist, weiters spielt Calcium bei der Freisetzung von Transmittern und Hormonen, bei der Blutgerinnung, der Aktivierung verschiedener Enzyme sowie beim Knochenaufbau eine Rolle. Störungen des Calciumhaushaltes können verschiedene Ursachen haben, relativ häufig liegt ihnen eine Über- oder Unterfunktion der den Calciumstoffwechsel regulierenden Hormone, also des Parathormons, des Calcitonins und des D-Hormons, zugrunde.

Aus der Anwesenheit von Calcium allein ergeben sich keine wesentlichen Indikationen, es sei denn, es liegt ein alimentärer Calciummangel vor, der beim Menschen unter bestimmten Umständen durchaus auftreten kann. Durch Mineralwässer, in denen Calciumsalze enthalten sind, soll es zu einer Sekretionsförderung und Steigerung der Motorik im Magen-Darm-Trakt kommen (3). Mehrfach beschrieben wurde jedenfalls eine Steigerung der Gastrin- und auch der Pepsinogensekretion im Magen bei Trinkkuren mit calciumhältigen Wässern (3, 4, 5, 6). Der Einsatz calciumhältiger Wässer bei chronischen Entzündungen im Magen-Darm-Trakt wird mit den membranstabilisierenden und permeabilitätsvermindernden Eigenschaften von Calcium in Verbindung gebracht (7).

Auch Magnesium hat eine membranstabilisierende Wirkung (8), weiters aktivieren Magnesiumionen verschiedene Enzymsysteme (9). Mineralwässer mit einem höheren Magnesiumgehalt sollen spasmolytisch wirken. Als therapeutisch wirksame Dosis wird ein Magnesiumgehalt im Mineralwasser von über 50 mg/l angesehen. Dabei muß es sich um Magnesium in resorbierbarer Form handeln. Dies ist im Falle von Mineralwässern nicht selbstverständlich, da hier oft Magnesiumsulfat vorliegt, welches bekanntlich nicht resorbierbar ist und daher auch andere Wirkungen entfaltet.

Nur am Rande erwähnt werden soll in diesem Beitrag die derzeit sehr aktuelle Problematik des möglichen Zusammenhanges zwischen einer alimentären Unterversorgung mit Magnesium infolge verschiedener zivilisationsbedingter Ernährungsgewohnheiten bzw. der Nahrungsmittelbearbeitung und bestimmter Zivilisationskrankheiten. So soll die Unterversorgung des Organismus mit Magnesium ein Teilfaktor bei der Entstehung arteriosklerotischer Herz-Gefäß-Erkrankungen sein, weiters wird auch angenommen, daß negative Auswirkungen von Streß im Organismus bei Magnesiumunterversorgung deutlicher akzentuiert sind (12, 13, 14, 15, 16). Sollten sich diese Hypothesen als stichhaltig erweisen, was derzeit noch nicht entschieden werden kann, so könnten sich daraus neue Einsatzmöglichkeiten für magnesiumhältige Mineralwässer ergeben.

Sulfat liegt in den Mineralwässern meistens als Magnesiumsulfat, Calciumsulfat oder Natriumsulfat vor. Für sulfathältige Wässer werden cholagoge, cholekinetische und choleretische Wirkungen angegeben (10, 11,). Diese Effekte werden wahrscheinlich zumindest zum Teil über eine Anregung der Sekretion des gastrointestinalen Hormons Cholecystokinin-Pankreozymin vermittelt (5, 8). Auf diese Wirkungen wird auch die Erstellung der Indikationsliste für sulfathältige Wässer, soweit sie Erkrankungen der Gallenblase und Gallenwege betrifft, begründet. In diesen Indikationsbereich fallen die chronische Cholangitis, Gallensteine, sogenannte Dyskinesien der Gallenwege, Entleerungsstörungen und Gallenblasensteine (7, 11). Einen weiteren Anwendungsbereich haben die Sulfatwässer bei Obstipation. Hier beruht der therapeutische Effekt auf der schlechten Löslichkeit und damit auch schlechten Resorbierbarkeit der Sulfate. Da die Sulfate osmotisch wirksam sind, wird Wasser im Darm zurückgehalten, was über eine Beeinflussung der Dehnungsrezeptoren in der Darmwand zu einer Anregung der Peristaltik führt, wodurch die Darmpassage beschleunigt wird. Als medizinisch begründete Grenzkonzentration wird für Sulfatwässer ein Gehalt von 20 – 100 mval SO_4/kg Wasser angegeben (10).

Schließlich spielt bei Erkrankungen des Verdauungsapparates und bei Stoffwechselerkrankungen auch noch das Bicarbonat als Wasserinhaltsstoff eine Rolle. Die Wirkungen des Bicarbonats hängen wohl in erster Linie mit dessen Puffereigenschaft zusammen, darüber hinaus werden aber auch Effekte beschrieben, die über gastrointestinale Hormone vermittelt werden und die nicht unbedingt mit der Puffereigenschaft in Verbindung gebracht werden können. Für die Wirkung von Bicarbonat im Magen spielt die Verweildauer eine gewisse Rolle. Bei kurzer Verweildauer, also z. B. bei Trinken auf nüchternen Magen, kann es bestenfalls zu einer flüchtigen direkten Beeinflussung des pH-Wertes des Magensaftes kommen, es soll aber vom Duodenum aus reflektorisch eine Hemmung der Magensaftsekretion erfolgen (6, 7). Dies wäre über eine Beeinflussung der Gastrinsekretion denkbar; so konnte gezeigt werden, daß es nach Zufuhr von bicarbonathältigen Wässern zu einem flachen und protrahierten Verlauf der Gastrinsekretion kommt (6). Ob diese reflektorische Beeinflussung über Vermittlung durch gastrointestinale Hormone oder auf nervalem Weg zustande kommt, kann allerdings derzeit nicht beantwortet werden.

Bei längerer Verweildauer im Magen kann zwar einerseits eine Abpufferung der Wasserstoffionen erzielt werden, andererseits entsteht bei der Pufferungsreaktion aber auch Kohlendioxid, welches stimulierend auf die Magensaftsekretion wirken kann.

Bicarbonat wird leicht aus dem Magen-Darm-Trakt resorbiert. Im Normalfall wird dadurch jedoch keine Veränderung des Blut-pH-Wertes auftreten, da relativ rasch die Bicarbonatausscheidung in der Niere erhöht wird. Die Annahme einer Verbesserung der Pufferkapazität respektive Zunahme der Kapazität des Bicarbonatpuffers beim Gesunden (2, 10) durch den Genuß bicarbonathältiger Wässer ist daher ebensowenig gerechtfertigt wie jene, daß das Hauptprinzip der Wirkung von bicarbonathältigen Wässern die Alkalisierung einzelner Organe und Körperflüssigkeiten sei (10). Sollte allerdings bei einer Azidose ein zu niedriger Bicarbonatspiegel im Blut bestehen, so könnte durch die Zufuhr bicarbonathältiger Wässer sicherlich eine Verbesserung der azidotischen Stoffwechsellage erreicht werden. Ein positiver Effekt könnte auch bei ständiger Azidoseneigung, wie sie etwa bei Diabetes mellitus vorliegt, erzielt werden.

Als untere Grenzkonzentration für eine therapeutische Verwendung bicarbonathältiger Wässer werden 20 mval HCO_3/kg Wasser diskutiert (10).

Neben diesen mehr oder minder spezifischen Effekten einzelner Wasserinhaltsstoffe scheinen auch Wirkungen unspezifischer Art zu existieren, die bei Trinkkuren mit höher mineralisierten Wässern auftreten, wobei die Zusammensetzung dieser Wässer relativ unbedeutend zu sein scheint. Als eine solcher Wirkungen wird eine vermehrte Glykogenspeicherung in Muskeln und Leber beschrieben (2, 11), die mit einer Verbesserung der Entgiftungsfunktion der Leber in Verbindung gebracht wird (11). Weiters wird eine Anregung der Sekretionsleistungen des exokrinen Pankreas angegeben (11), und schließlich wird auch über Zunahme der Gastrin- und Insulinkonzentrationen im Blut nach Trinken von Mineralwasser im Vergleich zum Trinken von Leitungswasser berichtet (5).

Jede Kurbehandlung bei Erkrankungen des Verdauungsapparates und bei Stoffwechselerkrankungen besteht neben der Trinkkur aus verschiedenen zusätzlichen physikotherapeutischen Maßnahmen und, als wesentlichem Faktor, einer krankheitsangepaßten Diät. Bei den physikotherapeutischen Maßnahmen dominieren jene, die eine Wärmezufuhr und Durchblutungsverbesserung im Eingeweidebereich bezwecken. Einer rationalen Diätetik sollte im Kurort an sich Beachtung geschenkt werden, daher trifft dies in besonderem Ausmaß für jene Heilbäder und Kurorte zu, deren Indikationsbereich sich über die Stoffwechselerkrankungen und die Erkrankungen des Verdauungsapparates erstreckt. Dabei ist zu beachten,daß die Kurpatienten neben jenen Erkrankungen, welche die Ursache der Kurzuweisung sind, auch noch in unterschiedlichem Ausmaß Begleiterkrankungen aufweisen, die ebenfalls diätetisch Berücksichtigung erfordern.

Die Basis der Diätetik bei jenen gastroenterologischen Erkrankungen, die zum Indikationsbereich von Heilbädern und Kurorten zählen, ist eine sogenannte leichte Vollkost. Diese unterscheidet sich von der Normalkost dadurch, daß Lebensmittel, welche erfahrungsgemäß oft Unverträglichkeitserscheinungen hervorrufen, wie z. B. Zwiebel, Knoblauch, Hülsenfrüchte etc., nicht oder nur in geringem Ausmaß verwendet werden. Außerdem werden jene Zubereitungsarten vermieden, die ebenfalls erfahrungsgemäß Probleme bezüglich der Verdauungsfunktion mit sich bringen können. Auf das Angebot verschiedener Schondiäten wird bewußt verzichtet, da nach dem derzeitigen Stand des Wissens eine Schonung von Organen durch diätetische Faktoren außer im Falle von akuten Erkrankungen nicht als gesichert angesehen werden kann. Eine mögliche Nicht- oder Minderbeanspruchung von Funktionen durch diätetische Umstellungen, die an sich denkbar wäre, bedeutet noch nicht unbedingt auch eine Schonung des Organs, die sich positiv auf den gesundheitlichen Zustand auswirkt.

Eine leichte Vollkost ist auch bei der Mehrzahl der Lebererkrankungen angezeigt (9). Formen und Stadien von Lebererkrankungen, die weitergehende diätetische Restriktionen erfordern, stellen nur in seltenen Fällen eine Indikation zur Balneotherapie dar. Auch als Diät bei Gallenwegserkrankungen wird eine leichte Vollkost empfohlen, während fettarme „Gallenschonkostformen“ heute als obsolet gelten. In diesem Zusammenhang muß betont werden, daß auch die leichte Vollkost in bezug auf die Nährstoffrelationen den ernährungsmedizinischen Richtlinien folgen muß, d. h. die tägliche Energiezufuhr muß sich zu 50 – 60% auf die Kohlenhydrate, zu nicht mehr als 30% auf Fett und zu 10 – 20% auf Eiweiß verteilen. Dies bedeutet im Vergleich zu der in den Industrieländern üblichen Ernährungsweise ohnehin eine Fetteinsparung.

Neben der leichten Vollkost, die auch gleichzeitig die diätetischen Bedürfnisse bei den gastroenterologischen Erkrankungen, Leber- und Gallenwegserkrankungen abdeckt, sollten noch folgende Diäten das Angebot komplettieren: Reduktionsdiäten, Diabetes-Diäten, lipidsenkende Diäten, natriumarme Diäten, purinarme Diäten und Diäten für Patienten mit Harnsteinleiden. Damit dürfte das gesamte Spektrum jener in Heilbädern und Kurorten vorkommenden Krankheiten, die eine Diät als Zusatztherapie benötigen, umfaßt sein.

Wie bei jedem therapeutischen Verfahren müssen auch bei Kuren Kontraindikationen beachtet werden. Dazu gehören selbstverständlich alle akuten Erkrankungen, z. B. akute Gastroenteritiden, akute Hepatitiden, die akute Pankreatitis, die akute Cholecystitis und akute Ulcera. Weitere Kontraindikationen sind Passagehindernisse verschiedener Genese, maligne Erkrankungen, Blutungen im Magen-Darm-Trakt, dekompensierte Zirrhosen mit Ascites, Verschlußikterus, Gallenkoliken und das Gallenblasenempyem (1, 11, 17). Schließlich ist noch zu beachten, daß bei den Kuren bei Erkrankungen des Verdauungsapparates und bei Stoffwechselerkrankungen das natürliche Kurmittel in erster Linie in Form der Trinkkur angewendet wird, sodaß als Kontraindikationen auch alle jene Herz- und Nierenerkrankungen zu beachten sind, die mit Einschränkungen der glomerulären Filtration und Ödembereitschaft einhergehen.

Literatur:

1. Deutscher Bäderkalender, Hrsg. Deutscher Bäderverband e. V., Flöttmann Verlag, Gütersloh (1984).
2. KIRSCHNER, Ch.: Heilbad und Kurort, 10: 270 (1976).
3. MIELKE, U.: Z. f. angew. Bäder- u. Klimaheilk. 25: 377 (1978).
4. EBERHARDT, G. et al.: Z. Phys. Med. Baln. Med. Klim. 12: 247 (1983).
5. SCHMIDT-KESSEN, W.: Z. f. angew. Bäder- u. Klimaheilk. 25: 346 (1978).
6. SCHMIDT-KESSEN, W. et al.: Z. Phys. Med. Baln. Med. Klim. 12: 199 (1983).
7. ZÖRKENDÖRFER, W.: Trinkkuren mit Heilwässern in Heilbädern und mit Versandheilwässern. Deutscher Bäderverband (1969).
8. LANG, F.: Z. f. angew. Bäder- u. Klimaheilk. 25: 390 (1978).
9. KASPER, H.: Ernährungsmedizin und Diätetik. Urban u. Schwarzenberg (1985).
10. MIELKE, U.: Z. f. angew. Bäder- u. Klimaheil. 22: 3 (1975).
11. BOECKER, W.: Erkrankungen der Leber, der Gallenwege und des Pankreas. In: Handbuch der Bäder- u. Klimaheilk. Hrsg. W. Amelung u. A. Evers. Schattauer Verlag, Stuttgart (1962), S. 931 ff.
12. ISING, H.: Artery 9: 205 (1981).
13. BRUNDIG, P. et al.: Magnesium Bull. 3: 69 (1981).
14. ISING, H. et al.: Z. f. Lärmbekämpfg. 28: 176 (1981).
15. MASIRONI, R. et al.: Ann. Rev. Nutr. 1: 375 (1981).
16. WHO-Chronicle 32: 382 (1978).
17. LÜHR, K.: Magen- und Darmkrankheiten. In: Handbuch der Bäder- u. Klimaheilk. Hrsg. W. Amelung u. A. Evers. Schattauer Verlag (1962), S. 912 ff.

Die Luftreinhaltung in Kurorten

Univ.-Doz. Dr. W. Marktl

Leiter der Abteilung Wissenschaft im Österreichischen Heilbäder- und Kurorteverband

Einleitung

Das Problem der Luftverunreinigung bzw. der Luftreinhaltung besitzt für Kurorte und Heilbäder derzeit aus verschiedenen Gründen eine besondere Aktualität. Der erste dieser Gründe ist die zunehmende Verunreinigung der Luft in den Ballungszentren, die Ursache oder Teilursache bei der Entstehung verschiedener Erkrankungen ist. Diese Krankheiten sind zum Teil auch in den Heilanzeigen der Heilbäder und Kurorte bzw. ihrer natürlichen ortsgebundenen Heilmittel zu finden. Somit stellt sich von dieser Seite dem Kurwesen eine zwar nicht ganz neue, aber derzeit an Aktualität zunehmende Aufgabe. Um dieser Aufgabe gerecht werden zu können, ist neben anderen Voraussetzungen auch auf eine besonders gute Qualität der Luft in Heilbädern und Kurorten zu achten. Die Sicherung einer solch hohen Luftqualität kann andererseits für manche Kurorte ein Problem sein, was den zweiten Grund für die Aktualität der hier abzuhandelnden Problematik darstellt. Schließlich resultieren aus den angeführten Gründen Bemühungen, Luftqualitätskriterien für Österreichische Kur- und Erholungsgebiete festzusetzen, die zwar vorläufig nur empfehlenden Charakter haben, später aber gesetzlich fixiert werden sollen.

Definitionen

Als Luftverunreinigungen werden alle Veränderungen der natürlichen Zusammensetzung der Luft angesehen. Die Luft besteht normalerweise aus 79% Stickstoff, 20% Sauerstoff, 1% Kohlendioxid und Edelgasen sowie, je nach Luftfeuchtigkeit, unterschiedlichen Mengen an Wasserdampf. Der Anteil an Wasserdampf verringert die prozentuellen Anteile der anderen Gase. Alle festen, flüssigen oder gasförmigen Stoffe, die diese natürliche Zusammensetzung der Atmosphäre ändern, werden als luftverunreinigende Stoffe bezeichnet. Wenn diese Luftverunreinigungen auch gesundheitsbeeinträchtigend wirken, was bei hoher Konzentration eher die Regel ist, kann von Schadstoffen gesprochen werden. Luftverunreinigungen, die von einer Anlage (Fabrik, Kraftfahrzeug, Hauskamin etc.) ausgehen, werden mit dem Fachausdruck „Emissionen“ benannt. Steht hingegen die Einwirkung der luftverunreinigenden Stoffe auf Objekte (Menschen, Tiere, Pflanzen, Gebäude etc.) im Vordergrund des Interesses, so spricht man von „Immissionen“. Es ist verständlich, daß die Emission ein und desselben luftverunreinigenden Stoffes höher sein darf als dessen Immissionswert, da vom Emittenten bis zur Einwirkung auf das Objekt eine Verdünnung der emittierten Substanz in der Atmosphäre erfolgt. Der Vollständigkeit halber sei erwähnt, daß mit dem Ausdruck „Immission“ nicht nur Luftschadstoffe, sondern auch einwirkende Geräusche, Licht, Strahlen etc. bezeichnet werden.

Luftverunreinigungen können allgemein in Form von Rauch, Staub, Ruß, Gasen, Aerosolen, Dämpfen oder Geruchsstoffen in Erscheinung treten. Staub entspricht dabei nicht nur dem, was landläufig unter diesem Begriff verstanden wird, sondern ist als ein im Trägergas dispergierter Feststoff definiert, wobei die Herkunft dieses Feststoffes keine Rolle spielt. Hinsichtlich ihrer chemischen Zusammensetzung handelt es sich bei den luftverunreinigenden Stoffen in erster Linie um Schwefeldioxid (SO_2), Kohlenmonoxid (CO) sowie weiters um Stickoxide, Ozon, Schwefelwasserstoffe, Fluor und verschiedene Kohlenwasserstoffe, die allerdings in Kurorten keine wesentliche Bedeutung haben. Hingewiesen sei darauf, daß Ozon in höheren Konzentrationen in der Atmungsluft eine Luftverunreinigung darstellt. Die Anpreisung von ozonreicher Luft in Kurorten, wie sie vielleicht da und dort in älteren Werbeschriften noch enthalten sein mag, könnte bei informierten Kurgästen gemischte Gefühle auslösen.

Bevor im Detail auf die drei wichtigsten Luftschadstoffe eingegangen wird, soll noch kurz ein Problem gestreift werden, welches die früher erwähnte Frage des Unterschiedes zwischen Luftverunreinigung und -schadstoff zum Thema hat und darüber hinaus besonders für Kurorte Bedeutung besitzt. Es handelt sich dabei um das Auftreten von Antigenen in der Luft, die als Allergene Ursache für Erkrankungen des Respirationstrakts wie z. B. des Heuschnupfens, des allergischen Asthma bronchiale etc. sein können. Diese Allergene sind meist Blütenstäube und -pollen. Da im Heilbäder- und Kurortegesetz das Vorhandensein ausreichender Grünflächen in Kurorten ausdrücklich gefordert wird, was selbstverständlich wohlbegründet und sinnvoll ist, muß allerdings auch mit saisonal unterschiedlich starken Antigenbelastungen gerechnet werden. Da diese Belastungen nicht vermeidbar sind, können nur Maßnahmen gesetzt werden, die ihre Folgen zu vermindern imstande sind. Solche Maßnahmen könnten beispielsweise darin bestehen, daß ein örtlicher Pollenwarndienst eingerichtet wird, der die Betroffenen über die zu erwartende Pollenbelastung rechtzeitig informiert.

Ursachen der Luftverunreinigung

Hauptquellen oder -emittenten für Luftverunreinigungen sind Industrie, Gewerbe, Straßenverkehr und Heizungen. Letztere beiden sind speziell für Kurorte als Emittenten in Betracht zu ziehen, da Industrieanlagen und größere Gewerbebetriebe nach den einschlägigen gesetzlichen Bestimmungen in Kurorten nicht errichtet werden dürfen. Möglicherweise spielen da und dort auch noch kleinere Müllverbrennungsanlagen als Quellen für die Emission von Luftschadstoffen eine Rolle.

Mengenmäßig im Vordergrund stehen, wie bereits erwähnt, Staub, SO_2 und CO. Für diese drei Schadstoffe existieren auch Vorstellungen über Grenzwerte. Sie entstehen vor allem bei unvollständiger Verbrennung von fossilen Brennstoffen, die schwefel- und kohlenstoffhältig sind. Das Ausmaß der Luftverunreinigung wird von der Landschaftsformation und von meteorologischen Faktoren mitbestimmt. Solche meteorologischen Faktoren sind die Windgeschwindigkeit und -richtung, die Temperatur, die Luftfeuchtigkeit, der Luftdruck, die Bewölkung und der Niederschlag. Besonders ungünstig wirken sich niedrige Windgeschwindigkeit und Temperaturinversion aus. Durch die Inversion wird der vertikale Luftmassenaustausch verhindert, und luftverunreinigende Stoffe werden, wenn sie in bodennahen Schichten entstehen, dort festgehalten. Zu erwähnen sind auch noch andere Einflüsse auf das Ausmaß der Luftverunreinigung, die sich in tages- und jahreszeitlichen Schwankungen äußern. Sie sind in erster Linie auf sozioökonomische Faktoren zurückzuführen, es spielen aber auch hierbei meteorologische Größen eine Rolle. Im Zusammenhang mit der Frage von Tages- und Jahresschwankungen des Ausmaßes der Luftverunreinigung soll nicht unerwähnt bleiben, daß auch die Empfindlichkeit der betroffenen Organismen nicht konstant ist, sondern ebenfalls, wahrscheinlich rhythmischen, Schwankungen unterliegt.

Konzentrationsangaben

Die Konzentration der Schadstoffe wird in der Dimension mg Schadstoff/m^3 angegeben. Für die CO-Konzentration war bis zur Einführung des internationalen Maß- und Einheitensystems, vor allem in den angelsächsischen Ländern, die Angabe in ppm (parts per million) sehr gebräuchlich. Es entspricht dabei 1,25 mg CO/m^3 ungefähr 1 ppm CO.

Da die Dauer der Einwirkung eines Schadstoffes dessen Folgen für den Organismus mitbestimmt, ist es üblich, die gemessenen Konzentrationen auf festgesetzte Zeiträume zu beziehen. Daraus resultieren bestimmte Mittelwerte für diese Zeiträume, die auch gleichzeitig die jeweils zulässigen Grenzwerte sein können. Beispiele für solche zeitlich bezogenen Mittelwerte sind der Halbstundenmittelwert (HMW), der Tagesmittelwert (TMW), der Monatsmittelwert (MMW) etc. Darüber hinaus können auch Angaben über den kleinsten und größten TMW (oder HMW) eines Monats etc. gefunden werden.

Grenzwerte für Luftverunreinigungen

In Österreich existieren seit einiger Zeit Vorstellungen über die wünschenswerte Begrenzung der Luftschadstoffkonzentrationen in verschiedenen Gebieten, wie z. B. Industriegebieten, Wohngebieten, Kur- und Erholungsgebieten etc. Diesen Vorstellungen liegt eine Einteilung in Zonen zugrunde, nach der Kur- und Erholungsgebiete in die sogenannte Zone I eingeteilt werden.

Eine Variation dieser Einteilung sieht noch eine weitere Unterteilung dieser Zone I vor, wonach Naturschutzgebiete und heilklimatische Kurorte (wahrscheinlich auch Luftkurorte) in eine eigene Kategorie fallen sollen, während Kurorte und Erholungsräume eine weitere Gruppe bilden. Die Grenzwerte für SO_2 und Staub, die für diese Zonen bzw. Gebiete vorgeschlagen wurden, werden der besseren Übersichtlichkeit halber in der nachfolgenden Tabelle zusammengefaßt. Für CO existieren noch keine konkreten Grenzwerte, sondern nur Vorstellungen über wünschenswerte Begrenzungen der Belastung.

Aus der Tabelle geht hervor, daß die Halbstundenmittelwerte höher liegen als die Tagesmittelwerte. Dies ist logisch, weil bei kurzfristiger Einwirkung von Schadstoffen etwas höhere Konzentrationen zuträglich erscheinen als bei längerdauernder Belastung. Zur Illustration der für Kur- und Erholungsgebiete vorgesehenen Grenzwerte sollen Werte angeführt werden, wie sie in den Ballungszentren tatsächlich gemessen werden. Die Staubbelastung erreicht z. B. in Wien im Winter einen Wert von 0,25 – 0,40 mg/m^3 als TMW, im Sommer einen Wert von 0,12 – 0,20 mg/m^3. Die HMW der SO_2-Konzentration betragen in Wien und Linz im Frühjahr 0,10 – 0,20 mg/m^3, im Jänner und Februar bis 1,7 mg/m^3. Aus diesen Vergleichen kann ersehen werden, daß die für Kurgebiete vorgesehenen Grenzwerte zwar deutlich unter den in Ballungszentren gemessenen Werten liegen, was plausibel erscheint, daß es sich aber nicht um irreal niedrige Werte handelt, sodaß die Einhaltung etwaiger sich daraus ergebender gesetzlicher Bestimmungen eigentlich nirgends auf Schwierigkeiten stoßen dürfte.

Bezüglich der CO-Konzentration gibt es, wie schon erwähnt, für Kur- und Erholungsgebiete noch keine konkreten Grenzwertvorschläge. Es existieren aber Vorstellungen darüber für Wohngebiete. So wird in der Bundesrepublik Deutschland für Langzeiteinwirkungen 10 mg CO/m^3 als obere Grenze, für Kurzzeiteinwirkungen

Die für die Kur- und Erholungsgebiete in Österreich vorgesehenen Grenzwerte für die SO_2- und Staubbelastung:

	Heilklimatische Kurorte, Luftkurorte u. Naturschutzgebiete	Übrige Kurorte und Erholungsgebiete
Schwefeldioxid	TMW April – Oktober 0,05 mg SO_2/m^3 TMW November – März 0,10 mg SO_2/m^3 HMW April – Oktober 0,07 mg SO_2/m^3 HMW November – März 0,15 mg SO_2/m^3	TMW April – Oktober 0,05 mg SO_2/m^3 TMW November – März 0,20 mg SO_2/m^3 HMW April – Oktober 0,07 mg SO_2/m^3 HMW November – März 0,20 mg SO_2/m^3 diese beiden HMW dürfen nicht überschritten werden. MMW 0,15 mg SO_2/m^3
Staub	TMW 0,12 mg/m^3 ganzjährig. Darf an insgesamt 7 Tagen pro Jahr überschritten werden, aber nicht an aufeinanderfolgenden.	

eine Obergrenze von 30 mg CO/m^3 als wünschenswert angesehen. In Österreich wurde vorgeschlagen, einen Achtstundenmittelwert (bezogen auf den achtstündigen Arbeitstag) auf der Basis von halbstündigen Mittelwerten von 11,25 mg/m^3 als Grenzwert für längerdauernde Expositionen und einen Maximalwert von 42,5 mg/m^3 (Einstundenmittelwert als Mittel zweier aufeinanderfolgender Halbstundenmittelwerte) für kurzfristige Einwirkungen als Begrenzung der CO-Belastung vorzusehen.

Folgen der Luftverunreinigung

Die Folgen der Luftverunreinigung können für den Menschen mittelbar oder unmittelbar sein. Die mittelbaren Folgen betreffen die Auswirkungen der Luftverunreinigung auf Tiere, Pflanzen und Gebäude. Die Vegetation ist vor allem empfindlich gegenüber hohen SO_2-Konzentrationen. Da die Erhaltung der Vegetation für Kurorte wichtig ist, soll nachfolgend eine kurze Reihung der Empfindlichkeit verschiedener Baumarten gegenüber SO_2 angegeben werden. Von den Nadelbäumen ist die Tanne am empfindlichsten, dann die Fichte, während die Kiefer am unempfindlichsten ist. Die anderen Nadelbäume liegen dazwischen. Bei den Laubbäumen ist folgende Reihung der Empfindlichkeit gegeben: Ulme, Weide, Platane, Rotbuche, Erle, Pappel, Ahorn und Eiche. Diese Angaben erheben selbstverständlich keinen Anspruch auf Vollständigkeit.

CO kann Pflanzen bis zu einer Konzentration von 125 mg/m^3 nicht schädigen. Solche hohen Konzentrationen werden aber selbst in Ballungszentren nur selten erreicht. Da die Pflanzen CO aufnehmen und umbauen können, tragen sie wirksam zur Reduzierung der CO-Konzentration in der Luft bei.

Bei der Erörterung der unmittelbaren Wirkungen bzw. Schädigungen von Luftverunreinigungen für den Menschen ist es zweckmäßig, SO_2 und Staub einerseits und CO andererseits getrennt zu betrachten. Nach den Angaben englischer Untersucher treten Schädigungen durch SO_2 und Staub relativ kurzfristig, d. h. binnen Wochen bis Monaten, ab einem TMW von 0,5 mg SO_2/m^3 zusammen mit 0,25 mg Staub/m^3 Luft auf. In Gebieten, in denen die SO_2-Konzentration in der Luft im Jahresdurchschnitt über 0,1 mg/m^3 liegt, treten vermehrt chronische Erkrankungen der Atemwege auf. Dabei handelt es sich in erster Linie um chronische Bronchitis, Asthma bronchiale, Lungenemphysem und Pneumonien. Belastung der Luft mit SO_2 und Staub führt aber auch schon bei Gesunden zu einer Beeinträchtigung der Lungenfunktion. In englischen Studien wurde ein Zusammenhang zwischen dem Anstieg der SO_2- und Staubkonzentration der Luft und der Zahl der allgemeinen Arbeitsausfälle gefunden. Schließlich wird auch noch diskutiert, ob und inwieweit SO_2 und Staub bei der Entstehung von cardiovasculären Erkrankungen und von bösartigen Tumoren eine Rolle spielen. Die Ergebnisse einer Untersuchung, wonach bei Kindern, die von einem mit SO_2 und Staub belasteten Gebiet in eine Gegend mit reinerer Luft umsiedelten, die Zahl der Atemwegserkrankungen abnahm, zeigen, daß die Schäden zumindest zum Teil reversibel sind. Alle Bemühungen, eine gute Luftqualität zu halten oder, wenn notwendig, die Luftqualität zu verbessern, sind daher als sehr zweckmäßig anzusehen. Durch die vorhin angeführten Untersuchungsergebnisse, daß die durch SO_2 und Staub verursachten Schäden reversibel sind, wird auch die Position von Luftkurorten und heilklimatischen Kurorten gefestigt.

Von höheren CO-Konzentrationen ist vor allem das Herz-Kreislauf-System betroffen. CO beeinträchtigt wegen seiner großen Affinität zum Hämoglobin in den roten Blutkörperchen den Sauerstofftransport im Blut und damit die Sauerstoffversorgung der Gewebe. Schon ein Anteil von 2 – 2,5% CO-Hämoglobin im Blut führt zu Störungen in Organen, die gegenüber Sauerstoffmangel besonders empfindlich sind, wie z. B. das Zentralnervensystem und das Herz. Nach Angaben der WHO besteht ab einem Wert von 4% CO-Hämoglobin im Blut ein erhöhtes Risiko für cardiovasculär erkrankte Personen. Dieser Wert von 4% CO-Hämoglobin wird ab etwa einer Konzentration von 37,5 mg CO/m^3 Luft erreicht.

Hauptemittent von CO ist der Kraftfahrzeugverkehr. Es muß jedoch darauf hingewiesen werden, daß die eindeutigsten Schäden infolge Erhöhung des CO-Hämoglobin-Anteiles im Blut beim Rauchen, sowohl aktiv wie auch passiv, auftreten. Eine der wirksamsten Maßnahmen gegen die Schäden der Luftverunreinigungen, soweit sie CO betreffen, besteht daher darin, in allen Räumen, in denen sich Kurgäste gemeinsam aufhalten, das Rauchen zu verbieten. Bezüglich des Straßenverkehrs ist zu erwähnen, daß die Kraftfahrzeuge vor allem bei Langsamfahrt und im Leerlauf relativ große CO-Mengen emittieren. Die Maßnahmen gegen die CO-Belastung von außen sollten daher die Schaffung von verkehrsfreien oder verkehrsarmen Zonen, den Bau von Umfahrungsstraßen oder die Beschleunigung des Durchzugsverkehrs, die Abschirmung von Parkplätzen durch Bepflanzung etc. umfassen. Die SO_2- und Staubemission kann eingedämmt werden durch Kontrolle und Einstellung von Heizungen, Brennern und Kaminen und durch Umstellung auf andere Brennstoffe als Kohle und Öl, wie z. B. Gas, Flüssiggas, Strom und Biomasse.

Besonders in Kurorten muß es das Ziel sein, die Luft nicht gerade so schmutzig wie eben noch erlaubt, sondern so sauber wie möglich zu halten. Dies ist auch deshalb wichtig, weil für die Schädigungen durch Luftschadstoffe wahrscheinlich kein Schwellenwert existiert, unter dem eine gesundheitsbeeinträchtigende Wirkung mit Sicherheit ausgeschlossen werden kann. Die Erfassung von Schäden durch Luftschadstoffe in niedrigen Konzentrationen scheint letztlich nur eine Frage des Fortschrittes in der Entwicklung von noch genaueren analytischen und diagnostischen Methoden zu sein.

Auszug aus der Literatur zum Thema „Luftverunreinigung“:

Immissionsschutzrichtlinien für Heilbäder, Kurorte und Erholungsorte und Muster-Verordnung zum Immissionsschutz in Heilbädern, Kurorten und Erholungsorten. Hrsg. Deutscher Bäderverband e. V. und Deutscher Fremdenverkehrsverband e. V., 1974

M. Neuberger, Neue Wege zur Risikobewertung von Luftschadstoffen. Facultas Verlag Wien, 1979.

Akademie der Wissenschaften, Schwefeloxide in der Atmosphäre, Luftqualitätskriterien SO_2. Hrsg. Bundesministerium für Gesundheit und Umweltschutz.

Wissenschaftlicher Beirat für Umwelthygiene im Bundesministerium für Gesundheit und Umweltschutz, Luftverunreinigung – Immissionsmessung, Richtlinie 2. Schwefeldioxid Minimalprogramm. Hrsg. Bundesministerium für Gesundheit und Umweltschutz, 1975.

Wissenschaftlicher Beirat für Umwelthygiene im Bundesministerium für Gesundheit und Umweltschutz, Luftverunreinigung – Immissionsmessung, Richtlinie 3, Schwefelverbindungen – Bleikerzenmethode, Richtlinie 4, Staubniederschlag – Bergerhoff-Verfahren. Hrsg. Bundesministerium für Gesundheit und Umweltschutz, 1976.

Wissenschaftlicher Beirat für Umwelthygiene im Bundesministerium für Gesundheit und Umweltschutz, Luftverunreinigung – Immissionsmessung, Vorläufige Richtlinie Nr. 1, Kohlenmonoxid. Hrsg. Bundesministerium für Gesundheit und Umweltschutz, 1976.

Österreichisches Bundesinstitut für Gesundheitswesen, Emissionsbegrenzung Luftverunreinigender Stoffe; A. Schmidt u. M. Ussar, Fachliche Grundlagen für die Emissionsbegrenzung luftverunreinigender Stoffe in Industrie und Gewerbe. Im Auftrag des Bundesministeriums für Gesundheit und Umweltschutz, 1977.

Kurorte und Tourismus

Dr. A. Modl

Geschäftsführer des Österreichischen Heilbäder- und Kurorteverbandes

Die österreichischen Heilbäder und Kurorte weisen sowohl eine gesundheitsbezogene als auch eine touristische Komponente auf, die einander nicht nur nicht stören, sondern wirkungsvoll ergänzen. Die Kurorte erfüllen damit Mehrzweckfunktionen, die den Kurgästen wie auch allen anderen Gästen zugute kommen und, sofern die einzelnen Orte eine gewisse Größenordnung überschreiten, eine wirtschaftliche Notwendigkeit für die Nutzung der notwendigen Anlagen darstellen.

Alljährlich wird etwa ein Sechstel aller Gästenächtigungen im gesamten österreichischen Tourismus im Bereich der Heilbäder und Kurorte gezählt. Man kann daraus die enge Verbindung zwischen Kurwesen und Tourismus erkennen, eine Situation, die durchaus nicht neu ist, sie gehört zur Tradition des Bäderwesens, die aber auch heute fortbesteht und sich den modernen Verhältnissen angepaßt hat. Unter den österreichischen Kurorten befinden sich zahlreiche bekannte und führende Fremdenverkehrsorte sowohl für den Sommer- als auch für den Wintertourismus.

Diese Situation hat sich im allgemeinen organisch entwickelt und bewährt. Landschaftliche Vorzüge tragen viel dazu bei. Beide Bereiche aber erfordern entsprechende Anstrengungen und Aufwendungen vielfältiger Art für Kureinrichtungen und für die örtliche touristische Struktur.

Zur Tradition der Kurorte gehört ein attraktives Unterhaltungsangebot. Ein solches hat in vielen Fällen sehr zum guten Ruf als Kurort beigetragen und damit oft auch die balneologischen Vorzüge des Ortes populärer gemacht, als sie es sonst geblieben wären. Diese unterhaltsame, lustbetonte und gesellige Komponente hat in einem außerordentlichen Ausmaß in den modernen Tourismus Eingang gefunden, und die Kurorte, gewissermaßen als Erfinder eines derartigen Images, haben es oft schwer, an diese schnelle Entwicklung den Anschluß zu halten. Es liegt aber auch im Interesse der Kurgäste, daß man sich trotz aller Rücksichten auf balneologische Erfordernisse und die Erwartungen der Sozialversicherungen dessen bewußt bleibt. Dies gilt insbesondere in bezug auf Kurgäste, die nicht infolge eines akuten Rehabilitationsbedürfnisses eine Kur machen müssen, die aber im Hinblick auf ihren Gesundheitszustand eine Kur machen sollten und auf eine entsprechende Urlaubsatmosphäre nicht verzichten wollen. Die Entwicklung des modernen Tourismus zeigt, daß zwischen dem theoretischen Gesundheitsbewußtsein bzw. dem Gesundheitsbedürfnis und den Konsequenzen, die im praktischen Verhalten gezogen werden, große Differenzen bestehen und das Erlebnis-, Unterhaltungs- oder ein sonstiges Bedürfnis gegenüber dem Gesundheitsbedürfnis den Ausschlag geben. Kurorte können unter den einzelnen, menschlich durchaus verständlichen, Motivationen durch ein geeignetes Angebot einen gewissen Ausgleich schaffen. Daher sind gerade für sie ein umfassendes touristisches Angebot und eine ausreichende organisatorische und technische Infrastruktur Notwendigkeiten.

Zu berücksichtigen ist dabei, daß man wohl aufgrund der bevorstehenden Veränderungen in der Altersstruktur der Bevölkerung und aus den Krankheitsstatistiken den Indikationsbedarf im voraus erkennen und in die Planungen einbeziehen kann, daß sich aber die Verhaltensweisen der Angehörigen verschiedener Altersgruppen stark ändern und nicht immer leicht voraussagen lassen. Zumindest zeigt sich unter den nicht mehr jungen Leuten, verbunden mit einer entsprechenden wirtschaftlichen Konsolidierung, eine deutliche Tendenz zum „Länger-jung-Bleiben". Diese Gruppen in geeigneter Form anzusprechen und in ihren Entscheidungen zu beeinflussen, dafür bedarf es besonderer Anstrengungen in Information und Angebot, wofür wieder eine ausreichende Infrastruktur erforderlich ist. Das latente Mißtrauen den modernen Umweltverhältnissen gegenüber und das zunehmende Interesse an natürlichen Mitteln sowie die Aktualität des Badens und verschiedener Sportarten im Gegensatz zur alltäglichen Bewegungsarmut kommen den Bemühungen der Kurorte weitgehend entgegen.

Freilich wird es nie einen Ort geben, der alle denkbaren Gästeschichten ansprechen kann und soll, und es kommt gerade bei den Kurorten, ob es sich um Kurgäste oder um Gäste im Kurort handelt, sehr stark auf die richtigen Zielgruppen an, die sich durchaus ergänzen können, aber nicht stören dürfen. Was unbedingt vermieden werden soll, sind das Zusammenführen heterogener Gästegruppen und ungeeignete Einrichtungen oder Angebotsformen, die im Ort, wenn auch nur zeitweise, in störender Form dominieren und den Erholungswert empfindlich herabsetzen können, wobei es weniger auf den Umfang der Veranstaltung als auf die Art derselben ankommt. Auch Gags gegenüber ist eine entsprechende Vorsicht angebracht, weil sie oft kurzlebig und teuer sind, während sich die echten menschlichen Wünsche und Bedürfnisse nur sehr wenig ändern.

Die österreichische Gesetzgebung schreibt den Kurorten zahlreiche strukturelle Auflagen, die vor allem den medizinischen Erfordernissen entsprechen, vor. Es liegt im Interesse der Kurorte, darüber hinaus weitere Maßnahmen zu treffen und Einrichtungen zu schaffen, die auch zwischen Kur und Tourismus wechselseitig genützt werden können. Dies gilt nicht nur für Bereiche der Versorgung und Entsorgung, des Umweltschutzes, des Verkehrs mit seinen positiven und seinen negativen Auswirkungen, für kulturelle Einrichtungen oder Sportanlagen usw., sondern auch für viele Kureinrichtungen und diese ergänzende Anlagen, also für die ganze Angebotsgestaltung und damit für die medizinische und touristische Qualität der Kurorte. Damit treten in den Kurorten Kosten auf, die nur durch eine intensive Nutzungsfrequenz aufgebracht und vertreten werden können. Die österreichischen Orte und Betriebe haben in den zurückliegenden Jahren außerordentliche Mittel aufgewendet und ein in jeder Hinsicht qualifiziertes und konkurrenzfähiges und vielfach verwendbares Angebot geschaffen. Bei allen dahingehenden Überlegungen und Maßnahmen ist jedoch besonderer Wert darauf zu legen, daß Kur, Urlaub, Unterhaltung und Sport nicht undifferenziert miteinander vermischt werden, sondern selbständige, sich gegenseitig nicht störende, sondern einander ergänzende Angebotsvarianten bleiben.

Institutionen und Vereinigungen

Behörden, Ämter und Kammern

Bundesministerium für Gesundheit und Umweltschutz
Stubenring 1
1010 Wien

Amt der Burgenländischen Landesregierung
Landhaus
7000 Eisenstadt

Amt der Kärntner Landesregierung
Arnulfplatz 2
9020 Klagenfurt

Amt der Niederösterreichischen Landesregierung
Teinfaltstraße 8
1014 Wien

Amt der Oberösterreichischen Landesregierung
Harrachstraße 16
4020 Linz

Amt der Salzburger Landesregierung
Chiemseehof
5020 Salzburg

Amt der Steiermärkischen Landesregierung
Paulustorgasse 4
8010 Graz

Amt der Tiroler Landesregierung
Maria-Theresien-Straße 43
6020 Innsruck

Amt der Vorarlberger Landesregierung
Landhaus
6900 Bregenz

Amt der Wiener Landesregierung
Rathaus
1082 Wien

Österreichische Fremdenverkehrswerbung
Margaretenstraße 1
1040 Wien

Landesfremdenverkehrsverband für das Burgenland
Schloß Esterházy
7000 Eisenstadt

Landesfremdenverkehrsamt Kärnten
Abteilung 21 des Amtes der Kärntner Landesregierung
Kaufmanngasse 13H
9021 Klagenfurt

Amt der Niederösterreichischen Landesregierung Abteilung V/4 – Fremdenverkehrsangelegenheiten
Teinfaltstraße 8
1014 Wien

Landesfremdenverkehrsamt Oberösterreich
Schillerstraße 50
4010 Linz

Landesverkehrsamt in Salzburg
Mozartplatz 1
5010 Salzburg

Amt der Steiermärkischen Landesregierung
Landesfremdenverkehrsabteilung
Herrengasse 16
8010 Graz

Landesfremdenverkehrsamt für Tirol
Abteilung IIc des Amtes der Tiroler Landesregierung
6010 Innsbruck

Landesfremdenverkehrsamt Vorarlberg
Römerstraße 7
6900 Bregenz

Fremdenverkehrsverband Wien
Kinderspitalgasse 5
1095 Wien

Niederösterreichisches Landesreisebüro
Heidenschuß 2
1010 Wien

Bundeskammer der gewerblichen Wirtschaft
Fachverband der Heilbadeanstalten, Kuranstalten sowie Heil- und Mineralquellenbetriebe
Wiedner Hauptstraße 63
1045 Wien

Vereine:

Österreichischer Heilbäder- und Kurorteverband
Josefsplatz 6
1010 Wien

Österreichische Gesellschaft für Balneologie und medizinische Klimatologie
Univ.-Prof. Dr. R. Günther
Ordinariat für physikalische Medizin
Anichstraße 35
6020 Innsbruck

Österreichische Gesellschaft für Physikalische Medizin, Rehabilitation und Grenzgebiete
Univ.-Prof. Dr. H. Jantsch
Institut für physikalische Medizin der Universität Wien
Alserstraße 4
1090 Wien

Ärztliche Gesellschaft für Physiotherapie (Österreichischer Kneippärztebund)
MR Dr. H. Krammer
Brusattiplatz 4
2500 Baden

Verband Österreichischer Kurärzte
MR Dr. O. Hillebrand
Paracelsusstraße 4
4701 Bad Schallerbach

Österreichische Gesellschaft zur Förderung medizin-meteorologischer Forschung
Univ.-Prof. Dr. A. Rett
Wohllebengasse 15
1040 Wien

Wissenschaftliche Institute:

Bundesstaatliche Anstalt für experimentell-pharmakologische und balneologische Untersuchungen
Währingerstraße 13 a
1090 Wien

Balneochemische Abteilung an der Bundesanstalt für chemische und pharmazeutische Untersuchungen
Zimmermanngasse 3
1090 Wien

Institut für Physiologie und Balneologie der Universität Innsbruck
Fritz-Pregl-Straße 3
6010 Innsbruck

Institut für medizinische Physiologie der Universität Wien
Schwarzspanierstraße 17
1090 Wien

Physiologisches Institut der Universität Graz
Harrachgasse 21/V
8010 Graz

Institut für Physikalische Medizin der Universität Wien
Alserstraße 4
1090 Wien

Ordinariat für Physikalische Medizin
Universität Innsbruck
Anichstraße 35
6020 Innsbruck

Ludwig-Boltzmann-Institut für angewandte Bäder- und Klimaheilkunde
Badehospiz
5640 Badgastein

Ludwig-Boltzmann-Institut für Rheumatologie und Balneologie
Kurbadstraße 10
1100 Wien-Oberlaa

Ludwig-Boltzmann-Institut für Rheumatologie und Fokalgeschehen
Kaiser-Franz-Ring 8
2500 Baden

Ludwig-Boltzmann-Institut für Paradontologie
Kaiser-Franz-Ring 8
2500 Baden

Ludwig-Boltzmann-Institut zur Erforschung physiologischer Rhythmen
7431 Bad Tatzmannsdorf

Forschungsinstitut Gastein der Österreichischen Akademie der Wissenschaften
Badbergstraße 148
5640 Badgastein

Paracelsus-Institut
Landeskuranstalten
4540 Bad Hall

Institut für Heilbäderforschung
Auerspergstraße 2
5020 Salzburg

Institut für Rheumatologie, Balneologie und Fokalgeschehen
Kaiser-Franz-Ring 8
2500 Baden

Institut für Rheumatologie, Rehabilitation und Sportmedizin
Kurzentrum
5630 Bad Hofgastein